北京市属市管高等学校人才强教计划资助项目

Funding Project for Academic Human Resources Development in Institutions of Higher Learning under the Jurisdiction of Beijing Municipality PHR

2010年度北京市教委人才强教深化计划"学术创新团队建设计划"项目
"贯彻中央7号文件背景下我国学校体育热点问题研究"学术创新团队

肥胖学生体育问题研究

李林 等著

图书在版编目（CIP）数据

肥胖学生体育问题研究/李林等著. —北京：化学工业出版社，2019.3
ISBN 978-7-122-33671-2

Ⅰ.①肥… Ⅱ.①李… Ⅲ.①肥胖病-学生-体育运动-研究 Ⅳ.①G804.32

中国版本图书馆CIP数据核字（2019）第005838号

责任编辑：宋　薇　　　　　　　　装帧设计：张　辉
责任校对：宋　玮

出版发行：化学工业出版社（北京市东城区青年湖南街13号　邮政编码100011）
印　　刷：大厂聚鑫印刷有限责任公司
装　　订：三河市宇新装订厂
710mm×1000mm　1/16　印张17½　字数355千字　2019年4月北京第1版第1次印刷

购书咨询：010-64518888　　售后服务：010-64518899
网　　址：http://www.cip.com.cn

凡购买本书，如有缺损质量问题，本社销售中心负责调换。

定　价：98.00元　　　　　　　　　　　　　　　　　版权所有　违者必究

编写人员

项 目 负 责 人：李　林（首都体育学院）
项目组主要成员：崔玉鹏（首都体育学院）
　　　　　　　　梁　蕾（首都体育学院）
　　　　　　　　刘平江（首都体育学院）
　　　　　　　　吉　喆（首都体育学院）
　　　　　　　　刘雪晴（首都体育学院）
　　　　　　　　向　俊（首都体育学院）
　　　　　　　　高　峰（首都体育学院）
　　　　　　　　赵　鹏（北京市昌平区燕丹学校）

前言
FOREWORD

针对我国青少年体质健康持续下降问题，中共中央国务院于2007年5月7日颁布了《关于加强青少年体育增强青少年体质的意见》（简称"中央7号文件"），提出"通过5年左右的时间，使我国青少年普遍达到国家体质健康的基本要求，耐力、力量、速度等体能素质明显提高，营养不良、肥胖和近视的发生率明显下降。"这是建国以来党中央、国务院有关青少年体育工作的第一个专发文件，表明了党中央对我国现实青少年体质存在严峻问题的关注与解决的决心，意味着今后相当一段时间内，要把改善学生的体质健康水平作为我国学校体育的长期中心任务。

"贯彻中央7号文件背景下我国学校体育热点问题研究"学术创新团队正是在这样一个背景下成立的，目的是以贯彻"中央7号文件"为背景，以增强学生体质健康为主导，重新审视学校体育的各项工作，并提出具体、可行的改革措施，使之真正能在落实"中央7号文件"中发挥重要作用。团队主要开展了9个方面的研究：落实"中央7号文件"现状调查、中考及高考加试体育问题研究、儿童青少年肥胖状况及大课间运动干预研究、我国中小学阳光体育运动研究、学生体育参与中的安全风险防范研究、体育教学方法应用研究、中小学生体育社团研究、中小学体育教学内容与适应性研究、《国家学生体质健康标准》测试指标开发研究。

《肥胖学生体育问题研究》收录了"贯彻中央7号文件背景下我国学校体育热点问题研究"学术创新团队对肥胖学生体育问题进行的系统研究成果，该研究成果具有两个特点：一是研究视角多样且全面，从社会学、生物学、体育学的综合视角探讨了肥胖学生体育问题，这在国内外并不多见，对于解决儿童青少年肥胖问题有较高的参考价值；二是研究方法有所突破，在研究肥胖学生每日活动能量代谢问题上，采用了目前美国较先进的"加速度计"，其测试精度高，使用方便，数据的处理和分析全面快捷，对此领域研究发挥作用明显。

《肥胖学生体育问题研究》主要由李林、崔玉鹏、梁蕾和刘平江等人完成，不仅可以为教育和体育行政部门决策提供参考，为中小学主管体育的领导、体育教师开展学校体育工作、促进肥胖学生体质健康等提供指导，还可以作为儿童青少年和家长进行健康科学锻炼的依据。

由于水平有限，书中若有遗漏或不当之处，敬请读者批评指正。

著者
2019年3月

目录
CONTENTS

第一篇　肥胖小学生体力活动水平与膳食热量摄入量的研究 ………… 001
　一、前言 …………………………………………………………………… 001
　二、研究对象及方法 ……………………………………………………… 010
　三、研究结果与分析讨论 ………………………………………………… 012
　四、结论与建议 …………………………………………………………… 027
　参考文献 …………………………………………………………………… 027

第二篇　北京、武汉、重庆三地中小学肥胖学生体育学习态度研究 …… 031
　一、前言 …………………………………………………………………… 031
　二、研究对象和研究方法 ………………………………………………… 040
　三、结果与讨论 …………………………………………………………… 043
　四、结论与建议 …………………………………………………………… 114
　参考文献 …………………………………………………………………… 116

第三篇　北京、武汉、重庆三地肥胖学生校内课外体育活动现状与对策研究 … 118
　一、前言 …………………………………………………………………… 118
　二、研究对象和研究任务 ………………………………………………… 128
　三、研究结果与分析 ……………………………………………………… 130
　四、结论 …………………………………………………………………… 183
　参考文献 …………………………………………………………………… 184

第四篇　北京、武汉、重庆三地肥胖学生校外体育活动现状与对策研究 … 186
　一、前言 …………………………………………………………………… 186
　二、研究对象与方法 ……………………………………………………… 195
　三、研究结果与讨论 ……………………………………………………… 198
　四、结论 …………………………………………………………………… 244
　参考文献 …………………………………………………………………… 246

第五篇　肥胖小学生运动干预的实验研究 ………………………………… 248
　一、前言 …………………………………………………………………… 248
　二、研究对象与方法 ……………………………………………………… 258
　三、研究结果与讨论 ……………………………………………………… 262
　四、结论与建议 …………………………………………………………… 272
　参考文献 …………………………………………………………………… 273

第一篇
肥胖小学生体力活动水平与膳食热量摄入量的研究

一、前言

(一) 选题依据

当前我国学校体育工作取得了巨大成绩，但同时也存在不少问题，其中最突出的就是学生体质健康问题。根据科技部、国家统计局于 2004 年对外公布的数据显示，我国超重、肥胖儿童已超过 8%[1]。2005 年，中小学生体质调查结果不容乐观，学生以力量、心血管机能为主的体质指标较 20 年前明显下降，肥胖率持续增高。青少年体质健康问题，已成为关系国家安全和国家根本利益的问题。

针对近些年青少年体质连续下降的问题，中共中央国务院于 2007 年颁布了《关于加强青少年体育增强青少年体质的意见》，教育部、国家体育总局和团中央等部门联合推出"全国亿万青少年阳光体育运动"，其目的在于增强我国青少年儿童体质与健康。但几年来青少年体质健康改善收效不大，国家体育总局青少司 2011 年发布的《青少年体育"十二五"规划》中明确指出："青少年体质下降的趋势没有得到根本扭转，全社会关心、支持青少年体育的氛围尚未形成。"运动不足是影响我国青少年体质健康水平下降的主要原因，体质增强需要科学性、针对性和实效

---

[1] 马思远. 我国中小学生体质下降及其社会成因研究 [D]. 北京：北京体育大学，2012：198-204；12.

性强的体力活动标准，但目前尚无数据支持"阳光体育运动"的强度和量是否达到我国儿童青少年体质增长的要求，如何解决运动不足，提出合适青少年儿童体力活动的标准有待解决。

本研究通过测定小学生在体力活动中能量消耗和膳食摄入状况，找到引起不同地区小学生体质下降、肥胖率上升的原因，提出合理的运动及饮食干预方案，创建适合中国儿童少年身体活动的理论和方法。

（二）文献综述

大量研究证明，运动与健康之间显著相关。美国疾病控制与预防中心（CDC）和各大运动医学组织提出建议：成人应该每天进行30分钟以上的中等强度运动❶。在加拿大提出最新的体力活动指南建议：所有学龄儿童（5～17岁）应该每天进行60分钟以上的中等强度以上的运动。尽管身体活动的好处明显，但如何坚持中等强度体力运动却是一件颇有难度的工作，而运动不足会引起肥胖的发生，进而引发各种代谢疾病。肥胖是由慢性的能量过剩导致的，即在很长的一段时间里，每天通过食物摄入的能量超过了能量的消耗。因此，怎样从能量代谢平衡的角度控制肥胖是一个重要问题，这就要求我们更加准确有效地定量每天的能量摄入量和消耗量。

目前，在实验室基础研究和实证性研究中，有几十种直接或间接检测体力活动水平的方法，包括直接或间接地测量人体在体力活动中消耗的热量，如："金标准"双标水法、运动传感器测量（加速度计，计步器等）、监测心率、直接观察或日记记录、以及各种类型的调查问卷等❷。具体方法的选择要根据具体的调查计划、样本数和样本特点（年龄、性别、健康状况、工作、个体适应水平等）、调研经费等。在长期大量研究的基础上，为了找到一个标准化的方法，新的技术不断应用在科学研究和个体体力活动（physical activity，PA）的监测上。加速度计是最新的具有多功能的体力活动监测工具，它在监测身体活动中应用广泛，可用于身体姿势和动作的分级、能量消耗的评估、跌倒和平衡控制的评价等多个方面。较之前的设备方法，它创新在是首个能够全天使用并准确检测体力活动热量消耗、活动强度水平、Mets值、运动距离、步数、心率、晚间睡眠清醒的时间和睡眠质量的综合性工具❸。在儿童青少年身体活动中能量消耗的检测上，加速度计法的信度和效度已得到论证。

---

❶ LuisaAires, Michael Pratt, Felipe Lobelo, et al. Associations of Cardiorespiratory Fitness in Children and Adolescents With Physical Activity, Active Commuting to School, and Screen Time [J]. Journal of Physical Activity and Health, 2011, 8 (Suppl 2): 198-204.

❷ 李艳燕，陈佩杰. 上海市青少年日常体力活动测量方法的研究与应用 [D]. 上海：上海体育学院，2010.18-21.

❸ Wetten AA, Batterham M, Tan SY, et al [J]. Jphys Act Health, 2013, 2.

1. 青少年儿童能量代谢基本情况

（1）能量代谢（energy metabolism）

能量代谢是指机体内物质代谢过程中所伴随的能量释放、转移和利用❶。人体能量代谢平衡取决于膳食能量摄入和能量消耗的平衡过程。人体能量来源于食物中的营养素，而青少年儿童日常的能量消耗（energy expenditure，EE）主要包括以下五部分：基础代谢（Basal Metabolic，BM），体力活动、食物的特殊动力作用、机体生长发育、排泄的消耗。在静态下，基础代谢、食物的特殊动力作用大约占总能量消耗的70%❷，排泄的消耗约占总能量消耗的9%。它们是总能量消耗中比较稳定的部分。

（2）体力活动

体力活动是指所有因为骨骼肌收缩产生的身体活动，是指在基础代谢（BM）的水平上，使身体EE增加的活动❸。

体力活动是对机体EE影响最大的部分，人体任何轻微的活动都可提高代谢率，在运动中人体所需氧气量增加，机体生热增加，消耗能量增多，身体运动强度和运动量越大，单位时间内的产热量越高；运动还可以增加瘦体重，增强交感—肾上腺系统活性、促进机体的分解代谢功能；此外，运动后过量氧耗会提高基础代谢水平；有氧运动还能够提高下丘脑—胰岛—脂肪轴的调节机能，还可以在一定程度上有力地抗衡遗传基因的影响❹。

这部分EE是总能量消耗（Total energy expenditure，TEE）中变化最大的，它取决于生活方式和外部环境，因此，准确的评估身体活动中的能量消耗（PAEE）是量化总能量消耗的关键。

（3）生长发育

在青春发育阶段，人体摄入能量剩余部分用于机体的生长发育，生长发育所需的能量约占TEE的2%，发育完全后，若摄入能量过多，不能被机体消耗，就会引起能量过剩，导致体重增长，发生肥胖。所以测量并评价人体的EE，提出合理的能量摄入方案，对于预防肥胖的发生具有重要意义。

2. 能量消耗、膳食营养与肥胖之间的关系

单纯性肥胖是膳食营养中的能量失衡引起的，机体是指人体饮食中摄入的热量大于消耗的热量，过剩的能量会造成体内脂肪积聚，而形成肥胖症。随着我国居民生活水平

---

❶ 王瑞元. 运动生理学（第1版）[M]. 北京：人民体育出版社，2002：158.

❷ Hsu MJ, Wei SH, Chang YJ, et al. Effect of neuromuscular electrical muscle stimulation on energy expenditure in healthy adults [J]. Sensors (Basel), 2011, 11 (2): 1932-42.

❸ 姚鸿恩. 体育保健学（第四版）[M]. 北京：人民体育出版社，2001：50.

❹ Yang CC, Hus YL. A review of acceleromtry-based wearable motion detectors for physical actirity monitoring [J]. Sensors, 2010, 10: 7772-83.

稳步上升，儿童青少年肥胖患者逐年增加，已成为危害儿童青少年健康的主要疾病，可诱发智力下降、身体发育不良等多种并发症。青少年儿童肥胖发生的主要原因有：

① 日常膳食不合理，饮食摄入过多、膳食构成不够合理，肥胖者喜欢摄入能量高的食物，并且三餐饮食热能比例不当，导致摄入的能量不能被及时消耗。

② 遗传性因素（双亲肥胖或一方肥胖）；

③ 运动不足：在日常学习、生活中不经常参加身体锻炼，运动过程中强度低，运动持续时间短，身体锻炼水平不达标等，从而使日常活动消耗的能量过低，引起能量过剩，发生肥胖。

3. 加速度计在能量代谢检测中应用的现状

加速度计法是国际上普遍认可的一种 PAEE 的测量方法，近几年来，它开始被广泛应用于科学研究中。其原理是通过传感器将人体运动时的加速度变化转换为电信号，将电信号收集、处理并存储起来，得到运动中加速度计数（Counts），即以一定时间间隔采样的活动频率和强度。然后将测得的结果通过数据线连接到电脑上，通过专门的软件进行下载分析及数据处理；软件原理是通过测试前预先设定好的受试者性别、出生年月、身高、体重及佩戴时间内测得的对应的 Counts 等指标，建立以标准方法或气体代谢法为参考的与 EE 相关的回归方程，推断出 EE[1]。加速度计一般有两种主要的感应器：一种是加速度计，用于感受在一个或几个方向上的直线加速度；另一种是回转器，用于感应在一个或几个轴上的角度上的变化，根据加速度计中压电传感器的个数，可将其分为单轴加速度计、双轴加速度计和三轴加速度计[2]。

（1）加速度计佩戴位置的选择

大部分研究中，研究者选择将加速度计固定在髋部或腰部，多数在右侧，因为躯干占据了人体大部分的重量，而腰部接近人体的重心，所以固定在腰髋位置的感应器能够更好地记录人体的主要运动，在实际操作中，受试者长时间的佩戴经常会造成加速度计在腰髋部位置的变化。加速度计可以通过弹力带固定在腰髋部，基本不会对人体活动产生干扰[3]。身体姿势变化、行走和运动姿势的变化（站、坐、躺）都可以被腰部加速度计区分出来。除此之外，加速度计也可以固定在脚踝、腕部或上臂。

（2）加速度计佩戴时间的选择

加速度计评价 PA 水平还需考虑仪器佩戴时间的长短。不同佩戴时间对仪器的有效性有影响，佩戴时间相对长，有效性更好，一般认为 4～9 日全天佩戴且包括两个休息日的测量结果效度较高，实际研究中为了便于操作，常常将佩戴时间缩短

---

[1] Aires L, Pratt M, Lobelo F, et al. Associations of cardiorespiratory fitness in children and adolescents with physical activity, active commuting to school, and screen time [J]. J Phys Act Health, 2011, 8 (Suppl 2): 198-205.

[2] 王丽. 体力活动能量消耗的测量方法及其应用 [J]. 安徽医学, 2011, 32 (6): 849-51.

[3] Ekblom O, Nyberg G, Ekblom Bak E, et al. Validity and Comparability of a Wrist-Worn Accelerometer in Children [J]. J Phys Act Health, 2012, 9 (3): 389-93.

为4整天且包含一个休息日❶。对于儿童少年体力活动的测量，有学者认为连续7天佩戴加速度计可对每日的中高强度体力活动做出较好评估❷。也有研究认为佩戴加速度计3天即可反映受试者日常体力活动情况❸。

（3）几种常用加速度计的特点与应用情况（见表1-1）

表1-1　常见加速度计特点与应用情况

加速度计型号	类型	主要测量指标	应用情况
ActiGraph（GT1M）	单轴	PA水平、PAEE、监测睡眠情况	对低频率运动测试的敏感性低❹，不适合对久坐习惯和低强度PA的研究
ActiGraph（CSA）	单轴	PAEE、PA水平	CSA体力活动计数和Cosmed K4摄氧量之间的相关系数为0.72❺
ActiGraph（GT3X+）	三轴	身体活动量、活动强度水平、计步、METs、PAEE	可测出受试者未佩戴加速度计的时间，睡眠时佩戴GT3X+能了解熟睡时间和睡眠质量。可在1米深水下持续监测30分钟❻
SWA/SenseWear Pro3 Armband	双轴/三轴	PAEE、METs、步数、深睡和静卧的持续时间	SWA与IC的测定值呈中度相关❼。对儿少的研究发现，SWA低估许多活动PAEE，且这种低估随身体活动强度增加而增加❽。RT3是准确的监测男性PA的设备❾。研究认为RT3对于活动强度低的PA，仪器之间的可靠性差；但对于中等强度以上的PA，仪器的可靠性很好❿
RT3	三轴	METs、体力活动强度、PAEE	
IDDEA		由5个加速度计和微处理器组成。监测PA水平、分析步态、估计PAEE和监测姿势变化	已用于肥胖人群中PA的监测⓫，在运动状态下步态分析、PAEE估测的有效性在研究中已得到证实。IDEEA测量的EE结果与直接测热法的结果很接近⓬

---

❶ Crouter SE, Clowers KG, Bassett DR Jr. A novel method for using accelerometer data to predict energy expenditure [J]. J Appl physiol, 2005, 12: 1324-31.

❷ 贺刚，黄雅君，王香生. 加速度计在儿童体力活动测量中的应用 [J]. 体育科学, 2011, 31 (8): 72-5.

❸ Kochersberger G, McConnell E, Kuchibhatla MN, et alThe reliability, validity, and stability of a measure of physical activity in the elderly [J]. Arch Phys Med Rehabil, 1996, 77 (8): 793-5.

❹ 汤强，盛蕾，朱卫红. 人体活动研究中加速度计的应用 [J]. 体育科学, 2009, 29 (1): 77-83.

❺ Garatachea N, Torres Luque G, GonzálezGallego J. Physical activity and energy expenditure measurements using accelerometers in older adults [J]. Nutr Hosp, 2010, 25 (2): 224-30.

❻ Brychta RJ, Klonoff A, Klonoff M, et al. Influence of actigraph filter settings on detecting low and high intensity movements [R]. International Congress on Physical Activity and Public Health (ICPAPH). 2010.

❼ 李海燕，陈佩杰，庄洁. 运动传感器（SWA）在测量青少年日常体力活动水平中的应用 [J]. 上海体育学院学报, 2010, 34 (3): 46-8.

❽ 朱琳，陈佩杰. 能量消耗测量方法及其应用 [J]. 中国运动医学杂志, 2011, 30 (6): 577-9.

❾ Rowlands AV, Thomas PW, Eston RG, etal. Validation of the RT3 triaxial accelerometer for the assessment of physical activity [J]. Med SciSportsExerc, 2004, 36: 518-24.

❿ Vanhelst J, Theunynck D, Gottrand F, et al. Reliability of the RT3 accelerometer for measurement of physical activity in adolescents [J]. J Sports Sci, 2010, 28 (4): 375-9.

⓫ Benedetti MG, Di Gioia A, Conti L, et al. Physical activity monitoring in obese people in the real life environment [J]. J Neuroeng Rehabil. 2009, 6: 47.

⓬ 汤强，王香生，盛蕾. 体力活动测量方法研究进展 [J]. 体育科学, 2008, 29 (6): 79-84.

（4）加速度计检测能量消耗的信度与效度

近年来，应用加速度计检测 EE 信度与效度检测的相关情况[1~12]见表 1-2。

表 1-2 加速度计检测 EE 信度与效度

加速度计种类	被试特点	人数	运动特点	对照法	结论
Actigraph、SWA	65 岁以上	56	适和老年人的活动	双标水	$r=0.48\sim0.60$
Actical	中风患者	40	大强度为主的活动	IC	$r=0.96$
Actigraph、PAM	实验随机人群（21~54 岁）	296	踏车、行走、上坡走	Cosmed K4b	有效性：$r=0.64\sim0.93$ 可靠性：$r=0.8$
Tritrac	年龄：23.4±2.9	60	走和跑（速率 3.2, 6.4, 9.7kmh^{-1}）	IC	有效性：无显著差异（$p<0.05$）可靠性：$r=0.73\sim0.92$ 负荷较大时，仪器会低估 EE
	年龄：21.5±3.4			IC	
Tritrac-R3D	BMI：23.3±3.6	20	多种形式（走、跑、台阶、斜坡运动）	IC	
Tritrac-R3D		30	斜坡上走和跑	IC	$r=0.83$
Tritrac-R3D		16	斜坡上走和跑	IC	$r=0.96$
Tritrac-R3D		20	斜坡上走		$r=0.86$
CSA		50	斜坡上走和跑		$r=0.88$
Tritrac-R3D		16	自然状态 24 小时	IC	$r=0.85$
Caltrac（单轴）	年龄：26.1±1.1	28	不同强度运动	IC	年轻人中等强度以上 $r=0.88\sim0.89$ 小强度 $r=0.46\sim0.51$ 老年人 $r<0.5$
	年龄：64.8±1.0	28			
Caltrac	随机		自然状态	IC	$r=0.68\sim0.74$
Caltrac	小学生，平均年龄 10.8	35	自然状态	直接测热法	$r=0.82$
IDEEA	脑瘫儿童（4~10）	21	增加受试者运动量	IC	$r=0.7\sim0.97$ 可靠性：$r=0.998$
ActiGraph7164	儿少（12.6±2.0）	41	不同强度运动	IC	$r=0.8$
KenzLife-Corder EX（日本），Omron HJ-700IT（日本）	年龄：20~50	48	不同强度运动	直接测热法	所有强度运动 PAEE 检测均产生误差，有时低估有时高估
RT3	年龄：7~12	20	不同强度运动	IC	$r=0.56\sim0.84$，$P<0.01$ 混合类、垂直、水平运动 $r=0.878\sim0.932$
ActivTracer（三轴）	年龄：6.0±0.3	27	九种不同类型运动	IC	
Actigraph, Actical, AMP-331	年龄：35±11.4	41	不同强度运动	IC	爬楼梯低估了 30%EE 均不能完全适用所有强度 EE 检测，其中 Actigraph 效度最高
MTI，Caltrac	年龄：11.4±0.4	20	日常生活	IC	$r=0.78$（MTI）$r=0.82$（Caltrac）
Caltrac	中风偏瘫患者	17	日常生活	IC	有效性差，$r=0.004$

由表1-2可见，加速度计具有较高的可靠性，同一型号机器重复检测的相关系数在0.73～0.998范围内波动；仪器测量EE的结果与标准测热法检测结果的相关系数在0.46～0.97范围内波动；对于体力活动强度较低的PAEE检测，加速度计有误差；对于中风偏瘫等体力活动障碍人群日常生活中EE检测，加速度计不适用；日产加速度计准确性差，对于所有强度运动PAEE的检测均会产生误差。

(5) 影响加速度计检测结果的主要因素

研究发现，受试者佩戴的加速度计型号、运动形式和运动强度以及受试者自身特点是影响测量结果的主要因素。此外，某些特殊人群不适合应用加速度计检测体力活动中的能量消耗。

不同的运动形式对加速度计的检测结果有显著影响。研究发现与间接测热法结果相比，加速度计一般会低估有一定倾角运动形式中的热量消耗，如在斜坡上运动、上下楼梯等❶。且对选择固定在腰部的加速度计来说，人体的静态运动、上身的移动和姿势变换消耗的能量得不到准确测量❷。

不同的运动强度会对加速度计的检测结果产生影响，有研究分别对不同运动强度运动中，加速度计与间接测热法估测的EE进行了比较，发现对于中等强度以上的身体活动两者数据呈高度相关，但在进行小强度体力活动时，二者的相关性较低❸，据此可以认为加速度计能够准确测量中等强度和较大强度身体活动中消耗的能量，但对于久坐、静止等行为的EE测定不够准确。

运动的时间长短同样对加速度计的检测结果具有影响，研究发现长时间PAEE的测定，与双标水法相比，加速度计会略低估EE，仪器的可靠性有待提高❹。

体力活动水平特别低的人群不适合日常生活中PAEE检测。有研究以中风偏瘫患者为研究对象，发现加速度计与IC相比，相关系数仅0.004❺。

(6) 加速度计的优点及存在的问题

尽管加速度计不属于低花费的测量工具，但相比较早的实验室EE测量方法，它在价格方面的优势却越加明显。并且能在获得PAEE的同时，获得其他评价体力活动的水平的数据（心率、MET、步数等），通过加速度计，调研者也能确定受试者在小强度（<3METs）、中等强度（3～6METs）、大强度（>6METs）体育

---

❶ Tanaka C, Tanaka S, Kawahara J, et al. Triaxial accelerometry for assessment of physical activity in young children [J]. Obesity (Silver Spring). 2007, 15 (5): 1233-41.

❷ Zhang S, Rowlands AV, Murray P, et al. Physical activity classification using the GENEA wrist-worn accelerometer [J]. Med Sci Sports Exerc. 2012, 44 (4): 742-8.

❸ Kavouras SA, Sarras SE, Tsekouras YE, et al. Assessment of energy expenditure in children using the RT3 accelerometer [J]. J Sports Sci. 2008, 26 (9): 959-66.

❹ Graves L, Stratton G, Ridgers ND, et al. Energy expenditure in adolescents playing new generation computer games [J]. Br J Sports Med. 2008, 42: 592-4.

❺ Haeuber E, Shaughnessy M, Forrester LW, et al. Accelerometer monitoring of home- and community-based ambulatory activity after stroke [J]. Arch Phys Med Rehabil. 2004, 85 (12): 1997-2001.

活动中所分别花费的时间等数据❶。因此，调研者不仅能够用它来估测一段时间内的 EE，还能够利用这些回归方程建立分割点，用来清楚地区分低强度、中等强度和大强度身体活动。现存的加速度计在 PAEE 的测量中仍然有所不足，比如上身的移动、姿势变换、肌肉等长收缩等活动产生的能量消耗得不到准确检测，游泳等在水中进行的 PAEE 得不到测量❷，最新的 GT3X＋、RT3 已经增加了防水功能，但由于担心检测过程中仪器发生故障，实际中很少得到应用，具体应用还需不断探索。此外，尚缺乏针对我国各年龄段国民的加速度计计数与 EE 的回归方程，这些问题都需要日后的研究者来解决。

（7）美国 Actigraph（GT3X＋）加速度计的特点

GT3X＋（GT3X＋ Tri-Axis Actigraph Monitor）是最新的三轴加速度计，它能够提供身体活动量、活动强度水平、计步、METs、EE 等数据。此外，GT3X＋通过内部的倾角器测出被试未佩戴加速度计的时间，在睡眠时佩戴 GT3X＋能够了解熟睡时间和睡眠质量。防水型 GT3X＋可以在 1 米深的水下维持 30 分钟。GT3X＋存储量大（512M），能够连续记录 40 天以上的原始数据❸。

4. 膳食调查在能量代谢研究上的应用

准确测量体力活动能量消耗是制定饮食营养计划的基础❹，也是评定日常体力运动量的重要指标，可用于科学制定减肥运动处方。膳食调查法通过调查受试者在某一时期内摄入的能量来反映其合适的能量消耗。常见方法有记账法、询问法、称重法和化学分析法等❺。24 小时膳食回顾法是估测能量摄入经常使用的方法，之前的研究者采用了该方法调查 9 岁、10 岁肥胖儿童的膳食，估测能量摄入，结合 PAEE 的测量，来为肥胖儿童提供合适的运动处方❻。

5. 代谢当量与日均步数在评估体力活动水平上的应用

代谢当量是指运动时代谢率对安静时代谢率的倍数，代谢当量（Metabolic Equivalent of Energy 简写为：MET）。是运动能量的消耗单位，常被使用它来评定一个人进行活动时的氧气消耗量。1MET 被定义为每分钟每公斤体重消耗 3.5 毫升氧气，大概相当于一个人处于安静状态下，无任何活动时，每分钟的氧气消耗

---

❶ Corder K，Ekelund U，Steele RM，etal. Assessment of physical activity in youth [J]. J ApplPhysiol，2008，105（3）：977-87.

❷ Argiropoulou EC，Michalopoulou M，Aggeloussis N. Validityandreliabilityof physicalactivity measuresin Greekhigh Schoolagechildren [J]. J Sports Sci Med，2004，3：147-59.

❸ 文雯，卓勤，朴建华. 人体能量消耗测量方法研究进展 [J]. 中华预防医学杂志，2011，45（4）：362-4.

❹ 李海燕，陈佩杰，庄洁. 11～16 岁肥胖青少年体力活动耗氧量推算方法实验研究 [J]. 中国运动医学杂志，2010，29（2）：217-9.

❺ 唐高见，吕晓华. 人体能量消耗的测量误差. 中国组织工程研究与临床康复，2008，12（2）：344-7.

❻ 谭思洁，杨春华. 9～10 岁肥胖儿童减肥运动处方的研制及效果观察 [J]. 中国运动医学杂志，2011，30（1）：16-21.

量。MET 常用于表示各种活动的相对能量代谢水平，也是除了自我感觉运动强度和心率外的另一种表示运动强度的方法。按照运动强度，可将 MET 分为轻、中、重 3 个等级，即轻度运动小于 3MET；中等强度运动为 3~6MET；大强度运动大于 6MET，此外，根据相关回归公式可将代谢当量（MET）转换成能量消耗量，能够帮助我们计算出运动中所消耗的热量❶。

步行是人们日常体力活动最主要的方式，而通过计量步数来评价体力活动量也是一种常用的方式。步数的测量可用计步器，计步器使用简便、价格低廉、小巧便携、能够直接佩戴在身上，且不会干扰受试者的正常活动。加速度计也具备计步的功能，并且准确性更高。国外对于步行量的研究，最早的是在 20 世纪 60 年代日本提出每日步行 10000 步，近年来关于通过计步数来评价体力活动水平的研究很多，大都来源于欧美和日本，多数研究结果都支持我们日常生活的体力活动量应接近 10000 步/天❷。

6. 当前防治儿童青少年肥胖的常见对策

在青少年儿童肥胖的预防与治疗上，常采用控制饮食和运动处方并用，加之日常生活行为矫正的方法：

① 从整体上控制膳食能量摄入，做到科学搭配，合理膳食，从营养学上，依据肥胖者的肥胖度、每日劳动强度等来决定每天摄入的能量，合理分配三餐热能（一般早、中、晚餐的能量分别占每天总能量的 30%、40%、30%），通常选择热量少、体积大的食物，补充足够的优质蛋白质以满足儿童青少年生长发育的需要，减少糖类食物摄入，限制脂类物质摄入量，多食维生素含量丰富的食物（如水果、新鲜蔬菜等），补充微量元素及矿物质❸。

② 增加运动：活动内容选择运动强度中等或较快的运动项目（如快走、羽毛球、有氧体操、体育舞蹈等），运动时间每次 1 小时左右，每天 2 次。

2007 年，为增强学生体质，降低肥胖发病率，中华人民共和国教育部（简称教育部）、国家体育总局等部门联合推出推出"全国亿万青少年阳光体育运动"，各中小学积极响应，拓展阳光体育运动的内涵，建立起"大课间"模式，在"体育大课间"的时间里，引进传统体育项目和丰富多彩的艺术活动，促使师生积极参与文明、健康、活泼的课外文体活动，满足全体学生多样化的活动需要，确保我国学龄儿童青少年在学校达到每日活动一小时，近几次各地区的体质监测中，发现我国儿

---

❶ Verloigne M, Van Lippevelde W, Maes L, etal. Levels of physical activity and sedentary time among 10- to 12-year-old boys and girls across 5 European countries using accelerometers: an observational study within the ENERGY-project [J]. Int J Behav Nutr Phys Act, 2012, 9: 1-8.

❷ 付强. 记不起测量日步行量综述 [J]. 科技信息, 2010, 25: 95-96.

❸ Verloigne M, Van Lippevelde W, Maes L, etal. Levels of physical activity and sedentary time among 10- to 12-year-old boys and girls across 5 European countries using accelerometers: an observational study within the ENERGY-project [J]. Int J Behav Nutr Phys Act, 2012, 9: 1-8.

童青少年体质健康水平较前几年有所提高，合格率有所提升，这点能够说明阳光体育运动初见成效，但青少年儿童肥胖率却不降反升，青少年儿童的体质健康问题仍需要各领域科学研究者持续给予关注，从而找到适合我国儿童少年身体运动功能训练的方法和理论。

二、研究对象及方法

（一）研究对象

选取北京市、武汉市共三所小学，三至五年级小学生为研究对象，先随机选取自愿参加本研究的肥胖、超重儿童（9.6±0.9）岁，然后在肥胖、超重受试者所在班级随机选取自愿参加本研究的体重正常的同性别儿童（9.6±0.8）岁。与受试者家长签订知情同意书，家长配合受试者完成研究的各项工作。肥胖组、超重组和对照组年龄分别为 9.5±1.0 岁、9.8±0.8 岁和 9.5±0.8 岁，各组间无显著性差异（$P>0.05$）。受试者 BMI 和体重，各组间统计学检验有显著性差异，肥胖组、超重组明显高于正常体重组（$P<0.05$）。受试者基本信息见表 1-3。

表 1-3　不同组别受试者基本信息一览表（$\bar{x}\pm s$）

分组	年龄/岁	身高/cm	体重/kg	BMI/（kg/m²）
肥胖（$n=40$）	9.5±1.0	146.08±6.98	53.37±10.60*	24.85±3.40*
超重（$n=17$）	9.8±0.8	147.35±6.39	44.69±5.76*	20.48±1.07*
正常（$n=52$）	9.5±0.8	141.02±6.15	32.46±4.74	16.26±1.59

注：*表示 $P<0.05$，与正常组比较。

（二）研究方法

1. 实验研究

受试者筛选：随机抽取北京、武汉两地共三所小学，其中武汉市小学两所、北京市小学一所。本实验研究人员入校，给 3～5 年级学生家长发放受试者知情同意书（见附录 1），内容包括研究的目的、过程、家长需要进行的有关工作、可能给受试者带来的危害和不便、获益情况等，征求家长的意见。并对已签署同意书表示自愿参加本实验的学生进行基本情况调查（包括姓名、性别、出生年月、所在学校年级、班级），并与学校负责人确定时间，组织受试者参加基本的体质测试，测试内容包括利用身高、体重测试器测量身高、体重；利用国家体育总局科研所生产的体星牌皮脂厚度计测量肱三头肌和肩胛下角的皮脂厚度；采用美国 BodyMetrix 超声波身体成分测定系统测量受试者体脂率、腰围、臀围，并将测试结果记录在受试者基本信息表中（见附录 2），根据北京大学儿童青少年卫生研究所制定的中国学生超重肥胖 BMI 筛选标准（表 1-4）随机抽取符合条件的肥胖、超重小学生，并在肥胖、超重受试者所在班级随机抽取家长已签署知情同意书，自身愿意参加本研究的体重正常的同性别儿童作为相应的对照组受试者。

表 1-4 中国学龄儿童青少年超重、肥胖筛查 BMI 分类标准[1]

年龄/岁	男超重	男肥胖	女超重	女肥胖
7	17.4	19.2	17.2	18.9
8	18.1	20.3	18.1	19.9
9	18.9	21.4	19.0	21.0
10	19.6	22.5	20.0	22.1
11	20.3	23.6	21.1	23.3
12	21.0	24.7	21.9	24.5
13	21.9	25.7	22.6	25.6
14	22.6	26.4	23.0	26.3
15	23.1	26.9	23.4	26.9
16	23.5	27.4	23.7	27.4
17	23.8	27.8	23.8	27.7
18	24.0	28.0	24.0	28.0

实验流程：能量消耗检测和能量摄入测量分析，采用美国 Actigraph 公司开发的 GT3X Plus 加速度计，通过三轴受力（额状轴、矢状轴和垂直轴）感应测试，对所有受试者进行一周的体力活动能量消耗测试，仪器佩戴前采用加速度计自身分析软件 ActiLife v6.1.2 对仪器进行初始化，主要包括受试者姓名、性别、出生日期、身高、体重等，并设定仪器记录起始时间和记录结束时间（时间长度为一周），设定的仪器采样间隔为 1s（60Hz），1s 的采样间隔能够精确测量到儿童青少年在不同强度体力活动时间[2]。受试者一周仪器佩戴结束后，测试人员收取仪器并采用加速度计自身分析软件 ActiLife v6.1.2 下载原始数据，计算三组受试者日均 PAEE、日均 PAEE/W（每公斤体重能量消耗）、MET、日均步数、在不同强度活动的时间百分比，并分别采集受试者在在校期间、放学回家的时间、休假日、体育大课间以及其他校园中主要的体育运动时的能够评价体力活动情况的数据指标。仪器统一佩戴在受试者右髋部，除游泳、洗澡外，受试者需全程佩戴仪器，若仪器被摘下，仪器能自动识别摘下和再次佩戴的时间（加速度计计数为 0），根据分析软件要求，我们设定一个有效的研究数据应至少包括 4 个有效地测试日（3 个有效的上学测试日和 1 个有效的休假测试日）；而有效的测试日是指每日至少有 8 个小时以上的佩戴时间；而有效的佩戴小时是指该小时内无连续 20 分钟及以上的加速度计计数为 0，最终将有效的研究数据纳入到分析结果中。我们要求受试者不能随意

---

[1] 季成叶. 中国学生超重肥胖筛查标准的应用 [J]. 中国学校卫生，2004，25（1）：125-128.
[2] 王超，陈佩杰，庄洁. 加速度计以不同采样间隔测量儿童青少年日常体力活动时间的一致性研究 [J]. 中国运动医学杂志，2012，31（9）：759-765.

查看仪器的记录情况，不能刻意增加自身的运动量，而应该保持先前的日常生活方式和学校活动，这样才能更加准确地记录日常的体力活动情况。采用膳食调查法记录受试者膳食摄入情况，持续一周，计算其日均能量摄入和三餐热能占每日热能摄入的百分比。在实验前我们设计了一份膳食记录表，并将食物重量折算参照表和实物模型图示发给受试者（附录 3 和附录 4），向其讲解该如何有效记录，并要求受试者所在班级班主任和家长辅助其记录食入主食、菜品原料及各自重量，要求食入水果的有效重量为除去果核重量。一周膳食记录后，测试人员统一回收记录表，并采用由中国疾病预防控制中心营养与食品安全所编著的中国食物成分表（第二版）计算能量摄入。在测试期间，我们采用分班级的方法安排负责人每天固定时间对仪器的佩戴情况和膳食问卷的填写情况进行检查，如发现仪器无法佩戴或仪器记录情况不完整，将重新初始化仪器，膳食中出现饮食记录无重量或主副食等问题时，均会及时提醒受试者修改。

加速度计所记录的几种能耗形式是建立在三维动态测定的基础之上，虽囊括了每日生活中的各种形式活动，却未能将受试者完成的各种形式的活动/运动予以细化区别。因此，我们采用专人跟踪记录各学校在大课间体育活动的主要内容及开展的特色课外体育等活动内容，并记录对应时间，在加速度计数据分析软件 ActiLife v6.1.2 上计算获取相对应的运动强度（MET）、能量消耗等评能够价体力活动情况的数据。

2. 数据处理

采用 SPSS18.0 软件对测得数据进行描述性统计分析，各测试指标以均值±标准差表示；对实证研究的各类指标进行正态性检验，数据符合正态分布的，组间差异性采用单因素方差分析检验，组内差异性采用配对样本 T 检验。数据不符合正态分布的，组间差异性采用非参数检验两组间独立样本 T 检验，组内差异性采用非参数检验配对样本 T 检验，显著性水平定为 $P<0.05$ 和 $P<0.01$。

三、研究结果与分析讨论

（一）研究结果

1. 受试小学生基础数据指标结果

共有 142 人参加本项研究，1 人中途退出，5 人因加速度计故障被排除。共 136 名学生完成测试，其中 109 人数据有效，被纳入最终的数据分析。109 人中肥胖学生 40 人、超重学生 17 人、体重正常学生 52 人，其中男性 76 人（肥胖 27 人、超重 11 人、体重正常 38 人），女性 33 人（肥胖 12 人、超重 6 人、体重正常 15 人），有 51 名来自武汉地区（肥胖 16 人、超重 8 人、体重正常 27 人）、58 名来自北京地区（肥胖 24 人、超重 9 人、体重正常 25 人），受试者中 8 岁 4 人，9 岁 58 人、10 岁 29 人、11 岁 15 人、12 岁 3 人。肥胖组、超重组、体重正常组三组受试者参加测试前体重和BMI有显著性差异（$P<0.05$），年龄、身高无显著差异，武汉、北京两地受试者相比较，身体各项基本体质指标无显著性差异，男性、女性之间身体各项基本指标无显著性差异，但实验中发现所抽取的3所学校中男性肥胖的发生率要显著高于女性，因此造成了在随机抽样过程中男女比例的差别，不同年龄间身体各项基本指标无显著性差异。受试者基本信息见表1-3、表1-5～表1-7。

表1-5 不同地区受试者基本信息一览表（$x\pm s$）

分组	年龄/岁	身高/cm	体重/kg	BMI/（kg/m²）
武汉（$n=51$）	9.8±1.0	144.02±5.99	40.20±9.49	19.28±4.01
北京（$n=58$）	9.4±0.7	143.72±7.85	43.66±14.06	20.76±4.96

表1-6 不同性别受试者基本信息一览表（$x\pm s$）

分组	年龄/岁	身高/cm	体重/kg	BMI/（kg/m²）
男性（$n=76$）	9.6±1.0	143.53±6.89	42.27±13.19	20.26±5.03
女性（$n=33$）	9.5±0.7	144.64±7.33	41.50±9.74	19.62±3.33

表1-7 不同年龄受试者基本信息一览表（$x\pm s$）

分组	身高/cm	体重/kg	BMI/（kg/m²）
9岁（$n=58$）	141.52±5.30	39.14±12.11	19.34±4.97
10岁（$n=29$）	146.14±6.79	43.14±9.73	20.16±3.46
11岁（$n=15$）	148.80±8.83	48.59±15.06	21.56±4.81

受试者统一进行体质测试，结果显示见表1-8，肥胖组、超重组在各项肥胖相关指标上（身体围度、腰臀比、皮褶厚度、体脂率）均显著高于正常体重组（$P<0.01$），而肥胖组在某些肥胖相关指标上（肱三头肌和肩胛下角皮褶厚度、体脂率）上也显著高于超重组（$P<0.01$）。基本测试结果见表1-8。

表1-8 受试者基本测试结果一览表（$x\pm s$）

分组	腰围/cm	臀围/cm	腰臀比	肱三头肌皮脂厚度/mm	肩胛下角皮脂厚度/mm	体脂率/%
肥胖（$n=40$）	81.3±7.7*	89.5±6.4*	0.91±0.04*	26.4±5.2*	24.7±7.2*	25.1±6.0*
超重（$n=17$）	76.2±4.9*	85.1±4.7*	0.90±0.05*	18.7±3.9*	16.4±5.2*	21.2±8.5*
正常（$n=52$）	63.5±5.6	75.6±5.1	0.84±0.05	12.5±4.2	10.2±4.0	14.1±6.4

注：*表示$P<0.01$，与正常组比较

加速度计可感应额状轴、矢状轴和垂直轴三轴方向所受到的力，根据测力大小，计算每秒钟的Counts（加速度计计数）；根据计数大小评价该时间点的运动强度，其所记录的小强度活动均为步行、一般生活活动等低于3 MET的体力活动，中等强度以上的活动均视之为步行和其他生活方式在3MET以上有效体力活动，并且认为高于6MET的体力活动为大强度及以上的运动。

由表1-9可见，肥胖、超重受试者在一周活动监测中，在小强度活动时间百分

比、中等强度以上活动时间百分比、大强度活动时间百分比上与正常体重的受试者相比，无显著性差异（$P>0.05$），但肥胖小学生小强度活动的时间比例较低。

表 1-9　受试者一周不同活动强度时间百分比统计表（$x±s$）

分组	小强度活动时间百分比/%	中等强度以上活动时间百分比/%	大强度活动强度时间百分比/%
肥胖（$n=40$）	81.5±4.0	18.5±4.1	3.5±0.4
超重（$n=17$）	82.1±3.6	17.9±3.6	3.2±0.4
正常（$n=52$）	83.3±3.9	16.8±3.9	3.0±0.4

如表 1-10，监测小学生一周体力活动，在日均身体活动能量消耗上，肥胖组、超重组与正常体重组间相比有显著性差异（$P<0.05$），肥胖组、超重组日均能耗显著高于正常体重组，肥胖组、超重组组间无显著差异；日均每公斤体重体力活动能量消耗上，三组中肥胖组最低、超重组最高，但各组间差异不明显；能够反映身体活动强度的 MET 上，三组差异不大；在日均步数上，三组受试者均未能达到 10000 步的标准，组间差异不显著。

表 1-10　受试者一周体力活动基本情况一览表（$x±s$）

影响因素	日均体力活动能量消耗/（kcal/d）	日均体力活动能量消耗体重比/（kcal/d/kg）	MET/（ml/kg/min）	日均步数/（步/日）
肥胖（$n=40$）	674.81±249.43*	12.41±2.65	1.79±0.19	8940±2251.59
超重（$n=17$）	595.45±237.22*	13.30±3.80	1.76±0.16	9114±2848.74
正常体重（$n=52$）	415.89±118.84	12.89±3.57	1.73±0.20	8925±2350.29

注：* 表示 $P<0.05$，与正常组比较。

2. 不同地区肥胖小学生体力活动情况

三组受试者每日能量消耗中，总能耗为体力活动与基础代谢能耗之和，我们只利用三轴加速度计测得了受试者体力活动中的能量消耗，它是指每日所有身体活动所消耗的能量之和。如表 1-11，监测武汉地区小学生一周体力活动后发现在日均身体活动能量消耗上，肥胖组、超重组与正常体重组间相比有显著性差异（$P<0.05$），肥胖组、超重组日均能耗显著高于正常体重组，肥胖组、超重组组间无显著差异；日均每公斤体重体力活动能量消耗上，三组中肥胖组最低、超重组最高，两组差异显著（$P<0.05$）；能够反映身体活动强度的 MET 上，三组差异不大；在日均步数上，三组受试者均未能达到 10000 步的标准，组间差异不显著，但肥胖组受试者活动步数最低，每日比正常体重儿童少行 600 步。

表 1-11　武汉地区受试小学生体力活动情况一览表（$x±s$）

影响因素	日均体力活动能量消耗/（kcal/d）	日均体力活动能量消耗体重比/（kcal/d/kg）	MET/（ml/kg/min）	日均步数/（步/日）
肥胖（$n=16$）	537.11±131.24*	10.95±1.85△	1.63±0.12	7048±1257.69
超重（$n=8$）	656.99±237.22*	14.01±4.00	1.72±0.16	8236±3503.30

续表

影响因素	日均体力活动能量消耗/（kcal/d）	日均体力活动能量消耗体重比/（kcal/d/kg）	MET/（ml/kg/min）	日均步数/（步/日）
正常体重（n=27）	407.34±121.93	12.22±3.15	1.63±0.16	7649±2109.97

注：*表示 P<0.05，与正常组比较，△表示 P<0.05，与超重组比较。

如表1-12，监测北京地区小学生一周体力活动后发现在日均身体活动能量消耗上，肥胖组与超重组、正常体重组间相比有显著性差异（$P<0.05$），肥胖组显著高于超重组和正常体重组，超重组、正常体重组组间无显著差异，肥胖组日均能耗显著高于超重组和正常体重组；日均每公斤体重体力活动能量消耗上，三组间无显著差异（$P>0.05$）；在 MET 上，三组差异不大；在日均步数上，三组受试者均基本能够达到10000步的标准，组间差异不显著。

表1-12　北京地区受试小学生体力活动情况一览表（$\bar{x}\pm s$）

影响因素	日均体力活动能量消耗/（kcal/d）	日均体力活动能量消耗体重比/（kcal/d/kg）	MET/（ml/kg/min）	日均步数/（步/日）
肥胖（n=24）	766.60±268.86*△	13.49±2.44	1.81±0.16	10202±1847.73
超重（n=9）	542.63±157.33	12.67±3.72	1.92±0.16	9895±2008.51
正常体重（n=25）	425.17±117.20	13.37±3.88	1.86±0.16	9713±2147.35

注：*表示 P<0.05，与正常组比较，△表示 P<0.05，与超重组比较。

3. 不同性别肥胖小学生体力活动情况

将男性、女性分开分析后发现（见表1-13），男性小学生在日均身体活动能量消耗上，肥胖组、超重组与正常体重组间相比有显著性差异（$P<0.05$），肥胖组、超重组组间无显著差异，肥胖组、超重组日均能耗显著高于正常体重组；日均每公斤体重体力活动能量消耗上，三组间无显著性差异，但肥胖组最低、超重组最高；在 MET 上，三组差异不大；在日均步数上，三组受试者均未能达到10000步的标准，组间差异不显著，但肥胖组受试者日均活动步数最低。

表1-13　男性受试小学生体力活动情况一览表（$\bar{x}\pm s$）

影响因素	日均体力活动能量消耗/（kcal/d）	日均体力活动能量消耗体重比/（kcal/d/kg）	MET/（ml/kg/min）	日均步数/（步/日）
肥胖（n=28）	702.70±276.44*	12.55±2.61	1.79±0.20	8700±2324.92
超重（n=11）	621.49±208.34*	14.01±3.50	1.76±0.16	9036±3384.54
正常体重（n=37）	431.44±113.12	13.52±3.50	1.74±0.19	8830±2325.35

注：*表示 P<0.05，与正常组比较。

如表1-14所示，女性小学生在日均身体活动能量消耗上，肥胖组、超重组与正常体重组间相比有显著性差异（$P<0.05$），肥胖组、超重组组间无显著差异，肥胖组、超重组日均能耗显著高于正常体重组；日均每公斤体重体力活动能量消耗上，三组间无显著性差异，正常体重组最低；在 MET 上，三组差异不大；在日均

步数上，三组受试者均未能达到10000步的标准，组间差异不显著，但肥胖组受试者日均活动步数最高。

表1-14　女性受试小学生体力活动情况一览表（$\bar{x} \pm s$）

影响因素	日均体力活动能量消耗/（kcal/d）	日均体力活动能量消耗体重比/（kcal/d/kg）	MET/（ml/kg/min）	日均步数/（步/日）
肥胖（$n=12$）	609.72±162.50*	12.31±2.43	1.78±0.18	9501±2053.44
超重（$n=6$）	550.53±196.83*	12.00±4.30	1.75±0.17	9258±1737.97
正常体重（$n=15$）	377.53±127.78	11.32±3.38	1.67±0.20	8176±2427.37

注：*表示$P<0.05$，与正常组比较。

4. 不同年龄肥胖小学生体力活动情况

分析不同年龄的小学生日常体力活动情况发现（见表1-15），9岁小学生在日均身体活动能量消耗上，肥胖组、超重组与正常体重组间相比有显著性差异（$P<0.05$），肥胖组、超重组组间无显著差异，肥胖组、超重组日均能耗显著高于正常体重组（$P<0.05$）；日均每公斤体重体力活动能量消耗上，三组间无显著性差异；在MET上，三组差异不显著；在日均步数上，三组组间差异不显著（$P>0.05$），且均接近每日一万步的标准。

表1-15　9岁受试小学生体力活动情况一览表（$\bar{x} \pm s$）

影响因素	日均体力活动能量消耗/（kcal/d）	日均体力活动能量消耗体重比/（kcal/d/kg）	MET/（ml/kg/min）	日均步数/（步/日）
肥胖（$n=19$）	706.23±271.87*	13.05±2.51	1.87±0.18	9751±2085.52
超重（$n=7$）	516.60±171.08*	13.01±4.33	1.78±0.20	9398±2903.68
正常体重（$n=32$）	399.90±122.11	13.01±3.80	1.76±0.20	8759±2253.92

注：*表示$P<0.05$，与正常组比较。

如表1-16所示，10岁小学生在日均身体活动能量消耗上，肥胖组、超重组与正常体重组间相比有显著性差异（$P<0.05$），肥胖组、超重组组间无显著差异，肥胖组、超重组日均能耗显著高于正常体重组；日均每公斤体重体力活动能量消耗上，三组间无显著性差异；在MET上，三组差异不显著；在日均步数上，三组组间差异不显著（$P>0.05$），且均未达到每日10000步的标准。

表1-16　10岁受试小学生体力活动情况一览表（$\bar{x} \pm s$）

影响因素	日均体力活动能量消耗/（kcal/d）	日均体力活动能量消耗体重比/（kcal/d/kg）	MET/（ml/kg/min）	日均步数/（步/日）
肥胖（$n=10$）	655.81±165.72*	12.40±2.54	1.75±0.16	8833±1883.08
超重（$n=6$）	551.97±125.20*	11.74±2.44	1.71±0.10	7907±2264.66
正常体重（$n=13$）	424.79±83.05	12.33±2.43	1.68±0.16	8260±2329.24

注：*表示$P<0.05$，与正常组比较。

如表1-17所示,11岁小学生在日均身体活动能量消耗上,肥胖组、超重组与正常体重组间相比有显著性差异($P<0.05$),肥胖组、超重组组间无显著差异,肥胖组、超重组日均能耗显著高于正常体重组;日均每公斤体重体力活动能量消耗上,三组间无显著性差异,但肥胖组最低;在MET上,三组差异不显著;在日均步数上,三组组间差异不显著($P>0.05$),但肥胖组最低。

表1-17 11岁受试小学生体力活动情况一览表 ($x\pm s$)

影响因素	日均体力活动能量消耗/(kcal/d)	日均体力活动能量消耗体重比/(kcal/d/kg)	MET/(ml/kg/min)	日均步数/(步/日)
肥胖($n=6$)	714.45±293.18*	11.57±3.06	1.65±0.22	7366±2995.94
超重($n=4$)	802.90±235.47*	16.15±3.70	1.81±0.16	10429±3530.44
正常体重($n=5$)	644.49±126.86	13.36±4.94	1.64±0.24	8551±3058.26

注:*表示$P<0.05$,与正常组比较。

5. 不同时间段肥胖小学生体力活动情况

选取小学生上学日和休假日进行数据分析。如表1-18,三组受试者在校日里每小时身体活动能量消耗上,肥胖组、超重组与正常体重组间相比有显著性差异($P<0.01$),肥胖组、超重组组间无显著差异,肥胖组、超重组每小时能耗显著高于正常体重组;但在日均每公斤体重体力活动每小时能量消耗上,三组间无显著性差异,且肥胖组小学生最低;在MET上,三组差异不显著;在每分钟步数上,三组组间差异不显著($P>0.05$)。

表1-18 上学日受试小学生体力活动情况一览表 ($x\pm s$)

影响因素	每小时体力活动能量消耗/(kcal/h)	每小时体力活动能量消耗体重比/(kcal/h/kg)	MET/(ml/kg/min)	平均每分钟步数/(步/日)
肥胖($n=40$)	56.02±22.09**	1.03±0.25	1.80±0.21	12.94±3.51
超重($n=17$)	49.01±13.95**	1.09±0.26	1.78±0.16	13.01±3.69
正常体重($n=52$)	34.18±10.02	1.05±0.29	1.74±0.21	12.26±3.59

注:*表示$P<0.05$,**表示$P<0.01$,与正常组比较。

如表1-19,三组受试者在家中活动的时间里每小时身体活动能量消耗上,肥胖组、超重组与正常体重组间相比有显著性差异($P<0.01$),肥胖组、超重组组间无显著差异,肥胖组、超重组每小时能耗显著高于正常体重组;但在日均每公斤体重体力活动每小时能量消耗上,三组间无显著性差异,且肥胖组小学生最低;在MET上,三组差异不显著;在每分钟步数上,三组组间差异不显著($P>0.05$)。

表1-19 休假日受试小学生体力活动情况一览表 ($x\pm s$)

影响因素	每小时体力活动能量消耗/(kcal/h)	每小时体力活动能量消耗体重比/(kcal/h/kg)	MET/(ml/kg/min)	平均每分钟步数/(步/日)
肥胖($n=40$)	51.46±19.53**	0.95±0.21	1.73±0.19	10.35±4.09
超重($n=17$)	46.40±17.61**	1.02±0.35	1.71±0.23	10.99±4.21

续表

影响因素	每小时体力活动能量消耗/（kcal/h）	每小时体力活动能量消耗体重比/（kcal/h/kg）	MET/（ml/kg/min）	平均每分钟步数/（步/日）
正常体重（n=52）	32.40±10.33	1.01±0.35	1.67±0.23	9.61±4.51

注：* 表示 $P<0.05$，** 表示 $P<0.01$，与正常组比较。

如表 1-20 所示，选取受试小学生上学日在校期间（8时~17时）、上学日放学回家后（18时~21时）和休假日每小时身体活动能量消耗、MET、每分钟步数进行对比，各时间段身体活动能量消耗、MET、每分钟步数无显著性差异（$P>0.05$）。但从数值上看出，小学生上学日在校期间的每小时身体活动能量消耗、MET、每分钟步数要高于放学回家后及休假日。

表 1-20　不同时间段受试小学生体力活动能量消耗情况一览表（$\bar{x}\pm s$）

影响因素	每小时体力活动能量消耗/（kcal/h）	MET/（ml/kg/min）	平均每分钟步数/（步/日）
在校8时~17时（n=109）	44.02±20.95	1.76±0.20	12.78±4.19
回家18时~21时（n=109）	41.69±24.99	1.68±0.23	10.01±4.22
休假日（n=109）	42.39±17.91	1.69±0.22	10.01±4.33

6. 两地小学生学校体育主要活动内容与相应运动强度现状

本次实验受试者分别来自三所小学，三所学校大课间体育活动内容和时间均不相同，武汉市两个学校选择的大课间内容均是课间操加学生自由活动的形式，一个小学活动内容是七彩动物拳、趣味广播操加上分组自由活动（MET=2.83±0.30），共30分钟。另一个小学活动内容是第三套广播体操（七彩阳光）、手语操和自由活动（MET=2.85±0.57），共计30分钟，学生在自由活动时，学校会准备充足的体育教学用具分配给不同班级的学生使用，包括篮球、跳绳、垫子、呼啦圈等，学生在一周时间里，每日在大课间自由活动时都会进行不同的运动项目。北京的小学的活动内容是第三套广播体操（七彩阳光、希望风帆）共两套广播体操（MET=2.32±0.40），共25分钟。

在大课间里，比较有特色的是由武汉一所小学体育教师共同创编的七彩动物拳，它融合武术拳及动物模仿韵律操的特点创编而成，其动作结构主要包括趣味动物模仿，如牛、企鹅、熊猫、袋鼠、斑马、青蛙、猴七种动物的动作，及武术拳中起势、冲拳、歇步亮掌、弓步冲拳，部分韵律动作如原地踏步、并步跳、前踢腿等动作相结合创编而成。除学校组织的大课间外，北京的小学还在每日下午放学前，组织全校师生共同进行校园长跑活动，活动内容是中等强度以上（MET=4.26±0.84）的操场绕圈跑，共计20分钟。除此之外，该学校在放学前还会开设多种体育运动兴趣班（如足球班、篮球班、长跑班、减肥班等）来供学生进行选择。

分析小学生大课间体育活动情况发现（见表1-21~表1-24），在身体活动能量消耗上，肥胖组与正常体重组间相比有显著性差异（$P<0.01$），超重组与正常体

重组间相比有显著性差异（$P<0.05$），肥胖组、超重组组间无差异，肥胖组、超重组大课间体育运动时身体活动能量消耗高于正常体重组；每公斤体重体力活动能量消耗、MET 和每分钟步数三组组间无显著性差异，但肥胖组均较低。武汉地区与北京地区相比在各项数据上均有显著性差异（$P<0.01$），且武汉地区高于北京地区。男性和女性相比在身体活动能量消耗、每公斤体重身体活动能量消耗上均有显著性差异（$P<0.01$），且男性组高于女性组，说明小学生进行大课间体育活动时，男性可能比女性消耗更多热量。9 岁、10 岁受试者与 11 岁受试者相比，在能量消耗上有显著性差异（$P<0.01$），9 岁组与 11 岁组相比，在每公斤体重能量消耗上有显著性差异（$P<0.05$），其余数据无显著性差异，且 11 岁的小学生比 9 岁、10 岁小学生在大课间会消耗更多热量，这可能说明小学生随着生长发育，在进行体力活动时消耗的热量会增多。

表 1-21　不同组别受试者基本信息一览表（$x \pm s$）

分组	体力活动能量消耗/kcal	体力活动能量消耗体重比/（kcal/kg）	MET/（ml/kg/min）	平均每分钟步数/（步/分）
肥胖（$n=40$）	50.20±17.03**	0.95±0.30	2.51±0.40	26.96±6.15
超重（$n=17$）	51.78±27.19*	1.14±0.56	2.60±0.49	27.89±8.18
正常（$n=52$）	33.44±17.11	1.02±0.51	2.59±0.53	29.81±8.90

注：* 表示 $P<0.05$，** 表示 $P<0.01$，与正常组比较。

表 1-22　不同地区受试者基本信息一览表（$x \pm s$）

分组	体力活动能量消耗/kcal	体力活动能量消耗体重比/（kcal/kg）	MET/（ml/kg/min）	平均每分钟步数/（步/分）
武汉（$n=51$）	54.72±16.41**	1.38±0.34**	2.84±0.40**	31.54±6.66**
北京（$n=58$）	31.38±17.74	0.69±0.25	2.32±0.40	25.80±8.06

注：* 表示 $P<0.05$，** 表示 $P<0.01$，与北京组比较。

表 1-23　不同性别受试者基本信息一览表（$x \pm s$）

分组	体力活动能量消耗/kcal	体力活动能量消耗体重比/（kcal/kg）	MET/（ml/kg/min）	平均每分钟步数/（步/分）
男性（$n=76$）	45.98±20.59**	1.10±0.44**	2.62±0.44	29.28±7.34
女性（$n=33$）	33.81±18.53	0.81±0.41	2.42±0.54	26.67±9.06

注：* 表示 $P<0.05$，** 表示 $P<0.01$，与女性组比较。

表 1-24　不同年龄受试者基本信息一览表（$x \pm s$）

分组	体力活动能量消耗/kcal	体力活动能量消耗体重比/（kcal/kg）	MET/（ml/kg/min）	平均每分钟步数/（步/分）
9 岁（$n=58$）	37.77±19.81*	0.97±0.47*	2.56±0.49	27.82±7.41
10 岁（$n=29$）	42.27±20.57*	1.00±0.50	2.54±0.54	28.79±9.66
11 岁（$n=15$）	57.18±20.97	1.19±0.33	2.61±0.36	30.14±7.41

注：* 表示 $P<0.05$，** 表示 $P<0.01$，与 11 岁组比较。

从表 1-25 结果可知，三所小学组织的校内体育运动对受试小学生产生的影响各不相同，从大课间上看，武汉市两所小学采用的活动内容强度更高，接近中等强度水平，且小学生在大课间所消耗的能量、每公斤体重消耗的能量、每分计步数都要显著高于北京市的小学（$P<0.05$），但各大课间强度（MET 值）均显著低于校园长跑的运动强度（MET＝4.26 ± 0.84）。

表 1-25　受试小学生进行不同类型运动时体力活动情况一览表（$x\pm s$）

影响因素	大课间 MET /（ml/kg/min）	大课间体力活动能量消耗 /kcal	大课间体力活动能量消耗体重比 /（kcal/kg）	大课间每分步数 /（步/分）	校园长跑 MET /（ml/kg/min）
武汉市小学一（$n=34$）	$2.83\pm0.30^{*\triangle}$	$53.49\pm15.28^{*}$	$1.39\pm0.31^{*}$	$29.64\pm4.36^{*}$	
武汉市小学二（$n=17$）	$2.85\pm0.57^{*\triangle}$	$57.18\pm18.71^{*}$	$1.37\pm0.40^{*}$	$35.34\pm8.75^{*}$	
北京市小学（$n=58$）	2.32 ± 0.40	31.38 ± 17.74	0.69 ± 0.25	25.80 ± 8.06	4.26 ± 0.84

注：*表示 $P<0.05$，与北京小学组比较，△表示 $P<0.05$，与北京小学组校园长跑比较。

7. 肥胖小学生膳食能量摄入的现状

分析小学生一周膳食能量摄入情况（见表 1-26），数据取平均值进行分析后发现，在日均能量摄入上，肥胖组与超重组、正常体重组间相比有显著性差异（$P<0.05$），肥胖组显著高于超重组、正常体重组。在三餐热能摄入百分比上，肥胖组早餐能量百分比显著低于正常体重组和超重组（$P<0.05$），超重组显著低于正常体重组（$P<0.05$），肥胖组、超重组午餐能量百分比均显著低于正常体重组（$P<0.05$），超重组、肥胖组间无显著差异，而肥胖组、超重组晚餐热能百分比显著高于正常体重组（$P<0.05$）。

表 1-26　受试小学生膳食能量摄入情况一览表（$x\pm s$）

影响因素	人数	日均能量摄入 /kcal	早餐能量摄入百分比/%	午餐能量摄入百分比/%	晚餐能量摄入百分比/%
肥胖	40	$2740.36\pm863.62^{*\triangle}$	$21.2\pm5.21^{*\triangle}$	$33.4\pm8.85^{*}$	$42.3\pm5.87^{*}$
超重	17	$2032.77\pm575.95^{*}$	$27.6\pm9.39^{*}$	$32.6\pm9.53^{*}$	$37.2\pm5.39^{*}$
正常体重	52	1649.87 ± 505.89	33.2 ± 8.01	38.5 ± 7.19	26.8 ± 6.99

注：*表示 $P<0.05$，与正常组比较，△表示 $P<0.05$，与超重组比较。

进一步分析小学生日均膳食热能营养素摄入情况（见表 1-27）发现，肥胖组日均碳水化合物、脂肪、蛋白质的摄入量与超重组、正常体重组间相比均有显著性差异（$P<0.05$），肥胖组三大类热能营养素摄入均显著高于超重组、正常体重组。而超重组仅脂类的摄入与正常体重组相比有显著性差异（$P<0.05$），超重组显著高于正常体重组（$P<0.05$）。

表 1-27　受试小学生日均膳食热能营养素摄入情况一览表（$\bar{x}\pm s$）

影响因素	人数	碳水化合物/g	脂类/g	蛋白质/g
肥胖	40	404.34±137.43*△	90.46±22.06*△	76.24±18.49*△
超重	17	312.13±132.83	62.88±22.47*	54.72±18.93
正常体重	52	259.63±101.49	47.14±11.59	46.57±16.98

注：* 表示 $P<0.05$，与正常组比较，△表示 $P<0.05$，与超重组比较。

表 1-28　受试小学生日均热能营养素摄入量占总摄入量百分比情况一览表（$\bar{x}\pm s$）

影响因素	人数	碳水化合物/%	脂类/%	蛋白质/%
肥胖	40	59.02±10.46	29.71±6.18*	11.13±3.73
超重	17	61.40±11.74	27.84±7.62	10.75±5.39
正常体重	52	62.95±9.55	25.71±3.28	11.29±2.47

注：* 表示 $P<0.05$，与正常组比较。

计算小学生日均膳食热能营养素摄入情况占总能量摄入百分比（按照摄入 1g 碳水化合物为 4kcal、1g 脂类为 9kcal、1g 蛋白质为 4kcal 转换）发现（表 1-28），肥胖组日均脂类摄入百分比显著高于正常体重组（$P<0.05$），且接近日均总能量摄入的 30%，其余两种热能营养素摄入百分比三组差异不大。

（二）分析与讨论

1. 肥胖儿童日常运动强度和运动能量消耗现状

Bouchard 和 Shpard 的研究认为，体力活动是指"任何由骨骼肌收缩或舒张产生的身体运动导致机体能量消耗远远大于安静时机体能量消耗的活动"。一些研究表明，体力活动可以提高机体的能量消耗，以往的研究多以调查问卷、计步器或单轴加速度计来获取受试者体力活动能量消耗，这种方法经由受试者主观判断或不能准确记录体力活动中的能量消耗。本研究采用三轴感应能量加速度计，通过受试者佩戴一周仪器，记录其平均每天和每小时体力活动能量消耗，此种方法相对来说更加客观、准确、全面的记录受试者的体力活动情况。

GT3X plus 加速度计将 3METs 强度以下活动归属为低强度体力活动范畴，而其 3METs 及以上强度活动归属为中高强度体力活动范畴❶❷，结果表明（见表 1-9），三组受试者日均体力活动时间百分比，低于 3METs 强度时间均在 80% 以上；中等强度以上（>3METs）的活动时间百分比在 15%~20% 之间；大强度（>6METs）以上的活动很少出现，三组均在 3%~4% 之间。从研究结果中可以发现，三组受试者在运动强度上并不存在显著性差异，甚至肥胖组参与中等强度以上的运

---

❶ 增进健康的运动指南［R］.日本健康局.2006.

❷ Ainsworth BE，Haskell WL，Whitt MC，et al. Compendium of Physical Activi-ties: an update of activity codes and MET intensities［J］. Med Sci Sports Exerc. 2000，32（9 Suppl）：S498-504.

动比例比超重组和体重正常组略高，这点说明在整体上肥胖儿童日常运动强度并不低。

跟踪记录三组受试者一周体力活动能量消耗，发现肥胖组、超重组体力活动能量消耗显著高于体重正常组，但每公斤体重能量消耗，三组无显著性差异，但肥胖组最低，这点验证了肥胖发生后，人体内存在趋向于恢复正常体重、增加热量消耗的调节机制，考虑体重因素，肥胖组儿童需日均提高PAEE25.62kcal，这略低于完成两套第九套广播体操的PAEE（31.38kcal），广播体操属于中低强度的运动（2.32±0.40），因此，肥胖儿童可以通过中低强度运动20～30分钟来提高日常活动的热能消耗。进行相同负荷运动（大课间）时，肥胖组每公斤体重能量消耗相对较低，这一结论与Maffeis、朱琳等的研究相近[1][2]，二位学者认为进行相同负荷的运动时，肥胖组青少年的总能量消耗要比正常体重的青少年高，但单位体重下所消耗的能量则低于正常体重的青少年，本次实验研究选取的受试者年龄偏小，且由于选取测量仪器的原因，并未能测得受试者准确的基础代谢能量消耗的，根据比对二位学者的研究结果，可知进行相同负荷的运动时，肥胖组青少年的总能量消耗要比正常体重的青少年高，但单位体重下所消耗的能量则低于正常体重的青少年。

2. 影响不同地区、不同性别、不同年龄小学生肥胖的体力活动相关因素

观察表1-11和表1-12可知，从武汉地区来看，肥胖小学生虽然总PAEE较高，且代表身体活动强度的MET与正常组小学生相近，但PAEE/W和每日步数均低于正常组小学生，因此可以推测体力活动量不足是影响武汉地区小学生发生肥胖的原因之一。从北京地区来看，肥胖组小学生总PAEE较高，PAEE/W和每日步数略高于正常组小学生，但MET却低于正常组小学生，因此体力活动强度较低可能是引起北京地区小学生发生肥胖的原因之一。

观察表1-13和表1-14可知，从男性儿童来看，肥胖小学生虽然总PAEE较高，且MET略高于正常组小学生，但PAEE/W和每日步数均低于正常组小学生，可以推测体力活动量不足是影响男性小学生发生肥胖的原因之一。从女性儿童来看，肥胖小学生总PAEE较高，且MET、PAEE/W、每日步数也略高于正常组小学生，因此，女性儿童可能并不存在体力活动不足的问题。

观察表1-15～表1-17可知，9岁肥胖儿童和10岁肥胖儿童与同年龄段正常组小学生相比，总PAEE较高，而PAEE/W、MET、每日步数也都略高于正常组小学生，因此，这个年龄的肥胖儿童尚不存在体力活动不足的问题，而11岁儿童与同年龄段正常组小学生相比，总PAEE较高，但PAEE/W、MET、每日步数也都要低于正常组小学生，因此，11岁肥胖儿童存在体力活动不足的问题，但对比两

---

[1] 朱琳，陈佩杰，庄洁. 12～14岁正常和肥胖男性青少年运动能耗的比较研究[J]. 中国运动医学杂志, 2011, 30(2): 166-169.

[2] Maffeis C, Zaffanello JM, Pinelli L, etal. Total energy expenditure and patterns of activity in 8-10 year-old obese and nonobese children [J]. J Pediatr Gastroenterol Nutr, 1996, 23: 256-261.

表发现，11、10岁儿童在PAEE/W、MET、每日步数上都低于9岁儿童，随着年龄增大、年级的增高，小学生课业压力更重，因此开始出现体力活动不足的趋势。

观察表1-18和表1-19可知，从休假日和在校日来看，肥胖小学生与正常组小学生相比，总PAEE较高，而PAEE/W、MET、每日步数也都接近正常组小学生，并不能说明两组小学生日常的体力活动水平有差异。观察表1-20，休假期间、在校日放学回家（18时～21时）与在校日在校期间（8时～17时）相比，身体活动能量消耗、MET、计步数等反应体力活动水平的指标均较低，这可能是因为小学生不良的生活方式所致，随着电子产品（电视、电脑）的普及，孩子回到家中的主要娱乐项目从从前的户外游戏逐渐转变成了长时间看电视、玩电脑、打游戏等身体活动强度较低的生活方式，这些不良的生活方式是诱发我国青少年儿童肥胖的一个值得注意的危险因素。

3. 肥胖儿童膳食能量摄入现状及应对措施

人体为维持最基本的生命活动和进行身体运动必须不断从外界摄取能量，而这些能量的来源则完全是由人体日常选择的食物中获取。人类膳食中含有机体必须的营养素，包括碳水化合物、脂肪、蛋白质、水、无机盐、维生素和食物纤维七大营养素，其中前三者统称热能营养素，是供给人类体力活动中所需能量的来源。其中脂类物质能够提供更高的热量，1克脂肪可为人体提供约9千卡热能，远高于糖（约4千卡热能）和蛋白质（约4千卡热能）[1]。

本研究发现两地肥胖儿童饮食中EI（能量摄入）明显高于正常体重儿童（见表1-26），且三餐热能不合理，晚餐摄入热能过高，而早餐摄入能量不足，这样的热能分配方式会导致早餐摄入热能不能满足机体活动需要而由于人体在晚餐后体力活动水平较低，若晚餐热能摄入过多，摄入热量不易被消耗，从而转变成人体中用于储存热能的脂肪，引起体重增高。因此，饮食热量摄入过高、饮食结构不合理是当前造成两地小学生发生肥胖的主要原因，我们需要对肥胖儿童进行对应的饮食干预，来控制膳食热能的摄入量以及养成良好的饮食习惯。根据很多营养专家的研究结果，建议饮食中盐和糖类食物摄入量不要过多，要杜绝不良饮食习惯（包括进食速度过快、临睡前进食、看电视进食及爱喝甜饮料、吃甜点心等），少量摄入油脂类和富含胆固醇的食物，多吃谷类、蔬菜和水果。此外，进食过程中也应考虑每餐摄入热量占全天总热能摄入的比例。美国运动医学学会建议，早餐、午餐、晚餐所占全天总热能摄入的合理比例约为30%、40%、30%。通过观察受试小学生膳食日均热能营养素摄入量（见表1-27），可知肥胖小学生三大热能营养素（碳水化合物、脂肪、蛋白质）的摄入量均显著高于超重和正常体重小学生，因此肥胖小学生

---

[1] 王维群. 营养学 [M]. 北京：高等教育出版社，2001：7-51.

需要全面的控制饮食摄入，特别是脂类的摄入。

饮食干预是防止肥胖发生的最基本手段，但仅用单纯的饮食控制，常常在减少脂肪的同时造成瘦体重的减少和基础代谢率的下降（15%～20%），不利于降低脂肪和长期的体重维持，并且控制不当会影响身体健康，因此对于正处于青春发育期的儿童青少年肥胖者来说，我们在控制饮食的同时，需要相应的增加运动和改变其不良的生活方式，运动可以选择有氧运动配合抗阻力量练习，运动强度、持续时间和练习频率应控制在肥胖儿童体质健康和心肺功能的安全范围之内。运动强度一般选择最大心率的60%～85%，或最大摄氧量的35%～70%之间，或处于中等强度下（3～6METs）。运动形式应选择易于被儿童接受的、能够长期坚持进行的运动项目或游戏，如：跳绳、游泳、骑自行车等，这些全身性、低强度和长时间的活动能刺激机体脂肪代谢，增加能量消耗，还有助于提高心肺功能。除了饮食和运动方面的干预措施，还应该帮助青少年儿童培养良好的、有利于健康的生活习惯，儿童青少年阶段自控力较差，易于养成不良的生活方式，包括在家时长时间看电视、上网、打游戏，加之学习压力大，导致体育运动时间减少，这种体力活动不足的静止的生活方式是不可取的，家长应该帮助子女积极参与到体育运动中，如果时间允许，可以和孩子一起参与体育运动，在健身的同时享受体育运动带来的无限乐趣。

4. 不同运动形式与能量消耗变化

体重和体脂率是评价肥胖的两个重要指标。体力活动的降低将会导致能量的不平衡，过量脂肪的堆积，将导致肥胖[1]，已经肥胖的孩子运动能力会下降，因为害怕遭到同学嘲笑会愈加缺乏运动，从而引起恶性循环，儿童青少年时期的体质状况对成年后的健康水平有极其重要的影响，肥胖、体质不良会诱发高血压病、高血脂、高血糖等一系列"代谢综合征"的出现[2]。

之前的多篇文献报道，运动能有效控制体重和体脂率。Rose等人对57名肥胖患者进行不同减肥干预手段效果的研究，发现单独节食、节食加有氧或抗阻运动都能起到减重的效果，其中降低体重（10%）、皮下脂肪（25%）和腹部脂肪（35%）[3]，而且节食加运动的方式能够在减肥的同时，可防止过多的肌肉等瘦组织量的减少。许多研究表明，运动中的能量消耗与体重和运动强度呈正相关。崔玉鹏的研究发现，第三套全国中小学生系列广播体操的运动强度呈波动变化，其最大运动强度达到亚极量，但是持续时间较短，总体上本套系列广播体操属于低等到中等

---

[1] Kirsten K Davison1, Janine M Jurkowski, Kaigang Li, etal. A childhood obesity intervention developed by families for families: results from a pilot study [J]. International Journal of Behavioral Nutrition and Physical Activity, 2013, 10 (3): 1-11.

[2] 向红丁. 肥胖与代谢综合征——中国之现状 [J]. 现代康复, 2001, 5 (7): 12-14.

[3] 邓树勋, 王健. 高级运动生理学-理论与应用 [M]. 北京: 高等教育出版社: 2003: 246-259.

的运动负荷，适合中小学生健身运动的要求❶，但尚未有人提出合适于小学生的合理运动强度。

世界卫生组织（WHO）建议学龄儿童、青少年每天都应保证参加1小时以上的中等强度体育运动，能否达到体力活动的推荐量，已成为衡量一个国家、地区体育运动水平的关键指标。当前，我国已在全国各中学推广"阳光体育运动"，倡导所有在校学生每天锻炼1小时。但不同省市、地区，不同学校间所安排的"阳光体育运动"的内容和形式迥异，有的把时间分布在早操、课间操、体育课、课外体育运动方面，有的则集中给学生一定的自由活动时间。本次研究发现有的学校也把眼保健操算在了大课间时间里，这样中小学生是否真的每日体育锻炼时间足够1小时就难以确定了。本研究中参与研究的三所学校采取的体育活动内容和形式各不相同，其中就有一个学校未能达到每日提供1小时的标准，当然这也可能与在测试期间被测地区连续的降雨，影响了正常体育课的开展有关。我们在入校之中发现有组织、有规律的学校体育活动，诸如课间操、校园长跑、多种形式的体育兴趣班对于提高学生身体素质作用更明显，而且学生们能够普遍参与进来，在老师和校医的监督和保护下能够防止意外情况的发生，从而使体育运动效果更为显著。而无组织的自由活动，则会出现有些孩子能够达到所期待的运动量，而有些孩子自主参与度不高的现象。

本研究发现单纯以课间操为主的运动强度（MET）最低，而课间操配合一定的自由活动（需要提供跳绳、篮球等体育用具）的运动强度略高，接近中等强度3MET，像跑圈、校园长跑相对运动强度较高的活动，如果掌握好合适的运动时间，会在运动过程中消耗更多的热量。由于小学生体重、体脂存在个体差异性，所以采取多大的运动强度最合适还有待进一步的实验研究。

5. 能量消耗、能量摄入与两地肥胖的发生

人体体成分包括脂肪组织和去脂组织，脂肪是保证人体正常生理功能的组成部分，人类健康需要合理的脂肪比例，比例过大或脂肪不足都会对人体造成危害。其中脂肪过多会诱发单纯性肥胖症的产生❷。能量平衡（energy balance）即机体消耗与摄入的能量趋于平衡，它是评价营养状况的重要指标。当热能的摄入量与消耗量相当时，人体的体重会保持恒定；而当热能摄入量大于消耗量时体重和体脂会增加；当热能摄入量小于消耗量时，体重和体脂会降低。而之前的许多研究发现，单纯性肥胖的发生是由于机体能量代谢不平衡，即人体通过膳食摄入的能量远大于基础代谢、体力活动能量消耗等机体能量消耗，而剩余的能量就会转化为脂肪储存起

---

❶ 崔玉鹏，耿培新，马洪涛. 第三套全国中小学生系列广播体操运动负荷评价 [J]. 中国运动医学杂志，2009，28（6）：625-630.

❷ Rissel C, Curac N, Greenaway M, et al. Physical activity associated with public transport use--a review and modelling of potential benefits [J]. Int J Environ Res Public Health, 2012, 9 (7): 2454-78.

来，使体内脂肪过多，造成体重升高❶。

从两地小学生体质测试结果看出，肥胖、超重儿童不仅体重较大，而且体脂水平，皮下脂肪厚度，腰围、臀围都远高于正常体重儿童，这些典型的肥胖在体型上的表现都是由于长期的能量摄入量大于消耗量所造成的。通过研究结果可看出（见表1-26），肥胖组儿童膳食EI（2740.36±863.62）要远高于正常体重儿童EI（1649.87±505.89），而当前的学校体育活动和两地儿童日常生活中体力活动水平虽较前几年有所提升，但随着快餐文化在城市中的盛行，孩子们的日常饮食中高油脂、高糖类等能量高的食物成了主要的食物。当前两地肥胖小学生热量摄入过多，远远大于中国营养学会推荐的"每日膳食中热能的供给量"（9岁2000kcal，10岁2100kcal，11岁2200kcal）❷，而当前学校体育活动和日常生活中体力活动所消耗的热量还不足以帮助肥胖小学生达到完全消耗肥胖儿童日常膳食摄入的过多能量，这需要今后的研究者发现和提出针对这部分肥胖儿童的更为合理的学校体育内容，当下首先需要的是帮助肥胖儿童合理调整饮食，防止他们摄入过多的热量。

本次研究发现，当前我国小学生发生肥胖的主要原因是膳食热量摄入过大和体力活动不足。其中影响武汉地区肥胖小学生致病的原因主要是膳食热量摄入过高和运动量不足，而引起北京地区小学生发生肥胖的原因主要是膳食热量摄入过高和运动强度低；两地男性肥胖小学生体力活动不足，而女性肥胖小学生体力活动水平尚可；随着年龄的增长，小学生出现了体力活动下降的趋势，相比较而言，小学生在校期间参与体育运动的情况要好于在家期间。这样的结果提醒我们要紧密关注高年级小学生的体育参与情况，避免因为学习压力大导致体育运动时间减少情况的发生，并且要促使孩子回到家中也能够参与一定强度和量的体育运动，为了孩子的成长，家长应该促使子女养成积极参与体育运动的健康生活方式和合理的饮食习惯❸。

家庭环境能够决定儿童青少年生活方式的养成，孩子们在学校能够受到相同运动有益影响的前提下，校外生活就成为了影响儿童青少年体质状况的重要因素。儿童青少年阶段自控力较差，易于养成不良的生活方式，包括长时间看电视、上网、打游戏，加之学习压力大导致体育运动时间减少，以及不吃早餐，喜好诸如洋快餐等高脂、高糖食物的不良饮食习惯，极易引起摄入过多能量造成能量过剩，诱发肥胖症。已经肥胖的孩子运动能力会下降，因为害怕遭到同学嘲笑会愈加缺乏运动，从而引起恶性循环，儿童青少年时期的体质状况对成年后的健康水平有极其重要的影响，肥胖、体质不良会诱发高血压病、高血脂、高血糖等一系列"代谢综合征"

---

❶ Grary R hunter, Carla J, et al. Resistance training increases total energy expenditure and free-living physical activity in older adults [J]. Appl Physiol, 2000, 8（9）：977-984.

❷ 季兰芳. 临床营养测评与膳食指导 [M]. 人民卫生出版社.

❸ Corte de Araujo AC, Roschel H, Picanço AR, et al. Similar health benefits of endurance and high-intensity interval training in obese children [J]. PLoS One, 2012, 7（8）：1-11.

的出现。提高儿童青少年身体素质，需要学校、老师、家长以及全社会的共同关注、通力配合，不仅要在学校内形成系统有效的体育运动干预，而且需要在孩子回家后，促进其养成健康的生活方式和饮食习惯。

四、结论与建议

（一）结论

1. 当前北京和武汉两地小学生发生肥胖的主要原因是膳食热量摄入过大，膳食结构不合理，肥胖小学生早餐热能摄入比例较低，而晚餐热能摄入比例过高，热能营养素绝对摄入量高，且比例不合理，脂类的摄入过高。

2. 体力活动不足也是诱发两地小学生发生肥胖的原因，特别对于男性小学生比较明显，男性肥胖小学生每公斤体重热能消耗低于体重正常小学生。影响武汉地区小学生肥胖的运动因素是运动量不足。而北京地区肥胖小学生活动强度（MET）略低，北京地区小学生尚需进一步提高运动强度。

3. 在各种运动形式中，广播体操类属于低到中等运动负荷，能够达到小学生健身要求，且在进行这个强度的运动时，男性比女性消耗热量更多。在每日进行广播体操的基础上，可采用负荷较高的长跑帮助学生消耗更多的热量，这一运动方案是否能够帮助小学生降脂还有待于证明。

4. 随着年龄的增长，肥胖小学生出现了体力活动下降的趋势，比较而言，小学生在校期间参与体育运动的情况要好于在家期间。

（二）建议

1. 虽然我国目前已在校园推广"阳光体育运动"，且每周已有三节体育课，但这样的运动量对肥胖的孩子还是不够的，这些孩子每日仍需中低强度运动20～30分钟来增加日常活动的热能消耗。家长应适当在课余时间给孩子们参与体育运动的时间，并且经常陪孩子一起参与体育运动。

2. 学龄儿童应该养成合理的饮食习惯，建议饮食中盐和糖类食物摄入量不要过多，杜绝不良饮食习惯（包括进食速度过快、临睡前进食、看电视进食及爱喝甜饮料、吃甜点心等），注意晚餐不要进食过多食物，少量摄入油脂类和富含胆固醇的食物，多吃谷类、蔬菜和水果，已经肥胖的孩子，需严格控制饮食摄入，避免进食过量。

3. 针对学龄儿童开展有关肥胖和体质健康方面的科普教育，监督其改变以静止的生活方式为主的不良生活方式，加强医务监督工作，做好预防肥胖的措施。

参 考 文 献

[1] 马思远.我国中小学生体质下降及其社会成因研究[D].北京：北京体育大学，2012：198-204；12.

［2］LuisaAires，Michael Pratt，Felipe Lobelo，et al. Associations of Cardiorespiratory Fitness in Children and Adolescents With Physical Activity，Active Commuting to School，and Screen Time[J]. Journal of Physical Activity and Health，2011，8(Suppl 2)：198-204.

［3］李海燕，陈佩杰. 上海市青少年日常体力活动测量方法的研究与应用[D]. 上海：上海体育学院，2010. 18-21.

［4］Wetten AA，Batterham M，Tan SY，et al. [J]. J Phys Act Health，2013，2.

［5］王瑞元. 运动生理学(第1版)[M]. 北京：人民体育出版社，2002：158.

［6］Hsu MJ，Wei SH，Chang YJ，et al. Effect of neuromuscular electrical muscle stimulation on energy expenditure in healthy adults[J]. Sensors (Basel)，2011，11(2)：1932-42.

［7］姚鸿恩. 体育保健学(第四版)[M]. 北京：人民体育出版社，2001：50.

［8］Yang CC，Hsu YL. A review of accelerometry-based wearable motion detectors for physical activity monitoring[J]. Sensors，2010，10：7772-83.

［9］Aires L，Pratt M，Lobelo F，et al. Associations of cardiorespiratory fitness in children and adolescents with physical activity，active commuting to school，and screen time[J]. J Phys Act Health，2011，8(Suppl 2)：198-205.

［10］王丽. 体力活动能量消耗的测量方法及其应用[J]. 安徽医学，2011，32(6)：849-51.

［11］Ekblom O，Nyberg G，Ekblom Bak E，et al. Validity and Comparability of a Wrist-Worn Accelerometer in Children[J]. J Phys Act Health，2012，9(3)：389-93.

［12］Crouter SE，Clowers KG，Bassett DR Jr. A novel method for using accelerometer data to predict energy expenditure[J]. J Appl Physiol，2005，12：1324-31.

［13］贺刚，黄雅君，王香生. 加速度计在儿童体力活动测量中的应用[J]. 体育科学，2011，31(8)：72-5.

［14］Kochersberger G，McConnell E，Kuchibhatla MN，et al. The reliability，validity，and stability of a measure of physical activity in the elderly[J]. Arch Phys Med Rehabil，1996，77(8)：793-5.

［15］汤强，盛蕾，朱卫红. 人体活动研究中加速度计的应用[J]. 体育科学，2009，29(1)：77-83.

［16］Garatachea N，Torres Luque G，GonzálezGallego J. Physical activity and energy expenditure measurements using accelerometers in older adults[J]. Nutr Hosp，2010，25(2)：224-30.

［17］Brychta RJ，Klonoff A，Klonoff M，et al. Influence of actigraph filter settings on detecting low and high intensity movements[R]. International Congress on Physical Activity and Public Health (ICPAPH). 2010.

［18］李海燕，陈佩杰，庄洁. 运动传感器(SWA)在测量青少年日常体力活动水平中的应用[J]. 上海体育学院学报，2010，34(3)：46-8.

［19］朱琳，陈佩杰. 能量消耗测量方法及其应用[J]. 中国运动医学杂志，2011，30(6)：577-9.

［20］Rowlands AV，Thomas PW，Eston RG，etal. Validation of the RT3 triaxial accelerometer for the assessment of physical activity[J]. Med SciSportsExerc，2004，36：518-24.

［21］Vanhelst J，Theunynck D，Gottrand F，et al. Reliability of the RT3 accelerometer for measurement of physical activity in adolescents[J]. J Sports Sci，2010，28(4)：375-9.

［22］Benedetti MG，Di Gioia A，Conti L，et al. Physical activity monitoring in obese people in the real life environment[J]. J Neuroeng Rehabil. 2009，6：47.

［23］汤强，王香生，盛蕾. 体力活动测量方法研究进展[J]. 体育科学，2008，29(6)：79-84.

［24］Colbert LH，Matthews CE，Haviqhurst TH，et al. Comparative validity of physical activity measures in older adults[J]. Med SciSportsExerc. 2011，43(5)：867-76.

［25］Nichols JF，Morgan CG，Sarkin JA，et al. Validity，reliability，and calibration of the Tritracaccelerometer as a measure of physicalactivity[J]. Med SciSportsExerc. 1999，31(6)：908-12.

［26］Jakicic JM，Winters C，Lagally K，et al. The accuracy of the TriTrac-R3Daccelerometer to estimateenergy expenditure. Med SciSportsExerc. 1999，31(5)：745-54.

[27] Aviram R，Belokopytov M，Ben-Chaim S,et al. Evaluation of energy expenditure in children with cerebral palsy using a multi-sensor accelerometer[J]. Sports Med Phys Fitness. 2011，51(3)：506-14.

[28] Kuffel EE，Crouter SE，Haas JD,et al. Validity of estimating minute-by-minute energy expenditure of continuous walking bouts by accelerometry[J]. Int J BehavNutrPhys Act. 2011，24(8)：92.

[29] Swartz AM，Strath SJ，Miller NE,et al. Validity of Physical Activity Monitors in Assessing Energy Expenditure in Normal，Overweight，and Obese Adults[J]. Open Sports Sci J. 2009,2：58-64.

[30] Trost SG，Way R，Okely AD. Predictive validity of three ActiGraph energy expenditure equations for children[J]. Med SciSportsExerc. 2006,38(2)：380-7.

[31] Crouter SE，Churilla JR，Bassett DR. Estimating energy expenditure using accelerometers[J]. Eur J Appl Physiol. 2006,98(6)：601-12.

[32] Eisenmann JC，Strath SJ，Shadrick D，et al. Validity of uniaxial accelerometry during activities of daily living in children[J]. Eur J ApplPhysiol. 2004,91(2-3)：259-63.

[33] GeorgeAK，Nancy T，Charlie P，et al. Comparison of Activity Monitors to Estimate Energy Cost of Treadmill Exercise[J]. MedSci Sports Exerc，2004，36(7)：1244-51.

[34] Chen KY，Acra SA，Majchrzak K,et al. Predicting energy expenditure of physical activity using hip- and wrist-worn accelerometers[J]. Diabetes TechnolTher. 2003,5(6)：1023-33.

[35] Kumahara H，Ishii K，Tanaka H. Physical Activity Monitoring for Health Management：Practical Techniques and Methodological Issues[J]. IntJSport Health Sci. 2006,4：380-93.

[36] Tanaka C，Tanaka S，Kawahara J,et al. Triaxial accelerometry for assessment of physical activity in young children[J]. Obesity (Silver Spring). 2007,15(5)：1233-41.

[37] Zhang S，Rowlands AV，Murray P，et al. Physical activity classification using the GENEA wrist-worn accelerometer[J]. Med Sci Sports Exerc. 2012，44(4)：742-8.

[38] Kavouras SA，Sarras SE，Tsekouras YE，et al. Assessment of energy expenditure in children using the RT3 accelerometer[J]. J Sports Sci. 2008，26(9)：959-66.

[39] Graves L，Stratton G，Ridgers ND，et al. Energy expenditure in adolescents playing new generation computer games[J]. Br J Sports Med. 2008,42：592-4.

[40] Haeuber E，Shaughnessy M，Forrester LW,et al. Accelerometer monitoring of home- and community-based ambulatory activity after stroke[J]. Arch Phys Med Rehabil. 2004,85(12)：1997-2001.

[41] Corder K，Ekelund U，Steele RM,etal. Assessment of physical activity in youth[J]. J ApplPhysiol，2008，105(3)：977-87.

[42] Argiropoulou EC，Michalopoulou M，Aggeloussis N. Validityandreliabilityof physicalactivity measuresin Greekhigh Schoolagechildren[J]. J Sports Sci Med,2004,3：147-59.

[43] 文雯，卓勤，朴建华. 人体能量消耗测量方法研究进展[J]. 中华预防医学杂志，2011，45(4)：362-4.

[44] 李海燕，陈佩杰，庄洁. 11～16岁肥胖青少年体力活动耗氧量推算方法实验研究[J]. 中国运动医学杂志，2010，29(2)：217-9.

[45] 唐高见，吕晓华. 人体能量消耗的测量误差. 中国组织工程研究与临床康复，2008，12(2)：344-7.

[46] 谭思洁，杨春华. 9～10岁肥胖儿童减肥运动处方的研制及效果观察[J]. 中国运动医学杂志，2011，30(1)：16-21.

[47] Verloigne M，Van Lippevelde W，Maes L,etal. Levels of physical activity and sedentary time among 10- to 12-year-old boys and girls across 5 European countries using accelerometers：an observational study within the ENERGY-project[J]. Int J Behav Nutr Phys Act,2012，9：1-8.

[48] 付强. 记不起测量日步行量综述[J]. 科技信息，2010，25：95-96.

[49] Davison KK, Jurkowski JM, Li K, et al. A childhood obesity intervention developed by families for families: results from a pilot study[J]. Int J Behav Nutr Phys Act,2013, 10: 1-11.

[50] 季成叶. 中国学生超重肥胖筛查标准的应用[J]. 中国学校卫生, 2004, 25 (1): 125-128.

[51] 王超, 陈佩杰, 庄洁. 加速度计以不同采样间隔测量儿童青少年日常体力活动时间的一致性研究[J]. 中国运动医学杂志, 2012, 31(9): 759-765.

[52] 增进健康的运动指南[R]. 日本健康局. 2006, 8.

[53] Ainsworth BE, Haskell WL, Whitt MC, et al. Compendium of Physical Activities: an update of activity codes and MET intensities[J]. Med Sci Sports Exerc. 2000,32(9 Suppl):S498-504.

[54] 朱琳, 陈佩杰, 庄洁. 12~14 岁正常和肥胖男性青少年运动能耗的比较研究[J]. 中国运动医学杂志, 2011, 30 (2): 166-169.

[55] Maffeis C, Zaffanello JM, Pinelli L, etal. Total energy expenditure and patterns of activity in 8-10 year-old obese and nonobese children[J]. J Pediatr Gastroenterol Nutr, 1996, 23: 256-261.

[56] 王维群. 营养学[M]. 北京: 高等教育出版社, 2001: 7-51.

[57] Kirsten K Davison1, Janine M Jurkowski, Kaigang Li, etal. A childhood obesity intervention developed by families for families: results from a pilot study[J]. International Journal of Behavioral Nutrition and Physical Activity, 2013, 10(3): 1-11.

[58] 向红丁. 肥胖与代谢综合症——中国之现状[J]. 现代康复, 2001, 5(7): 12-14.

[59] 邓树勋, 王健. 高级运动生理学-理论与应用[M]. 北京:高等教育出版社: 2003:246-259.

[60] 崔玉鹏, 耿培新, 马洪涛. 第三套全国中小学生系列广播体操运动负荷评价[J]. 中国运动医学杂志, 2009, 28(6): 625-630.

[61] Rissel C, Curac N, Greenaway M, et al. Physical activity associated with public transport use-a review and modelling of potential benefits [J]. Int J Environ Res Public Health, 2012, 9(7): 2454-78.

[62] Grary R hunter, Carla J, et al. Resistance training increases total energy expenditure and free-living physical activity in older adults [J]. Appl Physiol,2000,8(9):977-984.

[63] 季兰芳. 临床营养测评与膳食指导[M]. 人民卫生出版社.

[64] Corte de Araujo AC, Roschel H, Picanço AR, et al. Similar health benefits of endurance and high-intensity interval training in obese children [J]. PLoS One,2012,7(8):1-11.

[65] 王永升. 绝经女性体力活动水平及其与骨量关系的研究[D]. 北京:首都体育学院, 2012. 44.

第二篇
北京、武汉、重庆三地中小学肥胖学生体育学习态度研究

一、前言

(一) 选题依据

1. 全球儿童青少年肥胖问题严重，要求给予更多的关注

近年来，随着经济的发展，人们生活水平的提高，在学生营养状况得到改善的同时，超重和肥胖的比例也在攀升，其全球流行趋势已引起高度关注。中国农业大学食品学院营养与食品安全系副教授、食品科学博士范志红做客中新网《新闻大家谈》时指出：儿童肥胖问题是特别严重的民族危机。在儿童青少年肥胖率最高的美国，有三分之一的儿童青少年超重或者肥胖[1]。

2005 年，我国学生体质与健康调研结果显示，城市男生、城市女生、乡村男生、乡村女生肥胖检出率分别为 11.39%、5.01%、5.07%、2.63%，超重检出率分别为 13.25%、8.72%、8.20%、4.61%。2010 年，学生肥胖和超重检出率继续增加，7～22 岁城市男生、城市女生、乡村男生、乡村女生肥胖检出率分别为 13.33%、5.64%、7.83%、3.78%，比 2005 年分别增加 1.94、0.63、2.76、1.15 个百分点；超重检出率分别为 14.81%、9.92%、10.79%、8.03%，比 2005

---

[1] Paul Rukavina. Weight-Related Teasing and Coping in Physical Education [R]. Adelphi University Garden City, New York, USA.

年分别增加 1.56、1.20、2.59、3.42 个百分点。

超重和肥胖正严重危害着儿童青少年的身心健康。大量研究发现，曾经认为只有成人特有的慢性病，如高血压病、糖尿病、脂肪肝等，已经在超重肥胖的少年儿童中出现，并且比例越来越高，慢性病低龄化的趋势越来越明显。Paul 的报告指出，在美国，有 70% 的肥胖青少年至少存在一种风险因素❶。另外，肥胖还会给少年儿童带来心理上的负面影响，导致学习能力下降，出现自卑、抑郁、焦虑、缺乏自信等异常心理。这就制约了肥胖学生的全面发展，也使得学校的体育教学效果不尽人意，肥胖已成为学校、家庭、社会不容忽视的问题。

2. 端正体育学习态度是对学生肥胖进行积极干预的重要前提

造成儿童青少年肥胖的原因有许多，其中运动不足是最直接也是最主要的因素。世界卫生组织对少年儿童发育统计资料表明：少年儿童时期是身体生长发育的高峰时期。所以，此阶段应引导肥胖学生端正体育学习态度，学习运动技能，培养运动兴趣，养成经常锻炼的好习惯。

正确的体育学习态度是对学生肥胖进行干预的关键。鲍比·迪波特在《定量学习》中说过："在学习方面最有价值的财富是一种积极的态度。"体育学习态度直接决定着学生体育学习活动过程所取的结果的质量，这一论断已经被国内外许多学者所接受成为大家的共识。体育学习态度调解着学生对体育学习项目内容参与和体育学习行为的选择与反应，对其体育学习和体育锻炼的效果有着严重的影响❷。许多学生肥胖的原因就是没有积极的体育学习态度做引导，没有养成经常锻炼的习惯（吃的多、动的少）。

3. 当前我国对中小学肥胖学生体育学习态度研究的不足与缺陷

通过查阅文献发现，目前我国对肥胖学生问题研究较全面的主要集中在儿童青少年肥胖与运动的实证研究、肥胖对儿童青少年健康影响的研究、肥胖对儿童青少年心理和社会适应能力的影响研究、肥胖对儿童青少年智力的影响研究、儿童青少年肥胖的原因分析等方面而针对肥胖学生的体育学习态度只有少量研究，但是这些研究都没有针对肥胖学生的体育学习态度进行全面、具体的阐述。有一些只是简单的提到了肥胖学生对体育学习的认识以及体育学习兴趣。而肥胖学生对体育学习的认知、需求及体育学习行为等方面却很少涉及，这些都没有对肥胖学生体育学习态度进行综合性、系统性、全面性的研究。

（二）选题的目的和意义

1. 选题的目的

本研究拟通过对北京、武汉、重庆三地中小学肥胖学生体育学习态度进行研

---

❶ Paul Rukavina. Weight-Related Teasing and Coping in Physical Education [R]. Adelphi University Garden City, New York, USA.

❷ 何小涛. 渝东南地区高中生体育学习态度现状研究 [D]. 西南大学，2011.

究，了解和摸清肥胖学生对体育学习的认识，体育学习兴趣、目的与情感体验，行为及表现，学习效果和体育学习压力及需求，从而对肥胖学生的体育学习态度进行分析，反射体育教学的质量。进而有针对性地提出解决问题的途径，并提出一些建议与对策，为肥胖学生端正体育学习态度，养成锻炼的习惯，改善身体形态提供一些建议。为肥胖学生的身心健康发展提供理论依据，为学校体育主管部门进行宏观决策，为学校体育工作部门、体育教师进行教学改革提供一些参考。在实践中，进一步促进素质教育、健康第一等思想在学校体育教学中的落实，促进体育教学的改革。

2. 选题的意义

目前，全世界有 15.5 亿超重或肥胖儿童，其中 1.2 亿在中国，占全球肥胖儿的 8%[1]。这一严重的问题需要引起各方面的高度重视，尤其是肥胖学生本身，要意识到自己的身体状态是不利于健康发展的。为了改善这种状况，首先要端正肥胖学生的体育学习态度，积极进行体育体育锻炼，改善身体形态，形成健康的生活方式。

（三）文献综述

1. 相关概念的研究

（1）关于肥胖的概念研究

1998 年世界卫生组织制定了肥胖诊断的推荐标准，将身体指数 BMI（Body Mass Index）$>25kg/m^2$ 和 BMI$>30kg/m^2$ 分别定为超重和肥胖。身体指数 MBI＝体重/身高^2（kg/m^2），这是基于欧洲人群的标准，并不适用于亚太地区。最近，WHO 对亚太地区肥胖的重新定义中提出 BMI$>23kg/m^2$ 为超重，BMI$>25kg/m^2$ 为肥胖，其中 $25.0\sim29.9kg/m^2$ 为Ⅰ度肥胖；BMI$>30kg/m^2$ 为Ⅱ度肥胖[2]。

使用《2000 年中国学生体质与健康调研报告》提出的全国学生营养评价参考标准（身高标准体重），即以营养良好的儿童为对象，按同等身高人群体重的第 50 百分位数来确定不同年龄段、不同性别人群的标准体重，标准体重±（1＋10%）为正常范围，超过标准体重（1＋10%）为超重，（1＋20%）超过标准体重为肥胖。

BMI 指数（身体质量指数，简称体质指数又称体重指数，英文为 Body Mass Index，简称BMI），是用体重公斤数除以身高米数平方得出的数字，是目前国际上常用的衡量人体胖瘦程度以及是否健康的一个标准。它是由 19 世纪中期的比利时统计学家凯特勒最先提出的[3]。

---

[1] 文雯，左娇蕾. 全球 8%的胖孩子在中国[N]. 健康时报，2012-9-6（1）.
[2] 瞿凤英，张李伟，王春荣等. 国际生命科学学会中国肥胖问题工作组推荐体重指数分类标准的血脂谱验证. 中华流行病学杂志. 2004，25（2）：117-119.
[3] 百度百科[Z]. 2011. http://baike.baidu.com/view/966047.htm.

关于中国学龄儿童青少年超重、肥胖筛查体重指数值分类标准（BMI）。我国于 2003 年确定的《中国学龄儿童青少年超重、肥胖 BMI 筛查分类标准》（表 2-1）❶，是根据国际肥胖的通用审查标准——世界卫生组织（WHO）制定的体重指数界限值，结合中国的实际情况，由国际生命科学学会中国办事处提出的。

表 2-1　中国学龄儿童青少年超重、肥胖 BMI 筛查分类标准

年龄/岁	男超重	男肥胖	女超重	女肥胖
7	17.4	19.2	17.2	18.9
8	18.1	20.3	18.1	19.9
9	18.9	21.4	19.0	21.0
10	19.6	22.5	20.0	22.1
11	20.3	23.6	21.1	23.3
12	21.0	24.7	21.9	24.5
13	21.9	25.7	22.6	25.6
14	22.6	26.4	23.0	26.3
15	23.1	26.9	23.4	26.9
16	23.5	27.4	23.7	27.4
17	23.8	27.8	23.8	27.7
18	24.0	28.0	24.0	28.0

（2）关于体育学习态度概念的研究

何小涛在《渝东南地区高中生体育学习态度现状研究》中指出，体育学习态度是指学生在自身道德观念和价值的基础上所形成的对体育学习这一社会实践活动所具有的特定评价与心理倾向，是个体对体育学习活动的体验，它所表现的是学生对体育学习这一外在实践活动的主观内在心理感受或者认知、情感和意向或者行为倾向❷。

从体育角度来讲，态度是通过身体运动经验，决定某种对象怎样感觉、思考和行为的一种倾向。学习态度是构成一个人性格特征的重要组成部分，也是学生对学习活动所特有的评价和行为倾向❸。

赵进杰、高玉敏在《大学生体育态度的现状调查与培养途径探析》中指出在学习、工作和生活中，人的一切社会行为都不能不受自己态度的影响，态度是最为常见的也是极其重要的社会心理现象。积极稳定的体育态度是影响人们参与体育活动的重要因素，调解着人对体育项目或参与的行为选择❹。

本文所研究的体育学习态度是指肥胖学生对体育学习这一实践活动的主观内在

---

❶ 中国肥胖问题工作组.中国学龄儿童青少年超重、肥胖 BMI 筛查体重指数值分类标准［J］.中华流行病学杂志，2004，25（2）：97-102.
❷ 何小涛.渝东南地区高中生体育学习态度现状研究［D］.西南大学，2011.
❸ 赖天德.学校体育改革热点探究［M］.北京体育大学出版社，2003.
❹ 赵进杰，高玉敏.大学生体育态度的现状调查与培养途径探析［J］.河北工程大学学报，2009，26（2）：117-118.

心理感受、认知、情感、需求、兴趣和行为倾向等。研究的中小学肥胖学生体育学习态度限定的区域范围是北京、武汉、重庆三地中小学肥胖学生所呈现的体育学习态度。

2. 关于青少年学生肥胖和体育学习态度相关问题的研究

(1) 儿童青少年肥胖与运动的实证研究

龙璐在《长沙市中学生超重、肥胖现况调查及干预措施探索》中指出：喜欢和坚持运动为预防肥胖的保护因素。调查还发现不喜欢任何运动的学生与至少参加一项运动的学生之间超重与肥胖检出率有明显统计学差异，可见运动对于防治中学生超重与肥胖具有非常关键的现实效应❶。

卞金陵和李燕在《肥胖儿童相关的饮食和运动问题初探》中提出：肥胖儿童在婴儿期就有少动多睡的习惯，至学龄期仍有相当一部分不爱运动，不爱上体育课，尤其对长跑等径类运动比较反感，看电视时间长，晚饭后户外活动少，饭后短时间内就寝者多❷。

甄凌在《以运动为主综合干预对超重、肥胖少年儿童生长发育的影响》中指出：运动在少年儿童的减重过程中起关键性作用，对超重、肥胖少年儿童进行科学、合理的身体锻炼能达到较好的减重效果。简单易行的运动处方不但学习难度不大，而且更适于长期坚持，特别是在体育老师的监督下，运动的干预方案能较校外的任何一种方式更为有效❸。

宋刚、李年铁、扶健华在《中国儿童青少年肥胖与防治》中指出：儿童青少年肥胖问题的严重性已有目共睹，需要适当的措施进行预防改善。应该加强儿童青少年的体育锻炼，预防儿童青少年肥胖。体育课要有质和量的保证。在保证体育课质的基础上增加体育活动的量，使学生学会锻炼身体的方法，调整学校课外活动，使大部分学生受益❹。

张龙在《少儿单纯性肥胖与运动综合干预模式研究》中，研究得出少儿单纯性肥胖的预防和干预是一项系统工程，在分析少儿身心发展特点的基础上，探讨了体育运动干预对单纯性肥胖少儿身心效益的影响，并提出了以体育运动为主导的综合干预模式❺。

(2) 肥胖对儿童青少年健康影响的研究

甄凌在《以运动为主综合干预对超重、肥胖少年儿童生长发育的影响》中指出：少年儿童时期的肥胖，为成年时的肥胖打下了基础，为将来催患高血压病、冠

---

❶ 龙璐. 长沙市中学生超重、肥胖现况调查及干预措施探索 [D]. 中南大学, 2007.
❷ 卞金陵, 李燕. 肥胖儿童相关的饮食和运动问题初探 [J]. 中国行为医学科学, 2000.9 (4): 296.
❸ 甄凌. 以运动为主综合干预对超重、肥胖少年儿童生长发育的影响 [D]. 首都体育学院, 2010.
❹ 宋刚, 李年铁, 扶健华. 中国儿童青少年肥胖与防治 [J]. 湖南师范大学社会科学学报, 2001.30: 345-347.
❺ 张龙. 少儿单纯性肥胖与运动综合干预模式研究 [J]. 体育成人教育学刊, 2006, 22, (3): 34-36.

心病、糖尿病等疾病埋下隐患。而且肥胖对少年儿童智力和心理发展也有危害，肥胖学生常因大脑供氧不足而昏昏欲睡，影响正常的思维过程和创造力的发挥，导致学习效率降低、学习成绩不良❶。

姚国在《单纯性肥胖儿童的智力、行为和自我意识特点》的研究中指出：单纯性肥胖症是典型的生活方式疾病，对儿童循环系统、呼吸系统都有损害，从而降低儿童的体质健康水平，同时它是成人期心血管疾病、脑血管疾病和糖尿病的重要危险因素❷。

吕书红在《儿童肥胖流行趋势及干预对策探讨》中提道：大多数的研究都认为儿童期的肥胖，大大增加了成人期疾病的患病率。肥胖的儿童有一半会在成年后肥胖，他们患代谢紊乱、糖尿病、高血压病的风险将远远高于成年后肥胖的人，60%的5～10岁肥胖儿童，在他们成人后，会患上至少一种慢性非传染性疾病，如高胆固醇、高甘油三酯、高血压病等❸。

李东海和喻荣彬等在《儿童肥胖的流行病学特征及肥胖对儿童健康的影响》研究中指出：肥胖已开始影响儿童健康及生理指标，肥胖对儿童肝脏、血糖浓度、心功能均有影响。肥胖还能导致肺功能障碍。儿童期肥胖已存在高血压病、高血脂倾向❹。

戴伏英、高翠青、邢玉梅在《超重肥胖对儿童心肺功能的影响研究》中指出：青少年是处于旺盛发育期的群体，其健康体质与未来生活质量密切相关。超重肥胖儿童肺活量功能的下降，影响肺功能发育，身体素质水平下降，因此必须加强体育锻炼，预防和控制肥胖的发生❺。

（3）肥胖对儿童青少年心理和社会适应能力的影响研究

甄凌在《以运动为主综合干预对超重、肥胖少年儿童生长发育的影响》中指出：少年儿童肥胖导致的不良后果还直接表现在智力降低、动手操作能力和运动协调性差、性格孤僻、缺乏自信心，影响儿童正常心理发育❻。

丁一宗在《中国儿童期单纯肥胖症》研究中提出，肥胖儿童在心理方面存在不少偏差。如多有自卑感，担心穿不上漂亮衣服，不愿意与人交往，与陌生人交往时胆怯，对自己身材不满意等❼。

姚国在《单纯性肥胖儿童的智力、行为和自我意识特点》的研究中还指出：由于社会习俗和认同方面存在偏见，肥胖者往往受到歧视，因此阻碍其心理行为发

---

❶ 甄凌．以运动为主综合干预对超重、肥胖少年儿童生长发育的影响［D］．首都体育学院，2010．
❷ 姚国．单纯性肥胖儿童的智力、行为和自我意识特点［D］．青岛大学，2006．
❸ 吕书红．儿童肥胖流行趋势及干预对策探讨［J］．中国健康教育，2002，18，(8)：526-528．
❹ 李东海，喻荣彬等．儿童肥胖的流行病学特征及肥胖对儿童健康的影响［J］．中国校医，2003，17(6)：559-560．
❺ 戴伏英，高翠青，邢玉梅．超重肥胖对儿童心肺功能的影响研究［J］，中国学校卫生，2009，30(12)：273-274．
❻ 甄凌．以运动为主综合干预对超重、肥胖少年儿童生长发育的影响［D］．首都体育学院，2010．
❼ 丁一宗．中国儿童期单纯肥胖症［J］．中华儿童保健杂志，1998，6（2）：116-117．

育，造成难以克服的心理行为损害，使其自尊心和自信心受到损害，对儿童的气质培养、性格塑造等造成破坏性的负面影响❶。

余红平、付生泉在《单纯性肥胖儿童社会适应能力和行为问题研究》中研究得出：单纯性肥胖儿童的心理行为发育有一定程度的偏倚，他们的焦虑、社交退缩、抑郁、躯体诉述等行为因子评分显著高于体重正常儿童，性格内向者亦较多。应根据他们的心身发育特点，制订相应的心理干预措施，对他们进行心理干预❷。

万国斌在《单纯性肥胖儿童自我意识水平、社会适应能力与行为问题研究》中得出：肥胖儿童有自我意识受损，自我评价低，感到有更多的焦虑、不合群、幸福与满足感差。并且，个体愈胖幸福与满足感愈差。随着肥胖程度的加重，男性儿童内向性、抑郁性及分裂样行为问题增多，社会适应能力低下❸。

王巍在《单纯性肥胖儿童家庭行为因素和心理发育研究》中提出：单纯性肥胖儿童自我意识受损，自我评价低，不合群，幸福和满足感差；其社会适应能力较正常体重儿童有所低下、生活及社会交往能力差，过分依赖父母❹。

（4）肥胖对儿童青少年智力的影响研究

姚国在《单纯性肥胖儿童的智力、行为和自我意识特点》的研究中通过对151例肥胖儿童及430例非肥胖儿童进行研究发现，肥胖儿童的智力同非肥胖儿童有差别，BMI（身体质量指数）越大，儿童的智力水平越低❺。

王桂香、王敏在《长春市单纯性肥胖儿童社会适应能力及智商研究》中发现肥胖对儿童礼会适应能力及智商有影响。肥胖儿童在运动、独立生活能力、经济活动能力存在一定缺陷，至于智商水平则无差异显著性❻。

郭忠琴、乔慧等在《单纯性肥胖儿童智力、个性、生理指标的调查分析》中研究发现肥胖儿童操作智商显著低于正常儿童，主要表现在视知能力、译技能力及协调性❼。

张迎修、鲁京浦等在《肥胖儿童的个性、智力及学习成绩分析》研究中以174名肥胖儿童为研究对象，同等数量的正常儿童为对照，进行智力测验。结果表明肥胖儿童智力和学习成绩明显落后，肥胖女生性格趋于内向❽。

---

❶ 姚国. 单纯性肥胖儿童的智力、行为和自我意识特点 [D]. 青岛大学，2006.
❷ 余红平，付生泉. 单纯性肥胖儿童社会适应能力和行为问题研究 [J]. 医学与社会，2001，14（3）：13-14.
❸ 万国斌. 单纯性肥胖儿童自我意识水平、社会适应能力与行为问题研究 [J]. 中国心理卫生杂志，1993，7（1）：46-48.
❹ 王巍. 单纯性肥胖儿童家庭行为因素和心理发育研究 [D]. 吉林大学，2006.
❺ 姚国. 单纯性肥胖儿童的智力、行为和自我意识特点 [D]. 青岛大学，2006.
❻ 王桂香，王敏. 长春市单纯性肥胖儿童社会适应麻能力及智商研究 [J]. 中国学校卫生，2000，21：474—475.
❼ 郭忠琴，乔慧，郑芝凤. 单纯性肥胖儿童智力、个性、生理指标的调查分析 [J]. 中国学校卫生，1999，20（3）：214.
❽ 张迎修，鲁京浦，孙永大，于厚贤. 肥胖儿童的个性、智力及学习成绩分析 [J]. 中国学校卫生，2003，24（2）：159.

(5) 儿童青少年肥胖的原因分析

王巍在《单纯性肥胖儿童家庭行为因素和心理发育研究》中提出：父母对肥胖危害认识不足、不良饮食爱好、经常以零食作为奖励儿童的手段、婴儿期人工喂养、儿童每天看电视时间过长及暴饮暴食等都是肥胖发生的危险因素[1]。

熊光练、田本淳等在《影响儿童肥胖的行为因素研究》中指出：影响儿童肥胖的行为因素依次是吃油炸食物的次数、吃早餐的习惯、睡觉前吃东西的习惯、吃饭的速度、睡觉时间的长短、做作业的时间、体育课外健身运动时间，且男、女存在差异[2]。

宋刚、李年铁、扶健华在《中国儿童青少年肥胖与防治》中指出：儿童青少年肥胖病的病因主要有体力活动水平下降，膳食因素中总热能摄入量应过多，遗传因素等[3]。

孙红在《高校肥胖大学生身心健康与体育健康教育干预效应的研究》中指出引起单纯性肥胖的原因是不良的生活习惯和缺少体育运动[4]。

(6) 针对肥胖学生进行体育教学的研究

袁新芹《在体育教学中注意改善青少儿肥胖现状的几点思考》中指出针对我国青少年、儿童肥胖现象不断增多的状况，文中结合体育教学的特点和作用，分析了控制、改善青少年和儿童肥胖现状的体育教学方法及应注意的问题[5]。

周奕君在《对儿童肥胖开展处方教学的研究》中指出，目前我国儿童的肥胖人群日益增多，已日益影响到他们的健康。文中对肥胖的成因与减肥机制进行了探讨，并认为在体育教学中开展处方教学具有重要意义，这是未来体育教学发展的一个趋势，但是如何寻求科学的、针对性的运动处方和营养配餐是处方教学的关键[6]。

喻修康在《对肥胖儿童的体育教学方法初探》中用具体的案例告诉体育教师在教育教学活动中要多做有心人，对待肥胖儿童要采用不同的教学方法，走进孩子的心灵，培养孩子的锻炼兴趣，养成终身体育的习惯，促进孩子的可持续发展[7]。

张华营在《让肥胖学生上好体育课》中指出：在学校，肥胖学生的占有比例已经不是一个小数目。学生肥胖不仅给自身健康带来了危害，而且对体育教学的顺利进行造成了一定的困难。为了让肥胖学生能上好体育课，作者通过尝试改变成绩评定模式的方法，来激发肥胖学生的参与热情，提高他们的运动成绩，收到了很好的效果[8]。

---

[1] 王巍. 单纯性肥胖儿童家庭行为因素和心理发育研究 [D]. 吉林大学, 2006.

[2] 熊光练, 田本淳等. 影响儿童肥胖的行为因素研究 [J]. 华中科技大学同济医学院公共卫生学院. 2004, 19 (1): 79-81.

[3] 宋刚, 李年铁, 扶健华. 中国儿童青少年肥胖与防治 [J]. 湖南师范大学社会科学学报. 2001, 30: 345-347.

[4] 孙红. 高校肥胖大学生身心健康与体育健康教育干预效应的研究 [J]. 河南师范大学学报. 2005, 33 (1): 148-150.

[5] 袁新芹. 在体育教学中注意改善青少儿肥胖现状的几点思考 [J]. 六安师专学报. 1996, (4): 98-99.

[6] 周奕君. 对儿童肥胖开展处方教学的研究 [J]. 宁波大学学报. 1999, 21 (5): 92-94.

[7] 喻修康. 对肥胖儿童的体育教学方法初探 [J]. 体育教育研究. 2010, (5): 24.

[8] 张华营. 让肥胖学生上好体育课 [J]. 中国体育报, 2007.

唐东辉、陈花在《初中肥胖女生运动减肥实验》一文中，通过对初中肥胖女生在体育课和课外体育活动中应用运动处方的实验研究，结果表明，对初中肥胖女生实施游戏性、趣味性运动处方教学是切实可行的，运动是初中肥胖女生减肥的一种有效方式❶。

苏俊在《针对肥胖学生开展课外体育活动的探索》文中，通过对肥胖学生开展为期一年的课外体育活动计划的实施，成功地培养了学生参加体育锻炼的兴趣，提高了运动能力，树立了自信。凡参加过课外体育活动的肥胖学生，现在不但能够完成课堂体育教学的内容，而且还成为课余体育活动的活跃分子❷。

（7）针对肥胖学生体育学习态度的研究

耿延敏在《山西省肥胖初中生体育教学现状及存在问题的研究》中指出：半数以上肥胖初中学生不喜欢体育课；肥胖学生上体育课的第一动机是升学的需要；多数肥胖学生因怕累不愿参加体育锻炼，他们感到和老师的关系比较紧张，在体育学习中较少或没有被表扬和鼓励过；肥胖学生考试时比较紧张，体育学习压力很大❸。

黄玲英在《中学体育教学中肥胖学生自卑心理的成因及对策》中写到，在体育教学中，肥胖学生由于身体肥胖，影响了运动能力，在体育课上表现为畏难退缩、失意、恐惧、信心不足等自卑情绪。而一旦产生自卑情绪就会在困难、障碍，甚至在同学面前萎靡不振，不思进取，并消极对待所开展的教学活动❹。

赵华、许世岩在《天水市中学生体育学习态度的调查与对策研究》一文中，运用文献资料、问卷调查、数理统计等方法对天水市区部分中学的体育师资、场地器材、课改等现状进行调查发现，中学生体育学习态度不佳是近年来天水市中学生体质状况下降的主要原因之一❺。

邢国福、靳伟伟在《焦作市大中专学生体育课态度的调查分析》中指出，学生不愿意参加体育锻炼的首位原因是怕累。学生没有明确锻炼的目的，对体育课缺乏愉快的情感体验，不能养成自觉锻炼的习惯。再加上现在学生大多数都是独生子女，家长对子女的万般呵护，以及在中小学长期受应试教育的影响，滋长了学生怕苦怕累的思想❻。

赵进杰、高玉敏在《大学生体育态度的现状调查与培养途径探析》一文中，从心理学的角度出发，对大学生参与体育活动的态度进行了现状调查，并提出了通过

---

❶ 唐东辉，陈花. 初中肥胖女生运动减肥实验 [J]. 体育学刊，2001，7（4）：90-91.
❷ 苏俊. 针对肥胖学生开展课外体育活动的探索 [J]. 体育教学，2003（5）：40-41.
❸ 耿延敏. 山西省肥胖初中生体育教学现状及存在问题的研究 [D]. 山西大学，2007.
❹ 黄玲英. 中学体育教学中肥胖学生自卑心理的成因及对策 [J]. 零陵学院学报，2005，26（2）：264-265.
❺ 赵华，许世岩. 天水市中学生体育学习态度的调查与对策研究 [J]. 天水师范学院学报，2007，27（2）：112-114.
❻ 邢国福，靳伟伟. 焦作市大中专学生体育课态度的调查分析 [J]. 湖北体育科技，2009，28（4）：439-440.

体育教育这一途径，来达到培养学生正确的学习态度，转变消极体育态度，养成良好的体育习惯，为终身体育打下坚实基础的目的，为高校体育课教学及体育改革提供有益的参考[1]。

斯勤夫在《影响师范院校女大学生体育态度的因子分析》中指出，体育教学对培养大学生的体育意识、体育能力及养成良好的体育锻炼习惯中具有不可替代的作用。大量的研究表明体育态度对高校学生体育锻炼习惯的形成有着积极的影响，学生体育态度越积极，其参加体育锻炼的程度越高[2]。

总之，以上针对肥胖学生的研究主要是儿童青少年肥胖与运动实证的研究，肥胖对儿童青少年健康和智力影响的研究，肥胖对儿童青少年心理和社会适应能力的研究，儿童青少年肥胖的原因，针对肥胖学生进行体育教学，学生体育学习态度等方面，为本课题的研究提供了一定的参考意义，但是并没有专门论述肥胖学生体育学习态度的文章，因此，本研究的价值不言而喻。

文献总述评

（1）诸多学者围绕儿童青少年肥胖问题的相关研究取得了一定的成果，对"肥胖"及"体育学习态度"的概念都有所界定。目前，尽管没有专门的关于肥胖学生体育学习态度的文献出现，但针对肥胖学生进行的体育教学，学生体育学习态度等研究成果可以为本文的研究提供一定的借鉴意义。

（2）目前，对于肥胖学生的研究主要集中在儿童青少年肥胖与运动实证的研究，肥胖对儿童青少年健康和智力影响的研究，肥胖对儿童青少年心理和社会适应能力的研究，儿童青少年肥胖的原因，针对肥胖学生进行体育教学等方面，另外还有少量的学生体育学习态度研究，它们从某一个侧面来反映关于肥胖学生的研究成果，这些研究成果也可以作为肥胖学生体育学习态度的一部分来参考，为本文后续研究奠定了一定的基础。

二、研究对象和研究方法

（一）研究对象

本文的研究对象是北京、武汉、重庆三地中小学肥胖学生的体育学习态度。

（二）研究方法

1. 文献资料法

通过读秀知识搜索平台、中国知网、万方数据库来收集有关肥胖、肥胖学生、

---

[1] 赵进杰，高玉敏. 大学生体育态度的现状调查与培养途径探析［J］. 河北工程大学学报. 2009，26(2)：117-118.

[2] 斯勤夫. 影响师范院校女大学生体育态度的因子分析［J］. 辽宁体育科技. 2006，28(3)：39-40.

学生体育学习态度、学校体育等方面的文献资料。上述文献资料的收集分析，对本研究的完成具有重要的意义。

(1) 查阅文献的内容

① 关于肥胖和体育学习态度概念的研究。

② 儿童青少年肥胖与运动的实证研究。

③ 肥胖对儿童青少年健康影响的研究。

④ 肥胖对儿童青少年心理和社会适应能力的研究。

⑤ 肥胖对儿童青少年智力的影响研究。

⑥ 儿童青少年肥胖的原因分析。

⑦ 针对肥胖学生进行体育教学的研究。

⑧ 针对肥胖学生体育学习态度的研究。

(2) 文献的种类

查阅与青少年肥胖相关的研究论文、著作。青少年肥胖学生的相关研究主要是肥胖的原因以及肥胖对青少年各方面影响的研究论文，而对肥胖学生体育学习态度的研究还比较少。笔者在期刊网上搜集了50余篇研究论文，在中国知网上搜索到硕士、博士论文10余篇。另外，在图书馆查阅了有关肥胖方面的著作，为本论文撰写奠定了一定的基础。

(3) 查阅文献的途径

① 网络资源

通过网络，在中国知网、中国期刊全文数据库、优秀硕士和博士论文数据库查阅相关的文献，汲取其中的精华部分为本文所用。

② 图书馆和书店

图书馆和书店作为知识存储的宝库成为研究者搜集资料的必经之地。笔者借助地理优势多次前往国家图书馆、首都体育学院图书馆、中关村图书大厦、亚运村图书大厦等收集本研究相关的文献资料。

2. 问卷调查法

(1) 问卷设计

根据研究论文需要，本文设计了学生问卷和教师问卷，遵循问卷制订的原理，在设计上采用了封闭式和开放式相结合，以封闭式问题居多。学生调查问卷设计目的是通过实证研究来调查北京、武汉、重庆三地中小学肥胖学生对体育学习的态度。体育教师问卷设计的目的，一是为了印证学生所填答案的真实度，二是为了从多方面来分析影响肥胖学生对体育学习态度的因素。

(2) 问卷效度与信度

① 问卷效度检验

为确保问卷的有效性，学生问卷和教师问卷请学校体育学领域9位专家对于问卷的内容和结构进行效度检验，结果见表2-2。

表 2-2　专家对问卷结构、内容设计评价一览表（$n=9$）

评价等级	很合适	合适	基本合适	不合适	很不合适
学生问卷结构设计	3（33.3%）	4（44.4%）	2（22.2%）	0	0
学生问卷内容设计	1（11.1%）	5（55.6%）	3（33.3%）	0	0
教师问卷结构设计	2（22.2%）	5（55.6%）	2（22.2%）	0	0
教师问卷内容设计	1（11.1%）	5（55.6%）	3（33.3%）	0	0

从专家对问卷的评价结果可以看出，问卷整体设计比较完善，具有较高的效度。

② 问卷信度检验

在学生问卷发放一周后，本人利用再测法对学生问卷进行了信度检验。在回收的中小学学生问卷中，本人抽取一个班（40份）问卷对学生进行了重测，学生对同一问题的回答前后一致率为88.7%，重测结果显示，问卷调查结果可信度较高，调查问卷结果可取。

（3）问卷发放与回收

根据现有条件，选取了北京、武汉、重庆这3所城市37所学校的部分中小学肥胖学生（肥胖筛选标准见表2-1）和普通学生进行问卷发放。问卷的发放与回收情况见表2-3。

表 2-3　问卷调查的发放与回收情况

问卷类别	发出份数	回收份数（回收率）	无效份数	有效份数（有效率）
学生问卷	1688	1647（97.6%）	35	1612（97.9%）
教师问卷	162	154（95.1%）	9	145（94.2%）

本文肥胖学生的界定是根据我国2003年确定的《中国学龄儿童青少年超重、肥胖BMI筛查分类标准》（表2-1）来确定的。

本研究以北京、武汉、重庆三所城市的部分中小学肥胖学生和普通学生以及体育教师为调查对象。分层抽取中小学共37所学校，其中北京9所，武汉15所，重庆13所（详情见附件三），共收回学生有效问卷1612份，其中肥胖学生563份（肥胖筛选标准见表2-1），普通学生1049份，体育教师有效问卷145份。详细情况（见表2-4和表2-5）。

表 2-4　体育教师问卷调查情况一览表

类别	数量	性别（百分比）	学历（百分比）	职称（百分比）
教师问卷	145	男101（69.2%） 女44（30.8%）	硕士学历5（3.4%） 本科学历122（84.2%） 大专科及以下18（12.4%）	中教高级26（17.9%） 中教一级39（26.9%） 中教二级21（14.5%） 小教高级28（19.3%） 小教一级23（15.9%） 小教二级3（2.1%） 无职称5（3.4%）

表 2-5 学生问卷调查情况一览表

类别	北京				武汉				重庆			
	肥胖学生		普通学生		肥胖学生		普通学生		肥胖学生		普通学生	
	男	女	男	女	男	女	男	女	男	女	男	女
小学	42	26	17	35	81	35	63	52	73	43	68	68
初中	21	22	26	114	33	26	73	71	37	20	64	56
高中	14	17	22	39	30	21	60	95	15	7	52	74

3. 数理统计法

本文在问卷调查获取数据的基础上，运用 excel 2003 统计软件对所获得的各项数据进行统计处理。

4. 逻辑分析法

主要运用比较、分析、综合、归纳等逻辑学方法，对收集到的大量资料进行思维加工，理清肥胖学生体育学习态度现状，提出相应的对策与建议。

三、结果与讨论

（一）肥胖学生对体育学习的认知

1. 肥胖学生对体育学习意义的认识

调查表明，半数及以上的肥胖学生对体育学习有较正确的认识，认为体育学习对健康及生活态度的影响较大。有少部分肥胖学生认为体育学习对健康及生活态度影响很小甚至没有影响。对体育学习是否有正确的认识，是学生对体育学习产生积极态度的前提。

在小学肥胖学生对体育学习意义的认识调查中发现（表 2-6），北京小学肥胖男生认为体育学习对健康及生活态度影响较大与影响很小甚至没有影响的分别占 23.8% 和 26.2%，而肥胖女生分别占 30.8% 和 15.3%。武汉的小学肥胖男生认为影响一般的占 25.9%，很小和没有影响的占 23.4%，女生认为一般的有 42.9%，很小和没有的仅占 5.7%。重庆肥胖男生认为影响很小和没有的占 23.3%，女生占 25.6%。由此可见，北京和武汉的小学肥胖女生比肥胖男生对体育学习的认识更深刻一些。

通过表 2-6 和表 2-7 的对比发现，小学肥胖学生认为体育学习对健康及生活态度的影响非常大、比较大、一般、很小、没有影响的比例分别占 23.3%、26.6%、28.7%、10.7%、10.7%，小学普通学生认为体育学习对健康及生活态度的影响比例分别是 30.0%、39.9%、17.6%、5.9%、6.6%。这说明小学普通学生比肥胖学生在某种程度上对体育学习的认识要深入、积极一些。这种积极的态度直接影响学生参与体育学习和锻炼的态度，从而影响自己的体型和体态等。

表 2-6　小学肥胖学生对体育学习意义认识的统计结果

	北京				武汉				重庆				总体	
	男		女		男		女		男		女			
	n	%	n	%	n	%	n	%	n	%	n	%	n	%
非常大	9	21.4	6	23.1	20	24.8	4	11.4	21	28.8	10	23.3	70	23.3
比较大	10	23.8	8	30.8	21	25.9	14	40.0	17	23.3	10	23.3	80	26.6
一般	12	28.6	8	30.8	21	25.9	15	42.9	18	24.6	12	27.8	86	28.7
很小	6	14.3	3	11.5	10	12.3	0	0	7	9.6	6	14.0	32	10.7
没有	5	11.9	1	3.8	9	11.1	2	5.7	10	13.7	5	11.6	32	10.7

注：n 北京肥胖男生＝42；n 北京肥胖女生＝26；n 武汉肥胖男生＝81；n 武汉肥胖女生＝35；n 重庆肥胖男生＝73；n 重庆肥胖女生＝43；n 肥胖总体＝300

表 2-7　小学普通学生对体育学习意义认识的统计结果

	北京				武汉				重庆				总体	
	男		女		男		女		男		女			
	n	%	n	%	n	%	n	%	n	%	n	%	n	%
非常大	11	64.7	12	34.2	18	28.6	15	28.8	19	27.9	16	23.5	91	30.0
比较大	3	17.6	18	51.4	17	27.0	25	48.2	25	36.7	33	48.5	121	39.9
一般	2	11.8	3	8.6	13	20.6	9	17.3	11	16.2	15	22.1	53	17.6
很小	0	0	1	2.9	10	15.9	1	1.9	5	7.4	1	1.5	18	5.9
没有	1	5.9	1	2.9	5	7.9	2	3.8	8	11.8	3	4.4	20	6.6

注：n 北京普通男生＝17；n 北京普通女生＝35；n 武汉普通男生＝63；n 武汉普通女生＝52；n 重庆普通男生＝68；n 重庆普通女生＝68；n 普通总体＝303

表 2-8 显示，北京初中肥胖男生和女生认为体育学习对健康及生活态度的影响很小的均没有，认为没有影响的男生仅有 1 个，占 4.8%。武汉初中肥胖男生和女生认为没有影响的分别占 9.1% 和 11.6%，男女生的认识相差不大。重庆肥胖男生认为影响很大的占 28.1%，而女生只占 17.9，认为没有影响的男生占 6.3%，女生仅有 1.8%。这表明北京初中的肥胖学生比武汉和重庆的初中肥胖学生对体育学习的认识更深入。

表 2-8 和表 2-9 的对比显示，初中肥胖学生认为体育学习对健康及生活态度的影响非常大、比较大、一般、很小和没有影响的分别占 27.0%、32.1%、32.7%、1.9%、6.3%，初中普通学生的比例分别是 23.3%、43.3%、27.5%、2.7%、3.2%。这表明就总体而言，初中肥胖学生对体育学习的认识不及普通学生。

表 2-8　初中肥胖学生对体育学习意义认识的统计结果

	北京				武汉				重庆				总计	
	男		女		男		女		男		女			
	n	%	n	%	n	%	n	%	n	%	n	%	n	%
非常大	6	28.6	3	13.6	7	21.2	5	19.2	18	48.7	4	20.0	43	27.0
比较大	6	28.6	9	40.9	12	36.4	10	38.5	7	18.9	7	35.0	51	32.1
一般	8	38.0	10	45.5	11	33.3	7	26.9	10	27.0	6	30.0	52	32.7

续表

	北京				武汉				重庆				总计	
	男		女		男		女		男		女			
	n	%	n	%	n	%	n	%	n	%	n	%	n	%
很小	0	0	0	0	0	0	1	3.8	1	2.7	1	5.0	3	1.9
没有	1	4.8	0	0	3	9.1	3	11.6	1	2.7	2	10.0	10	6.3

注：n 北京肥胖男生＝21；n 北京肥胖女生＝22；n 武汉肥胖男生＝33；n 武汉肥胖女生＝26；n 重庆肥胖男生＝37；n 重庆肥胖女生＝20；n 肥胖总体＝159。

表 2-9 初中普通学生对体育学习意义认识的统计结果

	北京				武汉				重庆				总体	
	男		女		男		女		男		女			
	n	%	n	%	n	%	n	%	n	%	n	%	n	%
非常大	9	34.6	27	23.7	18	24.7	12	16.9	18	28.1	10	17.9	94	23.3
比较大	8	30.8	51	44.7	28	38.3	34	47.9	29	45.3	25	44.6	175	43.3
一般	7	26.9	32	28.1	21	28.8	21	29.6	11	17.2	19	33.9	111	27.5
很小	0	0	1	0.9	5	6.8	2	2.8	2	3.1	1	1.8	11	2.7
没有	2	7.7	3	2.6	1	1.4	2	2.8	4	6.3	1	1.8	13	3.2

注：n 北京普通男生＝26；n 北京普通女生＝114；n 武汉普通男生＝73；n 武汉普通女生＝71；n 重庆普通男生＝64；n 重庆普通女生＝56；n 普通总体＝404。

表 2-10 的数据说明，北京高中肥胖男生和女生认为体育学习对健康及生活态度的影响非常大的比例分别是 57.1% 和 41.2%，认为影响很小的肥胖男生没有，女生仅有 1 个（5.9%）。武汉的肥胖男生和女生认为影响非常大的分别有 26.6% 和 14.3%，认为影响的女生有 1 个（4.8%）。重庆的肥胖男生和女生认为影响比较大的分别占 33.3% 和 14.3%，认为一般的肥胖男生和女生的比例是 26.7% 和 57.1%。这说明北京高中的肥胖男生和女生均比武汉和重庆的肥胖学生对体育学习意义的认识更深入。这可能跟地方经济发展水平、文化生活有关。

表 2-10 和表 2-11 的对比显示，高中肥胖学生认为体育学习对健康及生活态度的影响非常大、比较大、一般、很小和没有影响的分别占 31.7%、34.6%、30.8%、1.0%、1.9%，高中普通学生的比例分别是 29.2%、42.7%、24.3%、2.9%、0.9%。这说明高中普通学生也比肥胖学生对体育学习的认识更深入一些。这跟自己的体型有一定的关系，肥胖学生因为自己的体型不便于运动从而不太喜欢体育学习，对体育学习的认识也消极一些。

表 2-10 高中肥胖学生对体育学习意义认识的统计结果

	北京				武汉				重庆				总体	
	男		女		男		女		男		女			
	n	%	n	%	n	%	n	%	n	%	n	%	n	%
非常大	8	57.1	7	41.2	8	26.6	3	14.3	5	33.3	2	28.6	33	31.7

续表

	北京				武汉				重庆				总体	
	男		女		男		女		男		女			
	n	%	n	%	n	%	n	%	n	%	n	%	n	%
比较大	4	28.6	5	29.4	11	36.7	10	47.6	5	33.3	1	14.3	36	34.6
一般	2	14.3	4	23.5	11	36.7	7	33.3	4	26.7	4	57.1	32	30.8
很小	0	0	1	5.9	0	0	0	0	0	0	0	0	1	1.0
没有	0	0	0	0	0	0	1	4.8	1	6.7	0	0	2	1.9

注：n 北京肥胖男生=14；n 北京肥胖女生=17；n 武汉肥胖男生=30；n 武汉肥胖女生=21；n 重庆肥胖男生=15；n 重庆肥胖女生=7；n 肥胖总体=104

表 2-11　高中普通学生对体育学习意义认识的统计结果

	北京				武汉				重庆				总体	
	男		女		男		女		男		女			
	n	%	n	%	n	%	n	%	n	%	n	%	n	%
非常大	10	45.5	5	12.8	16	26.7	31	32.6	21	40.4	17	23.0	100	29.2
比较大	11	50.0	22	56.4	21	35.0	33	34.7	23	44.2	36	48.6	146	42.7
一般	1	4.5	12	30.8	17	28.3	25	26.3	8	15.4	20	27.0	83	24.3
很小	0	0	0	0	6	10.0	3	3.2	0	0	1	1.4	10	2.9
没有	0	0	0	0	0	0	3	3.2	0	0	0	0	3	0.9

注：n 北京普通男生=22；n 北京普通女生=39；n 武汉普通男生=60；n 武汉普通女生=95；n 重庆普通男生=52；n 重庆普通女生=74；n 普通总体=342

对以上数据的分析表明，肥胖学生随着年龄的增长，对体育学习意义的认识也越来越深入。这可能是体育教育在起作用，肥胖学生随着学习年限的增长，对体育学习价值观的认识也越来越正确。

2. 肥胖学生对体育学习作用的理解

研究表明，肥胖学生认为体育学习的作用主要是提高身体素质，降体重减脂肪，掌握体育知识技术技能。

表 2-12 的数据表明，北京小学肥胖男生认为体育学习的作用排在前 3 位的是降体重和减脂肪、提高身体素质、培养良好的心理品质，而肥胖女生则把提高身体素质放在第 1 位，然后是降体重和减去脂肪、培养意志品质。他们都把提高社会适应能力放在最后 1 位。武汉小学的肥胖男生和女生都把提高身体素质、掌握知识技术技能排在前两位，排在第 3 位的分别是培养意志品质和培养良好的心理品质，排在最后 1 位的分别是提高社会适应能力和降体重减脂肪。重庆小学的肥胖男生和女生也都把提高身体素质排在第 1 位，第 2 位分别是降体重减脂肪和提高身体素质，第 3 位都是培养意志品质，最后 1 位的都是提高社会适应能力。这说明北京小学的肥胖男生比其他学生更清楚地认识到了参与体育学习能够达到减肥的目的。

表 2-12 和表 2-13 的数据对比显示，小学肥胖学生认为体育学习的作用排在前 3 位的是提高身体素质、降体重减脂肪、掌握知识技术技能，然后依次是培养意志

品质，培养心理品质，培养体育意识，提高适应能力，小学普通学生排在前 3 位的是提高身体素质、掌握知识技术技能、培养心理品质，然后是培养意志品质、培养体育意识、降体重减脂肪、提高适应能力。三个地方的肥胖学生和普通学生都将提高身体素质放在第 1 位，说明体育能增强体能、提高身体素质已经得到了学生的肯定。排在第 2 位的则分别是降体重减脂肪和掌握体育知识技术技能，这是学生根据自己的实际情况来确定的。排在最后 1 位的都是提高社会适应能力，这可能是因为小学生的学习和实践能力有限，缺乏对体育学习作用的深层次理解。

表 2-12　小学肥胖学生对体育学习作用的理解

	北京				武汉				重庆				总体	
	男		女		男		女		男		女			
	n	%	n	%	n	%	n	%	n	%	n	%	n	%
掌握技术技能	23	54.8	15	57.7	49	60.5	26	74.3	42	57.5	32	74.4	187	62.3
提高适应能力	15	35.7	13	50.0	41	50.6	22	62.9	39	53.4	21	48.8	151	50.3
培养心理品质	24	57.1	15	57.7	45	55.6	26	74.3	43	58.9	25	58.1	178	59.3
提高身体素质	28	66.7	22	84.6	61	75.3	31	88.6	62	84.9	36	83.7	240	80.0
降体重减脂肪	29	69.0	19	73.1	47	58.0	21	60.0	49	67.1	25	58.1	190	63.3
培养意志品质	19	45.2	18	69.2	49	60.5	21	60.0	46	63.0	27	62.8	180	60.0
培养体育意识	20	47.6	15	57.7	47	58.0	22	62.9	44	60.3	25	58.1	173	57.7

注：n 北京肥胖男生＝42；n 北京肥胖女生＝26；n 武汉肥胖男生＝81；n 武汉肥胖女生＝35；n 重庆肥胖男生＝73；n 重庆肥胖女生＝43；n 肥胖总体＝300

表 2-13　小学普通学生对体育学习作用的理解

	北京				武汉				重庆				总体	
	男		女		男		女		男		女			
	n	%	n	%	n	%	n	%	n	%	n	%	n	%
掌握技术技能	14	82.4	21	60	48	76.2	40	76.9	55	80.9	55	80.9	233	76.9
提高适应能力	11	64.7	19	54.3	48	76.2	30	57.7	49	72.1	42	61.8	199	65.7
培养心理品质	13	76.5	25	71.4	46	73.0	37	71.2	48	70.6	50	73.5	219	72.3
提高身体素质	16	94.1	33	94.3	53	84.1	48	92.3	62	91.2	58	85.3	270	89.1
降体重减脂肪	11	64.7	24	68.6	40	63.5	34	65.4	50	73.5	50	73.5	209	69.0
培养意志品质	15	88.2	28	80.0	44	69.8	33	63.5	46	67.7	50	73.5	216	71.3
培养体育意识	12	70.6	21	60.0	42	66.7	33	63.5	50	73.5	53	77.9	211	69.6

注：n 北京普通男生＝17；n 北京普通女生＝35；n 武汉普通男生＝63；n 武汉普通女生＝52；n 重庆普通男生＝68；n 重庆普通女生＝68；n 普通总体＝303

表 2-14 显示，北京初中肥胖男生和女生都将提高身体素质放在第 1 位，降体重减脂肪放在第 2 位。武汉肥胖男生放在第 1 位的是提高身体素质、第 2 位是培养良好的心理品质和培养意志品质，而肥胖女生是把培养良好的心理品质放在第 1 位，提高身体素质放在第 2 位。重庆肥胖男生将提高身体素质、掌握体育知识技术技能放在第 1 位，将体重减脂肪排在第 2 位，肥胖女生将提高身体素质放在第 1 位，掌握体育知识技术技能放在第 2 位。由此说明，北京和重庆的肥胖学生对体育学

习作用的理解仅停留在表面上,而武汉的肥胖学生则认识到了体育学习更深次的作用。

表 2-14 与表 2-15 的数据对比显示,三地的初中肥胖学生总体将体育学习的作用排在前 4 位的分别是:提高身体素质、培养良好的心理品质、掌握体育知识技术技能和降体重减脂肪,然后依次是培养意志品质、提高社会适应能力、培养体育意识。初中普通学生总体排在前 4 位的分别是提高身体素质、培养意志品质、培养良好的心理品质和掌握体育知识技术技能,然后是提高社会适应能力、降体重减脂肪和培养体育意识。说明肥胖学生和普通学生对体育学习的理解都已经不仅仅停留在表面上了,也看到了体育深层次的作用,包括在培养心理、意志品质和社会适应能力等方面的作用。学生根据自己的实际情况对参与体育学习是否有助于降体重减脂肪有自己独到的理解。

表 2-14　初中肥胖学生对体育学习作用的理解

	北京				武汉				重庆				总体	
	男		女		男		女		男		女			
	n	%	n	%	n	%	n	%	n	%	n	%	n	%
掌握技术技能	16	76.2	16	72.7	27	81.8	20	76.9	34	91.9	17	85.0	130	81.8
提高适应能力	18	85.7	15	68.2	28	84.8	18	69.2	21	56.8	14	70.0	114	71.7
培养心理品质	17	81.0	17	77.3	29	87.9	24	92.3	30	81.1	16	80.0	133	83.6
提高身体素质	21	100	22	100	33	100	22	84.6	34	91.9	19	95.0	151	95.0
降体重减脂肪	19	90.5	17	77.3	24	72.7	21	80.8	31	83.8	16	80.0	128	80.5
培养意志品质	16	76.2	17	77.3	29	87.9	21	80.8	29	78.4	15	75.0	127	79.9
培养体育意识	15	71.4	12	54.5	27	81.8	17	65.4	26	70.3	12	60.0	109	68.6

注:n 北京肥胖男生=21;n 北京肥胖女生=22;n 武汉肥胖男生=33;n 武汉肥胖女生=26;n 重庆肥胖男生=37;n 重庆肥胖女生=20;n 肥胖总体=159

表 2-15　初中普通学生对体育学习作用的理解

	北京				武汉				重庆				总体	
	男		女		男		女		男		女			
	n	%	n	%	n	%	n	%	n	%	n	%	n	%
掌握技术技能	21	80.8	83	72.8	65	89.0	61	85.9	55	85.9	43	76.8	328	81.2
提高适应能力	19	73.1	76	66.7	65	89.0	63	88.7	51	79.7	40	71.4	314	77.7
培养心理品质	18	69.2	91	79.8	64	87.7	66	93.0	52	81.3	47	83.9	338	83.7
提高身体素质	24	92.3	110	96.5	71	97.3	67	94.4	57	89.1	51	91.1	380	94.1
降体重减脂肪	21	80.8	81	71.1	62	84.9	60	84.5	44	68.8	41	73.2	309	76.5
培养意志品质	23	88.5	95	83.3	68	93.2	65	91.5	52	81.3	42	75.0	345	85.4
培养体育意识	18	69.2	81	71.1	62	84.9	61	85.9	49	76.6	38	67.9	309	76.5

注:n 北京普通男生=26;n 北京普通女生=114;n 武汉普通男生=73;n 武汉普通女生=71;n 重庆普通男生=64;n 重庆普通女生=56;n 普通总体=404

表 2-16 说明,北京高中肥胖男生将降体重减脂肪和提高身体素质排在第 1 位,第 2 位的是掌握体育知识技术技能,肥胖女生将降体重减脂肪和培养意志品质放在第 1 位,提高身体素质放在第 2 位。武汉肥胖男生排在前两位的分别是提高身体素

质和降体重减脂肪，女生将提高身体素质和降体重减脂肪排在第1位，第2位是培养良好的心理品质。重庆肥胖男生将掌握体育知识技术技能放在第1位，提高身体素质和社会适应能力放在第2位，女生将提高身体素质和培养意志品质放在第1位，降体重减脂肪排在第2位。由此可以看出，到了高中阶段，肥胖学生（重庆的肥胖男生除外）都把降体重减脂肪放在第1位或第2位，这是由于他们自身的实际情况决定的。

表2-16与表2-17的数据对比说明，高中肥胖学生总体排在前3位的依次是提高身体素质、降体重减脂肪和培养意志品质，然后依次是掌握体育技术技能、培养心理品质、提高社会适应能力和培养体育意识。普通学生总体排在前3位的分别是提高身体素质、培养意志品质和培养心理品质，然后依次是掌握体育知识技术技能、提高社会适应能力、降体重减脂肪和培养体育意识。这表明到了高中阶段，学生对体育学习作用的认识更全面，肥胖学生和普通学生根据自己的亲身体验和实践对体育学习的作用也有不同的认识。

表2-16 高中肥胖学生对体育学习作用的理解

	北京				武汉				重庆				总体	
	男		女		男		女		男		女			
	n	%	n	%	n	%	n	%	n	%	n	%	n	%
掌握技术技能	11	78.6	10	58.8	17	56.7	14	66.7	14	93.3	4	57.1	70	67.3
提高适应能力	10	71.4	11	64.7	16	53.3	12	57.1	13	86.7	3	42.9	65	62.5
培养心理品质	9	64.3	10	58.8	19	63.3	16	76.2	12	80.0	4	57.1	70	67.3
提高身体素质	13	92.9	14	82.4	26	86.7	17	81.0	13	86.7	7	100	90	86.5
降体重减脂肪	13	92.9	15	88.2	20	66.7	17	81.0	10	66.7	6	85.7	81	77.9
培养意志品质	10	71.4	15	88.2	19	63.3	14	66.7	11	73.3	7	100	76	73.1
培养体育意识	8	57.1	6	35.3	16	53.3	11	52.4	10	66.7	5	71.4	56	53.8

注：n北京肥胖男生＝14；n北京肥胖女生＝17；n武汉肥胖男生＝30；n武汉肥胖女生＝21；n重庆肥胖男生＝15；n重庆肥胖女生＝7；n肥胖总体＝104

表2-17 高中普通学生对体育学习作用的理解

	北京				武汉				重庆				总体	
	男		女		男		女		男		女			
	n	%	n	%	n	%	n	%	n	%	n	%	n	%
掌握技术技能	18	81.8	29	74.4	43	71.7	72	75.8	37	71.2	53	71.6	252	73.7
提高适应能力	17	77.3	23	59.0	46	76.7	65	68.4	38	73.1	42	56.8	231	67.5
培养心理品质	20	90.9	29	74.4	46	76.7	74	77.9	38	73.1	49	66.2	256	74.9
提高身体素质	22	100	37	94.9	55	91.7	86	90.5	47	90.4	72	97.3	319	93.3
降体重减脂肪	15	68.2	32	82.1	36	60.0	64	67.4	24	46.2	52	70.3	223	65.2
培养意志品质	20	90.9	33	84.6	46	76.7	66	69.5	39	75.0	53	71.6	257	75.1
培养体育意识	16	72.7	26	66.7	39	65.0	54	56.8	32	61.5	41	55.4	208	60.8

注：n北京普通男生＝22；n北京普通女生＝39；n武汉普通男生＝60；n武汉普通女生＝95；n重庆普通男生＝52；n重庆普通女生＝74；n普通总体＝342

纵向看来，随着年龄的增长，肥胖学生对体育学习作用的认识也在逐渐变化，由表及里、由浅入深。

（二）肥胖学生体育学习兴趣、目的与情感体验

1. 肥胖学生对体育学习的喜爱程度

研究表明，半数及以上的肥胖学生喜欢体育运动。仅有极少部分肥胖学生不喜欢体育运动。

表 2-18 数据显示，北京、武汉、重庆非常喜欢和喜欢体育运动的肥胖男生比例是 76.2%、76.5%、81.2%，女生的比例分别是 57.7%、65.7%、55.7%，男生不喜欢和很不喜欢的比例占 0、2.5%、5.5%，女生分别占 7.6%、2.9%、9.4%，这表明重庆小学的肥胖男生比北京和武汉的肥胖男生喜欢体育运动的更多一些，肥胖女生则是武汉比北京和重庆的更喜欢体育运动。不喜欢体育运动肥胖男生和女生都是重庆最严重。小学肥胖男生比女生更喜欢体育运动。

由表 2-18 和表 2-19 对比可见，非常喜欢和喜欢、一般、不喜欢和很不喜欢体育运动的肥胖学生总体比例分别是 69.4%、26.3%、4.3%，普通学生的比例分别是 79.8%、19.5%、0.7%。这说明肥胖学生喜欢体育运动的程度不及普通学生，这可能是因为体型原因，肥胖学生运动起来比较吃力，而且很多动作不易完成，怕同学和老师取笑。

表 2-18 小学肥胖学生对体育运动的喜欢程度

	北京				武汉				重庆				总体	
	男		女		男		女		男		女			
	n	%	n	%	n	%	n	%	n	%	n	%	n	%
非常喜欢	11	26.2	4	15.4	28	34.5	7	20.0	20	27.4	10	23.2	80	26.7
喜欢	21	50.0	11	42.3	34	42.0	16	45.7	32	43.8	14	32.5	128	42.7
一般	10	23.8	9	34.7	17	21.0	11	31.4	17	23.3	15	34.9	79	26.3
不喜欢	0	0	1	3.8	0	0	1	2.9	3	4.1	2	4.7	7	2.3
很不喜欢	0	0	1	3.8	2	2.5	0	0	1	1.4	2	4.7	6	2.0

注：n 北京肥胖男生＝42；n 北京肥胖女生＝26；n 武汉肥胖男生＝81；n 武汉肥胖女生＝35；n 重庆肥胖男生＝73；n 重庆肥胖女生＝43；n 肥胖总体＝300

表 2-19 小学普通学生对体育运动的喜欢程度

	北京				武汉				重庆				总体	
	男		女		男		女		男		女			
	n	%	n	%	n	%	n	%	n	%	n	%	n	%
非常喜欢	11	64.7	9	25.7	31	49.2	15	28.8	30	44.2	20	29.4	116	38.3
喜欢	4	23.5	17	48.6	18	28.6	28	53.8	29	42.8	30	44.1	126	41.5
一般	2	11.8	9	25.7	13	20.6	9	17.4	9	13.2	17	25.0	59	19.5

续表

	北京				武汉				重庆				总体	
	男		女		男		女		男		女			
	n	%	n	%	n	%	n	%	n	%	n	%	n	%
不喜欢	0	0	0	0	0	0	0	0	0	0	0	0	0	0
很不喜欢	0	0	0	0	1	1.6	0	0	0	0	1	1.5	2	0.7

注：n 北京普通男生=17；n 北京普通女生=35；n 武汉普通男生=63；n 武汉普通女生=52；n 重庆普通男生=68；n 重庆普通女生=68；n 普通总体=303

表 2-20 的数据显示，非常喜欢和喜欢、不喜欢和很不喜欢体育运动的北京肥胖男生所占比例分别是 57.1%、9.6%，女生分别有 40.9%、13.6%。武汉肥胖男生和女生所占的比例分别是 69.7%、0 和 23.1%、7.7%。重庆肥胖男生和女生的比例分别是 67.5%、2.7% 和 50%、5%。这表明武汉初中肥胖男生比北京和重庆的肥胖男生喜欢体育运动的要多，不喜欢体育运动的要少，尤其是北京与武汉和重庆比例相差较多。

表 2-20 和表 2-21 的数据对比显示，非常喜欢和喜欢、一般、不喜欢和很不喜欢体育运动的肥胖学生总体比例分别是 53.5%、40.8%、5.7%，普通学生的比例分别是 68.4%、28.7%、2.9%。说明初中的肥胖学生喜欢体育运动也不及普通学生。

表 2-20 初中肥胖学生对体育运动的喜欢程度

	北京				武汉				重庆				总体	
	男		女		男		女		男		女			
	n	%	n	%	n	%	n	%	n	%	n	%	n	%
非常喜欢	5	23.8	0	0	5	15.2	1	3.8	10	27.0	2	10.0	23	14.5
喜欢	7	33.3	9	40.9	18	54.5	5	19.3	15	40.5	8	40.0	62	39.0
一般	7	33.3	10	45.5	10	30.3	18	69.2	11	29.8	9	45.0	65	40.8
不喜欢	1	4.8	3	13.6	0	0	2	7.7	0	0	0	0	6	3.8
很不喜欢	1	4.8	0	0	0	0	0	0	1	2.7	1	5.0	3	1.9

注：n 北京肥胖男生=21；n 北京肥胖女生=22；n 武汉肥胖男生=33；n 武汉肥胖女生=26；n 重庆肥胖男生=37；n 重庆肥胖女生=20；n 肥胖总体=159

表 2-21 初中普通学生对体育运动的喜欢程度

	北京				武汉				重庆				总体	
	男		女		男		女		男		女			
	n	%	n	%	n	%	n	%	n	%	n	%	n	%
非常喜欢	9	34.6	21	18.4	14	19.2	11	15.5	21	32.8	12	21.4	88	21.8
喜欢	12	46.2	47	41.2	40	54.7	32	45.1	35	54.7	22	39.3	188	46.6
一般	5	19.2	42	36.8	18	24.7	25	35.2	7	10.9	19	33.9	116	28.7
不喜欢	0	0	3	2.7	1	1.4	2	2.8	0	0	3	5.4	9	2.2
很不喜欢	0	0	1	0.9	0	0	1	1.4	1	1.6	0	0	3	0.7

注：n 北京普通男生=26；n 北京普通女生=114；n 武汉普通男生=73；n 武汉普通女生=71；n 重庆普通男生=64；n 重庆普通女生=56；n 普通总体=404

表 2-22 的数据说明,北京、武汉、重庆的高中肥胖男生非常喜欢和喜欢体育运动的比例分别是 85.8%、70%、73.3%,不喜欢的都没有。肥胖女生喜欢的比例分别是 52.9%、52.3%、57.1%,不喜欢和很不喜欢的比例分别是 5.9%、4.8%、14.3%。由此可推断出,北京高中的肥胖男生比武汉和重庆的高中肥胖男生喜欢体育运动要多 10 个百分点以上。肥胖女生重庆的要稍多一点。

表 2-22 和表 2-23 的数据对比显示,非常喜欢和喜欢、一般、不喜欢和很不喜欢体育运动的肥胖学生总体比例分别是 65.4%、31.7%、2.9%,普通学生的比例分别是 62.3%、33.6%、4.1%。由此可见,到了高中阶段,肥胖学生可能因为关注自己的体态,想要通过运动来达到减肥的目的,所以喜欢体育运动的比普通学生要多。

表 2-22 高中肥胖学生对体育运动的喜欢程度

	北京				武汉				重庆				总体	
	男		女		男		女		男		女			
	n	%	n	%	n	%	n	%	n	%	n	%	n	%
非常喜欢	6	42.9	5	29.4	6	20.0	4	19	5	33.3	0	0	26	25.0
喜欢	6	42.9	4	23.5	15	50.0	7	33.3	6	40.0	4	57.1	42	40.4
一般	2	14.2	7	41.2	9	30.0	9	42.9	4	26.7	2	28.6	33	31.7
不喜欢	0	0	0	0	0	0	1	4.8	0	0	1	14.3	2	1.9
很不喜欢	0	0	1	5.9	0	0	0	0	0	0	0	0	1	1.0

注:n 北京肥胖男生=14;n 北京肥胖女生=17;n 武汉肥胖男生=30;n 武汉肥胖女生=21;n 重庆肥胖男生=15;n 重庆肥胖女生=7;n 肥胖总体=104

表 2-23 高中普通学生对体育运动的喜欢程度

	北京				武汉				重庆				总体	
	男		女		男		女		男		女			
	n	%	n	%	n	%	n	%	n	%	n	%	n	%
非常喜欢	13	59.1	8	20.5	23	38.2	7	7.4	19	36.5	15	20.3	85	24.9
喜欢	7	31.8	15	38.5	22	36.7	34	35.8	25	48.1	25	33.7	128	37.4
一般	2	9.1	16	41.0	13	21.7	45	47.4	8	15.4	31	41.9	115	33.6
不喜欢	0	0	0	0	1	1.7	6	6.3	0	0	2	2.7	9	2.6
很不喜欢	0	0	0	0	1	1.7	3	3.2	0	0	1	1.4	5	1.5

注:n 北京普通男生=22;n 北京普通女生=39;n 武汉普通男生=60;n 武汉普通女生=95;n 重庆普通男生=52;n 重庆普通女生=74;n 普通总体=342

由表 2-18、表 2-20、表 2-22 和表 2-24 对比可知,小学、初中、高中肥胖学生认为自己非常喜欢和喜欢体育运动的比例分别是 69.4%、53.5%、65.4%,不喜欢和很不喜欢的比例分别是 4.3%、5.7%、2.9%。小学、初中、高中体育教师认为肥胖学生喜欢的分别有 60.8%、42%、50.3%,不喜欢和很不喜欢的有 4%、14%、9%。教师认为肥胖学生喜欢体育运动和肥胖学生自己认为喜欢的比例相差 10 个百分点左右,年级越高,相差越明显,不喜欢的比例相差较大的也是初中和高中。这可能是由于学生年级越高，要求也越高，例如要求内容的丰富多样性，方法手段的多样性等，或者自身的身体形态不易于完成很多运动技术动作，在体育学习过程中表现得不是很积极，但是本身却很喜欢体育运动，以至于体育老师和肥胖学生的认识不是非常一致。

表 2-24　教师认为肥胖学生对体育运动的喜欢程度

	小学		初中		高中		总体	
	n	%	n	%	n	%	n	%
非常喜欢	5	9.8	4	8.0	1	2.3	10	6.9
喜欢	26	51.0	17	34.0	20	45.5	63	43.4
一般	18	35.2	22	44.0	19	43.2	59	40.7
不喜欢	1	2.0	6	12.0	4	9.1	11	7.6
很不喜欢	1	2.0	1	2.0	0	0	2	1.4

注：n 小学 = 51；n 初中 = 50；n 高中 = 44；n 总体 = 145

2. 学生体育学习的目的

调查表明，肥胖学生参与体育学习的主要目的是锻炼身体增进健康，减肥，愉悦身心。

由表 2-25 可以看出，北京、武汉、重庆的小学肥胖学生都把锻炼身体增进健康看做是体育学习的主要目的，排在第 1 位。武汉的肥胖学生和重庆肥胖男生将愉悦身心排在第 2 位，重庆肥胖女生将学习知识技能排在第 2 位，而北京的肥胖男生和女生将减肥排在第 2 位。由此可以看出，北京肥胖男生和女生体育学习的第二目的是减肥，和武汉重庆的都不同，这可能是由于北京儿童肥胖率比武汉重庆的都高所造成的。

表 2-25 和表 2-26 对比可以看出，肥胖学生总体将参与于体育学习的目的排在前 3 位的依次是锻炼身体增进健康、愉悦身心、减肥，而将学习知识技能、升学需要、体育课要求排在后 3 位。普通学生总体是将锻炼身体增进健康、愉悦身心、学习知识技能排在前 3 位，升学需要、减肥、体育课要求排在后 3 位。肥胖学生与普通学参与学习的目的基本是一致的，但是，肥胖学生将减肥排在第 3 位，而普通学生把减肥排在第 5 位。这一差异是由二者不同的需要决定的，肥胖学生根据自身的情况，希望通过体育学习来达到减肥的目的。

表 2-25　小学肥胖学生参与体育学习的目的

	北京				武汉				重庆				总体	
	男		女		男		女		男		女			
	n	%	n	%	n	%	n	%	n	%	n	%	n	%
锻炼身体增进健康	33	78.6	23	88.5	66	81.5	28	80.0	56	76.7	39	90.7	245	81.7

续表

	北京				武汉				重庆				总体	
	男		女		男		女		男		女			
	n	%	n	%	n	%	n	%	n	%	n	%	n	%
减肥	29	69.0	14	53.8	39	48.1	12	34.3	30	41.1	13	30.2	137	45.7
升学需要	12	28.6	4	15.4	10	12.3	3	8.6	21	28.8	11	25.6	61	20.3
学习知识技能	11	26.2	13	50.0	36	44.4	18	51.4	27	37	29	67.4	134	44.7
愉悦身心	15	35.7	13	50.0	42	51.9	23	65.7	30	41.1	21	48.8	144	48.0
体育课要求	3	7.1	3	11.5	8	9.9	6	17.1	10	13.7	3	7.0	33	11.0
其他	0	0	0	0	0	0	4	11.4	0	0	0	0	4	1.3

注：n 北京肥胖男生＝42；n 北京肥胖女生＝26；n 武汉肥胖男生＝81；n 武汉肥胖女生＝35；n 重庆肥胖男生＝73；n 重庆肥胖女生＝43；n 肥胖总体＝300

表 2-26 小学普通学生参与体育学习的目的

	北京				武汉				重庆				总体	
	男		女		男		女		男		女			
	n	%	n	%	n	%	n	%	n	%	n	%	n	%
锻炼身体增进健康	16	94.1	32	88.6	53	84.1	44	84.6	60	88.2	63	92.6	267	88.1
减肥	4	23.5	11	31.4	11	17.5	7	13.5	11	16.2	11	16.2	55	18.2
升学需要	3	17.6	8	22.9	9	14.3	7	13.5	19	27.9	24	35.3	70	23.1
学习知识技能	10	58.8	11	31.4	47	74.6	27	51.9	47	69.1	38	55.9	180	59.4
愉悦身心	9	52.9	23	65.7	37	58.7	33	63.5	41	60.3	46	67.6	189	62.4
体育课要求	2	11.8	5	14.3	6	9.5	5	9.6	7	10.3	8	11.8	33	10.9
其他	0	0	0	0	0	0	0	0	0	0	1	1.5	1	0.3

注：n 北京普通男生＝17；n 北京普通女生＝35；n 武汉普通男生＝63；n 武汉普通女生＝52；n 重庆普通男生＝68；n 重庆普通女生＝68；n 普通总体＝303

由表 2-27 可以看出，三地所有的初中肥胖学生都将锻炼身体增进健康放在第 1 位，北京肥胖男生把减肥和愉悦身心排在第 2 位，武汉肥胖男生把愉悦身心放在第 2 位，减肥放在第 3 位，重庆肥胖男生把学习知识技能排在第 2 位，减肥放第 3 位。北京、武汉、重庆的肥胖女生分别将减肥、升学需要、学习知识技能和愉悦身心放在第 2 位，武汉和重庆的女生也将减肥排在第 3 位。这说明北京肥胖学生的减肥需求比武汉和重庆肥胖学生都强烈。

表 2-27 和表 2-28 对比显示，初中肥胖学生总体和普通学生总体参与于体育学习目的排列顺序分别是锻炼身体增进健康、减肥、愉悦身心、学习知识技能、升学需要、体育课要求、其他和锻炼身体增进健康、愉悦身心、学习知识技能、升学需要、减肥、体育课要求、其他。由此可以看出，肥胖学生把减肥放在第 2 位，普通学生却把减肥和体育课需求并列排在倒数第 2 位。这是学生根据自身的需要选择的。

表 2-27　初中肥胖学生参与体育学习的目的

	北京				武汉				重庆				总体	
	男		女		男		女		男		女			
	n	%	n	%	n	%	n	%	n	%	n	%	n	%
锻炼身体增进健康	18	85.7	19	86.4	28	84.8	17	65.4	29	78.4	15	75.0	126	79.2
减肥	10	47.6	11	50.0	18	54.5	13	50.0	13	35.1	6	30.0	71	44.7
升学需要	7	33.3	9	40.9	8	24.2	15	57.7	13	35.1	3	15.0	55	34.6
学习知识技能	9	42.9	9	40.9	14	42.4	6	23.1	14	37.8	8	40.0	60	37.7
愉悦身心	10	47.6	10	45.5	21	63.6	10	38.5	11	29.7	8	40.0	70	44.0
体育课要求	5	23.8	5	22.7	2	6.1	10	38.5	4	10.8	6	30.0	32	20.1
其他	0	0	0	0	0	0	0	0	1	2.7	0	0	1	0.6

注：n 北京肥胖男生=21；n 北京肥胖女生=22；n 武汉肥胖男生=33；n 武汉肥胖女生=26；n 重庆肥胖男生=37；n 重庆肥胖女生=20；n 肥胖总体=159

表 2-28　初中普通学生参与体育学习的目的

	北京				武汉				重庆				总体	
	男		女		男		女		男		女			
	n	%	n	%	n	%	n	%	n	%	n	%	n	%
锻炼身体增进健康	24	92.3	99	86.8	63	86.3	61	85.9	55	85.9	44	78.6	346	85.6
减肥	5	19.2	26	22.8	23	31.5	19	26.8	12	18.8	14	25.0	99	24.5
升学需要	11	42.3	49	43.0	26	35.6	26	36.6	26	40.6	16	28.6	154	38.1
学习知识技能	12	46.2	43	37.7	26	35.6	26	36.6	43	67.2	24	42.9	174	43.1
愉悦身心	14	53.8	46	40.4	46	63.0	42	59.2	33	51.6	30	53.6	211	52.2
体育课要求	3	11.5	32	28.1	19	26.0	24	33.8	6	9.4	15	26.8	99	24.5
其他	0	0	0	0	0	0	1	1.4	0	0	0	0	1	0.2

注：n 北京普通男生=26；n 北京普通女生=114；n 武汉普通男生=73；n 武汉普通女生=71；n 重庆普通男生=64；n 重庆普通女生=56；n 普通总体=404

表 2-29 的数据显示，北京、武汉、重庆的肥胖男生参与体育学习的首要目的是锻炼身体增进健康，北京肥胖男生把减肥和愉悦身心分别放在第 2 位和第 3 位，而武汉和重庆的肥胖男生则都把愉悦身心排在第 2 位，减肥排在第 3 位。北京武汉、重庆的肥胖女生分别是把锻炼身体增进健康和减肥、锻炼身体、愉悦身心排在第 1 位，北京肥胖女生把体育课要求排在第 2 位，而武汉肥胖女生把减肥排第 2 位，体育课要求排在第 4 位，重庆的肥胖女生把减肥和锻炼身体增进健康排第 2 位，体育课要求排在第 3 位。可以看出，北京的肥胖学生比武汉和重庆的肥胖学生更希望通过体育学习来达到减肥的目的。另外，由于女生到了高中阶段更加注意自己的体型外貌，所以肥胖女生比男生减肥的意愿更强烈。但是，她们又不愿意自觉积极地参与到体育学习中来，三分之一左右的肥胖女生参与体育学习是因为体育课的要求。

表 2-29 和表 2-30 的数据对比显示，高中肥胖学生总体和普通学生总体参与体

育学习目的顺序分别是锻炼身体增进健康、减肥、愉悦身心、体育课要求、升学需要、学习知识技能和锻炼身体增进健康、愉悦身心、减肥、体育课要求、升学需要、学习知识技能。除了减肥和愉悦身心的排列位置不同外,其他都一样。这一区别也是由二者不同的需要决定的,肥胖学生注意自身的状况,希望通过体育学习来达到减肥的目的。

表 2-29　高中肥胖学生参与体育学习的目的

	北京				武汉				重庆				总体	
	男		女		男		女		男		女			
	n	%	n	%	n	%	n	%	n	%	n	%	n	%
锻炼身体增进健康	12	85.7	10	58.8	24	80.0	20	95.2	13	86.7	4	57.1	83	79.8
减肥	10	71.4	10	58.8	15	50.0	12	57.1	9	60.0	4	57.1	60	57.7
升学需要	4	28.6	5	29.4	8	26.7	3	14.3	2	13.3	3	42.9	25	24.0
学习知识技能	2	14.3	2	11.8	5	16.7	2	9.5	5	33.3	1	14.3	17	16.3
愉悦身心	7	50.0	5	29.4	18	60.0	8	38.1	11	73.3	6	85.7	55	52.9
体育课要求	0	0	6	35.3	10	33.3	6	28.6	5	33.3	3	42.9	30	28.8
其他	0	0	0	0	0	0	0	0	0	0	0	0	0	0

注:n 北京肥胖男生＝14;n 北京肥胖女生＝17;n 武汉肥胖男生＝30;n 武汉肥胖女生＝21;n 重庆肥胖男生＝15;n 重庆肥胖女生＝7;n 肥胖总体＝104

表 2-30　高中普通学生参与体育学习的目的

	北京				武汉				重庆				总体	
	男		女		男		女		男		女			
	n	%	n	%	n	%	n	%	n	%	n	%	n	%
锻炼身体增进健康	18	81.8	32	82.1	50	83.3	72	75.8	44	84.6	62	83.8	278	81.3
减肥	5	22.7	11	28.2	14	23.3	39	41.1	13	25.0	26	35.1	108	31.6
升学需要	3	13.6	13	33.3	13	21.7	23	24.2	17	32.7	23	31.1	92	26.9
学习知识技能	10	45.5	10	25.6	15	25.0	21	22.1	17	32.7	19	25.7	92	26.9
愉悦身心	15	68.2	18	46.2	36	60.0	53	55.8	39	75.0	47	63.5	208	60.8
体育课要求	3	13.6	16	41.0	15	25.0	36	37.9	11	21.2	24	32.4	105	30.7
其他	0	0	1	2.6	2	3.3	1	1.1	0	0	0	0	4	1.2

注:n 北京普通男生＝22;n 北京普通女生＝39;n 武汉普通男生＝60;n 武汉普通女生＝95;n 重庆普通男生＝52;n 重庆普通女生＝74;n 普通总体＝342

对以上数据的分析表明,学生随着年龄的增长,更加关注自己的体型,肥胖学生参与体育学习减肥的目的也越来越明显,尤其是女生表现得更为突出。很多肥胖学生喜欢体育运动,但不喜欢体育课,学习知识技能的意愿逐渐淡化,学习的目的是为了满足体育课的要求也越来越明显。

3. 肥胖学生体育学习过程中的情感体验

调查表明,半数以下的肥胖学生在体育学习过程中成功的体验多,少数肥胖学生没有成功的体验甚至不清楚有没有。

表 2-31 显示，北京、武汉、重庆小学肥胖男生在体育学习过程中成功体验多的分别占 38.1%、53.1%、54.8%，成功体验少的分别是 47.6%、33.3%、28.8%。没有成功体验的北京肥胖男生没有，武汉有 2 个，占 2.5%，重庆有 3 个，占 4.1%。北京、武汉、重庆小学肥胖女生在体育学习过程中成功体验多分别占 42.3%、57.2%、41.8%。成功体验少的分别占 42.3%、31.4%、37.2%。由此可以看出，武汉和重庆的肥胖男生成功体验多的超过一半，而北京只有 38.1%，成功体验少的肥胖男生也是北京的比例最大。成功体验多的肥胖女生武汉最多，另外，北京和武汉的肥胖女生比男生成功体验多。整体看来，重庆的肥胖男生和女生成功体验较多，北京最少。

表 2-31 和表 2-32 对比显示，小学肥胖学生总体成功体验多、成功体验少、没有成功体验、不清楚的比例分别是 49.3%、35.3%、2.7%、12.7%，小学普通学生总体的比例分别是 66%、23.8%、1.3%、8.9%。由此可推断出肥胖学生在体育学习过程中成功体验多的次数不及普通学生，这可能是由于体型的原因造成的，肥胖的体型不易完成很多动作。

表 2-31 小学肥胖学生在体育学习过程中的情感体验

	北京				武汉				重庆				总体	
	男		女		男		女		男		女			
	n	%	n	%	n	%	n	%	n	%	n	%	n	%
成功的体验多	16	38.1	11	42.3	43	53.1	20	57.2	40	54.8	18	41.8	148	49.3
成功的体验少	20	47.6	11	42.3	27	33.3	11	31.4	21	28.8	16	37.2	106	35.3
没有成功体验	0	0	0	0	2	2.5	0	0	3	4.1	3	7.0	8	2.7
不清楚	6	14.3	4	15.4	9	11.1	4	11.4	9	12.3	6	14.0	38	12.7

注：n 北京肥胖男生 $=42$；n 北京肥胖女生 $=26$；n 武汉肥胖男生 $=81$；n 武汉肥胖女生 $=35$；重庆肥胖男生 $=73$；n 重庆肥胖女生 $=43$；n 肥胖总体 $=300$

表 2-32 小学普通学生在体育学习过程中的情感体验

	北京				武汉				重庆				总体	
	男		女		男		女		男		女			
	n	%	n	%	n	%	n	%	n	%	n	%	n	%
成功的体验多	13	76.5	22	62.9	37	58.8	33	63.5	51	75.0	44	64.7	200	66.0
成功的体验少	3	17.6	6	17.1	22	34.9	14	26.9	12	17.6	15	22.1	72	23.8
没有成功体验	0	0	1	2.9	0	0	0	0	1	1.5	2	2.9	4	1.3
不清楚	1	5.9	6	17.1	4	6.3	5	9.6	4	5.9	7	10.3	27	8.9

注：n 北京普通男生 $=17$；n 北京普通女生 $=35$；n 武汉普通男生 $=63$；n 武汉普通女生 $=52$；重庆普通男生 $=68$；n 重庆普通女生 $=68$；n 普通总体 $=303$

由表 2-33 看出，北京、武汉、重庆初中肥胖男生成功体验少的比例分别是 38.1%、39.4%、24.4%，没有成功体验的比例分别是 9.5%、0、10.8%，不清楚的比例分别是 4.8%、15.1%、18.9%。北京、武汉、重庆初中肥胖女生成功体验多的比例分别有 31.8%、15.4%、45%，不清楚的比例分别是 27.3%、23.1%、15%。

表 2-33 和表 2-34 对比可知，初中肥胖学生总体在体育学习过程中，成功体验多、成功体验少、没有成功体验、不清楚的分别有 39%、37.1%、6.3%、17.6%，普通学生总体的比例分别是 53.5%、33.9%、1.3%、9.6%。很明显的可以看出，普通学生总体比肥胖学生总体成功的体验更多。

表 2-33　初中肥胖学生在体育学习过程中的情感体验

	北京				武汉				重庆				总体	
	男		女		男		女		男		女			
	n	%	n	%	n	%	n	%	n	%	n	%	n	%
成功的体验多	10	47.6	7	31.8	15	45.5	4	15.4	17	45.9	9	45.0	62	39.0
成功的体验少	8	38.1	8	36.4	13	39.4	14	53.8	9	24.4	7	35.0	59	37.1
没有成功体验	2	9.5	1	4.5	0	0	2	7.7	4	10.8	1	5.0	10	6.3
不清楚	1	4.8	6	27.3	5	15.1	6	23.1	7	18.9	3	15.0	28	17.6

注：n 北京肥胖男生＝21；n 北京肥胖女生＝22；n 武汉肥胖男生＝33；n 武汉肥胖女生＝26；n 重庆肥胖男生＝37；n 重庆肥胖女生＝20；n 肥胖总体＝159

表 2-34　初中普通学生在体育学习过程中的情感体验

	北京				武汉				重庆				总体	
	男		女		男		女		男		女			
	n	%	n	%	n	%	n	%	n	%	n	%	n	%
成功的体验多	19	73.1	60	52.7	34	46.6	38	53.5	38	59.3	27	48.2	216	53.5
成功的体验少	4	15.4	42	36.8	28	38.4	26	36.6	20	31.3	17	30.3	137	33.9
没有成功体验	0	0	3	2.6	2	2.7	1	1.4	3	4.7	3	5.4	12	3.0
不清楚	3	11.5	9	7.9	9	12.3	6	8.5	3	4.7	9	16.1	39	9.6

注：n 北京普通男生＝26；n 北京普通女生＝114；n 武汉普通男生＝73；n 武汉普通女生＝71；n 重庆普通男生＝64；n 重庆普通女生＝56；n 普通总体＝404

表 2-35 的数据显示，北京、武汉、重庆的高中肥胖男生和肥胖女生在体育学习过程中成功体验多的比例分别是 21.4%、46.7%、53.3% 和 29.4%、52.4%、42.9%，不清楚的北京肥胖男生和女生都没有，武汉肥胖男生有 4 个（13.3%），肥胖女生有 3 个（14.3%），重庆肥胖男生有 5 个（33.3%），女生没有。这说明北京的肥胖学生与武汉和重庆的肥胖学生相差较多，成功体验较少，尤其是肥胖男生表现得尤为明显。

表 2-35 和表 2-36 对比可知，高中肥胖学生总体在体育学习过程中，成功体验多、成功体验少、没有成功体验、不清楚的分别有 42.3%、40.4%、5.8%、11.5%，高中普通学生的比例是 55.6%、26.6%、4.1%、13.7%。可以看出，高中普通学生比肥胖学生成功的体验多。影响原因可能是多方面的，例如自己的体

型、其他同学的影响等。

表 2-35　高中肥胖学生在体育学习过程中的情感体验

	北京				武汉				重庆				总体	
	男		女		男		女		男		女			
	n	%	n	%	n	%	n	%	n	%	n	%	n	%
成功的体验多	3	21.4	5	29.4	14	46.7	11	52.4	8	53.3	3	42.9	44	42.3
成功的体验少	9	64.3	11	64.7	10	33.3	7	33.3	2	13.4	3	42.9	42	40.4
没有成功体验	2	14.3	1	5.9	2	6.7	0	0	0	0	1	14.2	6	5.8
不清楚	0	0	0	0	4	13.3	3	14.3	5	33.3	0	0	12	11.5

注：n 北京肥胖男生＝14；n 北京肥胖女生＝17；n 武汉肥胖男生＝30；n 武汉肥胖女生＝21；重庆肥胖男生＝15；n 重庆肥胖女生＝7；n 肥胖总体＝104

表 2-36　高中普通学生在体育学习过程中的情感体验

	北京				武汉				重庆				总体	
	男		女		男		女		男		女			
	n	%	n	%	n	%	n	%	n	%	n	%	n	%
成功的体验多	19	86.4	20	51.3	37	61.7	41	43.1	38	73.1	35	47.3	190	55.6
成功的体验少	3	13.6	14	35.9	13	21.6	28	29.5	9	17.3	24	32.4	91	26.6
没有成功体验	0	0	2	5.1	3	5.0	9	9.5	0	0	0	0	14	4.1
不清楚	0	0	3	7.7	7	11.7	17	17.9	5	9.6	15	20.3	47	13.7

注：n 北京普通男生＝22；n 北京普通女生＝39；n 武汉普通男生＝60；n 武汉普通女生＝95；n 重庆普通男生＝52；n 重庆普通女生＝74；n 普通总体＝342

(三) 肥胖学生的体育学习行为及表现

1. 肥胖学生体育课的出勤率

调查表明，半数及以下的小学肥胖学生和半数以上的中学肥胖学生从不缺勤，只有个别肥胖学生经常缺勤。

由表 2-37 可以看出，北京、武汉、重庆肥胖男生从不缺勤的比例分别是 21.4%、33.3%、42.5%，偶尔缺勤的比例分别是 73.8%、64.2%、54.8%。肥胖女生从不缺勤的比例分别是 30.8%、28.6%、32.6%，经常缺勤的比例分别是 3.8%、5.7%、2.3%。这说明北京小学肥胖男生的出勤率比武汉、重庆肥胖男生和北京小学肥胖女生的出勤率都低，女生出勤率三个地方差异不大。另外，超过一半的肥胖学生都是偶尔缺勤。据调查，肥胖学生缺勤的原因有 4.7% 的学生不喜欢体育老师，9.7% 的学生怕脏怕累，36.7% 的学生身体素质跟不上，16.7% 的学生偶尔生病、有事或者被其他老师叫走等。

表 2-37 和表 2-38 对比显示，小学肥胖学生总体从不缺勤、偶尔缺勤、经常缺勤的比例分别是 33%、63.7%、3.3%，小学普通学生总体的比例分别是 51.8%、47.2%、1%。由此可见，小学普通学生比肥胖学生出勤率高。这一差异是由于肥

胖学生受到自身因素的影响以及对体育学习是否有积极正确的认识决定的。

表 2-37 小学肥胖学生体育课出勤情况

	北京				武汉				重庆				总体	
	男		女		男		女		男		女			
	n	%	n	%	n	%	n	%	n	%	n	%	n	%
从不缺勤	9	21.4	8	30.8	27	33.3	10	28.6	31	42.5	14	32.6	99	33.0
偶尔缺勤	31	73.8	17	65.4	52	64.2	23	65.7	40	54.8	28	65.1	191	63.7
经常缺勤	2	4.8	1	3.8	2	2.5	2	5.7	2	2.7	1	2.3	10	3.3

注：n 北京肥胖男生＝42；n 北京肥胖女生＝26；n 武汉肥胖男生＝81；n 武汉肥胖女生＝35；n 重庆肥胖男生＝73；n 重庆肥胖女生＝43；n 肥胖总体＝300

表 2-38 小学普通学生体育课出勤情况

	北京				武汉				重庆				总体	
	男		女		男		女		男		女			
	n	%	n	%	n	%	n	%	n	%	n	%	n	%
从不缺勤	10	58.8	12	34.3	28	44.4	33	63.5	34	50.0	40	58.8	157	51.8
偶尔缺勤	7	41.2	22	62.8	33	52.4	19	36.5	34	50.0	28	41.2	143	47.2
经常缺勤	0	0	1	2.9	2	3.2	0	0	0	0	0	0	3	1.0

注：n 北京普通男生＝17；n 北京普通女生＝35；n 武汉普通男生＝63；n 武汉普通女生＝52；n 重庆普通男生＝68；n 重庆普通女生＝68；n 普通总体＝303

表 2-39 显示，北京、武汉、重庆的初中肥胖男生从不缺勤和偶尔缺勤的比例分别是 61.9%、72.7%、62.2% 和 38.1%、27.3%、37.8%。肥胖女生的比例分别是 50%、53.8%、60% 和 45.5%、42.4%、35%。可以看出，武汉的肥胖男生比北京和重庆的肥胖男生出勤率高，肥胖女生的出勤率则是重庆表现最好。另外，肥胖男生比女生出勤率高。据统计，肥胖学生缺勤的原因有 1.9% 的学生不喜欢体育老师，3.1% 的学生怕脏怕累，23.9% 的学生身体素质跟不上，13.2% 的学生偶尔生病、有事或者被其他老师留下做作业等。

表 2-39 和表 2-40 对比表明，初中肥胖学生总体从不缺勤、偶尔缺勤、经常缺勤的比例分别是 61%、37.1%、1.9%，小学普通学生总体的比例分别是 69.1%、29.2%、1.7%。由此可见，初中肥胖学生比普通学生出勤率稍低。

表 2-39 初中肥胖学生体育课出勤情况

	北京				武汉				重庆				总体	
	男		女		男		女		男		女			
	n	%	n	%	n	%	n	%	n	%	n	%	n	%
从不缺勤	13	61.9	11	50.0	24	72.7	14	53.8	23	62.2	12	60.0	97	61.0
偶尔缺勤	8	38.1	10	45.5	9	27.3	11	42.4	14	37.8	7	35.0	59	37.1
经常缺勤	0	0	1	4.5	0	0	1	3.8	0	0	1	5.0	3	1.9

注：n 北京肥胖男生＝21；n 北京肥胖女生＝22；n 武汉肥胖男生＝33；n 武汉肥胖女生＝26；n 重庆肥胖男生＝37；n 重庆肥胖女生＝20；n 肥胖总体＝159

表 2-40　初中普通学生体育课出勤情况

	北京				武汉				重庆				总体	
	男		女		男		女		男		女			
	n	%	n	%	n	%	n	%	n	%	n	%	n	%
从不缺勤	23	88.5	71	62.2	49	67.1	50	70.4	46	71.9	40	71.4	279	69.1
偶尔缺勤	3	11.5	41	36.0	21	28.8	20	28.2	18	28.1	15	26.8	118	29.2
经常缺勤	0	0	2	1.8	3	4.1	1	1.4	0	0	1	1.8	7	1.7

注：n 北京普通男生＝26；n 北京普通女生＝114；n 武汉普通男生＝73；n 武汉普通女生＝71；n 重庆普通男生＝64；n 重庆普通女生＝56；n 普通总体＝404

表 2-41 显示，北京、武汉、重庆高中肥胖男生从不缺勤的比例是 64.3％、60％、73.3％，肥胖女生的缺勤率分别是 47.1％、57.1％、42.9％。这说明，重庆的肥胖男生比北京和武汉的肥胖男生出勤率高，肥胖女生则是武汉的出勤率最好。此外，肥胖男生比女生出勤率高，这可能是由于男生比女生更喜欢体育运动。据调查，肥胖学生缺勤的原因有 2.9％的学生不喜欢体育老师，5.8％的学生怕脏怕累，27.9％的学生身体素质跟不上，3.8％的学生偶尔生病、有事等。

表 2-41 和表 2-42 对比表明，高中肥胖学生总体从不缺勤、偶尔缺勤、经常缺勤的比例分别是 58.7％、39.4％、1.9％，高中普通学生总体的比例分别是 67.6％、29.5％、2.9％。可以看出，高中肥胖学生比普通学生出勤率稍低。

表 2-41　高中肥胖学生体育课出勤情况

	北京				武汉				重庆				总体	
	男		女		男		女		男		女			
	n	%	n	%	n	%	n	%	n	%	n	%	n	%
从不缺勤	9	64.3	8	47.1	18	60.0	12	57.1	11	73.3	3	42.9	61	58.7
偶尔缺勤	4	28.6	9	52.9	11	36.7	9	42.9	4	26.7	4	57.1	41	39.4
经常缺勤	1	7.1	0	0	1	3.3	0	0	0	0	0	0	2	1.9

注：n 北京肥胖男生＝14；n 北京肥胖女生＝17；n 武汉肥胖男生＝30；n 武汉肥胖女生＝21；n 重庆肥胖男生＝15；n 重庆肥胖女生＝7；n 肥胖总体＝104

表 2-42　高中普通学生体育课出勤情况

	北京				武汉				重庆				总体	
	男		女		男		女		男		女			
	n	%	n	%	n	%	n	%	n	%	n	%	n	%
从不缺勤	18	81.8	25	64.1	46	76.7	60	63.1	36	69.3	46	62.2	231	67.6
偶尔缺勤	4	18.2	13	33.3	11	18.3	32	33.7	15	28.8	26	35.1	101	29.5
经常缺勤	0	0	1	2.6	3	5.0	3	3.2	1	1.9	2	2.7	10	2.9

注：n 北京普通男生＝22；n 北京普通女生＝39；n 武汉普通男生＝60；n 武汉普通女生＝95；n 重庆普通男生＝52；n 重庆普通女生＝74；n 普通总体＝342

表 2-43 显示，小学教师认为肥胖学生偶尔缺勤的比例最高，占 52.9％，其次是从不缺勤（43.1％），偶尔缺勤（3.9％），小学肥胖学生反映的比例是偶尔缺勤（63.7％），从不缺勤和经常缺勤的比例分别是 33％和 3.3％。初中和高中教师认为

肥胖学生从不缺勤的比例最高，分别是60%和56.8%，肥胖学生自己反映的比例是61%和58.7%。这说明教师与肥胖学生反映的情况是一致的。

表2-43 教师对肥胖学生出勤情况统计结果

	小学		初中		高中		总体	
	n	%	n	%	n	%	n	%
从不缺勤	22	43.1	30	60.0	25	56.8	77	53.1
偶尔缺勤	27	52.9	11	22.0	11	25.0	49	33.8
经常缺勤	2	3.9	9	18.0	8	18.2	19	13.1

注：n小学＝51；n初中＝50；n高中＝44；n总体＝145

2. 肥胖学生体育学习任务的完成情况

调查表明，半数以上的肥胖学生能及时完成体育课上老师所教授的教学内容。

表2-44的数据显示，北京、武汉、重庆小学肥胖男生能及时完成体育老师所授教学内容的比例分别是50%、54.3%、47.9%，肥胖女生的比例分别有53.8%、60%、58.1%。不能及时完成教学内容的肥胖男生比例是50%、45.7%、52.1%，肥胖女生的比例是46.2%、40%、41.9%。由此可以看出，武汉肥胖男生和女生完成的情况稍好一些，肥胖女生完成情况普遍比肥胖生好。

表2-44和表2-45对比显示，小学肥胖学生总体一般情况下能和不能及时完成体育老师所授教学内容的比例分别是53.3%和46.7%。小学普通学生总体的比例分别是72.6%和27.4%。由此可推断出，小学普通学生比肥胖学生能更快地完成体育老师所授的教学内容。据调查，有36.3%的肥胖学生是因为自身身体素质跟不上，7%的肥胖学生认为体育教师的教学方法不恰当，18%的肥胖学生是因为周围同学的嘲笑，10.3%的学生对体育学习不感兴趣。这些是半数左右的肥胖男生和40%左右的肥胖女生不能及时完成教学内容的原因。

表2-44 小学肥胖学生能否完成教学内容情况统计结果

	北京				武汉				重庆				总体	
	男		女		男		女		男		女			
	n	%	n	%	n	%	n	%	n	%	n	%	n	%
是	21	50.0	14	53.8	44	54.3	21	60.0	35	47.9	25	58.1	160	53.3
否	21	50.0	12	46.2	37	45.7	14	40.0	38	52.1	18	41.9	140	46.7

注：n北京肥胖男生＝42；n北京肥胖女生＝26；n武汉肥胖男生＝81；n武汉肥胖女生＝35；n重庆肥胖男生＝73；n重庆肥胖女生＝43；n肥胖总体＝300

表2-45 小学普通学生能否完成教学内容情况统计结果

	北京				武汉				重庆				总体	
	男		女		男		女		男		女			
	n	%	n	%	n	%	n	%	n	%	n	%	n	%
是	16	94.1	21	60.0	49	77.8	41	78.8	41	60.3	52	76.5	220	72.6

续表

	北京				武汉				重庆				总体	
	男		女		男		女		男		女			
	n	%	n	%	n	%	n	%	n	%	n	%	n	%
否	1	5.9	14	40.0	14	22.2	11	21.2	27	39.7	16	23.5	83	27.4

注：n 北京普通男生＝17；n 北京普通女生＝35；n 武汉普通男生＝63；n 武汉普通女生＝52；n 重庆普通男生＝68；n 重庆普通女生＝68；n 普通总体＝303

由表 2-46 可以看出，北京、武汉、重庆初中肥胖男生和女生能及时完成体育老师所授教学内容的比例分别是 76.2%、90.9%、56.8% 和 54.5%、76.9%、40%。不能及时完成教学内容的肥胖男生和女生的比例分别是 23.8%、9.1%、43.2% 和 45.5%、23.1%、60%。这说明武汉的肥胖学生比北京和重庆的肥胖学生完成教学内容情况要好，重庆的肥胖学生完成情况最差。另外，肥胖男生普遍比女生完成内容情况好。

表 2-46 和表 2-47 对比显示，初中肥胖学生总体一般情况下能和不能及时完成体育老师所授教学内容的比例分别是 67.3% 和 32.7%。初中普通学生总体的比例分别是 69.6% 和 30.4%。可以看出，初中肥胖学生及时完成体育老师所授教学内容比普通学生只差两个百分点，差异并不明显。据调查，肥胖学生不能及时完成教学内容的原因有 29.6% 的学生自身身体素质跟不上，10.1% 的学生认为体育教师的教学方法不恰当，11.9% 的学生是因为周围同学的嘲笑，10.1% 的学生对体育学习不感兴趣。

表 2-46　初中肥胖学生能否完成教学内容情况统计结果

	北京				武汉				重庆				总体	
	男		女		男		女		男		女			
	n	%	n	%	n	%	n	%	n	%	n	%	n	%
是	16	76.2	12	54.5	30	90.9	20	76.9	21	56.8	8	40.0	107	67.3
否	5	23.8	10	45.5	3	9.1	6	23.1	16	43.2	12	60.0	52	32.7

注：n 北京肥胖男生＝21；n 北京肥胖女生＝22；n 武汉肥胖男生＝33；n 武汉肥胖女生＝26；n 重庆肥胖男生＝37；n 重庆肥胖女生＝20；n 肥胖总体＝159

表 2-47　初中普通学生能否完成教学内容情况统计结果

	北京				武汉				重庆				总体	
	男		女		男		女		男		女			
	n	%	n	%	n	%	n	%	n	%	n	%	n	%
是	20	76.9	86	75.4	46	63.0	58	81.7	36	56.3	35	62.5	281	69.6
否	6	23.1	28	24.6	27	37.0	13	18.3	28	43.7	21	37.5	123	30.4

注：n 北京普通男生＝26；n 北京普通女生＝114；n 武汉普通男生＝73；n 武汉普通女生＝71；n 重庆普通男生＝64；n 重庆普通女生＝56；n 普通总体＝404

表 2-48 显示，北京、武汉、重庆高中肥胖男生能及时完成体育老师所授教学内容的比例分别是 71.4%、53.3%、66.7%，肥胖女生的比例分别有 17.6%、

85.7%、57.1%。不能及时完成教学内容的肥胖男生比例是 28.6%、46.7%、33.3%,肥胖女生的比例是 82.4%、14.3%、42.9%。可以看出,北京高中肥胖男生比武汉和重庆的肥胖男生完成体育老师所授教学内容要好。肥胖女生则是武汉的表现最好,北京的最差,有 4/5 的肥胖女生不能及时完成体育老师所授教学内容。

表 2-48 和表 2-49 对比显示,高中肥胖学生总体一般情况下能和不能及时完成体育老师所授教学内容的比例分别是 58.7% 和 41.3%。高中普通学生总体的比例分别是 68.4% 和 31.6%。由此可推断出,高中肥胖学生比普通学生完成体育教师所教授教学内容的速度要慢。据调查,有 22.1% 的学生是因为自身身体素质跟不上,5.8% 的学生认为体育教师的教学方法不恰当,7.7% 的学生是因为周围同学的嘲笑,19.2% 的学生对体育学习不感兴趣,这是肥胖学生不能及时完成教学内容的主要原因。

表 2-48　高中肥胖学生能否完成教学内容情况统计结果

	北京				武汉				重庆				总体	
	男		女		男		女		男		女			
	n	%	n	%	n	%	n	%	n	%	n	%	n	%
是	10	71.4	3	17.6	16	53.3	18	85.7	10	66.7	4	57.1	61	58.7
否	4	28.6	14	82.4	14	46.7	3	14.3	5	33.3	3	42.9	43	41.3

注：n 北京肥胖男生＝14；n 北京肥胖女生＝17；n 武汉肥胖男生＝30；n 武汉肥胖女生＝21；n 重庆肥胖男生＝15；n 重庆肥胖女生＝7；n 肥胖总体＝104

表 2-49　高中普通学生能否完成教学内容情况统计结果

	北京				武汉				重庆				总体	
	男		女		男		女		男		女			
	n	%	n	%	n	%	n	%	n	%	n	%	n	%
是	19	86.4	26	66.7	38	63.3	61	64.2	41	78.8	49	66.2	234	68.4
否	3	13.6	13	33.3	22	36.7	34	35.8	11	21.2	25	33.8	108	31.6

注：n 北京普通男生＝22；n 北京普通女生＝39；n 武汉普通男生＝60；n 武汉普通女生＝95；n 重庆普通男生＝52；n 重庆普通女生＝74；n 普通总体＝342

3. 肥胖学生在体育学习中的人际关系

（1）师生关系

调查表明,半数以下的小学肥胖学生和半数左右的中学肥胖学生在体育学习过程中与体育老师相处融洽。

表 2-50 显示,北京、武汉、重庆小学肥胖男生在体育学习过程中与体育老师的关系非常融洽和比较融洽的比例分别是 33.3%、39.5%、19.2%,肥胖女生的比例分别是 42.4%、40%、18.6%。关系一般的肥胖男生比例是 61.9%、58%、68.5%,女生比例是 53.8%、48.5%、72.1%。关系紧张的肥胖男生比例分别是 4.8%、2.5%、12.3%,女生比例分别是 3.8%、11.5%、9.3%。可以看出,北京、武汉的肥胖男生和女生相对于重庆的肥胖学生与体育老师的关系更融洽,一半

以上的肥胖男生和女生与体育老师的关系一般。武汉的肥胖女生和重庆的肥胖男生与体育老师关系紧张的比例比其他肥胖学生的比例高。

表 2-50 和表 2-51 对比显示，小学肥胖学生总体在体育学习过程中与体育老师关系融洽、一般、紧张的比例分别是 31％、61.7％、7.3％，小学普通学生总体的比例分别是 46.9％、50.1％、3％。这说明小学普通学生比肥胖学生在体育学习过程中与体育老师的关系更融洽。据调查，有 1.3％ 的学生是因为受到老师的歧视，33％ 的学生和老师交流次数少，13.7％ 的学生觉得老师太严厉，1％ 的学生不喜欢体育老师，这些是导致很多肥胖学生与老师关系一般甚至紧张的原因。

表 2-50　小学肥胖学生在体育学习过程中与老师的关系

	北京				武汉				重庆				总体	
	男		女		男		女		男		女			
	n	%	n	%	n	%	n	%	n	%	n	%	n	%
非常融洽	3	7.1	6	23.2	9	11.1	7	20.0	7	9.6	4	9.3	36	12.0
比较融洽	11	26.2	5	19.2	23	28.4	7	20.0	7	9.6	4	9.3	57	19.0
一般	26	61.9	14	53.8	47	58.0	17	48.5	50	68.5	31	72.1	185	61.7
比较紧张	2	4.8	1	3.8	2	2.5	3	8.6	4	5.5	4	9.3	16	5.3
非常紧张	0		0		0		1	2.9	5	6.8	0		6	2.0

注：n 北京肥胖男生＝42；n 北京肥胖女生＝26；n 武汉肥胖男生＝81；n 武汉肥胖女生＝35；n 重庆肥胖男生＝73；n 重庆肥胖女生＝43；n 肥胖总体＝300

表 2-51　小学普通学生在体育学习过程中与老师的关系

	北京				武汉				重庆				总体	
	男		女		男		女		男		女			
	n	%	n	%	n	%	n	%	n	%	n	%	n	%
非常融洽	9	52.9	6	17.1	13	20.6	11	21.2	16	23.5	17	25.0	72	23.8
比较融洽	3	17.6	7	20.0	20	31.8	19	36.5	8	11.8	13	19.1	70	23.1
一般	5	29.5	22	62.9	29	46.0	20	38.5	42	61.8	34	50.0	152	50.1
比较紧张	0		0		0		2	3.8	2	2.9	3	4.4	7	2.3
非常紧张	0		0		1	1.6	0		0		1	1.5	2	0.7

注：n 北京普通男生＝17；n 北京普通女生＝35；n 武汉普通男生＝63；n 武汉普通女生＝52；n 重庆普通男生＝68；n 重庆普通女生＝68；n 普通总体＝303

表 2-52 显示，北京、武汉、重庆初中肥胖男生在体育学习过程中与体育老师的关系非常融洽和比较融洽的比例分别是 61.9％、60.6％、24.3％，肥胖女生的比例分别是 54.5％、50％、40％。关系一般的肥胖男生比例是 38.1％、36.4％、75.7％，肥胖女生比例分别是 45.5％、50％、55％。关系比较紧张的武汉肥胖男生有 1 人（3％），重庆肥胖女生有一人（5％），其他的均没有。可以看出，北京、武汉的初中肥胖男生和女生有一半以上在体育学习过程中与体育老师的关系比较融洽，重庆的肥胖学生与体育老师的关系比融洽的不到一半。与体育老师关系紧张的肥胖学生也非常少。

表 2-52 和表 2-53 对比显示，初中肥胖学生总体在体育学习过程中与体育老师的关系融洽、一般、紧张的比例分别是 47.1%、51.6%、1.3%。普通学生总体的比例分别是 54.7%、43.8%、1.5%。这说明初中普通学生比肥胖学生在体育学习过程中与体育老师的关系更融洽。据统计，有 1.9% 的学生是因为受到老师的歧视，28.9% 的学生与老师交流次数少，8.2% 的学生觉得老师太严厉，1.3% 的学生不喜欢体育老师，这是肥胖学生与体育老师的关系一般和紧张的原因。

表 2-52 初中肥胖学生在体育学习过程中与老师的关系

	北京				武汉				重庆				总体	
	男		女		男		女		男		女			
	n	%	n	%	n	%	n	%	n	%	n	%	n	%
非常融洽	8	38.1	4	18.2	4	12.1	4	15.4	6	16.2	1	5.0	27	17.0
比较融洽	5	23.8	8	36.3	16	48.5	9	34.6	3	8.1	7	35.0	48	30.1
一般	8	38.1	10	45.5	12	36.4	13	50.0	28	75.7	11	55.0	82	51.6
比较紧张	0	0	0	0	1	3	0	0	0	0	1	5.0	2	1.3
非常紧张	0	0	0	0	0	0	0	0	0	0	0	0	0	0

注：n 北京肥胖男生=21；n 北京肥胖女生=22；n 武汉肥胖男生=33；n 武汉肥胖女生=26；n 重庆肥胖男生=37；n 重庆肥胖女生=20；n 肥胖总体=159

表 2-53 初中普通学生在体育学习过程中与老师的关系

	北京				武汉				重庆				总体	
	男		女		男		女		男		女			
	n	%	n	%	n	%	n	%	n	%	n	%	n	%
非常融洽	12	46.1	28	24.6	12	16.4	12	16.9	9	14.1	9	16.1	82	20.3
比较融洽	6	23.1	40	35.1	28	38.4	32	45.1	18	28.1	15	26.8	139	34.4
一般	8	30.8	45	39.4	32	43.8	26	36.6	35	54.7	31	55.3	177	43.8
比较紧张	0	0	1	0.9	1	1.4	1	1.4	2	3.1	1	1.8	6	1.5
非常紧张	0	0	0	0	0	0	0	0	0	0	0	0	0	0

注：n 北京普通男生=26；n 北京普通女生=114；n 武汉普通男生=73；n 武汉普通女生=71；n 重庆普通男生=64；n 重庆普通女生=56；n 普通总体=404

表 2-54 显示，北京、武汉、重庆高中肥胖男生在体育学习过程中与体育老师的关系非常融洽和比较融洽的比例分别是 78.6%、66.6%、60%，肥胖女生的比例分别是 40.2%、52.3%、42.9%。关系一般的肥胖男生比例分别是 21.4%、26.7%、40%，肥胖女生的比例是 58.8%、47.7%、57.1%。关系紧张的武汉肥胖男生有 2 人 (6.7%)。这说明高中肥胖男生与体育老师的关系处理得比较好，关系融洽的都在 60% 以上。相对比而言，北京高中肥胖男生与体育老师的关系比武汉和重庆的肥胖男生处理得要好，肥胖女生则是武汉的最好。另外，肥胖男生与体育老师的关系比女生与老师的关系更融洽。

表 2-54 和表 2-55 对比显示，高中肥胖学生总体在体育学习过程中与体育老师的关系融洽、一般、紧张的比例分别是 58.6%、39.5%、1.9%。普通学生总体的

比例分别是 60.5%、38.9%、0.6%。这说明高中肥胖学生和普通学生在体育学习过程中与体育老师的关系都比较融洽。据调查，22.1%的学生和老师交流次数少，4.8%的学生觉得老师太严厉，2.9%的学生不喜欢体育老师，这是肥胖学生与体育老师的关系一般甚至紧张的原因。

表 2-54　高中肥胖学生在体育学习过程中与老师的关系

	北京				武汉				重庆				总体	
	男		女		男		女		男		女			
	n	%	n	%	n	%	n	%	n	%	n	%	n	%
非常融洽	7	50.0	2	11.8	10	33.3	4	19.0	6	40.0	1	14.3	30	28.8
比较融洽	4	28.6	5	29.4	10	33.3	7	33.3	3	20.0	2	28.6	31	29.8
一般	3	21.4	10	58.8	8	26.7	10	47.7	6	40.0	4	57.1	41	39.5
比较紧张	0	0	0	0	2	6.7	0	0	0	0	0	0	2	1.9
非常紧张	0	0	0	0	0	0	0	0	0	0	0	0	0	0

注：n 北京肥胖男生＝14；n 北京肥胖女生＝17；n 武汉肥胖男生＝30；n 武汉肥胖女生＝21；n 重庆肥胖男生＝15；n 重庆肥胖女生＝7；n 肥胖总体＝104

表 2-55　高中普通学生在体育学习过程中与老师的关系

	北京				武汉				重庆				总体	
	男		女		男		女		男		女			
	n	%	n	%	n	%	n	%	n	%	n	%	n	%
非常融洽	10	45.5	7	17.9	22	36.6	20	21.1	17	32.7	19	25.6	95	27.8
比较融洽	9	40.9	18	46.2	19	31.7	32	33.6	17	32.7	17	23.0	112	32.7
一般	3	13.6	14	35.9	19	31.7	42	44.2	18	34.6	37	50.0	133	38.9
比较紧张	0	0	0	0	0	0	1	1.1	0	0	1	1.4	2	0.6
非常紧张	0	0	0	0	0	0	0	0	0	0	0	0	0	0

注：n 北京普通男生＝22；n 北京普通女生＝39；n 武汉普通男生＝60；n 武汉普通女生＝95；n 重庆普通男生＝52；n 重庆普通女生＝74；n 普通总体＝342

对以上的数据分析表明，肥胖学生随着年龄的增长，越来越会处理人际关系，在体育学习过程中与体育老师的关系越来越融洽。

表 2-56 数据显示的教师与肥胖学生的关系，与表 2-50、表 2-52、表 2-54 显示的肥胖学生自己认为与体育老师的关系不太一致，肥胖学生认为在体育学习中与老师的关系一般甚至紧张的最主要原因是与老师交流的次数少。说明体育老师没有注意到自己与肥胖学生交流次数少，从而影响了肥胖学生与自己的关系。

表 2-56　教师认为自己与肥胖学生关系的统计结果

	小学		初中		高中		总体	
	n	%	n	%	n	%	n	%
非常融洽	14	27.5	10	20.0	6	13.6	30	20.7
比较融洽	32	62.7	35	70.0	37	84.1	104	71.7

续表

	小学		初中		高中		总体	
	n	%	n	%	n	%	n	%
一般	5	9.8	5	10.0	1	2.3	11	7.6
比较紧张	0	0	0	0	0	0	0	0
非常紧张	0	0	0	0	0	0	0	0

注：n 小学 = 51；n 初中 = 50；n 高中 = 44；n 总体 = 145

（2）生生关系

调查结果表明，半数以上的肥胖学生在体育学习过程中与其他学生相处较好，只有极个别肥胖学生与其他学生的关系处理得不是很融洽。

表 2-57 说明，北京、武汉、重庆小学肥胖男生在体育学习过程中与其他同学关系非常好和比较好的比例分别是 47.6%、65.4%、46.6%，肥胖女生的比例分别是 73.1%、48.6%、46.5%。关系一般的肥胖男生比例分别是 52.4%、34.8%、43.8%，肥胖女生的比例分别是 26.9%、45.7%、48.8%。关系不好的肥胖男生比例有 0、9.8%、9.6%，肥胖女生的比例分别是 0、5.7%、4.7%。可以看出，武汉肥胖男生与其他同学相处融洽的比例比北京和重庆的肥胖男生的比例要高，北京有一半的肥胖男生与其他同学的关系一般，关系不融洽的没有，但武汉和重庆肥胖男生与其他同学关系处理不好的都将近有 10 个百分点。北京肥胖女生与其他同学关系处理得好的比例比武汉和重庆都高，而且北京肥胖女生和同学关系处理不好的没有，武汉和重庆都有 2 人。

表 2-57 和表 2-58 说明，小学肥胖学生总体与其他同学关系好、一般、不好的比例分别有 54.4%、39.3%、6.3%，普通学生的比例分别是 73.6%、23.4%、3%。由此可推断出，小学普通学生比肥胖学生在体育学习过程中与其他同学的关系更融洽。据统计，部分肥胖学生与其他同学关系处理不好的原因是：15.3% 的肥胖学生认为其他同学嘲笑自己，1.7% 的肥胖学生认为周围的同学孤立自己，14.0% 的肥胖学生不喜欢其他同学，1.3% 的肥胖学生有其他原因。

表 2-57 小学肥胖学生与其他学生的关系

	北京				武汉				重庆				总体	
	男		女		男		女		男		女			
	n	%	n	%	n	%	n	%	n	%	n	%	n	%
非常好	14	33.3	11	42.3	26	32.1	12	34.3	22	30.2	12	27.9	97	32.4
比较好	6	14.3	8	30.8	27	33.3	5	14.3	12	16.4	8	18.6	66	22.0
一般	22	52.4	7	26.9	20	34.8	16	45.7	32	43.8	21	48.8	118	39.3
不好	0	0	0	0	7	8.6	2	5.7	4	5.5	2	4.7	15	5.0
很不好	0	0	0	0	1	1.2	0	0	3	4.1	0	0	4	1.3

注：n 北京肥胖男生 = 42；n 北京肥胖女生 = 26；n 武汉肥胖男生 = 81；n 武汉肥胖女生 = 35；n 重庆肥胖男生 = 73；n 重庆肥胖女生 = 43；n 肥胖总体 = 300

表 2-58　小学普通学生与其他学生的关系

	北京				武汉				重庆				总体	
	男		女		男		女		男		女			
	n	%	n	%	n	%	n	%	n	%	n	%	n	%
非常好	11	64.7	15	42.9	30	47.6	30	57.7	29	42.7	29	42.6	144	47.5
比较好	3	17.6	12	34.2	16	25.4	16	30.8	14	20.6	18	26.5	79	26.1
一般	2	11.8	8	22.9	16	25.4	6	11.5	19	27.9	20	29.4	71	23.4
不好	0	0	0	0	0	0	0	0	3	4.4	1	1.5	4	1.3
很不好	1	5.9	0	0	1	1.6	0	0	3	4.4	0	0	5	1.7

注：n 北京普通男生＝17；n 北京普通女生＝35；n 武汉普通男生＝63；n 武汉普通女生＝52；n 重庆普通男生＝68；n 重庆普通女生＝68；n 普通总体＝303

表 2-59 显示，北京、武汉、重庆初中肥胖男生在体育学习过程中与其他同学关系非常好和比较好的比例分别是 85.7%、87.9%、56.8%，肥胖女生的比例分别是 68.2%、73.1%、60%。关系一般的肥胖男生比例分别是 14.3%、12.1%、43.2%，肥胖女生的比例分别是 31.8%、26.9%、40%。关系处理不好的肥胖男生和女生均没有。由此可以看出，北京和武汉的肥胖男生和女生比重庆的肥胖男生和女生与其他同学的关系处理得更好。

表 2-59 和表 2-60 对比表明，初中肥胖学生总体与其他同学关系好、一般、不好的比例分别有 71.7%、28.3%、0，普通学生的比例分别是 77.7%、20.3%、2.0%。两者之间的差异不明显，大部分肥胖学生在体育学习中与其他同学的关系处理得比较好。据调查，有 8.2% 的肥胖学生认为其他同学嘲笑自己，6.3% 的肥胖学生认为周围的同学孤立自己，11.3% 的肥胖学生不喜欢他们，1.3% 的肥胖学生有其他原因，这些是肥胖学生与其他同学关系处理一般的原因。

表 2-59　初中肥胖学生与其他学生的关系

	北京				武汉				重庆				总体	
	男		女		男		女		男		女			
	n	%	n	%	n	%	n	%	n	%	n	%	n	%
非常好	12	57.1	5	22.7	14	42.4	9	34.6	10	27.0	3	15.0	53	33.3
比较好	6	28.6	10	45.5	15	45.5	10	38.5	11	29.8	9	45.0	61	38.4
一般	3	14.3	7	31.8	4	12.1	7	26.9	16	43.2	8	40.0	45	28.3
不好	0	0	0	0	0	0	0	0	0	0	0	0	0	0
很不好	0	0	0	0	0	0	0	0	0	0	0	0	0	0

注：n 北京肥胖男生＝21；n 北京肥胖女生＝22；n 武汉肥胖男生＝33；n 武汉肥胖女生＝26；n 重庆肥胖男生＝37；n 重庆肥胖女生＝20；n 肥胖总体＝159

表 2-60　初中普通学生与其他学生的关系

	北京				武汉				重庆				总体	
	男		女		男		女		男		女			
	n	%	n	%	n	%	n	%	n	%	n	%	n	%
非常好	14	53.8	44	38.6	24	32.9	21	29.6	25	39.1	20	35.7	148	36.6

续表

	北京				武汉				重庆				总体	
	男		女		男		女		男		女			
	n	%	n	%	n	%	n	%	n	%	n	%	n	%
比较好	10	38.5	46	40.3	32	43.9	42	59.1	20	31.3	16	28.6	166	41.1
一般	2	7.7	21	18.4	15	20.5	8	11.3	18	28.1	18	32.1	82	20.3
不好	0	0	2	1.8	2	2.7	0	0	1	1.6	1	1.8	6	1.5
很不好	0	0	1	0.9	0	0	0	0	0	0	1	1.8	2	0.5

注：n 北京普通男生＝26；n 北京普通女生＝114；n 武汉普通男生＝73；n 武汉普通女生＝71；n 重庆普通男生＝64；n 重庆普通女生＝56；n 普通总体＝404

表 2-61 显示，北京、武汉、重庆高中肥胖男生在体育学习过程中与其他同学关系处理得非常好和比较好的比例分别是 92.9％、76.7％、80％，肥胖女生的比例分别是 35.3％、100％、85.7％。关系处理一般的肥胖男生比例分别是 7.1％、13.3％、20％，肥胖女生的比例分别是 64.7％、0、14.3％。关系处理不好的肥胖男生武汉有 3 人（10％），其他均没有。这说明北京肥胖男生和武汉肥胖女生与其他同学的关系处理得非常好，而北京肥胖女生与其他同学的关系处理一般的比例较高。武汉有 10％的肥胖学生与其他学生的关系处理得不好。

表 2-61 和表 2-62 对比显示，高中肥胖学生总体在体育学习过程中与其他同学关系处理得好、一般、不好的原因分别是 77.9％、19.2％、2.9％，普通学生总体的比例分别是 73.7％、26.3％、0。这说明绝大多数高中肥胖学生在体育学习过程中可以和其他同学和睦相处，但也有极个别肥胖学生容易被其他同学孤立，不善于交际和表达自己。据调查，有 5.8％的肥胖学生认为其他同学嘲笑自己，8.7％的肥胖学生认为周围的同学孤立自己，6.7％的肥胖学生不喜欢他们，3.8％的肥胖学生有其他原因，这些是肥胖学生与其他同学关系处理一般甚至不好的原因。

表 2-61　高中肥胖学生与其他学生的关系

	北京				武汉				重庆				总体	
	男		女		男		女		男		女			
	n	%	n	%	n	%	n	%	n	%	n	%	n	%
非常好	9	64.3	1	5.9	15	50.0	10	47.6	6	40.0	2	28.6	43	41.4
比较好	4	28.6	5	29.4	8	26.7	11	52.4	6	40.0	4	57.1	38	36.5
一般	1	7.1	11	64.7	4	13.3	0	0	3	20.0	1	14.3	20	19.2
不好	0	0	0	0	2	6.7	0	0	0	0	0	0	2	1.9
很不好	0	0	0	0	1	3.3	0	0	0	0	0	0	1	1.0

注：n 北京肥胖男生＝14；n 北京肥胖女生＝17；n 武汉肥胖男生＝30；n 武汉肥胖女生＝21；n 重庆肥胖男生＝15；n 重庆肥胖女生＝7；n 肥胖总体＝104

表 2-62　高中普通学生与其他学生的关系

	北京				武汉				重庆				总体	
	男		女		男		女		男		女			
	n	%	n	%	n	%	n	%	n	%	n	%	n	%
非常好	9	40.9	15	38.5	30	50.0	29	30.5	14	26.9	20	27.0	117	34.2
比较好	9	40.9	13	33.3	20	33.3	40	42.1	26	50.0	27	36.5	135	39.5
一般	4	18.2	11	28.2	10	16.7	26	27.4	12	23.1	27	36.5	81	26.3
不好	0	0	0	0	0	0	0	0	0	0	0	0	0	0
很不好	0	0	0	0	0	0	0	0	0	0	0	0	0	0

注：n 北京普通男生＝22；n 北京普通女生＝39；n 武汉普通男生＝60；n 武汉普通女生＝95；n 重庆普通男生＝52；n 重庆普通女生＝74；n 普通总体＝342

对以上的数据分析表明，肥胖学生随着年龄的增长，受教育程度越高，心智越成熟，越会处理人际关系，与其他同学的关系处理的越来越融洽。

表 2-63 显示，小学体育老师认为肥胖学生与其他同学关系好、不好的比例分别是 66.7％、2％。而表 2-57 显示的小学肥胖学生与其他学生关系好、不好的比例分别是 54.4％、6.3％。初中体育老师和高中体育老师认为肥胖学生与体育老师的关系好、一般的比例分别有 76％、24％ 和 77.3％、22.7％。而表 2-59 和表 2-61 显示的比例分别是 71.7％、28.3％ 和 77.9％、19.2％。由此可以看出，小学体育老师对肥胖学生与其他同学的关系和肥胖学生自己的认识不太一致，而初中和高中基本一致。

表 2-63　教师认为肥胖学生与其他同学关系的统计结果

	小学		初中		高中		总体	
	n	%	n	%	n	%	n	%
非常好	11	21.6	6	12.0	6	13.6	23	15.9
比较好	23	45.1	32	64.0	28	63.7	83	57.2
一般	16	31.3	12	24.0	10	22.7	38	26.2
不好	1	2.0	0	0	0	0	1	0.7
很不好	0	0	0	0	0	0	0	0

注：n 小学＝51；n 初中＝50；n 高中＝44；n 总体＝145

（四）肥胖学生的体育学习效果

1. 肥胖学生体育理论知识的掌握情况

调查表明，肥胖学生在体育理论课上学到的主要是体育项目专业知识，健身减肥知识和保健知识。

表 2-64 显示，北京小学肥胖男生和女生在体育理论课上学到的知识排在前 3 位的都是健身减肥方面的知识、体育项目专业基础知识、保健知识，其次是心理知识、生理知识。武汉和重庆的肥胖男生和女生在体育理论课上学到的知识都是把体

育项目专业知识排在第 1 位,武汉肥胖男生排在第 2、3 位的是健身减肥知识、保健知识,其次是心理知识、生理知识,有 1 人(1.2%)什么都没学会,肥胖女生后 4 位的排列顺序是保健知识、心理知识、健身减肥知识、生理知识,2 人(5.7%)什么都没学会。重庆肥胖男生排在后 4 位的是健身减肥知识、生理、心理知识、保健知识,有 7 人(9.6%)什么都没学会,肥胖女生排在后 4 位的是健身减肥知识、保健知识、心理、生理知识,有 1 人(2.3%)什么都没学会。这说明北京小学的体育老师最注重肥胖学生的需要,是根据他们的需要来传授理论知识。

表 2-64 和表 2-65 对比显示,小学肥胖学生总体在体育理论课上学到的知识排在前 3 位的是体育项目专业基础知识、健身减肥知识、保健知识,其次是心理知识,生理知识,什么都没学会的有 11 人,占 3.7%。普通学生的排列顺序是体育专业基础知识、保健知识、健身减肥知识、心理、生理知识,什么都没学会的有 11 人,占 3.6%。这表明学生是根据自己的需要来选择重点学习哪些方面的知识。

表 2-64　小学肥胖学生在体育理论课上学到的知识

	北京				武汉				重庆				总体	
	男		女		男		女		男		女			
	n	%	n	%	n	%	n	%	n	%	n	%	n	%
健身减肥	26	61.9	16	61.5	31	38.3	9	25.7	27	37.0	11	25.6	120	40.0
保健知识	9	21.4	5	19.2	21	25.9	16	45.7	8	11.0	10	23.3	69	23.0
生理知识	4	9.5	1	3.8	10	12.3	6	17.1	12	16.4	4	9.3	37	12.3
专业知识	18	42.9	15	57.7	50	61.7	24	68.6	44	60.3	32	74.4	183	61.0
心理知识	5	11.9	4	15.4	14	17.3	10	28.6	12	16.4	7	16.3	52	17.3
没有	0	0	0	0	1	1.2	2	5.7	7	9.6	1	2.3	11	3.7

注:n 北京肥胖男生=42;n 北京肥胖女生=26;n 武汉肥胖男生=81;n 武汉肥胖女生=35;n 重庆肥胖男生=73;n 重庆肥胖女生=43;n 肥胖总体=300

表 2-65　小学普通学生在体育理论课上学到的知识

	北京				武汉				重庆				总体	
	男		女		男		女		男		女			
	n	%	n	%	n	%	n	%	n	%	n	%	n	%
健身减肥	8	47.1	10	28.6	12	19.0	8	15.4	12	17.6	12	17.6	62	20.5
保健知识	5	29.4	15	42.9	27	42.9	19	36.5	12	17.6	24	35.3	102	33.7
生理知识	5	29.4	8	22.9	9	14.3	4	7.7	9	13.2	7	10.3	42	13.9
专业知识	14	82.4	21	60.0	49	77.8	39	75.0	48	70.6	56	82.4	227	74.9
心理知识	5	29.4	12	34.3	10	15.9	9	17.3	16	23.5	9	13.2	61	20.1
没有	0	0	0	0	2	3.2	1	1.9	4	5.9	4	5.9	11	3.6

注:n 北京普通男生=17;n 北京普通女生=35;n 武汉普通男生=63;n 武汉普通女生=52;n 重庆普通男生=68;n 重庆普通女生=68;n 普通总体=303

表 2-66 显示，所有初中肥胖学生在体育理论课上学到的知识都将体育专业基础知识排在第 1 位，北京肥胖男生排在排在后 4 位的依次是保健知识、健身减肥知识、心理、生理知识，什么都没学会的有 1 人（4.8%），女生排在后 4 位的是健身减肥、保健知识、心理知识、生理知识没有 1 人学会。武汉的肥胖男生和女生排在后 4 位的都是保健知识、健身减肥知识、心理、生理知识，什么都没学会的比例分别是 12.1% 和 3.8%。重庆的肥胖男生排在后 4 位的是健身减肥知识、保健知识、心理知识、生理知识，什么都没学会的有 8.1%，肥胖女生的排位顺序是健身减肥知识、心理知识、保健知识、生理知识，什么都没学会的比例有 1 人，占 5%。这表明初中时期，学生已经具备了各种运动能力，体育老师传授的知识首先就是体育项目专业知识。

表 2-66 和表 2-67 对比显示，初中肥胖学生总体在体育理论课上学到的知识排在前 3 位的是体育项目专业基础知识、健身减肥知识、保健知识，其次是心理知识，生理知识，什么都没学会的有 10 人，占 6.3%。普通学生的排列顺序是体育专业基础知识、保健知识、健身减肥知识、心理、生理知识，什么都没学会的有 8 人，占 2%。这表明学生是根据自己的需要学习到理论知识的侧重点有所不同。

表 2-66　初中肥胖学生在体育理论课上学到的知识

	北京				武汉				重庆				总体	
	男		女		男		女		男		女			
	n	%	n	%	n	%	n	%	n	%	n	%	n	%
健身减肥	11	52.4	7	31.8	13	39.4	8	30.8	12	32.4	8	40.0	59	37.1
保健知识	12	57.1	7	31.8	17	51.5	11	42.3	7	18.9	4	20.0	58	36.5
生理知识	6	28.6	0	0	2	6.1	2	7.7	5	13.5	3	15.0	18	11.3
专业知识	17	81.0	15	68.2	21	63.6	16	61.5	29	78.4	15	75.0	113	71.1
心理知识	7	33.3	6	27.3	10	30.3	3	11.5	6	16.2	5	25.0	37	23.3
没有	1	4.8	0	0	4	12.1	1	3.8	3	8.1	1	5.0	10	6.3

注：n 北京肥胖男生=21；n 北京肥胖女生=22；n 武汉肥胖男生=33；n 武汉肥胖女生=26；n 重庆肥胖男生=37；n 重庆肥胖女生=20；n 肥胖总体=159

表 2-67　初中普通学生在体育理论课上学到的知识

	北京				武汉				重庆				总体	
	男		女		男		女		男		女			
	n	%	n	%	n	%	n	%	n	%	n	%	n	%
健身减肥	7	26.9	22	19.3	17	23.3	15	21.1	23	35.9	17	30.4	101	25.0
保健知识	9	34.6	40	35.1	23	31.5	37	52.1	21	32.8	18	32.1	148	36.6
生理知识	4	15.4	12	10.5	4	5.5	9	12.7	7	10.9	7	12.5	43	10.6
专业知识	22	84.6	96	84.2	58	79.5	58	81.7	47	73.4	42	75.0	323	80.0
心理知识	6	23.1	23	20.2	16	21.9	13	18.3	12	18.8	14	25.0	84	20.8
没有	0	0	1	0.9	4	5.5	3	4.2	0	0	0	0	8	2.0

注：n 北京普通男生=26；n 北京普通女生=114；n 武汉普通男生=73；n 武汉普通女生=71；n 重庆普通男生=64；n 重庆普通女生=56；n 普通总体=404

表 2-68 显示，北京高中肥胖男生在体育理论课上学到的知识排在前 3 位的是健身减肥知识、保健知识和体育项目专业知识、生理和心理知识，肥胖女生的排列顺序是健身减肥知识、体育项目专业知识、保健知识。武汉高中肥胖男生的排列顺序是体育项目专业知识、健身减肥知识、保健知识、生理知识、心理知识，肥胖女生的排列顺序是健身减肥知识、保健知识和体育项目专业知识、心理知识、生理知识。重庆高中肥胖男生的排列顺序是体育项目专业知识、保健知识、健身减肥知识、心理知识，肥胖女生的排列顺序是健身减肥知识、保健知识和体育项目专业知识、心理知识。这表明高中肥胖女生比男生学到的健身减肥知识要多，也反映了肥胖女生比男生减肥的欲望更强烈。

表 2-68 和表 2-69 对比显示，高中肥胖学生总体在体育理论课上学到的知识排在前 3 位的是体育项目专业基础知识、健身减肥知识、保健知识，其次是心理知识、生理知识，什么都没学会的有 2 人，占 1.9%。普通学生的排列顺序是体育专业基础知识、保健知识、心理知识、健身减肥知识、生理知识，什么都没学会的有 3 人，占 4.4%。这说明学生是根据自身的实际需要来选择自己所学知识的侧重点。

表 2-68　高中肥胖学生在体育理论课上学到的知识

	北京				武汉				重庆				总体	
	男		女		男		女		男		女			
	n	%	n	%	n	%	n	%	n	%	n	%	n	%
健身减肥	9	64.3	11	64.7	13	43.3	9	42.9	3	20.0	5	71.4	50	48.1
保健知识	7	50.0	5	29.4	11	36.7	8	38.1	5	33.3	3	42.9	39	37.5
生理知识	1	7.1	0	0	10	33.3	2	9.5	0	0	0	0	13	12.5
专业知识	7	50.0	9	52.9	14	46.7	8	38.1	11	73.3	3	42.9	52	50.0
心理知识	1	7.1	1	5.9	7	23.3	3	14.3	1	6.7	1	14.3	14	13.5
没有	0	0	0	0	1	3.3	1	4.8	0	0	0	0	2	1.9

注：n 北京肥胖男生＝14；n 北京肥胖女生＝17；n 武汉肥胖男生＝30；n 武汉肥胖女生＝21；n 重庆肥胖男生＝15；n 重庆肥胖女生＝7；n 肥胖总体＝104

表 2-69　高中普通学生在体育理论课上学到的知识

	北京				武汉				重庆				总体	
	男		女		男		女		男		女			
	n	%	n	%	n	%	n	%	n	%	n	%	n	%
健身减肥	9	40.9	5	12.8	13	21.7	30	31.6	6	11.5	18	24.3	81	23.7
保健知识	6	27.3	12	30.8	25	41.7	53	55.8	22	42.3	34	45.9	34	44.4
生理知识	2	9.1	3	7.7	6	10.0	19	20.0	8	15.4	12	16.2	12	14.6
专业知识	18	81.8	33	84.6	35	58.3	60	63.2	36	69.2	58	78.4	58	70.2
心理知识	5	22.7	5	12.8	10	16.7	25	26.3	20	38.5	19	25.7	19	24.6
没有	0	0	0	0	4	6.7	8	8.4	0	0	3	4.1	3	4.4

注：n 北京普通男生＝22；n 北京普通女生＝39；n 武汉普通男生＝60；n 武汉普通女生＝95；n 重庆普通男生＝52；n 重庆普通女生＝74；n 普通总体＝342

2. 肥胖学生运动技能的掌握情况

调查表明，肥胖学生掌握较好的主要有羽毛球、篮球、游泳、乒乓球、踢毽子等。

表 2-70 显示，北京小学肥胖男生掌握较好的项目排在前 3 位的是游泳、足球、羽毛球，武汉和重庆的小学肥胖男生都是把羽毛球、乒乓球、足球排在前 3 位。北京和武汉的小学肥胖女生将游泳、羽毛球、踢毽子排在前 3 位，而重庆小学的肥胖女生把羽毛球、踢毽子、体操排在前 3 位。可以看出，小学肥胖男生掌握较好的集中于羽毛球和足球等项目，而女生则集中于羽毛球和踢毽子等项目。这说明男生掌握较好的是竞争对抗性强、运动量较大的项目。而女生掌握较好的是运动强度不大、趣味性强的项目。据调查，肥胖学生掌握较好的原因是许多学生觉得这些项目简单有趣，喜欢，经常练习，还有的在外面报班学习。

表 2-70 和表 2-71 对比显示，小学肥胖学生总体掌握较好的项目排在前 5 位的是羽毛球、游泳、乒乓球、踢毽子、足球，普通学生总体排在前 5 位的是羽毛球、踢毽子、体操、游泳、足球。这说明体型对学生的学习体育项目有较大影响。例如体操，肥胖学生掌握较好的占 12.7%，而普通学生占 26.1%。可以推断出，肥胖学生因为自己的体型原因，体操掌握得不是很好，而普通学生则掌握得较好。

表 2-70　小学肥胖学生掌握项目情况统计

	北京				武汉				重庆				总体	
	男		女		男		女		男		女			
	n	%	n	%	n	%	n	%	n	%	n	%	n	%
篮球	14	33.3	1	3.8	15	18.5	1	2.9	11	15.1	2	4.7	44	14.7
排球	0	0	1	3.8	0	0	1	2.9	1	1.4	0	0	3	1.0
足球	16	38.1	3	11.5	23	28.4	5	14.3	18	24.7	1	2.3	66	22.0
乒乓球	11	26.2	2	7.7	30	37.0	4	11.4	26	35.6	3	7.0	76	25.3
羽毛球	15	35.7	13	50.0	33	40.7	14	40.0	34	46.6	24	55.8	133	44.3
健美操	0	0	2	7.7	0	0	1	2.9	1	1.4	2	4.7	6	2.0
武术	2	4.8	1	3.8	5	6.2	2	5.7	2	2.7	1	2.3	13	4.3
游泳	17	40.5	16	61.5	19	23.5	11	31.4	15	20.5	7	16.3	85	28.3
踢毽子	5	11.9	7	26.9	15	18.5	10	28.6	14	19.2	20	46.5	71	23.7
田径类	0	0	0	0	0	0	8	22.9	5	6.8	5	11.6	18	6.0
体操	4	9.5	0	0	10	12.3	7	20.0	9	12.3	8	18.6	38	12.7
其他	0	0	5	19.2	3	3.7	2	5.7	2	2.7	3	7.0	15	5.0

注：n 北京肥胖男生=42；n 北京肥胖女生=26；n 武汉肥胖男生=81；n 武汉肥胖女生=35；n 重庆肥胖男生=73；n 重庆肥胖女生=43；n 肥胖总体=300

表 2-71　小学普通学生掌握项目情况统计

	北京				武汉				重庆				总体	
	男		女		男		女		男		女			
	n	%	n	%	n	%	n	%	n	%	n	%	n	%
篮球	6	35.3	2	5.7	10	15.9	2	3.8	18	26.5	8	11.8	46	15.2

续表

	北京				武汉				重庆				总体	
	男		女		男		女		男		女			
	n	%	n	%	n	%	n	%	n	%	n	%	n	%
排球	0	0	2	5.7	0	0	1	1.9	1	1.5	1	1.5	5	1.7
足球	6	35.3	2	5.7	22	34.9	3	5.8	14	20.6	1	1.5	48	15.8
乒乓球	4	23.5	1	2.9	19	30.2	3	5.8	10	14.7	3	4.4	40	13.2
羽毛球	4	23.5	14	40.0	17	27.0	21	40.4	23	33.8	33	48.5	112	37.0
健美操	0	0	3	8.6	0	0	3	5.8	1	1.5	0	0	7	2.3
武术	2	11.8	3	8.6	5	7.9	1	1.9	2	2.9	2	2.9	15	5.0
游泳	7	41.2	12	34.3	13	20.6	13	25.0	15	22.1	16	23.5	76	25.1
踢毽子	2	11.8	13	37.1	13	20.6	20	38.5	19	27.9	33	48.5	100	33.0
田径类	0	0	1	2.9	2	3.2	12	25.0	0	0	5	7.4	21	6.9
体操	1	5.9	10	28.6	21	33.3	14	26.9	22	32.4	11	16.2	79	26.1
其他	1	5.9	1	2.9	3	4.8	0	0	0	0	5	7.4	10	3.3

注：n 北京普通男生＝17；n 北京普通女生＝35；n 武汉普通男生＝63；n 武汉普通女生＝52；n 重庆普通男生＝68；n 重庆普通女生＝68；n 普通总体＝303

表 2-72 显示，北京初中肥胖男生掌握较好的项目排在前 3 位的是篮球、游泳、踢毽子，肥胖女生排在前 3 位的是羽毛球和踢毽子、篮球和体操、游泳和田径。武汉肥胖男生排在前 3 位的是羽毛球、乒乓球、篮球，肥胖女生把羽毛球、踢毽子、田径排在前 3 位。重庆的肥胖男生排在前 3 位的是篮球和羽毛球、乒乓球、踢毽子，肥胖女生排在前 3 位的是踢毽子、羽毛球、篮球。可以看出，初中肥胖男生掌握较好的项目集中于篮球、乒乓球等，肥胖女生则集中于羽毛球、踢毽子、篮球等。据调查，肥胖学生掌握较好的原因是很多学生对这些项目感兴趣，喜欢，经常练习，甚至还有的在外面报班学习。

表 2-72 和表 2-73 对比显示，初中肥胖男生掌握较好的项目排在前 5 位的是羽毛球、篮球、踢毽子、乒乓球、游泳，普通学生排在前 5 位的是羽毛球、踢毽子、篮球、体操、乒乓球。由此可以看出，初中肥胖学生因为自己的体型原因，体操掌握得也不好，而普通学生掌握较好。另外，肥胖学生游泳掌握得较好，原因是游泳是非常有利于减肥的项目，肥胖学生经常练习，同时也反映出肥胖学生减肥欲望强烈。其他掌握较好的项目则没有太大的差别。

表 2-72　初中肥胖学生掌握项目情况统计

	北京				武汉				重庆				总体	
	男		女		男		女		男		女			
	n	%	n	%	n	%	n	%	n	%	n	%	n	%
篮球	11	52.4	5	22.7	13	39.4	3	11.5	12	32.4	6	30.0	50	31.4
排球	2	9.5	2	9.1	0	0	2	7.7	0	0	3	15.0	9	5.7
足球	1	4.8	1	4.5	3	9.1	0	0	7	18.9	1	5.0	13	8.2

续表

	北京				武汉				重庆				总体	
	男		女		男		女		男		女			
	n	%	n	%	n	%	n	%	n	%	n	%	n	%
乒乓球	2	9.5	2	9.1	15	45.5	2	7.7	11	29.7	1	5.0	33	20.8
羽毛球	4	19.0	7	31.8	16	48.5	11	42.3	12	32.4	8	40.0	58	36.5
健美操	0	0	1	4.5	1	3.0	0	0	1	2.7	1	5.0	4	2.5
武术	0	0	0	0	0	0	0	0	0	0	0	0	0	0
游泳	6	28.6	3	13.6	4	12.1	2	7.7	5	13.5	4	20.0	24	15.1
踢毽子	5	23.8	7	31.8	6	18.2	7	26.9	8	21.6	9	45.0	42	26.4
田径类	0	0	3	13.6	2	6.1	4	15.4	0	0	4	20.0	13	8.2
体操	3	14.3	5	22.7	3	9.1	1	3.8	5	13.5	0	0	17	10.7
其他	2	9.5	0	0	1	3.0	1	3.8	1	2.7	1	5.0	6	3.8

注：n 北京普通男生＝26；n 北京普通女生＝114；n 武汉普通男生＝73；n 武汉普通女生＝71；n 重庆普通男生＝64；n 重庆普通女生＝56；n 普通总体＝404

表 2-73　初中普通学生掌握项目情况统计

	北京				武汉				重庆				总体	
	男		女		男		女		男		女			
	n	%	n	%	n	%	n	%	n	%	n	%	n	%
篮球	14	53.8	20	17.5	26	35.6	12	16.9	25	39.1	5	8.9	102	25.2
排球	2	7.7	17	14.9	6	8.2	6	8.5	0	0	1	1.8	32	7.9
足球	1	3.8	2	1.8	3	4.1	0	0	16	25.0	5	8.9	27	6.7
乒乓球	6	23.1	3	2.6	31	42.5	7	9.9	24	37.5	6	10.7	77	19.1
羽毛球	6	23.1	38	33.3	27	37.0	41	57.7	20	31.3	23	41.1	155	38.4
健美操	0	0	7	6.1	2	2.7	4	5.6	1	1.6	2	3.6	16	4.0
武术	3	11.5	13	11.4	1	1.4	1	1.4	0	0	2	3.6	20	5.0
游泳	3	11.5	14	12.3	6	8.2	8	11.3	5	7.8	14	25.0	50	12.4
踢毽子	4	15.4	32	28.1	9	12.3	32	45.1	16	25.0	29	51.8	122	30.2
田径类	0	0	16	14.0	1	1.4	11	15.5	0	0	3	5.4	31	7.7
体操	8	30.8	33	28.9	14	19.2	19	26.8	9	14.1	10	17.9	93	23.0
其他	1	3.8	10	8.8	2	2.7	6	8.5	2	3.1	0	0	21	5.2

注：n 北京普通男生＝26；n 北京普通女生＝114；n 武汉普通男生＝73；n 武汉普通女生＝71；n 重庆普通男生＝64；n 重庆普通女生＝56；n 普通总体＝404

表 2-74 显示，北京高中肥胖男生和女生掌握较好的项目排在前 2 位的都是篮球和羽毛球，男生排在第 3 位的是足球和乒乓球，女生则是游泳和乒乓球。武汉肥胖男生排在前 3 位的是乒乓球、篮球、羽毛球，女生排在前 3 位的是羽毛球、乒乓球、篮球、健美操、游泳和踢毽子。重庆高中肥胖男生排在前 3 位的是篮球和乒乓球、羽毛球、足球，女生排在前 3 位的是羽毛球、踢毽子、健美操。可以看出，高中肥胖男生掌握较好的项目集中于篮球、羽毛球、足球等球类项目，女生主要集中于羽毛球、踢毽子等。据调查，肥胖学生喜欢这些项目的原因是因为对这些项目感兴趣，喜欢，练习比较多等。

表 2-74 和表 2-75 对比显示,高中肥胖学生掌握较好的项目排在前 5 位的是羽毛球、篮球、乒乓球、游泳、足球,普通学生排在前 5 位的是羽毛球、篮球、乒乓球、踢毽子、体操。由此而以看出,高中肥胖学生和普通学生掌握较好的项目差别较大的是体操和游泳,肥胖学生因为自己的体型原因,体操掌握得不好,而普通学生掌握较好。游泳非常有利于减肥,所以肥胖学生就经常练习,掌握就比较好。

表 2-74 高中肥胖学生掌握项目情况统计

	北京				武汉				重庆				总体	
	男		女		男		女		男		女			
	n	%	n	%	n	%	n	%	n	%	n	%	n	%
篮球	9	64.3	10	58.8	13	43.3	4	19.0	8	53.3	0	0	44	42.3
排球	0	0	0	0	1	3.3	3	14.3	0	0	0	0	4	3.8
足球	4	28.6	1	5.9	4	13.3	0	0	3	20.0	1	14.3	13	12.5
乒乓球	4	28.6	4	23.5	17	56.7	6	28.6	8	53.3	1	14.3	40	38.5
羽毛球	8	57.1	6	35.3	11	36.7	12	57.1	7	46.7	4	57.1	48	46.2
健美操	0	0	1	5.9	0	0	4	19.0	0	0	2	28.6	7	6.7
武术	0	0	0	0	0	0	1	4.8	0	0	0	0	1	1.0
游泳	1	7.1	4	23.5	3	10.0	4	19.0	1	6.7	1	14.3	14	13.5
踢毽子	0	0	3	17.6	0	0	4	19.0	2	13.3	3	42.9	12	11.5
田径类	0	0	2	11.8	0	0	1	4.8	0	0	1	14.3	4	3.8
体操	1	7.1	0	0	1	3.3	1	4.8	0	0	0	0	3	2.9
其他	0	0	0	0	1	3.3	0	0	0	0	0	0	1	1.0

注:n 北京肥胖男生=14;n 北京肥胖女生=17;n 武汉肥胖男生=30;n 武汉肥胖女生=21;n 重庆肥胖男生=15;n 重庆肥胖女生=7;n 肥胖总体=104

表 2-75 高中普通学生掌握项目情况统计

	北京				武汉				重庆				总体	
	男		女		男		女		男		女			
	n	%	n	%	n	%	n	%	n	%	n	%	n	%
篮球	14	63.6	8	20.5	32	53.3	11	11.6	20	38.5	11	14.9	96	28.1
排球	2	9.1	1	2.6	2	3.3	5	5.3	1	1.9	4	5.4	15	4.4
足球	7	31.8	0	0	15	25.0	1	1.1	9	17.3	2	2.7	34	9.9
乒乓球	7	31.8	6	15.4	26	43.3	14	14.7	21	40.4	20	27.0	94	27.5
羽毛球	8	36.4	20	51.3	19	31.7	68	71.6	22	42.3	41	55.4	178	52.0
健美操	0	0	1	2.6	0	0	12	12.6	3	5.8	9	12.2	25	7.3
武术	0	0	0	0	2	3.3	4	4.2	1	1.9	0	0	7	2.0
游泳	4	18.2	8	20.5	1	1.7	9	9.5	7	13.5	6	8.1	35	10.2
踢毽子	1	4.5	7	17.9	6	10.0	28	29.5	9	17.3	24	32.4	75	21.9
田径类	0	0	6	15.4	2	3.3	11	11.6	1	1.9	3	4.1	23	6.7
体操	6	27.3	7	17.9	11	18.3	12	12.6	7	13.5	7	9.5	50	14.6
其他	1	4.5	1	2.6	1	1.7	8	8.4	1	1.9	3	4.1	15	4.4

注:n 北京普通男生=22;n 北京普通女生=39;n 武汉普通男生=60;n 武汉普通女生=95;n 重庆普通男生=52;n 重庆普通女生=74;n 普通总体=342

3. 肥胖学生体质测试情况（合格率）

调查表明，肥胖学生体质测试成绩不太理想，各项成绩优秀的都只有少部分同学，中长跑优秀的肥胖学生比例较少，及格和不及格的比例较高。

表 2-76 显示，北京、武汉、重庆小学肥胖男生掷实心球不及格的比例分别是 7.1%、4.9%、6.8%，仰卧起坐不及格的比例分别是 4.7%、8.6%、9.6%，跳绳不及格的比例是 0、4.9%、5.5%，400 米不及格的比例分别是 19.1%、19.8%、27.4%。肥胖女生掷实心球不及格的比例分别是 7.7%、5.7%、4.7%，仰卧起坐不及格的比例分别是 0、5.7%、9.3%，跳绳不及格的比例是 7.7%、8.6%、11.6%，400 米不及格的比例分别是 7.8%、20%、9.3%。由此可以看出，三地小学肥胖男生都是耐力素质最差，400 米不及格的比例最多。肥胖女生则是武汉的耐力素质最差。

表 2-76 和表 2-77 对比显示，小学肥胖学生掷实心球、仰卧起坐、跳绳、400 米优秀的比例分别是 20.7%、27.7%、22%、8.7%，不及格的比例分别是 6%、7.3%、6%、19%。小学普通学生掷实心球、仰卧起坐、跳绳、400 米优秀的比例分别是 25.4%、39.3%、39.6%、22.8%，不及格的比例是 3.3%、3%、0.7%、5%。由此可以看出普通学生比肥胖学生体质测试成绩好，从而反映出肥胖学生体质较普通学生差，尤其是耐力素质表现得尤为明显。

表 2-76 小学肥胖学生部分项目体质测试成绩

		北京				武汉				重庆				总体	
		男		女		男		女		男		女			
		n	%	n	%	n	%	n	%	n	%	n	%	n	%
掷实心球	优秀	6	14.3	3	11.5	19	23.5	9	25.7	17	23.3	8	18.6	62	20.7
	良好	18	42.9	12	46.2	36	44.4	15	42.9	33	45.2	26	60.4	140	46.7
	及格	15	35.7	9	34.6	22	27.2	9	25.7	18	24.7	7	16.3	80	26.6
	不及格	3	7.1	2	7.7	4	4.9	2	5.7	5	6.8	2	4.7	18	6.0
仰卧起坐	优秀	6	14.3	1	3.8	14	17.3	9	25.7	13	17.8	10	23.3	53	17.7
	良好	17	40.5	15	57.7	29	35.8	11	31.4	29	39.7	20	46.5	121	40.3
	及格	17	40.5	10	38.5	31	38.3	13	37.2	24	32.9	9	20.9	104	34.7
	不及格	2	4.7	0	0	7	8.6	2	5.7	7	9.6	4	9.3	22	7.3
跳绳	优秀	4	9.6	6	23.1	18	22.2	8	22.9	19	26.0	11	25.6	66	22.0
	良好	19	45.2	11	42.3	31	38.3	17	48.5	27	37.0	19	44.2	124	41.3
	及格	19	45.2	7	26.9	28	34.6	7	20.0	23	31.5	8	18.6	92	30.7
	不及格	0	0	2	7.7	4	4.9	3	8.6	4	5.5	5	11.6	18	6.0

续表

		北京				武汉				重庆				总体	
		男		女		男		女		男		女			
		n	%	n	%	n	%	n	%	n	%	n	%	n	%
400米	优秀	1	2.4	1	3.8	8	9.8	2	5.7	9	12.3	5	11.6	26	8.7
	良好	9	21.4	7	26.9	22	27.2	12	34.3	23	31.5	16	37.2	89	29.6
	及格	24	57.1	16	61.5	35	43.2	14	40.0	21	28.8	18	41.9	128	42.7
	不及格	8	19.1	2	7.8	16	19.8	7	20.0	20	27.4	4	9.3	57	19.0

注：n 北京肥胖男生=42；n 北京肥胖女生=26；n 武汉肥胖男生=81；n 武汉肥胖女生=35；n 重庆肥胖男生=73；n 重庆肥胖女生=43；n 肥胖总体=300

表 2-77 小学普通学生部分项目体质测试成绩

		北京				武汉				重庆				总体	
		男		女		男		女		男		女			
		n	%	n	%	n	%	n	%	n	%	n	%	n	%
掷实心球	优秀	2	11.8	10	28.6	27	42.9	10	19.2	12	17.6	16	23.5	77	25.4
	良好	9	52.9	15	42.9	29	46.0	28	53.8	42	61.8	34	50.0	157	51.8
	及格	5	29.4	8	22.9	7	11.1	12	23.1	11	16.2	16	23.6	59	19.5
	不及格	1	5.9	2	5.7	0	0	2	3.9	3	4.4	2	2.9	10	3.3
仰卧起坐	优秀	8	47.1	10	28.6	27	42.9	21	40.4	30	44.1	23	33.8	119	39.3
	良好	6	35.3	17	48.6	21	33.3	18	34.6	27	39.7	32	47.1	121	39.9
	及格	2	11.7	6	17.1	12	19.0	13	25.0	11	16.2	10	14.7	54	17.8
	不及格	1	5.9	2	5.7	3	4.8	0	0	0	0	3	4.4	9	3.0
跳绳	优秀	3	17.6	11	31.4	21	33.3	25	48.1	29	42.6	31	45.6	120	39.6
	良好	7	41.2	15	42.9	32	50.8	22	42.3	25	36.8	22	32.4	123	40.6
	及格	7	41.2	9	25.7	8	12.7	5	9.6	14	20.6	14	20.6	57	18.8
	不及格	0	0	0	0	1	1.6	0	0	0	0	1	1.4	2	0.7
400米	优秀	1	5.9	5	14.3	20	31.7	16	30.8	16	23.5	11	16.2	69	22.8
	良好	8	47.1	18	51.4	21	33.3	20	38.5	34	50.0	33	48.5	134	44.1
	及格	7	41.2	9	25.7	18	28.6	15	28.8	15	22.1	21	30.9	85	28.1
	不及格	1	5.8	3	8.6	4	6.4	1	1.9	3	4.4	3	4.4	15	5.0

注：n 北京普通男生=17；n 北京普通女生=35；n 武汉普通男生=63；n 武汉普通女生=52；n 重庆普通男生=68；n 重庆普通女生=68；n 普通总体=303

表 2-78 显示，北京、武汉、重庆初中肥胖男生掷实心球优秀的比例分别是 19%、12.1%、13.5%，立定跳远优秀的比例分别是 23.8%、3%、13.5%，不及格的比例分别是 4.7%、6.1%、0，肺活量指数优秀的比例分别是 19%、6.1%、

10.8%，不及格的比例是 4.8%、0、10.8%，1000 米优秀的比例分别是 0、15.2%、8.1%，不及格的比例是 23.9%、18.2%、10.8%。肥胖女生掷实心球优秀的比例分别是 9.1%、46.2%、20%，不及格的比例分别是 13.6%、3.8%、0，立定跳远优秀的比例分别是 13.6%、15.4%、20%，不及格的比例是 9.1%、3.8%、5%，肺活量指数优秀的比例分别是 13.6%、11.5%、20%，不及格的比例是 9.1%、3.9%、10%，800 米优秀的比例分别是 13.6%、11.5%、5%，不及格的比例分别是 22.7%、19.3%、10%。这说明北京高中肥胖男生比武汉和重庆的肥胖男生耐力素质差，其他身体素质则比武汉和重庆的要好。

表 2-78 和表 2-79 对比显示，初中肥胖学生掷实心球、立定跳远、肺活量指数、1000/800 米优秀的比例分别是 19.5%、13.8%、12.6%、9.4%，不及格的比例分别是 3.8%、4.4%、6.3%、17%，普通学生掷实心球、立定跳远、肺活量指数、1000/800 米优秀的比例分别是 24.5%、24%、14.4%、15.6%，不及格的比例分别是 5.7%、2.5%、2.5%、7.6%。这说明普通学生比肥胖学生体质测试成绩好，尤其是中长跑表现得尤为明显，优秀和不及格的差别都较大，反映出肥胖学生耐力素质比较差。

表 2-78 初中肥胖学生部分项目体质测试成绩

| | | 北京 | | | | 武汉 | | | | 重庆 | | | | 总体 | |
| | | 男 | | 女 | | 男 | | 女 | | 男 | | 女 | | | |
		n	%	n	%	n	%	n	%	n	%	n	%	n	%
坐位体前屈	优秀	4	19.0	2	9.1	4	12.1	12	46.2	5	13.5	4	20.0	31	19.5
	良好	10	47.6	11	50.0	13	39.4	6	23.1	19	51.4	10	50.0	69	43.4
	及格	6	28.6	6	27.3	15	45.5	7	26.9	13	35.1	6	30.0	53	33.3
	不及格	1	4.8	3	13.6	1	3.0	1	3.8	0	0	0	0	6	3.8
立定跳远	优秀	5	23.8	3	13.6	1	3.0	4	15.4	5	13.5	4	20.0	22	13.8
	良好	9	42.9	11	50.0	13	39.4	13	50.0	18	48.6	14	70.0	78	49.1
	及格	6	28.6	6	27.3	17	51.5	8	30.8	14	37.9	1	5.0	52	32.7
	不及格	1	4.7	2	9.1	2	6.1	1	3.8	0	0	1	5.0	7	4.4
肺活量指数	优秀	4	19.0	3	13.6	2	6.1	3	11.5	4	10.8	4	20.0	20	12.6
	良好	10	47.6	7	31.8	12	36.4	9	34.6	21	56.8	10	50.0	69	43.4
	及格	6	28.6	10	45.5	19	57.5	13	50.0	8	21.6	4	20.0	60	37.7
	不及格	1	4.8	2	9.1	0	0	1	3.9	4	10.8	2	10.0	10	6.3
1000/800 米	优秀	0	0	3	13.6	5	15.2	3	11.5	3	8.1	1	5.0	15	9.4
	良好	4	19.0	6	27.3	12	36.3	4	15.4	9	24.3	5	25.0	40	25.2
	及格	12	57.1	8	36.4	10	30.3	14	53.8	21	56.8	12	60.0	77	48.4
	不及格	5	23.9	5	22.7	6	18.2	5	19.3	4	10.8	2	10.0	27	17.0

注：n 北京肥胖男生＝21；n 北京肥胖女生＝22；n 武汉肥胖男生＝33；n 武汉肥胖女生＝26；n 重庆肥胖男生＝37；n 重庆肥胖女生＝20；n 肥胖总体＝159

表 2-79　初中普通学生部分项目体质测试成绩

		北京				武汉				重庆				总体	
		男		女		男		女		男		女			
		n	%	n	%	n	%	n	%	n	%	n	%	n	%
坐位体前屈	优秀	6	23.1	37	32.5	12	16.4	23	32.4	7	10.9	14	25.0	99	24.5
	良好	12	46.1	52	45.6	17	23.4	30	42.3	43	67.2	28	50.0	182	45.0
	及格	6	23.1	22	19.3	35	47.9	14	19.7	11	17.2	12	21.4	100	24.8
	不及格	2	7.7	3	2.6	9	12.3	4	5.6	3	4.7	2	3.6	23	5.7
立定跳远	优秀	9	34.6	29	25.4	9	12.3	14	19.7	21	32.8	15	26.8	97	24.0
	良好	14	53.8	66	57.9	34	46.6	44	62.0	30	46.9	27	48.2	215	53.2
	及格	3	11.6	17	14.9	28	38.4	12	16.9	10	15.6	12	21.4	82	20.3
	不及格	0	0	2	1.8	2	2.7	1	1.4	3	4.7	2	3.6	10	2.5
肺活量指数	优秀	3	11.5	16	14.0	10	13.7	13	18.3	12	18.8	4	7.1	58	14.4
	良好	17	65.4	69	60.5	25	34.3	40	56.3	32	50.0	37	66.1	220	54.5
	及格	6	23.1	27	23.7	35	47.9	17	23.9	18	28.1	13	23.2	116	28.6
	不及格	0	0	2	1.8	3	4.1	1	1.5	2	3.1	2	3.6	10	2.5
1000/800米	优秀	4	15.4	19	16.7	13	17.8	11	15.5	9	14.1	7	12.5	63	15.6
	良好	12	46.1	47	41.2	20	27.4	37	52.1	20	31.2	19	33.9	155	38.4
	及格	10	38.5	43	37.7	29	39.7	19	26.8	30	46.9	24	42.9	155	38.4
	不及格	0	0	5	4.4	11	15.1	4	5.6	5	7.8	6	10.7	31	7.6

注：n 北京普通男生＝26；n 北京普通女生＝114；n 武汉普通男生＝73；n 武汉普通女生＝71；n 重庆普通男生＝64；n 重庆普通女生＝56；n 普通总体＝404

表 2-80 显示，北京、武汉、重庆高中肥胖男生坐位体前屈优秀的比例分别是 0、10%、6.7%，不及格的比例分别是 7.1%、6.7%、0，立定跳远优秀的比例分别是 14.3%、13.3%、6.7%，不及格的比例分别是 7.1%、6.7%、6.7%，肺活量指数优秀的比例是 42.9%、16.7%、6.6%，不及格的比例分别是 7.1%、10%、0，1000 米优秀的比例是 0、6.7%、0，不及格的比例分别是 0、13.3%、6.7%。高中肥胖女生坐位体前屈优秀的比例分别是 5.9%、23.8%、14.3%，不及格的比例是 17.6%、0、0，立定跳远优秀的比例分别是 17.6%、0、14.3%，不及格的分别是 5.9%、4.8%、14.3%，肺活量指数优秀的比例分别是 23.5%、9.5%、0，不及格的比例分别是 5.9%、0、0，800 米优秀的比例分别是 5.9%、0、14.3%，不及格的比例分别是 11.7%、14.3%、0。这表明高中肥胖男生的柔韧性比女生要差，学生耐力素质普遍较差。

表 2-80 和表 2-81 对比显示，高中肥胖学生坐位体前屈、立定跳远、肺活量指

数、1000/800米优秀的比例分别是10.6%、10.7%、17.3%、3.8%，不及格的比例分别是5.8%、6.7%、4.8%、9.7%。高中普通学生坐位体前屈、立定跳远、肺活量指数、1000/800米优秀的比例分别是33.6%、28.9%、21.3%、19.6%，不及格的比例分别是3.2%、3.3%、2.6%、7.3%。这表明高中普通学生比肥胖学生体质测试成绩要好，反映出肥胖学生较普通学生体质差。

表 2-80　高中肥胖学生部分项目体质测试成绩

		北京				武汉				重庆				总体	
		男		女		男		女		男		女			
		n	%	n	%	n	%	n	%	n	%	n	%	n	%
坐位体前屈	优秀	0	0	1	5.9	3	10.0	5	23.8	1	6.7	1	14.3	11	10.6
	良好	8	57.2	7	41.2	11	36.6	10	47.6	9	60.0	4	57.1	49	47.1
	及格	5	35.7	6	35.3	14	46.7	6	28.6	5	33.3	2	28.6	38	36.5
	不及格	1	7.1	3	17.6	2	6.7	0	0	0	0	0	0	6	5.8
立定跳远	优秀	2	14.3	3	17.6	4	13.3	0	0	1	6.7	1	14.3	11	10.7
	良好	7	50.0	6	35.3	9	30.0	10	47.6	8	53.3	3	42.8	43	41.3
	及格	4	28.6	7	41.2	15	50.0	10	47.6	5	33.3	2	28.6	43	41.3
	不及格	1	7.1	1	5.9	2	6.7	1	4.8	1	6.7	1	14.3	7	6.7
肺活量指数	优秀	6	42.9	4	23.5	5	16.7	2	9.5	1	6.6	0	0	18	17.3
	良好	6	42.9	7	41.2	10	33.3	9	42.9	7	46.7	3	42.9	42	40.4
	及格	1	7.1	5	29.4	12	40.0	10	47.6	7	46.7	4	57.1	39	37.5
	不及格	1	7.1	1	5.9	3	10.0	0	0	0	0	0	0	5	4.8
1000/800米	优秀	0	0	1	5.9	2	6.7	0	0	0	0	1	14.3	4	3.8
	良好	6	42.9	6	35.3	10	33.3	7	33.3	5	33.3	2	28.6	36	34.6
	及格	8	57.1	8	47.1	14	46.7	11	52.4	9	60.0	4	57.1	54	51.9
	不及格	0	0	2	11.7	4	13.3	3	14.3	1	6.7	0	0	10	9.7

注：n 北京肥胖男生=14；n 北京肥胖女生=17；n 武汉肥胖男生=30；n 武汉肥胖女生=21；n 重庆肥胖男生=15；n 重庆肥胖女生=7；n 肥胖总体=104

表 2-81　高中普通学生部分项目体质测试成绩

		北京				武汉				重庆				总体	
		男		女		男		女		男		女			
		n	%	n	%	n	%	n	%	n	%	n	%	n	%
坐位体前屈	优秀	12	54.5	10	25.6	20	33.3	37	38.9	16	30.8	20	27.0	115	33.6
	良好	8	36.4	19	48.7	27	45.0	38	40.1	23	44.2	36	48.6	151	44.2
	及格	0	0	9	23.1	13	21.7	18	18.9	8	15.4	17	23.0	65	19.0
	不及格	2	9.1	1	2.6	0	0	2	2.1	5	9.6	1	1.4	11	3.2

续表

		北京				武汉				重庆				总体	
		男		女		男		女		男		女			
		n	%	n	%	n	%	n	%	n	%	n	%	n	%
立定跳远	优秀	13	59.1	7	17.9	17	28.3	21	22.1	25	48.1	16	21.6	99	28.9
	良好	8	36.4	21	53.8	32	53.4	49	51.5	17	32.7	41	55.4	168	49.1
	及格	0	0	11	28.3	9	15.0	24	25.3	6	11.5	14	18.9	64	18.7
	不及格	1	4.5	0	0	2	3.3	1	1.1	4	7.7	3	4.1	11	3.3
肺活量指数	优秀	9	40.9	9	23.1	16	26.7	21	22.1	11	21.2	7	9.5	73	21.3
	良好	9	40.9	20	51.3	28	46.6	46	48.4	32	61.5	37	50.0	172	50.3
	及格	3	13.6	10	25.6	16	26.7	26	27.4	6	11.5	27	36.4	88	25.7
	不及格	1	4.6	0	0	0	0	2	2.1	3	5.8	3	4.1	9	2.6
1000米/800米	优秀	8	36.4	8	20.5	12	20.0	18	18.9	13	25.0	8	10.7	67	19.6
	良好	9	40.9	18	46.2	30	50.0	39	41.1	18	34.6	23	31.1	137	40.1
	及格	3	13.6	11	28.2	17	28.3	28	29.5	17	32.7	37	50.0	113	33.0
	不及格	2	9.1	2	5.1	1	1.7	10	10.5	4	7.7	6	8.2	25	7.3

注：n 北京普通男生=22；n 北京普通女生=39；n 武汉普通男生=60；n 武汉普通女生=95；n 重庆普通男生=52；n 重庆普通女生=74；n 普通总体=342

4. 肥胖学生的体育学习成绩

研究表明，体育考试成绩优秀的肥胖学生只占少数，半数以下的肥胖学生成绩都是合格，还有少数成绩不合格。

表 2-82 显示，北京、武汉、重庆小学肥胖男生上次体育考试成绩优秀的比例分别是 9.5%、11.2%、19.2%，合格的比例分别是 45.2%、40.7%、28.8%，不合格的比例分别是 4.8%、8.6%、8.2%。小学肥胖女生上次考试成绩优秀的比例分别是 7.7%、14.2%、11.6%，良好的比例分别是 57.7%、48.6%、60.5%，不合格的比例分别是 3.8%、8.6%、2.3%。这说明重庆小学的肥胖男生两极分化比北京和武汉严重，优秀和不合格的比例都比北京和武汉高，而肥胖女生的成绩差别不大。

表 2-82 和表 2-83 对比显示，小学肥胖学生上次体育考试成绩优秀、良好、及格、不及格的比例分别是 13%、46.3%、34%、6.7%，普通学生的比例分别是 35.6%、44.6%、18.2%、1.6%。这说明肥胖学生比普通学生体育考试成绩差，其中，受体型影响是主要原因之一。

表 2-82　小学肥胖学生体育学习考试成绩

	北京				武汉				重庆				总体	
	男		女		男		女		男		女			
	n	%	n	%	n	%	n	%	n	%	n	%	n	%
优秀	4	9.5	2	7.7	9	11.2	5	14.2	14	19.2	5	11.6	39	13.0
良好	17	40.5	15	57.7	32	39.5	17	48.6	32	43.8	26	60.5	139	46.3
合格	19	45.2	8	30.8	33	40.7	10	28.6	21	28.8	11	25.6	102	34.0
不合格	2	4.8	1	3.8	7	8.6	3	8.6	6	8.2	1	2.3	20	6.7

注：n 北京肥胖男生＝42；n 北京肥胖女生＝26；n 武汉肥胖男生＝81；n 武汉肥胖女生＝35；n 重庆肥胖男生＝73；n 重庆肥胖女生＝43；n 肥胖总体＝300

表 2-83　小学普通学生体育学习考试成绩

	北京				武汉				重庆				总体	
	男		女		男		女		男		女			
	n	%	n	%	n	%	n	%	n	%	n	%	n	%
优秀	6	35.3	13	37.2	21	33.3	18	34.6	28	41.2	22	32.4	108	35.6
良好	7	41.2	11	31.4	25	39.7	22	42.3	32	47.1	38	55.8	135	44.6
合格	4	23.5	11	31.4	13	20.6	12	23.1	8	11.7	7	10.3	55	18.2
不合格	0	0	0	0	4	6.4	0	0	0	0	1	1.5	5	1.6

注：n 北京普通男生＝17；n 北京普通女生＝35；n 武汉普通男生＝63；n 武汉普通女生＝52；n 重庆普通男生＝68；n 重庆普通女生＝68；n 普通总体＝303

表 2-84 显示，北京、武汉、重庆初中肥胖男生体育考试成绩良好的比例分别是 57.1%、33.3%、51.4%，合格的比例分别是 28.6%、42.4%、32.4%，不合格的比例分别是 4.8%、15.2%、5.4%。肥胖女生体育考试成绩优秀的比例分别是 13.6%、7.7%、10%，良好的比例分别是 31.8%、42.3%、60%，合格的比例分别是 45.5%、38.5%、25%，不合格的比例分别是 9.1%、11.5%、5%。可以看出，武汉初中肥胖男生和女生不合格的人数较北京和重庆的要多。

表 2-84 和表 2-85 显示，初中肥胖学生上次体育考试成绩优秀、良好、及格、不及格的比例分别是 10.1%、45.3%、35.8%、8.8%。普通学生的比例分别是 26.5%、49.8%、0%、3.7%。这说明普通学生比肥胖学生体育考试成绩好，其主要原因是肥胖学生受体型、学习态度的影响。

表 2-84　初中肥胖学生体育学习考试成绩

	北京				武汉				重庆				总体	
	男		女		男		女		男		女			
	n	%	n	%	n	%	n	%	n	%	n	%	n	%
优秀	2	9.5	3	13.6	3	9.1	2	7.7	4	10.8	2	10.0	16	10.1
良好	12	57.1	7	31.8	11	33.3	11	42.3	19	51.4	12	60.0	72	45.3
合格	6	28.6	10	45.5	14	42.4	10	38.5	12	32.4	5	25.0	57	35.8
不合格	1	4.8	2	9.1	5	15.2	3	11.5	2	5.4	1	5.0	14	8.8

注：n 北京肥胖男生＝21；n 北京肥胖女生＝22；n 武汉肥胖男生＝33；n 武汉肥胖女生＝26；n 重庆肥胖男生＝37；n 重庆肥胖女生＝20；n 肥胖总体＝159

表 2-85　初中普通学生体育学习考试成绩

	北京				武汉				重庆				总体	
	男		女		男		女		男		女			
	n	%	n	%	n	%	n	%	n	%	n	%	n	%
优秀	9	34.6	44	38.6	12	16.4	12	16.9	20	31.3	10	17.9	107	26.5
良好	12	46.2	48	42.1	30	41.1	45	63.4	34	53.1	32	57.1	201	49.8
合格	4	15.4	20	17.5	26	35.6	12	16.9	8	12.5	11	19.6	81	20.0
不合格	1	3.8	2	1.8	5	6.9	2	2.8	2	3.1	3	5.4	15	3.7

注：n 北京普通男生=26；n 北京普通女生=114；n 武汉普通男生=73；n 武汉普通女生=71；n 重庆普通男生=64；n 重庆普通女生=56；n 普通总体=404

表 2-86 显示，北京、武汉、重庆高中肥胖男生在上次体育考试成绩优秀的比例分别是 14.2%、16.7%、0，良好的比例分别是 42.9%、33.3%、60%，不及格的武汉有 2 人，占 6.7%，其他均没有。肥胖女生体育考试成绩优秀的比例分别是 0、9.5%、14.3%，良好的比例分别是 47.1%、47.6%、57.1%，合格的比例是 35.3%、38.1%、28.6%，不合格的比例是 17.6%、4.8%、0。由此可以看出，北京高中的肥胖男生比女生成绩好，说明男生更好地掌握了所要考核的内容。

表 2-86 和表 2-87 对比显示，高中肥胖学生上次体育考试成绩优秀、良好、及格、不及格的比例分别是 9.6%、45.2%、39.4%、5.8%。普通学生的比例分别是 31.3%、42.7%、24.2%、1.8%。这说明普通学生比肥胖学生体育考试成绩好。主要原因是肥胖学生受体型、心理等因素影响。

表 2-86　高中肥胖学生体育学习考试成绩

	北京				武汉				重庆				总体	
	男		女		男		女		男		女			
	n	%	n	%	n	%	n	%	n	%	n	%	n	%
优秀	2	14.2	0	0	5	16.7	2	9.5	0	0	1	14.3	10	9.6
良好	6	42.9	8	47.1	10	33.3	10	47.6	9	60.0	4	57.1	47	45.2
合格	6	42.9	6	35.3	13	43.3	8	38.1	6	40.0	2	28.6	41	39.4
不合格	0	0	3	17.6	2	6.7	1	4.8	0	0	0	0	6	5.8

注：n 北京肥胖男生=14；n 北京肥胖女生=17；n 武汉肥胖男生=30；n 武汉肥胖女生=21；n 重庆肥胖男生=15；n 重庆肥胖女生=7；n 肥胖总体=104

表 2-87　高中普通学生体育学习考试成绩

	北京				武汉				重庆				总体	
	男		女		男		女		男		女			
	n	%	n	%	n	%	n	%	n	%	n	%	n	%
优秀	13	59.1	11	28.2	19	31.7	21	22.0	22	42.3	21	28.4	107	31.3
良好	6	27.3	19	48.7	25	41.7	41	43.2	20	38.5	35	47.3	146	42.7
合格	2	9.1	9	23.1	16	26.6	32	33.7	8	15.4	16	21.6	83	24.2
不合格	1	4.5	0		0		1	1.1	2	3.8	2	2.7	6	1.8

注：n 北京普通男生=22；n 北京普通女生=39；n 武汉普通男生=60；n 武汉普通女生=95；n 重庆普通男生=52；n 重庆普通女生=74；n 普通总体=342

（五）肥胖学生体育学习压力及需求

1. 肥胖学生的体育学习压力

调查表明，小学仅有1/10的肥胖学生觉得体育学习压力大，而到了初中和高中阶段，有1/4的肥胖学生都觉得体育学习压力较大。

表2-88显示，北京、武汉、重庆小学肥胖男生认为体育学习压力非常大和比较大的比例分别是14.3%、7.4%、11%，认为压力不太大和没有的比例分别是42.8%、58%、60.2%。肥胖女生认为体育学习压力非常大和比较大的比例分别有3.8%、22.8%、11.6%，认为压力不太大和没有的比例是38.5%、40%、44.2%。这说明北京小学的肥胖男生和武汉小学的肥胖女生觉得体育学习的压力最大。另外，北京小学肥胖男生比女生压力大，武汉肥胖女生比男生压力大。

表2-88和表2-89对比显示，小学肥胖学生总体认为体育学习压力非常大和比较大、一般、不太大和没有的比例分别是11.3%、38%、50.7%，普通学生总体的比例分别是11.6%、33.3%、55.1%。由此可以看出，肥胖学生和普通学生的体育学习压力差异并不明显。可能是体育老师降低了对肥胖学生的要求，再加上小学体育课大部分教学内容都是一些简单的游戏，以至于他们并没有觉得有太大的压力。

表 2-88 小学肥胖学生体育学习压力情况

	北京				武汉				重庆				总体	
	男		女		男		女		男		女			
	n	%	n	%	n	%	n	%	n	%	n	%	n	%
非常大	0	0	0	0	2	2.5	2	5.7	2	2.7	1	2.3	7	2.3
比较大	6	14.3	1	3.8	4	4.9	6	17.1	6	8.3	4	9.3	27	9.0
一般	18	42.9	15	57.7	28	34.6	13	37.2	21	28.8	19	44.2	114	38.0
不太大	9	21.4	8	30.8	30	37.0	9	25.7	25	34.2	8	18.6	89	29.7
没有	9	21.4	2	7.7	17	21.0	5	14.3	19	26.0	11	25.6	63	21.0

注：n 北京肥胖男生=42；n 北京肥胖女生=26；n 武汉肥胖男生=81；n 武汉肥胖女生=35；n 重庆肥胖男生=73；n 重庆肥胖女生=43；n 肥胖总体=300

表 2-89 小学普通学生体育学习压力情况

	北京				武汉				重庆				总体	
	男		女		男		女		男		女			
	n	%	n	%	n	%	n	%	n	%	n	%	n	%
非常大	0	0	1	2.9	3	4.8	0	0	0	0	2	2.9	6	2.0
比较大	2	11.8	8	22.9	5	7.9	5	9.6	6	8.8	3	4.4	29	9.6
一般	5	29.4	9	25.7	16	25.4	22	42.3	22	32.4	27	39.8	101	33.3
不太大	5	29.4	9	25.6	23	36.5	13	25.0	20	29.4	10	14.7	80	26.4
没有	5	29.4	8	22.9	16	25.4	12	23.1	20	29.4	26	38.2	87	28.7

注：n 北京普通男生=17；n 北京普通女生=35；n 武汉普通男生=63；n 武汉普通女生=52；n 重庆普通男生=68；n 重庆普通女生=68；n 普通总体=303

表 2-90 显示，北京、武汉、重庆初中肥胖男生认为体育学习压力非常大和比较大的比例分别是 19%、24.3%、29.8%，认为压力不太大和没有的比例是 57.1%、36.4%、43.2%。肥胖女生认为压力非常大和比较大的比例有 40.9%、19.2%、30%，认为压力不太大和没有的比例分别是 13.6%、30.8%、30%。这说明北京初中肥胖男生比武汉和重庆的肥胖男生体育学习压力小，而肥胖女生的体育学习压力比武汉和重庆的肥胖女生大。另外，肥胖女生普遍比肥胖男生体育学习压力大。

表 2-90 和表 2-91 对比显示，初中肥胖学生总体认为体育学习压力非常大和比较大、一般、不太大和没有的比例分别是 27%、37.1%、35.9%，普通学生总体的比例分别是 16.8%、41.6%、41.6%。这说明初中肥胖学生的体育学习压力比普通学生要大。可能是因为初中体育课的内容有一定的难度，含有一定的技术性。另外，还有中考体育的影响。

表 2-90　初中肥胖学生体育学习压力情况

	北京				武汉				重庆				总体	
	男		女		男		女		男		女			
	n	%	n	%	n	%	n	%	n	%	n	%	n	%
非常大	0	0	2	9.1	2	6.1	1	3.8	5	13.5	3	15.0	13	8.2
比较大	4	19.0	7	31.8	6	18.2	4	15.4	6	16.3	3	15.0	30	18.8
一般	5	23.9	10	45.5	13	39.3	13	50.0	10	27.0	8	40.0	59	37.1
不太大	8	38.1	1	4.5	6	18.2	6	23.1	10	27.0	6	30.0	37	23.3
没有	4	19.0	2	9.1	6	18.2	2	7.7	6	16.2	0	0	20	12.6

注：n 北京肥胖男生＝21；n 北京肥胖女生＝22；n 武汉肥胖男生＝33；n 武汉肥胖女生＝26；n 重庆肥胖男生＝37；n 重庆肥胖女生＝20；n 肥胖总体＝159

表 2-91　初中普通学生体育学习压力情况

	北京				武汉				重庆				总体	
	男		女		男		女		男		女			
	n	%	n	%	n	%	n	%	n	%	n	%	n	%
非常大	0	0	3	2.6	2	2.7	2	2.8	1	1.6	1	1.8	9	2.2
比较大	5	19.2	17	14.9	11	15.1	8	11.3	9	14.1	9	16.1	59	14.6
一般	13	50.0	50	43.9	34	46.6	31	43.6	16	25.0	24	42.8	168	41.6
不太大	5	19.2	28	24.6	19	26.0	20	28.2	20	31.2	13	23.2	105	26.0
没有	3	11.6	16	14.0	7	9.6	10	14.1	18	28.1	9	16.1	63	15.6

注：n 北京普通男生＝26；n 北京普通女生＝114；n 武汉普通男生＝73；n 武汉普通女生＝71；n 重庆普通男生＝64；n 重庆普通女生＝56；n 普通总体＝404

表 2-92 显示，北京、武汉、重庆高中肥胖男生认为体育学习压力非常大和比较大的比例分别是 35.7%、20%、13.3%，认为压力不太大和没有的比例是 21.4%、30%、66.7%。肥胖女生认为压力非常大和比较大的比例有 70.6%、

14.4%、0，认为不太大和没有压力的比例分别是 11.8%、38%、71.4%。可以看出，北京高中的肥胖男生和女生比武汉和重庆的肥胖男生和女生的压力都大，尤其是肥胖女生，差异非常明显。

表 2-92 和表 2-93 对比显示，高中肥胖学生总体认为体育学习压力非常大和比较大、一般、不太大和没有的比例分别是 26.9%、37.5%、35.6%，普通学生总体的比例分别是 11.7%、41.5%、46.8%。由此可推断出高中肥胖学生的体育学习压力比普通学生要大。可能是因为高中体育课的内容难度较大，技术含量高，肥胖学生因为体型的影响而掌握较慢。

表 2-92 高中肥胖学生体育学习压力情况

	北京				武汉				重庆				总体	
	男		女		男		女		男		女			
	n	%	n	%	n	%	n	%	n	%	n	%	n	%
非常大	2	14.3	2	11.8	1	3.3	0	0	0	0	0	0	5	4.8
比较大	3	21.4	10	58.8	5	16.7	3	14.4	2	13.3	0	0	23	22.1
一般	6	42.9	3	17.6	15	50.0	10	47.6	3	20.0	2	28.6	39	37.5
不太大	2	14.3	2	11.8	4	13.3	4	19.0	2	13.3	5	71.4	19	18.3
没有	1	7.1	0	0	5	16.7	4	19.0	8	53.4	0	0	18	17.3

注：n 北京肥胖男生=14；n 北京肥胖女生=17；n 武汉肥胖男生=30；n 武汉肥胖女生=21；n 重庆肥胖男生=15；n 重庆肥胖女生=7；n 肥胖总体=104

表 2-93 高中普通学生体育学习压力情况

	北京				武汉				重庆				总体	
	男		女		男		女		男		女			
	n	%	n	%	n	%	n	%	n	%	n	%	n	%
非常大	1	4.5	0	0	3	5.0	5	5.3	6	11.6	2	2.7	17	5.0
比较大	2	9.1	6	15.4	4	6.7	7	7.4	2	3.8	2	2.7	23	6.7
一般	7	31.8	27	69.2	18	30.0	43	45.2	16	30.8	31	41.9	142	41.5
不太大	7	31.8	5	12.8	15	25.0	21	22.1	15	28.8	23	31.1	86	25.2
没有	5	22.8	1	2.6	20	33.3	19	20.0	13	25.0	16	21.6	74	21.6

注：n 北京普通男生=22；n 北京普通女生=39；n 武汉普通男生=60；n 武汉普通女生=95；n 重庆普通男生=52；n 重庆普通女生=74；n 普通总体=342

总体来说，在小学阶段，肥胖学生和普通学生对体育学习都没有太大的压力，而到了初中和高中阶段，受升学考试的影响，加上自己的体型没有优势，肥胖学生就明显比普通学生体育学习的压力大。

2. 肥胖学生对体育教学内容的需求

调查表明，肥胖学生需要的学习内容主要有羽毛球、篮球、乒乓球、跳绳、田径、排球。

表 2-94 显示，北京小学肥胖男生所需要的学习内容排在前 3 位的依次是足球

（54.8%）、羽毛球（38.1%）、田径（33.3%），女生的依次是跳绳（50%）、游泳（34.6%）、田径（30.8%）和羽毛球（30.8%）。武汉小学肥胖男生排在前3位的分别是足球（43.2%）、羽毛球（39.5%）、乒乓球（32.1%），女生分别是田径（48.6%）、羽毛球（45.7%）、跳绳（31.4%）和踢毽子（31.4%）。重庆小学肥胖男生排在前3位的是乒乓球（43.8%）和跳绳（43.8%）、羽毛球（41.1%）、足球（31.5%），女生分别是跳绳（60.5%）、田径（46.5%）、羽毛球（41.9%）。由此可以看出，小学肥胖男生需要足球、羽毛球、乒乓球、田径等，女生需要的是跳绳、羽毛球、踢毽子等内容。据调查，仅有19%的肥胖学生认为体育老师经常是根据自己的具体情况和学习兴趣安排学习内容，50.7%的肥胖学生认为教师偶尔根据自己的需要和兴趣安排学习内容。30.3%的肥胖学生认为教师没有根据自己的具体情况和兴趣安排学习内容。

表2-94和表2-95对比显示，小学肥胖学生总体需要的学习内容排在前5位的依次是羽毛球、跳绳、田径、足球、乒乓球。普通学生总体需要的学习内容排在前5位的是跳绳、田径、羽毛球、篮球、乒乓球。这说明肥胖学生和普通学生在所需要的学习内容方面没有多大的差别。

表2-94 小学肥胖学生对体育教学内容的需求

	北京				武汉				重庆				总体	
	男		女		男		女		男		女			
	n	%	n	%	n	%	n	%	n	%	n	%	n	%
篮球	12	28.6	5	19.2	22	27.2	5	14.3	22	30.1	4	9.3	70	23.3
排球	1	2.4	1	3.8	5	6.2	4	11.4	3	4.1	0	0	14	4.7
足球	23	54.8	5	19.2	35	43.2	6	17.1	22	30.1	6	14.0	97	32.3
乒乓球	9	21.4	3	11.5	26	32.1	9	25.7	32	43.8	8	18.6	87	29.0
羽毛球	16	38.1	8	30.8	32	39.5	16	45.7	30	41.1	18	41.9	120	40.0
健美操	2	4.8	5	19.2	2	2.5	1	2.9	1	1.4	4	9.3	15	5.0
武术	3	7.1	2	7.7	10	12.3	7	20.0	2	2.7	2	4.7	26	8.7
游泳	11	26.2	9	34.6	12	14.8	4	11.4	12	16.4	5	11.6	53	17.7
跳绳	13	31.0	13	50.0	17	21.0	11	31.4	32	43.8	26	60.5	112	37.3
踢毽子	1	2.4	2	7.7	6	7.4	11	31.4	5	6.8	13	30.2	38	12.7
田径	14	33.3	8	30.8	17	21.0	17	48.6	23	31.5	20	46.5	99	33.0
其他	0	0	2	7.7	4	4.9	0	0	0	0	1	2.3	7	2.3

注：n北京肥胖男生=42；n北京肥胖女生=26；n武汉肥胖男生=81；n武汉肥胖女生=35；n重庆肥胖男生=73；n重庆肥胖女生=43；n肥胖总体=300

表2-95 小学普通学生对体育教学内容的需求

	北京				武汉				重庆				总体	
	男		女		男		女		男		女			
	n	%	n	%	n	%	n	%	n	%	n	%	n	%
篮球	9	52.9	9	25.7	16	25.4	8	15.4	28	41.2	8	11.8	78	25.7

续表

	北京				武汉				重庆				总体	
	男		女		男		女		男		女			
	n	%	n	%	n	%	n	%	n	%	n	%	n	%
排球	1	5.9	7	20.0	4	6.3	6	11.5	6	8.8	2	2.9	26	8.6
足球	5	29.4	3	8.6	25	39.7	4	7.7	22	32.4	3	4.4	62	20.5
乒乓球	6	35.3	4	11.4	27	42.9	8	15.4	13	19.1	10	14.7	68	22.4
羽毛球	5	29.4	16	45.7	22	34.9	25	48.1	23	33.8	27	39.7	118	38.9
健美操	2	11.8	3	8.6	3	4.8	4	7.7	1	1.5	4	5.9	17	5.6
武术	2	11.8	5	14.3	10	15.9	7	13.5	3	4.4	4	5.9	31	10.2
游泳	6	35.3	12	34.3	10	15.9	8	15.4	8	11.8	12	17.6	56	18.5
跳绳	2	11.8	10	28.6	15	23.8	17	32.7	30	44.1	45	66.2	119	39.3
踢毽子	2	11.8	5	14.3	5	7.9	25	48.1	5	7.4	11	16.2	53	17.5
田径	7	41.2	13	37.1	27	42.9	0	0	38	55.9	34	50.0	119	39.3
其他	0	0	1	2.9	0	0	0	0	0	0	0	0	1	0.3

注：n 北京普通男生＝17；n 北京普通女生＝35；n 武汉普通男生＝63；n 武汉普通女生＝52；n 重庆普通男生＝68；n 重庆普通女生＝68；n 普通总体＝303。

表 2-96 显示，北京初中肥胖男生所需要的学习内容排在排在前 3 位的依次是篮球（61.9%）和田径（61.9%）、足球（42.9%）、羽毛球（19%），女生排在前 3 位的是也是篮球（59.1%）、田径（36.4%）、羽毛球（27.3%）。武汉初中肥胖男生排在前 3 位的是篮球（63.6%）、羽毛球（39.4%）、乒乓球（30.3%）和田径（30.3%），女生排在前 3 位的是羽毛球（46.2%）、跳绳（34.6%）、篮球（26.9%）。重庆初中肥胖男生排在前 3 位的是篮球（48.6%）、乒乓球和足球（40.5%）、羽毛球和田径（32.4%），女生排在前 3 位的分别是羽毛球（55%）、田径（40%）、跳绳（35%）。可以看出，初中肥胖男生需要的主要是篮球、足球、羽毛球等球类项目和田径项目。女生需要的主要是篮球、羽毛球、田径、跳绳等。据调查，肥胖学生认为体育老师经常是根据自己的特殊情况和学习兴趣安排学习内容的有 13.2%，偶尔有的占 50.9%，没有的占 35.9%。

表 2-96 和表 2-97 对比显示，初中肥胖学生总体所需要的学习内容排在前 5 位的是篮球、羽毛球、田径、足球、乒乓球，普通学生排在前 5 位的是篮球、田径、羽毛球、跳绳、乒乓球。这说明初中肥胖学生与普通学生所需要的内容基本一致。

表 2-96 初中肥胖学生对体育教学内容的需求

	北京				武汉				重庆				总体	
	男		女		男		女		男		女			
	n	%	n	%	n	%	n	%	n	%	n	%	n	%
篮球	13	61.9	13	59.1	21	63.6	7	26.9	18	48.6	4	20.0	76	47.8
排球	2	9.5	1	4.5	4	12.1	5	19.2	1	2.7	3	15.0	16	10.1
足球	9	42.9	5	22.7	9	27.3	2	7.7	15	40.5	2	10.0	42	26.4

续表

	北京				武汉				重庆				总体	
	男		女		男		女		男		女			
	n	%	n	%	n	%	n	%	n	%	n	%	n	%
乒乓球	3	14.3	1	4.5	10	30.3	2	7.7	15	40.5	3	15.0	34	21.4
羽毛球	4	19.0	6	27.3	13	39.4	12	46.2	12	32.4	11	55.0	58	36.5
健美操	2	9.5	3	13.6	2	6.1	1	3.8	2	5.4	4	20.0	14	8.8
武术	1	4.8	1	4.5	6	18.2	5	19.2	0	0	0	0	13	8.2
游泳	0	0	1	4.5	4	12.1	1	3.8	4	10.8	5	25.0	15	9.4
跳绳	3	14.3	5	22.7	3	9.1	9	34.6	5	13.5	7	35.0	32	20.1
踢毽子	0	0	2	9.1	2	6.1	6	23.1	0	0	1	5.0	11	6.9
田径	13	61.9	8	36.4	10	30.3	5	19.2	12	32.4	8	40.0	56	35.2
其他	0	0	0	0	0	0	0	0	0	0	0	0	0	0

注：n 北京肥胖男生＝21；n 北京肥胖女生＝22；n 武汉肥胖男生＝33；n 武汉肥胖女生＝26；n 重庆肥胖男生＝37；n 重庆肥胖女生＝20；n 肥胖总体＝159

表 2-97 初中普通学生对体育教学内容的需求

	北京				武汉				重庆				总体	
	男		女		男		女		男		女			
	n	%	n	%	n	%	n	%	n	%	n	%	n	%
篮球	17	65.4	52	45.6	42	57.5	28	39.4	31	48.4	10	17.9	180	44.6
排球	3	11.5	18	15.8	5	6.8	7	9.9	8	12.5	3	5.4	44	10.9
足球	7	26.9	15	13.2	6	8.2	2	2.8	28	43.8	4	7.1	62	15.3
乒乓球	3	11.5	9	7.9	31	42.5	18	25.4	26	40.6	11	19.6	98	24.3
羽毛球	2	7.7	40	35.1	29	39.7	45	63.4	22	34.4	26	46.4	164	40.6
健美操	1	3.8	14	12.3	3	4.1	11	15.5	5	7.8	7	12.5	41	10.1
武术	4	15.4	21	18.4	8	11.0	8	11.3	4	6.3	3	5.4	48	11.9
游泳	2	7.7	18	15.8	13	17.8	3	4.2	11	17.2	14	25.0	61	15.1
跳绳	7	26.9	26	22.8	13	17.8	27	38.0	15	23.4	23	41.1	111	27.5
踢毽子	0	0	10	8.8	0	0	9	12.7	1	1.6	4	7.1	24	5.9
田径	16	61.5	58	50.9	26	35.6	35	49.3	17	26.6	21	37.5	173	42.8
其他	1	3.8	0	0	1	1.4	1	1.4	0	0	0	0	3	0.7

注：n 北京普通男生＝26；n 北京普通女生＝114；n 武汉普通男生＝73；n 武汉普通女生＝71；n 重庆普通男生＝64；n 重庆普通女生＝56；n 普通总体＝404

表 2-98 显示，北京高中肥胖男生所需要的学习内容排在前 3 位的依次是篮球（78.6%）、足球（42.9%）和羽毛球（42.9%）、田径（14.3%），女生所需要的是游泳（58.8%）、篮球（52.9%）、武术（29.4%）。武汉肥胖男生需要的学习内容排在前 3 位的是篮球（66.7%）、乒乓球（53.3%）、羽毛球（40%），女生排在前 3 位的是篮球（47.6%）和羽毛球（47.6%）、健美操（33.3%）、游泳（28.6%）。重庆肥胖男生需要的内容排在前 3 位的是篮球（80%）、乒乓球（40%）和羽毛球（40%）、足球（20%），女生需要的是羽毛球（42.9%）和跳绳（42.9%）、乒乓球

（40%）、游泳（40%）、田径（40%）。这说明高中肥胖男生需要的主要是篮球、足球、羽毛球等球类项目和田径项目。女生需要的主要是篮球、羽毛球、游泳、健美操等。据调查，高中肥胖学生认为体育老师经常有根据自己的特殊情况和学习兴趣安排学习内容的占29.8%，偶尔有的占45.2%，没有的占25%。

表2-98和表2-99对比显示，高中肥胖学生所需要的学内容排在前5位的是篮球、羽毛球、乒乓球、游泳、足球，普通学生排在前5位的是羽毛球、篮球、乒乓球、田径、游泳。这说明肥胖学生和普通学生所需的学习内容没有太大的差异。

表 2-98 高中肥胖学生对体育教学内容的需求

	北京				武汉				重庆				总体	
	男		女		男		女		男		女			
	n	%	n	%	n	%	n	%	n	%	n	%	n	%
篮球	11	78.6	9	52.9	20	66.7	10	47.6	12	80.0	1	14.3	63	60.6
排球	1	7.1	3	17.6	2	6.7	1	4.8	1	6.7	1	14.3	9	8.7
足球	6	42.9	1	5.9	10	33.3	0	0	3	20.0	0	0	20	19.2
乒乓球	0	0	2	11.8	16	53.3	4	19.0	6	40.0	2	28.6	30	28.8
羽毛球	6	42.9	2	11.8	12	40.0	10	47.6	6	40.0	3	42.9	39	37.5
健美操	0	0	1	5.9	1	3.3	7	33.3	0	0	1	14.3	10	9.6
武术	1	7.1	5	29.4	2	6.7	2	9.5	2	13.3	0	0	12	11.5
游泳	1	7.1	10	58.8	2	6.7	6	28.6	2	13.3	2	28.6	23	22.1
跳绳	0	0	0	0	3	10.0	3	14.3	2	13.3	3	42.9	11	10.6
踢毽子	0	0	2	11.8	0	0	3	14.3	0	0	1	14.3	6	5.7
田径	2	14.3	2	11.8	7	23.3	4	19.0	1	6.7	2	28.6	18	17.3
其他	0	0	2	11.8	0	0	1	4.8	0	0	0	0	3	2.9

注：n 北京肥胖男生=14；n 北京肥胖女生=17；n 武汉肥胖男生=30；n 武汉肥胖女生=21；重庆肥胖男生=15；n 重庆肥胖女生=7；n 肥胖总体=104

表 2-99 高中普通学生对体育教学内容的需求

	北京				武汉				重庆				总体	
	男		女		男		女		男		女			
	n	%	n	%	n	%	n	%	n	%	n	%	n	%
篮球	16	72.7	16	41.0	43	71.7	31	32.6	32	61.5	27	36.5	165	48.2
排球	0	0	3	7.7	3	5.0	10	10.5	4	7.7	16	21.6	36	10.5
足球	10	45.5	3	7.7	20	33.3	3	3.2	14	26.9	7	9.5	57	16.7
乒乓球	10	45.5	12	30.8	21	35.0	23	24.2	18	34.6	20	27.0	104	30.4
羽毛球	8	36.4	21	53.8	19	31.7	54	56.8	23	44.2	43	58.1	168	49.1
健美操	0	0	11	28.2	3	5.0	31	32.6	3	5.8	15	20.3	63	18.4
武术	1	4.5	1	2.6	7	11.7	23	24.2	4	7.7	10	13.5	46	13.5
游泳	4	18.2	11	28.2	6	10.0	22	23.2	6	11.5	19	25.7	68	19.9
跳绳	1	4.5	1	2.6	3	5.0	20	21.1	11	21.2	8	10.8	44	12.9
踢毽子	1	4.5	3	7.7	1	1.7	6	6.3	0	0	5	6.8	16	4.7
田径	8	36.4	10	25.6	13	21.7	22	23.2	13	25.0	17	23.0	83	24.3

续表

	北京				武汉				重庆				总体	
	男		女		男		女		男		女			
	n	%	n	%	n	%	n	%	n	%	n	%	n	%
其他	0	0	0	0	0	0	0	0	0	0	0	0	0	0

注：n 北京普通男生$=22$；n 北京普通女生$=39$；n 武汉普通男生$=60$；n 武汉普通女生$=95$；n 重庆普通男生$=52$；n 重庆普通女生$=74$；n 普通总体$=342$

另外，据调查，部分体育老师在教学中针对肥胖学生安排有别于普通学生的教学内容主要有竞走、慢走、慢跑、羽毛球、乒乓球、中长跑、跳绳、协调性练习等。

3. 肥胖学生对体育教学方法的需求

调查显示，半数以上的体育老师在教学中对肥胖学生采用了特殊的教学方法，经常使用的有激励法、减难教学法等方法，还有少部分老师对肥胖学生没有特殊对待，采用的教学方法跟普通学生一样。有半数的左右的肥胖学生比较喜欢老师采用特殊的教学方法。

表 2-100 数据显示，针对肥胖学生，教师在体育学习中经常采用的教学方法排在前 2 位的是激励法和减难教学法。

表 2-100　教师针对肥胖学生采用的教学方法

	小学		初中		高中		总体	
	n	%	n	%	n	%	n	%
个别化教学	19	52.8	15	40.5	15	45.5	49	46.2
分层教学	20	55.6	13	35.1	14	42.4	47	44.3
减难教学法	23	63.9	26	70.3	24	72.7	73	68.9
激励法	34	94.4	36	97.3	33	100	103	97.2
诱导法	18	50.0	16	43.2	14	42.4	48	45.3

注：n 小学$=36$；n 初中$=37$；n 高中$=33$；n 总体$=106$

表 2-101 显示，北京小学肥胖男生对体育老师采用的教学方法非常喜欢和比较喜欢、一般、不喜欢和很不喜欢的比例分别是 57.1%、42.9%、0，肥胖女生的比例分别是 57.7%、38.5%、3.8%。武汉小学肥胖男生的比例是 55.6%、40.7%、3.7%，肥胖女生的比例是 54.2%、40%、5.8%。重庆小学肥胖男生的比例是 47.9%、39.8%、12.3%，肥胖女生的比例是 58.2%、30.2%、11.6%。这说明北京和武汉的肥胖男生比重庆的肥胖男生更喜欢体育老师采用的教学方法，而重庆的肥胖女生比北京和武汉的肥胖女生喜欢老师采用教学方法的要多一点，不喜欢的也比北京和武汉多。

表 2-101 和表 2-102 对比显示，小学肥胖学生总体对老师在课上采用的教学方法喜欢、一般、不喜欢的比例分别是 54.4%、39%、6.6%，小学普通学生总体的比例分别是 58.1%、38%、3.9%。这说明小学普通学生比肥胖学生喜欢老师采用教学方法的多一点。学生不喜欢老师采用的教学方法的原因是教学方法单一。

表 2-101 小学肥胖学生对老师采用的教学方法的态度

	北京				武汉				重庆				总体	
	男		女		男		女		男		女			
	n	%	n	%	n	%	n	%	n	%	n	%	n	%
非常喜欢	3	7.1	4	15.4	14	17.3	8	22.8	15	20.5	7	16.3	51	17.0
比较喜欢	21	50.0	11	42.3	31	38.3	11	31.4	20	27.4	18	41.9	112	37.4
一般	18	42.9	10	38.5	33	40.7	14	40.0	29	39.8	13	30.2	117	39.0
不喜欢	0	0	1	3.8	2	2.5	1	2.9	7	9.6	5	11.6	16	5.3
很不喜欢	0	0	0	0	1	1.2	1	2.9	2	2.7	0	0	4	1.3

注：n 北京肥胖男生＝42；n 北京肥胖女生＝26；n 武汉肥胖男生＝81；n 武汉肥胖女生＝35；n 重庆肥胖男生＝73；n 重庆肥胖女生＝43；n 肥胖总体＝300

表 2-102 小学普通学生对老师采用的教学方法的态度

	北京				武汉				重庆				总体	
	男		女		男		女		男		女			
	n	%	n	%	n	%	n	%	n	%	n	%	n	%
非常喜欢	8	47.1	7	20.0	18	28.6	13	25.0	21	30.9	16	23.5	83	27.4
比较喜欢	5	29.4	10	28.6	19	30.2	20	38.5	19	27.9	20	29.4	93	30.7
一般	4	23.5	17	48.5	23	36.4	17	32.7	25	36.8	29	42.7	115	38.0
不喜欢	0	0	1	2.9	0	0	1	1.9	2	2.9	3	4.4	7	2.3
很不喜欢	0	0	0	0	3	4.8	1	1.9	1	1.5	0	0	5	1.6

注：n 北京普通男生＝17；n 北京普通女生＝35；n 武汉普通男生＝63；n 武汉普通女生＝52；n 重庆普通男生＝68；n 重庆普通女生＝68；n 普通总体＝303

表 2-103 数据显示，北京、武汉、重庆初中肥胖男生对老师在课上采用的教学方法非常喜欢和比较喜欢的比例分别是 61.9％、36.3％、51.3％，肥胖女生的比例是 40.9％、30.8％、50％，一般的肥胖男生比例是 38.1％、57.6％、40.6％，肥胖女生的比例是 45.5％、65.4％、50％，不喜欢和很不喜欢的肥胖男生比例分别是 0、6.1％、8.1％，肥胖女生比例分别是 13.6％、3.8％、0。这说明北京的肥胖男生比武汉和重庆的肥胖男生更喜欢体育老师采用的教学方法，而重庆的肥胖女生比北京和武汉的肥胖女生喜欢更老师采用的教学方法。

表 2-103 和表 2-104 对比显示，初中肥胖学生总体对老师在课上采用的教学方法喜欢、一般、不喜欢的比例分别是 44.7％、49.7％、5.6％，小学普通学生总体的比例分别是 55.9％、38.1％、6％。这说明普通学生更喜欢老师采用的教学方法，学生不喜欢老师所采用的教学方法的原因是教学方法单一、枯燥、死板、方式单一等。

表 2-103 初中肥胖学生对老师采用的教学方法的态度

	北京				武汉				重庆				总体	
	男		女		男		女		男		女			
	n	%	n	%	n	%	n	%	n	%	n	%	n	%
非常喜欢	7	33.3	2	9.1	1	3.0	2	7.7	7	18.9	5	25.0	24	15.1

续表

	北京				武汉				重庆				总体	
	男		女		男		女		男		女			
	n	%	n	%	n	%	n	%	n	%	n	%	n	%
比较喜欢	6	28.6	7	31.8	11	33.3	6	23.1	12	32.4	5	25.0	47	29.6
一般	8	38.1	10	45.5	19	57.6	17	65.4	15	40.6	10	50.0	79	49.7
不喜欢	0	0	2	9.1	2	6.1	1	3.8	3	8.1	0	0	8	5.0
很不喜欢	0	0	1	4.5	0	0	0	0	0	0	0	0	1	0.6

注：n 北京肥胖男生=21；n 北京肥胖女生=22；n 武汉肥胖男生=33；n 武汉肥胖女生=26；n 重庆肥胖男生=37；n 重庆肥胖女生=20；n 肥胖总体=159

表 2-104　初中普通学生对老师采用的教学方法的态度

	北京				武汉				重庆				总体	
	男		女		男		女		男		女			
	n	%	n	%	n	%	n	%	n	%	n	%	n	%
非常喜欢	7	26.9	17	14.9	7	9.6	9	12.7	14	21.9	8	14.3	62	15.3
比较喜欢	13	50.0	47	41.2	29	39.7	28	39.4	28	43.8	19	33.9	164	40.6
一般	5	19.2	40	35.1	32	43.8	30	42.3	21	32.7	26	46.4	154	38.1
不喜欢	1	3.9	9	7.9	4	5.5	3	4.2	0	0	3	5.4	20	5.0
很不喜欢	0	0	1	0.9	1	1.4	1	1.4	1	1.6	0	0	4	1.0

注：n 北京普通男生=26；n 北京普通女生=114；n 武汉普通男生=73；n 武汉普通女生=71；n 重庆普通男生=64；n 重庆普通女生=56；n 普通总体=404

表 2-105 显示，北京、武汉、重庆高中肥胖男生对老师在课上采用的教学方法非常喜欢和比较喜欢的比例分别是 85.8%、63.4%、40%，肥胖女生的比例是 47.1%、38%、85.7%。一般的肥胖男生比例是 7.1%、33.3%、60%，肥胖女生的比例是 52.9%、62%、14.3%。不喜欢和很不喜欢的肥胖男生比例分别是 7.1%、3.3%、0，肥胖女生均没有。这说明北京的肥胖男生和重庆的肥胖女生更喜欢老师采用的教学方法。三个地方肥胖男生和女生对教师采用教学方法的态度形成了鲜明的对比。北京和武汉肥胖男生更喜欢老师所采用的教学方法，是肥胖女生的两倍。而重庆肥胖女生更喜欢老师所采用的教学方法，是男生的两倍。

表 2-105 和表 2-106 对比显示，高中肥胖学生总体对老师在课上采用的教学方法喜欢、一般、不喜欢的比例分别是 56.7%、41.3%、2%，普通学生总体的比例分别是 47.7%、48.8%、3.5%。由此可以推断出，高中肥胖学生比普通学生更喜欢老师采用的教学方法。

表 2-105　高中肥胖学生对老师采用的教学方法的态度

	北京				武汉				重庆				总体	
	男		女		男		女		男		女			
	n	%	n	%	n	%	n	%	n	%	n	%	n	%
非常喜欢	5	35.8	2	11.8	9	30.1	4	19.0	1	6.7	1	14.3	22	21.1

续表

	北京				武汉				重庆				总体	
	男		女		男		女		男		女			
	n	%	n	%	n	%	n	%	n	%	n	%	n	%
比较喜欢	7	50.0	6	35.3	10	33.3	4	19.0	5	33.3	5	71.4	37	35.6
一般	1	7.1	9	52.9	10	33.3	13	62.0	9	60.0	1	14.3	43	41.3
不喜欢	1	7.1	0	0	0	0	0	0	0	0	0	0	1	1.0
很不喜欢	0	0	0	0	1	3.3	0	0	0	0	0	0	1	1.0

注：n 北京肥胖男生＝14；n 北京肥胖女生＝17；n 武汉肥胖男生＝30；n 武汉肥胖女生＝21；n 重庆肥胖男生＝15；n 重庆肥胖女生＝7；n 肥胖总体＝104

表 2-106　高中普通学生对老师采用的教学方法的态度

	北京				武汉				重庆				总体	
	男		女		男		女		男		女			
	n	%	n	%	n	%	n	%	n	%	n	%	n	%
非常喜欢	9	40.9	6	15.4	7	11.7	4	4.2	8	15.4	9	12.2	43	12.6
比较喜欢	7	31.8	15	38.5	25	41.7	28	29.4	21	40.4	24	32.3	120	35.1
一般	6	27.3	17	43.5	26	43.3	58	61.1	23	44.2	37	50.0	167	48.8
不喜欢	0	0	0	0	2	3.3	4	4.2	0	0	3	4.1	9	2.6
很不喜欢	0	0	1	2.6	0	0	1	1.1	0	0	1	1.4	3	0.9

注：n 北京普通男生＝22；n 北京普通女生＝39；n 武汉普通男生＝60；n 武汉普通女生＝95；n 重庆普通男生＝52；n 重庆普通女生＝74；n 普通总体＝342

4. 肥胖学生对体育教学组织形式的需求

调查显示，在课堂教学组织方面，肥胖学生喜欢自由分组学习的所占比例最多。其次是集中学习，最后是统一分组学习。

表 2-107 显示，北京、武汉、重庆小学肥胖男生喜欢全班集中学习的比例分别是 47.6%、35.8%、43.8%。肥胖女生的比例分别是 30.8%、40%、37.2%。喜欢统一分组学习的肥胖男生比例分别是 16.7%、14.8%、17.8%，肥胖女生比例是 26.9%、20%、16.3%。喜欢自由分组学习的肥胖男生比例分别是 35.7%、49.4%、38.4%，肥胖女生的比例分别是 42.3%、40%、46.5%。这说明北京和重庆的肥胖男生最喜欢全班集中学习，而武汉的肥胖男生最喜欢自由分组学习。三个地方的肥胖女生都最喜欢自由分组学习。不管是肥胖男生还是女生，都不太喜欢统一分组学习。

表 2-107 和表 2-108 对比显示，小学肥胖学生总体喜欢全班集中学习、统一分组学习、自由分组学习的比例分别是 39.6%、17.7%、42.7%，普通学生总体的比例是 35.6%、18.5%、45.9%。这说明肥胖学生和普通学生都比较喜欢自由分组学习。

表 2-107　小学肥胖学生喜欢的课堂教学组织形式

	北京				武汉				重庆				总体	
	男		女		男		女		男		女			
	n	%	n	%	n	%	n	%	n	%	n	%	n	%
集中学习	20	47.6	8	30.8	29	35.8	14	40.0	32	43.8	16	37.2	119	39.6
统一分组	7	16.7	7	26.9	12	14.8	7	20.0	13	17.8	7	16.3	53	17.7
自由分组	15	35.7	11	42.3	40	49.4	14	40.0	28	38.4	20	46.5	128	42.7

注：n 北京肥胖男生=42；n 北京肥胖女生=26；n 武汉肥胖男生=81；n 武汉肥胖女生=35；n 重庆肥胖男生=73；n 重庆肥胖女生=43；n 肥胖总体=300

表 2-108　小学普通学生喜欢的课堂教学组织形式

	北京				武汉				重庆				总体	
	男		女		男		女		男		女			
	n	%	n	%	n	%	n	%	n	%	n	%	n	%
集中学习	6	35.3	12	34.3	20	31.7	19	36.5	26	38.2	25	36.8	108	35.6
统一分组	2	11.8	5	14.3	14	22.2	11	21.2	7	10.3	17	25.0	56	18.5
自由分组	9	52.9	18	51.4	29	46.1	22	42.3	35	51.5	26	38.2	139	45.9

注：n 北京普通男生=17；n 北京普通女生=35；n 武汉普通男生=63；n 武汉普通女生=52；n 重庆普通男生=68；n 重庆普通女生=68；n 普通总体=303

表 2-109 显示，北京、武汉、重庆初中肥胖男生喜欢全班集中学习的比例分别是 33.3%、27.3%、43.2%，肥胖女生的比例分别是 36.4%、23.1%、50%。喜欢统一分组学习的肥胖男生比例是 33.3%、21.2%、13.6%，肥胖女生的比例是 27.2%、23.1%、15%。喜欢自由分组学习的肥胖男生比例是 33.4%、51.5%、43.2%，肥胖女生的比例是 36.4%、53.8%、35%。这说明武汉的肥胖男生和女生最喜欢自由分组学习，重庆肥胖男生除了喜欢自由分组学习，还和重庆肥胖女生一样，很喜欢全班集中学习。

表 2-109 和表 2-110 对比显示，初中肥胖学生总体喜欢全班集中学习、统一分组学习、自由分组学习的比例分别是 35.2%、21.4%、43.4%，普通学生总体的比例是 39.1%、23.3%、37.6%。这说明肥胖学生最喜欢自由分组学习，而普通学生最喜欢全班集中学习。

表 2-109　初中肥胖学生喜欢的课堂教学组织形式

	北京				武汉				重庆				总体	
	男		女		男		女		男		女			
	n	%	n	%	n	%	n	%	n	%	n	%	n	%
集中学习	7	33.3	8	36.4	9	27.3	6	23.1	16	43.2	10	50.0	56	35.2
统一分组	7	33.3	6	27.2	7	21.2	6	23.1	5	13.6	3	15.0	34	21.4
自由分组	7	33.4	8	36.4	17	51.5	14	53.8	16	43.2	7	35.0	69	43.4

注：n 北京肥胖男生=21；n 北京肥胖女生=22；n 武汉肥胖男生=33；n 武汉肥胖女生=26；n 重庆肥胖男生=37；n 重庆肥胖女生=20；n 肥胖总体=159

表 2-110　初中普通学生喜欢的课堂教学组织形式

	北京				武汉				重庆				总体	
	男		女		男		女		男		女			
	n	%	n	%	n	%	n	%	n	%	n	%	n	%
集中学习	8	30.8	39	34.2	33	45.2	15	21.1	36	56.3	27	48.2	158	39.1
统一分组	10	38.4	27	23.7	17	23.3	18	25.4	12	18.7	10	17.9	94	23.3
自由分组	8	30.8	48	42.1	23	31.5	38	53.5	16	25.0	19	33.9	152	37.6

注：n 北京普通男生＝26；n 北京普通女生＝114；n 武汉普通男生＝73；n 武汉普通女生＝71；n 重庆普通男生＝64；重庆普通女生＝56；n 普通总体＝404

表 2-111 显示，北京、武汉、重庆高中肥胖男生喜欢全班集中学习的比例分别是 42.9%、36.7%、20%，肥胖女生的比例是 35.3%、19%、0。喜欢统一分组学习的肥胖男生比例是 35.7%、16.7%、26.7%，肥胖女生的比例分别是 41.2%、28.6%、28.6%。喜欢自由分组的肥胖男生比例是 21.4%、46.7%、53.3%，肥胖的女生比例是 23.5%、52.4%、71.4%。可以看出，北京的肥胖男生最喜欢全班集中学习，女生最喜欢统一分组学习。而武汉和重庆的肥胖男生和女生则最喜欢自由分组学习，尤其是重庆的肥胖女生没有一个喜欢全班集中学习。

表 2-111 和表 2-112 对比显示，高中肥胖学生总体喜欢全班集中学习、统一分组学习、自由分组学习的比例分别是 28.8%、27.9%、43.3%，普通学生总体的比例是 28.7%、25.7%、45.6%。这说明高中肥胖学生和普通学生喜欢的教学组织形式没有差别。

表 2-111　高中肥胖学生喜欢的课堂教学组织形式

	北京				武汉				重庆				总体	
	男		女		男		女		男		女			
	n	%	n	%	n	%	n	%	n	%	n	%	n	%
集中学习	6	42.9	6	35.3	11	36.7	4	19.0	3	20.0	0	0	30	28.8
统一分组	5	35.7	7	41.2	5	16.7	6	28.6	4	26.7	2	28.6	29	27.9
自由分组	3	21.4	4	23.5	14	46.7	11	52.4	8	53.3	5	71.4	45	43.3

注：n 北京肥胖男生＝14；n 北京肥胖女生＝17；n 武汉肥胖男生＝30；n 武汉肥胖女生＝21；重庆肥胖男生＝15；n 重庆肥胖女生＝7；n 肥胖总体＝104

表 2-112　高中普通学生喜欢的课堂教学组织形式

	北京				武汉				重庆				总体	
	男		女		男		女		男		女			
	n	%	n	%	n	%	n	%	n	%	n	%	n	%
集中学习	10	45.5	15	38.5	17	28.3	30	31.6	10	19.2	16	21.6	98	28.7
统一分组	10	45.5	13	33.3	15	25.0	10	10.5	18	34.6	22	29.8	88	25.7
自由分组	2	9.0	11	28.2	28	46.7	55	57.9	24	46.2	36	48.6	156	45.6

注：n 北京普通男生＝22；n 北京普通女生＝39；n 武汉普通男生＝60；n 武汉普通女生＝95；n 重庆普通男生＝52；n 重庆普通女生＝74；n 普通总体＝342

5. 肥胖学生对体育学习评价的需求

调查显示，体育老师根据肥胖学生的特点，评价的重点内容是：体育学习态度占 61.4%，技能技术进步幅度占 53.8%，体育知识占 40%，合作精神和降体重效果分别占 39.3% 和 23.4%。大部分肥胖学生对老师采用的评价内容与标准比较满意。

表 2-113 显示，北京、武汉、重庆小学肥胖男生对老师采用的评价内容与标准非常满意和比较满意的分别占 59.5%、74%、68.5%，肥胖女生的比分别是 65.4%、71.3%、74.4%。一般的肥胖男生比例分别是 40.5%、23.6%、24.7%，肥胖女生的比例是 34.6%、22.9%、18.6%。不满意的肥胖男生比例是 0、2.4%、6.8%，肥胖女生的比例是 0、5.8%、7%。由此可以看出，北京的肥胖男生和女生对老师采用的评价内容与标准的满意度较低。

表 2-113 和表 2-114 对比显示，小学肥胖学生总体对老师采用的评价内容与标准满意、一般、不满意的分别占 69.7%、26.3%、4%，普通学生总体的比例分别是 78.5%、19.8%、1.6%。这说明肥胖学生比普通学生对老师采用的评价内容与标准的满意度低。据调查，原因是有以下几点：评价标准定得太高，评价内容枯燥无聊，老师过于严厉，评价方法不恰当等。

表 2-113　小学肥胖学生对老师采用的评价内容与标准的满意度

	北京				武汉				重庆				总体	
	男		女		男		女		男		女			
	n	%	n	%	n	%	n	%	n	%	n	%	n	%
非常满意	8	19.0	9	34.6	30	37.0	11	31.3	32	43.8	18	41.8	108	36.0
比较满意	17	40.5	8	30.8	30	37.0	14	40.0	18	24.7	14	32.6	101	33.7
一般	17	40.5	9	34.6	19	23.6	8	22.9	18	24.7	8	18.6	79	26.3
不太满意	0	0	0	0	1	1.2	1	2.9	5	6.8	3	7.0	10	3.3
非常不满意	0	0	0	0	1	1.2	1	2.9	0	0	0	0	2	0.7

注：n 北京肥胖男生=42；n 北京肥胖女生=26；n 武汉肥胖男生=81；n 武汉肥胖女生=35；n 重庆肥胖男生=73；n 重庆肥胖女生=43；n 肥胖总体=300

表 2-114　小学普通学生对老师采用的评价内容与标准的满意度

	北京				武汉				重庆				总体	
	男		女		男		女		男		女			
	n	%	n	%	n	%	n	%	n	%	n	%	n	%
非常满意	8	47.1	12	34.3	21	33.3	19	36.5	36	52.9	31	45.6	127	41.9
比较满意	6	35.3	13	37.1	29	46.0	24	46.2	23	33.8	16	23.5	111	36.6
一般	3	17.6	10	28.6	11	17.5	8	15.4	7	10.3	21	30.9	60	19.8
不太满意	0	0	0	0	1	1.6	1	1.9	2	2.9	0	0	4	1.3
非常不满意	0	0	0	0	1	1.6	0	0	0	0	0	0	1	0.3

注：n 北京普通男生=17；n 北京普通女生=35；n 武汉普通男生=63；n 武汉普通女生=52；n 重庆普通男生=68；n 重庆普通女生=68；n 普通总体=303

表 2-115 显示，北京、武汉、重庆初中肥胖男生对老师采用的评价内容与标准非常满意和比较满意的分别占 76.2%、48.5%、64.8%，肥胖女生的比例分别是 68.3%、57.7%、85%。一般的肥胖男生的比例是 23.8%、42.4%、27%，肥胖女生的比例是 22.7%、38.5%、15%。不满意的肥胖男生比例是 0、9.1%、8.2%，肥胖女生的比例是 9%、3.8%、0。这说明北京初中肥胖男生比武汉和重庆的肥胖男生对老师采用的评价内容与标准的满意度高，肥胖女生则是重庆的满意度最高。

表 2-115 和表 2-116 对比显示，初中肥胖学生总体对老师采用的评价内容与标准满意、一般、不满意的分别占 64.8%、29.6%、5.6%，普通学生总体的比例分别是 72.7%、24%、3.3%。这说明肥胖学生对老师采用的评价内容与标准的满意度比普通学生低。据调查，原因主要有两点：一是老师对学生不公平，对女生要求较低，男生要求较高；二是评价内容偏难。

表 2-115　初中肥胖学生对老师采用的评价内容与标准的满意度

	北京				武汉				重庆				总体	
	男		女		男		女		男		女			
	n	%	n	%	n	%	n	%	n	%	n	%	n	%
非常满意	10	47.6	5	22.7	5	15.2	6	23.1	12	32.4	6	30.0	44	27.7
比较满意	6	28.6	10	45.6	11	33.3	9	34.6	12	32.4	11	55.0	59	37.1
一般	5	23.8	5	22.7	14	42.4	10	38.5	10	27.0	3	15.0	47	29.6
不太满意	0	0	1	4.5	3	9.1	1	3.8	0	0	0	0	5	3.1
非常不满意	0	0	1	4.5	0	0	0	0	3	8.2	0	0	4	2.5

注：n 北京肥胖男生＝21；n 北京肥胖女生＝22；n 武汉肥胖男生＝33；n 武汉肥胖女生＝26；n 重庆肥胖男生＝37；n 重庆肥胖女生＝20；n 肥胖总体＝159

表 2-116　初中普通学生对老师采用的评价内容与标准的满意度

	北京				武汉				重庆				总体	
	男		女		男		女		男		女			
	n	%	n	%	n	%	n	%	n	%	n	%	n	%
非常满意	8	30.8	26	22.8	15	20.5	14	19.7	27	42.2	12	21.4	102	25.2
比较满意	14	53.8	58	50.9	34	46.6	33	46.5	30	46.8	23	41.1	192	47.5
一般	4	15.4	25	21.9	22	30.2	20	28.2	6	9.4	20	35.7	97	24.0
不太满意	0	0	4	3.5	2	2.7	3	4.2	0	0	1	1.8	10	2.5
非常不满意	0	0	1	0.9	0	0	1	1.4	1	1.6	0	0	3	0.8

注：n 北京普通男生＝26；n 北京普通女生＝114；n 武汉普通男生＝73；n 武汉普通女生＝71；n 重庆普通男生＝64；n 重庆普通女生＝56；n 普通总体＝404

表 2-117 显示，北京、武汉、重庆的高中肥胖男生对老师采用的评价内容与标准非常满意和比较满意的分别占 100%、80%、40%，肥胖女生的比例是 88.2%、61.9%、85.7%。一般的肥胖男生比例是 0、20%、46.7%，肥胖女生的比例是 11.8%、33.3%、14.3%。不满意的重庆肥胖男生有 2 人，占 13.3%、武汉肥胖

女生有 1 人,占 4.8%,其他均没有。由此可以看出,北京高中所有的肥胖男生对老师采用的评价内容与标准都很满意,肥胖女生也是北京的满意度较高,而重庆的肥胖男生满意的不到一半。

表 2-117 和表 2-118 对比显示,高中肥胖学生总体对老师采用的评价内容与标准满意、一般、不满意的分别占 75%、22.1%、2.9%,普通学生总体的比例分别是 65.8%、32.7%、1.5%。这说明高中肥胖学生比普通学生对老师采用的评价内容与标准满意较高。

表 2-117　高中肥胖学生对老师采用的评价内容与标准的满意度

	北京				武汉				重庆				总体	
	男		女		男		女		男		女			
	n	%	n	%	n	%	n	%	n	%	n	%	n	%
非常满意	6	42.9	4	23.5	11	36.7	6	28.6	2	13.3	4	57.1	33	31.7
比较满意	8	57.1	11	64.7	13	43.3	7	33.3	4	26.7	2	28.6	45	43.3
一般	0	0	2	11.8	6	20.0	7	33.3	7	46.7	1	14.3	23	22.1
不太满意	0	0	0	0	0	0	1	4.8	2	13.3	0	0	3	2.9
非常不满意	0	0	0	0	0	0	0	0	0	0	0	0	0	0

注:n 北京肥胖男生=14;n 北京肥胖女生=17;n 武汉肥胖男生=30;n 武汉肥胖女生=21;n 重庆肥胖男生=15;n 重庆肥胖女生=7;n 肥胖总体=104

表 2-118　高中普通学生对老师采用的评价内容与标准的满意度

	北京				武汉				重庆				总体	
	男		女		男		女		男		女			
	n	%	n	%	n	%	n	%	n	%	n	%	n	%
非常满意	9	40.9	11	28.2	13	21.7	12	12.6	14	26.9	17	23.0	76	22.2
比较满意	10	45.5	19	48.7	28	46.6	33	34.7	27	51.9	32	43.2	149	43.6
一般	3	13.6	8	20.5	19	31.7	48	50.5	11	21.2	23	31.0	112	32.7
不太满意	0	0	1	2.6	0	0	1	1.1	0	0	1	1.4	3	0.9
非常不满意	0	0	0	0	0	0	1	1.1	0	0	1	1.4	2	0.6

注:n 北京普通男生=22;n 北京普通女生=39;n 武汉普通男生=60;n 武汉普通女生=95;n 重庆普通男生=52;n 重庆普通女生=74;n 普通总体=342

6. 肥胖学生对体育学习氛围的需求

调查显示,在体育学习中,大部分肥胖学生认为其他同学自己的态度是友好和善,热情鼓励的。

表 2-119 显示,北京、武汉、重庆小学肥胖男生认为体育课上同学之间友好和善的比例分别是 45.2%、56.8%、49.3%,肥胖女生认为体育课上同学之间热情鼓励的比例分别是 42.3%、31.4%、23.3%。同学之间冷漠孤立和讥讽嘲笑的肥胖男生比例分别是 28.6%、27.2%、31.5%,肥胖女生的比例是 19.2%、42.8%、34.9%。歧视的肥胖男生的比例是 0、7.4%、5.5%,肥胖女生只有武汉的 2 人,占 5.7%,北京和重庆都没有。这说明武汉小学的肥胖男生学习氛围比北京和重庆

的肥胖男生学习氛围好，北京小学的肥胖女生学习氛围比武汉和重庆的要好，而武汉的肥胖女生学习氛围较差。据调查，有38.6%的肥胖学生希望同学之间互相帮助、互相鼓励，0.7%的学生希望维持现状。

表2-119和表2-120对比显示，小学肥胖学生总体认为体育课上同学之间友好和善、热情鼓励、冷漠孤立、讥讽嘲笑、歧视的比例分别是55%、32.3%、18.3%、12.3%、4%，普通学生的比例分别是41.9%、36.6%、19.8%、1.3%、0.3%。这说明肥胖学生受到同学讥讽嘲笑、歧视的比例较多。

表2-119 小学肥胖学生认为同学在体育课上对他（她）的态度

	北京				武汉				重庆				总体	
	男		女		男		女		男		女			
	n	%	n	%	n	%	n	%	n	%	n	%	n	%
友好和善	19	45.2	18	69.2	46	56.8	21	60.0	36	49.3	25	58.1	165	55.0
热情鼓励	15	35.7	11	42.3	28	34.6	11	31.4	22	30.1	10	23.3	97	32.3
冷漠孤立	8	19.1	4	15.4	11	13.6	9	25.7	12	16.4	11	25.6	55	18.3
讥讽嘲笑	4	9.5	1	3.8	11	13.6	6	17.1	11	15.1	4	9.3	37	12.3
歧视	0	0	0	0	6	7.4	2	5.7	4	5.5	0	0	12	4.0

注：n北京肥胖男生＝42；n北京肥胖女生＝26；n武汉肥胖男生＝81；n武汉肥胖女生＝35；重庆肥胖男生＝73；n重庆肥胖女生＝43；n肥胖总体＝300

表2-120 小学普通学生认为同学在体育课上对他（她）的态度

	北京				武汉				重庆				总体	
	男		女		男		女		男		女			
	n	%	n	%	n	%	n	%	n	%	n	%	n	%
友好和善	8	47.1	12	34.3	21	33.3	19	36.5	36	52.9	31	45.6	127	41.9
热情鼓励	6	35.3	13	37.1	29	46.0	24	46.2	23	33.8	16	23.5	111	36.6
冷漠孤立	3	17.6	10	28.6	11	17.5	8	15.4	7	10.3	21	30.9	60	19.8
讥讽嘲笑	0	0	0	0	1	1.6	1	1.9	2	2.9	0	0	4	1.3
歧视	0	0	0	0	1	1.6	0	0	0	0	0	0	1	0.3

注：n北京普通男生＝17；n北京普通女生＝35；n武汉普通男生＝63；n武汉普通女生＝52；n重庆普通男生＝68；n重庆普通女生＝68；n普通总体＝303

表2-121显示，北京、武汉、重庆的初中肥胖男生认为体育课上同学之间友好和善的比例分别是85.7%、33.3%、75.7%，肥胖女生的比例是77.3%、84.6%、80%。同学之间讥讽嘲笑的肥胖男生比例分别是0、3%、16.2%，肥胖女女生的比例是4.5%、3.8%、0。这说明北京初中肥胖男生比武汉和重庆的肥胖男生学习氛围要好，重庆的肥胖女生两极分化比较严重。据调查，有18.9%的肥胖学生希望同学之间互相帮助，互相鼓励。

表2-121和表2-122对比显示，初中肥胖学生总体认为体育课上同学之间友好和善、热情鼓励、冷漠孤立、讥讽嘲笑、歧视的比例分别是80.5%、36.5%、5%、5.7%、1.3%，普通学生的比例分别是74.3%、45.3%、6.7%、3.7%、1%。由此可以看出，肥胖学生和普通学生与同学之间的关系并没有太大的差异。

表 2-121　初中肥胖学生认为同学在体育课上对他（她）的态度

	北京				武汉				重庆				总体	
	男		女		男		女		男		女			
	n	%	n	%	n	%	n	%	n	%	n	%	n	%
友好和善	18	85.7	17	77.3	27	33.3	22	84.6	28	75.7	16	80.0	128	80.5
热情鼓励	7	33.3	7	31.8	21	46.0	11	42.3	4	10.8	8	40.0	58	36.5
冷漠孤立	2	9.5	2	9.1	0	0	1	3.8	3	8.1	0	0	8	5.0
讥讽嘲笑	0	0	1	4.5	1	3.0	1	3.8	6	16.2	0	0	9	5.7
歧视	0	0	0	0	0	0	1	3.8	1	2.7	0	0	2	1.3

注：n 北京肥胖男生=21；n 北京肥胖女生=22；n 武汉肥胖男生=33；n 武汉肥胖女生=26；重庆肥胖男生=37；n 重庆肥胖女生=20；n 肥胖总体=159

表 2-122　初中普通学生认为同学在体育课上对他（她）的态度

	北京				武汉				重庆				总体	
	男		女		男		女		男		女			
	n	%	n	%	n	%	n	%	n	%	n	%	n	%
友好和善	21	80.8	89	78.1	46	63.0	61	85.9	49	76.6	34	60.7	300	74.3
热情鼓励	10	38.5	50	43.9	40	54.8	39	54.9	21	32.8	23	41.1	183	45.3
冷漠孤立	2	7.7	6	5.3	6	8.2	3	4.2	4	6.3	7	12.5	28	6.9
讥讽嘲笑	1	3.8	4	3.5	3	4.1	1	1.4	4	6.3	2	3.6	15	3.7
歧视	0	0	2	1.8	0	0	0	0	0	0	2	3.6	4	1.0

注：n 北京普通男生=26；n 北京普通女生=114；n 武汉普通男生=73；n 武汉普通女生=71；n 重庆普通男生=64；n 重庆普通女生=56；n 普通总体=404

表 2-123 显示，北京、武汉、重庆的初中肥胖男生认为体育课上同学之间友好和善和热情鼓励的比例分别是 121.4%、106.6%、113.3%，肥胖女生的比例分别是 88.2%、119%、128.6%。讥讽嘲笑的肥胖男生北京有 1 人，占 7.1%，其他均没有，肥胖女生的比例是 17.6%、4.8%、0。由此可以推断出，肥胖男生的学习氛围都比较好，重庆的肥胖女生学习氛围比北京和武汉的要好。据调查，15.4% 的肥胖学生希望同学之间互相帮助，互相鼓励。

表 2-123 和表 2-124 对比显示，高中肥胖学生总体认为体育课上同学之间友好和善、热情鼓励、冷漠孤立、讥讽嘲笑、歧视的比例分别是 78.8%、31.7%、2.9%、4.8%、1%，普通学生的比例分别是 82.5%、37.1%、2.3%、2%、0.3%。这说明肥胖学生与普通学生一样，大部分在体育学习中与其他同学的关系是友好的。

表 2-123　高中肥胖学生认为同学在体育课上对他（她）的态度

	北京				武汉				重庆				总体	
	男		女		男		女		男		女			
	n	%	n	%	n	%	n	%	n	%	n	%	n	%
友好和善	12	85.7	10	58.8	22	73.3	18	85.7	14	93.3	6	85.7	82	78.8

续表

	北京				武汉				重庆				总体	
	男		女		男		女		男		女			
	n	%	n	%	n	%	n	%	n	%	n	%	n	%
热情鼓励	5	35.7	5	29.4	10	33.3	7	33.3	3	20.0	3	42.9	33	31.7
冷漠孤立	0	0	1	5.9	1	3.3	0	0	0	0	1	14.3	3	2.9
讥讽嘲笑	1	7.1	3	17.6	0	0	1	4.8	0	0	0	0	5	4.8
歧视	0	0	1	5.9	0	0	0	0	0	0	0	0	1	1.0

注：n 北京肥胖男生=14；n 北京肥胖女生=17；n 武汉肥胖男生=30；n 武汉肥胖女生=21；n 重庆肥胖男生=15；n 重庆肥胖女生=7；n 肥胖总体=104

表 2-124　高中普通学生认为同学在体育课上对他（她）的态度

	北京				武汉				重庆				总体	
	男		女		男		女		男		女			
	n	%	n	%	n	%	n	%	n	%	n	%	n	%
友好和善	19	86.4	30	76.9	49	81.7	83	87.4	38	73.1	63	85.1	282	82.5
热情鼓励	7	31.8	14	35.9	19	31.7	38	40.0	23	44.2	26	35.1	127	37.1
冷漠孤立	1	4.5	0	0	2	3.3	3	3.2	1	1.9	1	1.4	8	2.3
讥讽嘲笑	0	0	3	7.7	0	0	2	2.1	0	0	2	2.7	7	2.0
歧视	0	0	0	0	1	1.7	0	0	0	0	0	0	1	0.3

注：n 北京普通男生=22；n 北京普通女生=39；n 武汉普通男生=60；n 武汉普通女生=95；n 重庆普通男生=52；n 重庆普通女生=74；n 普通总体=342

（六）影响肥胖学生体育学习态度的因素

1. 体育教师的因素

调查表明，体育老师采用的教学方法单一、内容枯燥是影响肥胖学生体育学习态度的主要因素。

表 2-125 显示，北京小学肥胖男生认为体育老师对自己的体育学习态度产生的不良影响，排在前 3 位的是老师采用的教学方法单一、身材长相不佳、文化修养不高，肥胖女生排在前 3 位的是教学方法单一、内容枯燥、对自己不重视。武汉小学肥胖男生排在前 3 位的是教学内容枯燥、方法单一、老师教学能力差，肥胖女生也是把教学方法单一、内容枯燥、老师教学能力差排在前 3 位。重庆的肥胖男生和女生都是把教学方法单一、内容枯燥排在前 2 位，第 3 位分别是对自己不重视和文化修养。这说明小学肥胖学生普遍认为体育老师采用的教学方法单一、内容枯燥，对自己的学习态度产生了很大的影响。

表 2-125 和表 2-126 对比显示，小学肥胖学生认为体育老师本身及行为对自己的体育学习态度产生不良影响的排列顺序是教学方法单一、教学内容枯燥、教学能力差、文化修养不高、身材长相不佳、对自己不重视、其他。小学普通学生的排列

顺序是教学内容枯燥、教学方法单一、文化修养、教学能力差、身材长相不佳、对自己不重视、其他。说明小学肥胖学生和普通学生受老师本身及行为影响没有太大的差异。

表 2-125　影响小学肥胖学生体育学习态度的因素（体育老师）

	北京				武汉				重庆				总体	
	男		女		男		女		男		女			
	n	%	n	%	n	%	n	%	n	%	n	%	n	%
能力差	2	4.8	1	3.8	7	8.6	5	14.3	4	5.5	3	7.0	22	7.3
方法单一	7	16.7	5	19.2	19	23.5	8	22.9	14	19.2	10	23.3	63	21.0
内容枯燥	3	7.1	3	11.5	20	24.7	7	20.0	15	20.5	5	11.6	53	17.7
不重视	0	0	2	7.7	0	0	1	2.9	7	9.6	2	4.7	12	4.0
身材长相	5	11.9	1	3.8	3	3.7	4	11.4	4	5.5	2	4.7	19	6.3
文化修养	4	9.5	1	3.8	5	6.2	1	2.9	6	8.2	5	11.6	22	7.3
其他	0	0	0	0	0	0	1	2.9	0	0	0	0	1	0.3

注：n 北京肥胖男生＝42；n 北京肥胖女生＝26；n 武汉肥胖男生＝81；n 武汉肥胖女生＝35；n 重庆肥胖男生＝73；n 重庆肥胖女生＝43；n 肥胖总体＝300

表 2-126　影响小学普通学生体育学习态度的因素（体育老师）

	北京				武汉				重庆				总体	
	男		女		男		女		男		女			
	n	%	n	%	n	%	n	%	n	%	n	%	n	%
能力差	1	5.9	0	0	2	3.2	2	3.8	1	1.5	4	5.9	10	3.3
方法单一	3	17.6	3	8.6	12	19.0	14	26.9	13	19.1	16	23.5	61	20.1
内容枯燥	2	11.8	8	22.9	15	23.8	17	32.7	13	19.1	16	23.5	71	23.4
不重视	0	0	3	8.6	2	3.2	0	0	2	2.9	1	1.5	8	2.6
身材长相	1	5.9	0	0	3	4.8	1	1.9	2	2.9	2	2.9	9	3.0
文化修养	0	0	0	0	8	12.7	2	3.8	2	2.9	3	4.4	15	5.0
其他	0	0	0	0	3	4.8	0	0	0	0	0	0	3	1.0

注：n 北京普通男生＝17；n 北京普通女生＝35；n 武汉普通男生＝63；n 武汉普通女生＝52；n 重庆普通男生＝68；n 重庆普通女生＝68；n 普通总体＝303

表 2-127 显示，北京初中肥胖男生认为体育老师对自己的体育学习态度产生的不良影响只有两方面，分别是教学内容枯燥和教学方法单一。肥胖女生排在前 3 位的是教学内容枯燥、方法单一、身材长相。武汉肥胖男生排在前 3 位的是教学内容枯燥和方法单一、身材长相不佳、教学能力差和文化修养不高，肥胖女生排在前 3 位的是教学方法单一、内容枯燥、其他。重庆肥胖男生和女生排在前 2 位的都是教学内容枯燥和教学方法单一，第 3 位的分别是教学能力差和对自己不重视。可以看出，对肥胖学生产生不良影响较大的也是教学内容枯燥、方法单一。另外，老师的身材长相不佳、教学能力差等也对学生产生了较大的负面影响。

表 2-127 和表 2-128 对比显示，初中肥胖学生认为体育老师本身和行为对自己

的体育学习态度产生不良影响的排列顺序是教学内容枯燥、方法单一、身材长相不佳、教学能力差、文化修养不高、对自己不重视、其他，普通学生的排列顺序是教学内容枯燥、方法单一、文化修养、身材长相、教学能力差、其他、对自己不重视。

表 2-127　影响初中肥胖学生体育学习态度的因素（体育老师）

	北京				武汉				重庆				总体	
	男		女		男		女		男		女			
	n	%	n	%	n	%	n	%	n	%	n	%	n	%
能力差	0	0	4	18.2	1	3.0	1	3.8	6	16.2	0	0	12	7.5
方法单一	2	9.5	6	27.3	11	33.3	11	42.3	12	32.4	3	15.0	45	28.3
内容枯燥	7	33.3	8	36.4	11	33.3	9	34.6	17	45.9	8	40.0	60	37.7
不重视	0	0	2	9.1	0	0	0	0	1	2.7	2	10.0	5	3.1
身材长相	0	0	5	22.7	5	15.2	2	7.7	4	10.8	1	5.0	17	10.7
文化修养	0	0	3	13.6	1	3.0	2	7.7	2	5.4	0	0	8	5.0
其他	0	0	0	0	0	0	3	11.5	0	0	0	0	3	1.9

注：n 北京肥胖男生＝21；n 北京肥胖女生＝22；n 武汉肥胖男生＝33；n 武汉肥胖女生＝26；n 重庆肥胖男生＝37；n 重庆肥胖女生＝20；n 肥胖总体＝159

表 2-128　影响初中普通学生体育学习态度的因素（体育老师）

	北京				武汉				重庆				总体	
	男		女		男		女		男		女			
	n	%	n	%	n	%	n	%	n	%	n	%	n	%
能力差	1	3.8	6	5.3	3	4.1	5	7.0	7	10.9	5	8.9	27	6.7
方法单一	8	30.8	29	25.4	25	34.2	29	40.8	22	34.4	16	28.6	129	31.9
内容枯燥	8	30.8	42	36.8	28	38.4	31	43.7	22	34.4	16	28.6	147	36.4
不重视	0	0	4	3.5	1	1.4	0	0	2	3.1	0	0	7	1.7
身材长相	0	0	3	2.6	16	21.9	6	8.5	6	9.4	1	1.8	32	7.9
文化修养	2	7.7	6	5.3	8	11.0	3	4.2	10	15.6	4	7.1	33	8.2
其他	0	0	0	0	13	17.8	11	15.5	0	0	0	0	24	5.9

注：n 北京普通男生＝26；n 北京普通女生＝114；n 武汉普通男生＝73；n 武汉普通女生＝71；n 重庆普通男生＝64；n 重庆普通女生＝56；n 普通总体＝404

表 2-129 显示，北京高中肥胖男生和女生认为体育老师对自己的体育学习态度产生的不良影响主要有三方面，都是教学方法单一、内容枯燥、教学能力差。武汉高中的肥胖男生和女生排在前 3 位的也都是教学方法单一、内容枯燥、身材长相不佳。重庆肥胖男生和女生排在第 1 位的都是教学内容枯燥，男生排在第 2 位的是教学方法单一和身材长相不佳，第 3 位的是文化修养不高，女生则是把教学方法单一和文化修养不高排在第 2 位，身材长相不佳排在第 3 位。可以看出，对肥胖学生产生不良影响较大的也是教学内容枯燥、方法单一。另外，老师的身材长相不佳、教

学能力差等也对学生的学习态度产生了较大的影响。

表 2-129 和表 2-130 对比显示，高中肥胖学生认为体育老师对自己的体育学习态度产生不良影响的排列顺序是教学方法单一、内容枯燥、教学能力差、身材长相不佳、文化修养不高、对自己不重视。普通学生的排列顺序是教学内容枯燥、方法单一、文化修养不高、教学能力差、身材长相不佳、对自己不重视、其他。

表 2-129　影响高中肥胖学生体育学习态度的因素（体育老师）

	北京				武汉				重庆				总体	
	男		女		男		女		男		女			
	n	%	n	%	n	%	n	%	n	%	n	%	n	%
能力差	1	7.1	5	29.4	5	16.7	1	4.8	0	0	0	0	16	15.4
方法单一	5	35.7	6	35.3	10	33.3	9	42.9	3	20.0	2	28.6	33	31.7
内容枯燥	3	21.4	9	52.9	6	20.0	7	33.3	5	33.3	4	57.1	31	29.8
不重视	0	0	0	0	3	10.0	0	0	0	0	0	0	3	2.9
身材长相	0	0	2	11.8	5	16.7	2	9.5	3	20.0	1	14.3	13	12.5
文化修养	0	0	0	0	3	10.0	1	4.8	2	13.3	2	28.6	8	7.7
其他	0	0	0	0	0	0	0	0	0	0	0	0	0	0

注：n 北京肥胖男生＝14；n 北京肥胖女生＝17；n 武汉肥胖男生＝30；n 武汉肥胖女生＝21；n 重庆肥胖男生＝15；n 重庆肥胖女生＝7；n 肥胖总体＝104

表 2-130　影响高中普通学生体育学习态度的因素（体育老师）

	北京				武汉				重庆				总体	
	男		女		男		女		男		女			
	n	%	n	%	n	%	n	%	n	%	n	%	n	%
能力差	2	9.1	2	5.1	3	5.0	5	5.3	2	3.8	4	5.4	18	5.3
方法单一	9	40.9	10	25.6	19	31.7	43	45.3	14	26.9	24	32.4	119	34.8
内容枯燥	6	27.3	18	46.2	20	33.3	41	43.2	24	46.2	32	43.2	141	41.2
不重视	2	9.1	1	2.6	0	0	4	4.2	0	0	3	4.1	10	2.9
身材长相	4	18.2	0	0	4	6.7	7	7.4	0	0	2	2.7	17	5.0
文化修养	2	9.1	2	5.1	7	11.7	8	8.4	2	3.8	1	1.4	22	6.4
其他	0	0	1	2.6	2	3.3	0	0	0	0	0	0	3	0.9

注：n 北京普通男生＝22；n 北京普通女生＝39；n 武汉普通男生＝60；n 武汉普通女生＝95；n 重庆普通男生＝52；n 重庆普通女生＝74；n 普通总体＝342

2. 肥胖学生自身的因素

研究显示，肥胖学生自身身体素质差，课业负担重是影响自己体育学习态度的主要因素。

表 2-131 显示，北京小学肥胖男生和女生认为影响体育学习态度自身的不良因素排在前 3 位的是身体素质较差、自卑、对体育学习不感兴趣，另外，肥胖男生还把课业负担重也排在第 2 位。武汉肥胖男生和女生排在前 2 位的都是身体素质较

差、课业负担重，第 3 位的分别是对体育学习不感兴趣和自卑。重庆肥胖男生和女生也都把身体素质差排在第 1 位，男生排在第 2、3 位的分别是课业负担重、对体育学习不感兴趣，女生则刚好相反，分别把不感兴趣和课业负担重排在 2、3 位。这说明身体素质较差、对体育学习不感兴趣、课业负担重、自卑是自身影响肥胖学生体育学习态度的主要因素。

表 2-131 和表 2-132 对比显示，小学肥胖学生认为影响自己体育学习态度自身的不良因素排在前 3 位的是身体素质较差、课业负担重、对体育学习不感兴趣，后 3 位的是自卑、怕脏怕累、其他。普通学生的排列顺序也是身体素质较差、课业负担重、对体育学习不感兴趣、自卑、怕脏怕累、其他。

表 2-131　影响小学肥胖学生体育学习态度自身的不良因素

	北京				武汉				重庆				总体	
	男		女		男		女		男		女			
	n	%	n	%	n	%	n	%	n	%	n	%	n	%
自卑	5	11.9	7	26.9	9	11.1	6	17.1	6	8.2	3	7.0	36	12.0
不感兴趣	4	9.5	3	11.5	14	17.3	4	11.4	10	13.7	12	27.9	47	15.7
素质差	13	31.0	12	46.2	24	29.6	16	45.7	24	32.9	17	39.5	106	35.3
怕脏怕累	1	2.4	2	7.7	7	8.6	3	8.6	4	5.5	1	2.3	18	6.0
课业重	5	11.9	2	7.7	20	24.7	9	25.7	11	15.1	7	16.3	54	18.0
其他	0	0	0	0	2	2.5	0	0	1	1.4	0	0	3	1.0

注：n 北京肥胖男生＝42；n 北京肥胖女生＝26；n 武汉肥胖男生＝81；n 武汉肥胖女生＝35；n 重庆肥胖男生＝73；n 重庆肥胖女生＝43；n 肥胖总体＝300

表 2-132　影响小学普通学生体育学习态度自身的不良因素

	北京				武汉				重庆				总体	
	男		女		男		女		男		女			
	n	%	n	%	n	%	n	%	n	%	n	%	n	%
自卑	0	0	1	2.9	4	6.3	1	1.9	7	10.3	2	2.9	15	5.0
不感兴趣	1	5.9	6	17.1	9	14.3	8	15.4	2	2.9	5	7.4	31	10.2
素质差	6	35.3	15	42.9	15	23.8	14	26.9	21	30.9	21	30.9	92	30.4
怕脏怕累	0	0	1	2.9	0	0	6	11.5	2	2.9	3	4.4	12	4.0
课业重	5	29.4	6	17.1	21	33.3	16	30.8	18	26.5	16	23.5	82	27.1
其他	1	5.9	1	2.9	2	3.2	1	1.9	0	0	1	1.5	6	2.0

注：n 北京普通男生＝17；n 北京普通女生＝35；n 武汉普通男生＝63；n 武汉普通女生＝52；n 重庆普通男生＝68；n 重庆普通女生＝68；n 普通总体＝303

表 2-133 显示，北京初中肥胖男生和女生认为影响体育学习态度自身的不良因素排在前 3 位的都是身体素质较差、课业负担重、对体育学习不感兴趣。武汉肥胖男生和女生都把身体素质较差、课业负担重排在前 2 位，另外，女生还把对体育学习不感兴趣排在第 2 位。重庆肥胖男生排在前 3 位的是课业负担重、身体素质较

差、自卑，女生的排列顺序是身体素质较差、对体育学习不感兴趣、自卑和课业负担重排在前3位。可以看出，身体素质较差、课业负担重、对体育学习不感兴趣是影响初中肥胖学生体育学习态度不积极的主要因素。

表2-133和表2-134对比显示，初中肥胖学生认为影响自己体育学习态度自身的不良因素排在前3位的是身体素质较差、课业负担重、对体育学习不感兴趣，后3位的是自卑、怕脏怕累、其他。普通学生的排列顺序也是身体素质较差、课业负担重、对体育学习不感兴趣、自卑、怕脏怕累、其他。

表2-133 影响初中肥胖学生体育学习态度自身的不良因素

	北京				武汉				重庆				总体	
	男		女		男		女		男		女			
	n	%	n	%	n	%	n	%	n	%	n	%	n	%
自卑	0	0	3	13.6	4	12.1	2	7.7	10	27.0	2	10.0	21	13.2
不感兴趣	3	14.3	6	27.3	2	6.1	8	30.8	7	18.9	3	15.0	29	18.2
素质差	12	57.1	15	68.2	15	45.5	10	38.5	11	29.7	13	65.0	76	47.8
怕脏怕累	2	9.5	3	13.6	0	0	2	7.7	1	2.7	1	5.0	9	5.7
课业重	4	19.0	9	40.9	11	33.3	8	30.8	17	45.9	2	10.0	51	32.1
其他	0	0	0	0	3	9.1	4	15.4	1	2.7	0	0	8	5.0

注：n 北京肥胖男生 $=21$；n 北京肥胖女生 $=22$；n 武汉肥胖男生 $=33$；n 武汉肥胖女生 $=26$；n 重庆肥胖男生 $=37$；n 重庆肥胖女生 $=20$；n 肥胖总体 $=159$

表2-134 影响初中普通学生体育学习态度自身的不良因素

	北京				武汉				重庆				总体	
	男		女		男		女		男		女			
	n	%	n	%	n	%	n	%	n	%	n	%	n	%
自卑	2	7.7	4	3.5	7	9.6	2	2.8	9	14.1	3	5.4	27	6.7
不感兴趣	1	3.8	25	21.9	7	9.6	19	26.8	7	10.9	12	21.4	71	17.6
素质差	12	46.2	48	42.1	34	46.6	25	35.2	14	21.9	22	39.3	155	38.4
怕脏怕累	2	7.7	9	7.9	6	8.2	7	9.9	2	3.1	0	0	26	6.4
课业重	9	34.6	18	15.8	31	42.5	24	33.8	23	35.9	13	23.2	118	29.2
其他	0	0	2	1.8	5	6.8	7	9.9	1	1.6	0	0	15	3.7

注：n 北京普通男生 $=26$；n 北京普通女生 $=114$；n 武汉普通男生 $=73$；n 武汉普通女生 $=71$；n 重庆普通男生 $=64$；n 重庆普通女生 $=56$；n 普通总体 $=404$

表2-135显示，北京高中肥胖男生认为影响体育学习态度自身的不良因素排在前2位的是身体素质较差、自卑，肥胖女生是身体素质较差、对体育学习不感兴趣。武汉肥胖男生排在前2位的是身体素质较差、课业负担重，女生是身体素质较差和对体育学习不感兴趣、课业负担重。重庆肥胖男生排在前2位的是课业负担重、身体素质较差和不感兴趣，女生是课业负担重和不感兴趣、身体素质较差。这说明身体素质较差、课业负担重是影响高中肥胖学生体育学习态度的主要因素。

表2-135和表2-136对比显示，高中肥胖学生认为影响自己体育学习态度自身

的不良因素排在前 3 位的是身体素质较差、对体育学习不感兴趣、课业负担重,后三位的是自卑、怕脏怕累、其他。普通学生的排列顺序是课业负担重、身体素质较差、对体育学习不感兴趣、怕脏怕累、自卑、其他。

表 2-135　影响高中肥胖学生体育学习态度自身的不良因素

	北京				武汉				重庆				总体	
	男		女		男		女		男		女			
	n	%	n	%	n	%	n	%	n	%	n	%	n	%
自卑	2	14.3	3	17.6	4	13.3	3	14.3	2	13.3	1	14.3	15	14.4
不感兴趣	1	7.1	4	23.5	8	26.7	7	33.3	4	26.7	4	57.1	28	26.9
素质差	7	50.0	9	52.9	14	46.7	7	33.3	4	26.7	2	28.6	43	41.3
怕脏怕累	1	7.1	3	17.6	1	3.3	3	14.3	0	0	0	0	8	7.7
课业重	1	7.1	0	0	10	33.3	6	28.6	5	33.3	4	57.1	26	25.0
其他	0	0	1	5.9	1	3.3	1	4.8	0	0	0	0	3	2.9

注:n 北京肥胖男生=14;n 北京肥胖女生=17;n 武汉肥胖男生=30;n 武汉肥胖女生=21;n 重庆肥胖男生=15;n 重庆肥胖女生=7;n 肥胖总体=104

表 2-136　影响高中普通学生体育学习态度自身的不良因素

	北京				武汉				重庆				总体	
	男		女		男		女		男		女			
	n	%	n	%	n	%	n	%	n	%	n	%	n	%
自卑	2	9.1	2	5.1	0	0	9	9.5	4	7.7	5	6.8	22	6.4
不感兴趣	2	9.1	10	25.6	17	28.3	37	38.9	13	25.0	17	23.0	96	28.1
素质差	6	27.3	16	41.0	20	33.3	34	35.8	17	32.7	24	32.4	117	34.2
怕脏怕累	3	13.6	4	10.3	5	8.3	5	5.3	3	5.8	9	12.2	29	8.5
课业重	8	36.4	12	30.8	28	46.7	34	35.8	15	28.8	26	35.1	123	36.0
其他	0	0	0	0	2	3.3	3	3.2	0	0	0	0	5	1.5

注:n 北京普通男生=22;n 北京普通女生=39;n 武汉普通男生=60;n 武汉普通女生=95;n 重庆普通男生=52;n 重庆普通女生=74;n 普通总体=342

3. 同伴的因素

研究表明,肥胖学生认为身边的同学不认真学习,嘲笑自己是影响其体育学习态度的主要因素。

表 2-137 显示,北京、武汉、重庆小学肥胖男生认为身边的同学对自己的学习态度产生的不良影响主要表现在同学经常嘲笑自己,分别占 23.8%、24.7%、20.5%,他们不认真学习的占 14.3%、23.5%、28.8%。肥胖女生认为身边的同学对自己的学习态度产生的不良影响主要表现在同学经常嘲笑自己,分别占 15.4%、28.6%、9.3%,他们不认真学习的占 11.5%、22.9%、34.9%。这说明重庆小学肥胖男生比北京和武汉肥胖男生受身边同学不认真学习的影响更大,武汉小学的肥胖女生身边的同学经常嘲笑自己比北京和重庆严重,受身边同学不认真学习影响最大的是重庆肥胖女生。

表 2-137 和表 2-138 对比显示，小学肥胖学生认为身边的同学对自己的学习态度产生的不良影响主要表现在身边的同学嘲笑自己（21%）、冷漠、孤立自己（12.3%）、不认真学习（24%），其他占 2.7%，普通学生的比例分别是 10.2%、8.9%、30%、1.3%。这说明肥胖学生比普通学生在受到同学嘲笑、孤立冷漠对自己产生的不良影响更大。身边的同学不认真学习对普通学生的影响比肥胖学生更大。

表 2-137 影响小学肥胖学生体育学习态度的不良因素（同学行为）

	北京				武汉				重庆				总体	
	男		女		男		女		男		女			
	n	%	n	%	n	%	n	%	n	%	n	%	n	%
嘲笑	10	23.8	4	15.4	20	24.7	10	28.6	15	20.5	4	9.3	63	21.0
冷漠孤立	3	7.1	4	15.4	9	11.1	7	20.0	8	11.0	6	14.0	37	12.3
不认真	6	14.3	3	11.5	19	23.5	8	22.9	21	28.8	15	34.9	72	24.0
其他	1	2.4	0	0	4	4.9	2	5.7	0	0	1	2.3	8	2.7

注：n 北京肥胖男生=42；n 北京肥胖女生=26；n 武汉肥胖男生=81；n 武汉肥胖女生=35；n 重庆肥胖男生=73；n 重庆肥胖女生=43；n 肥胖总体=300

表 2-138 影响小学普通学生体育学习态度的不良因素（同学行为）

	北京				武汉				重庆				总体	
	男		女		男		女		男		女			
	n	%	n	%	n	%	n	%	n	%	n	%	n	%
嘲笑	1	5.9	6	17.1	10	15.9	2	3.8	8	11.8	4	5.9	31	10.2
冷漠孤立	2	11.8	1	2.9	10	15.9	2	3.8	9	13.2	3	4.4	27	8.9
不认真	5	29.4	7	20.0	18	28.6	24	46.2	17	25.0	20	29.4	91	30.0
其他	0	0	0	0	3	4.8	1	1.9	0	0	0	0	4	1.3

注：n 北京普通男生=17；n 北京普通女生=35；n 武汉普通男生=63；n 武汉普通女生=52；n 重庆普通男生=68；n 重庆普通女生=68；n 普通总体=303

表 2-139 显示，北京、武汉、重庆初中肥胖男生认为身边的同学对自己的学习态度产生的不良影响主要表现在同学冷漠孤立自己的分别占 4.8%、0、16.2%，不认真学习的分别占 23.8%、21.2%、29.7%。肥胖女生认为同学冷漠孤立自己的分别占 22.7%、7.7%、10%，不认真学习的比例分别占 40.9%、23.1%、30%。这说明重庆的初中肥胖男生和北京的肥胖女生受身边同学冷漠孤立自己、不认真学习的影响最大，武汉初中的肥胖男生和女生受到的影响最小。

表 2-139 和表 2-140 对比显示，北京、武汉、重庆初中肥胖学生认为身边的同学对自己的学习态度产生的不良影响主要表现在身边的同学嘲笑自己（21.4%）、冷漠、孤立自己（10.1%），不认真学习（27.7%），其他占 12.6%，普通学生的比例分别是 12.1%、9.2%、34.7%、10.1%。这说明肥胖学生较普通学生更容易受到身边同学嘲笑的影响，对自己产生的不良影响更大。身边的同学不认真学习对普通学生的影响比肥胖学生更大。

表 2-139　影响初中肥胖学生体育学习态度的不良因素（同学行为）

	北京				武汉				重庆				总体	
	男		女		男		女		男		女			
	n	%	n	%	n	%	n	%	n	%	n	%	n	%
嘲笑	4	19.0	4	18.2	8	24.2	6	23.1	8	21.6	4	20.0	34	21.4
冷漠孤立	1	4.8	5	22.7	0	0	2	7.7	6	16.2	2	10.0	16	10.1
不认真	5	23.8	9	40.9	7	21.2	6	23.1	11	29.7	6	30.0	44	27.7
其他	1	4.8	0	0	12	36.4	7	26.9	0	0	0	0	20	12.6

注：n 北京肥胖男生＝21；n 北京肥胖女生＝22；n 武汉肥胖男生＝33；n 武汉肥胖女生＝26；重庆肥胖男生＝37；n 重庆肥胖女生＝20；n 肥胖总体＝159

表 2-140　影响初中普通学生体育学习态度的不良因素（同学行为）

	北京				武汉				重庆				总体	
	男		女		男		女		男		女			
	n	%	n	%	n	%	n	%	n	%	n	%	n	%
嘲笑	5	19.2	3	2.6	15	20.5	5	7.0	13	20.3	8	14.3	49	12.1
冷漠孤立	1	3.8	10	8.8	7	9.6	7	9.9	7	10.9	5	8.9	37	9.2
不认真	9	34.6	38	33.3	20	27.4	25	35.2	28	43.8	20	35.7	140	34.7
其他	0	0	1	0.9	20	27.4	20	28.2	0	0	0	0	41	10.1

注：n 北京普通男生＝26；n 北京普通女生＝114；n 武汉普通男生＝73；n 武汉普通女生＝71；n 重庆普通男生＝64；n 重庆普通女生＝56；n 普通总体＝404

表 2-141 显示，北京、武汉、重庆高中肥胖男生认为身边的同学对自己的学习态度产生的不良影响主要表现在身边的同学嘲笑自己产生的不良影响，分别占 28.6％、10％、6.7％，不认真学习分别占 50％、33.3％、40％。肥胖女生认为身边的同学嘲笑自己产生的不良影响分别占 35.3％、4.8％、0，不认真学习的比例分别是 0、57.1％、71.4％。这说明北京高中的肥胖男生因为身边的同学嘲笑自己，不认真学习对自己产生的不良影响比武汉和重庆更大。北京的肥胖女生因为受到同学的嘲笑，重庆的肥胖女生因为身边的同学不认真学习受到的影响较大。

表 2-141 和表 2-142 对比显示，北京、武汉、重庆初中肥胖学生认为身边的同学对自己的学习态度产生的不良影响主要表现在身边的同学嘲笑自己（14.4％），冷漠、孤立自己（4.8％），不认真学习（38.5％），其他没有，普通学生的比例分别是 7.3％、8.2％、36.3％、1.8％。这说明肥胖学生较普通学生更容易受到同学嘲笑的影响，对自己的学习态度产生的不良影响更大。身边的同学冷漠孤立自己对普通学生的影响比肥胖学生更大。

表 2-141　影响高中肥胖学生体育学习态度的不良因素（同学行为）

	北京				武汉				重庆				总体	
	男		女		男		女		男		女			
	n	%	n	%	n	%	n	%	n	%	n	%	n	%
嘲笑	4	28.6	6	35.3	3	10.0	1	4.8	1	6.7	0	0	15	14.4

续表

	北京				武汉				重庆				总体	
	男		女		男		女		男		女			
	n	%	n	%	n	%	n	%	n	%	n	%	n	%
冷漠孤立	0	0	2	11.8	2	6.7	0	0	1	6.7	0	0	5	4.8
不认真	7	50.0	0	0	10	33.3	12	57.1	6	40.0	5	71.4	40	38.5
其他	0	0	0	0	0	0	0	0	0	0	0	0	0	0

注：n 北京肥胖男生＝14；n 北京肥胖女生＝17；n 武汉肥胖男生＝30；n 武汉肥胖女生＝21；n 重庆肥胖男生＝15；n 重庆肥胖女生＝7；n 肥胖总体＝104

表 2-142　影响高中普通学生体育学习态度的不良因素（同学行为）

	北京				武汉				重庆				总体	
	男		女		男		女		男		女			
	n	%	n	%	n	%	n	%	n	%	n	%	n	%
嘲笑	3	13.6	1	2.6	7	11.7	8	8.4	4	7.7	2	2.7	25	7.3
冷漠孤立	3	13.6	4	10.3	5	8.3	9	9.5	3	5.8	4	5.4	28	8.2
不认真	7	31.8	15	38.5	19	31.7	41	43.2	17	32.7	25	33.8	124	36.3
其他	0	0	1	2.6	3	5.0	1	1.1	1	1.9	0	0	6	1.8

注：n 北京普通男生＝22；n 北京普通女生＝39；n 武汉普通男生＝60；n 武汉普通女生＝95；n 重庆普通男生＝52；n 重庆普通女生＝74；n 普通总体＝342

四、结论与建议

（一）结论

1. 半数及以上的肥胖学生对体育学习的意义和作用有较正确的认识

（1）随着年龄的增长，肥胖学生对体育学习意义和作用的认识逐步深入，北京肥胖学生表现得最为明显。

（2）肥胖学生越来越关注自己的体型，参与体育学习的最主要目的是减肥，肥胖女生表现得尤为明显。

（3）肥胖学生对体育学习意义和作用的认识不及普通学生深入。

2. 肥胖男生较女生更喜欢体育运动，但成功的体验不及普通学生多

（1）随着年龄的增长，肥胖学生因为关注自己的体态，想要通过运动来达到减肥的目的，所以肥胖学生喜欢体育运动的比普通学生要多，学习知识技能的意愿逐渐淡化。

（2）部分肥胖学生喜欢体育运动，但不喜欢体育课。

（3）肥胖学生在体育学习过程中的成功体验不及普通学生。

3. 肥胖学生的出勤率较高，半数以上的肥胖学生与老师和其他同学的关系处理的比较融洽

（1）有半数以下的小学肥胖学生和半数以上的中学肥胖学生从不缺勤，只有个别肥胖学生经常缺勤，其他是偶尔缺勤，肥胖学生的出勤情况不及普通学生。另外，北京的肥胖学生比武汉和重庆的肥胖学生出勤率都低。

（2）肥胖学生完成教学内容的情况不及普通学生。

（3）肥胖学生随着年龄的增长，越来越会处理人际关系，与老师和其他同学的关系越来越融洽。但也有少数肥胖学生与其他同学的关系处理得不好，容易被其他同学孤立。

4. 肥胖学生掌握了一些健身减肥的理论知识，技术项目上游泳掌握得较好，但是身体素质比较差

（1）较多的肥胖学生在体育理论课的学习中，掌握了一些健身减肥的知识，高中肥胖女生表现得尤为明显。

（2）在体育技术项目上，肥胖学生游泳掌握的比较好，而体操普遍掌握较差。

（3）从学生体质测试成绩中可以看出，肥胖学生身体素质普遍比普通学生差，其中，耐力素质最为明显。

5. 肥胖学生的体育学习压力不是很大，他们需要学习的内容有球类项目、健美操、跳绳等，多数学生不喜欢老师采用的教学方法

（1）在小学阶段，肥胖学生和普通学生对体育学习都没有太大的压力，而到了初中和高中阶段，受升学考试的影响，加上自己的体型没有优势，肥胖学生就明显比普通学生体育学习的压力大。

（2）肥胖男生大多数练习的都是篮球、羽毛球、足球等球类运动。肥胖女生除了练习篮球等球类运动以外，还练习健美操、跳绳等。但是，在体育教学中，仅有少数体育老师经常根据学生的需要和兴趣来安排教学内容。

（3）许多肥胖学生不喜欢老师所采用的教学方法，是因为教学方法单一、死板。小学和初中的肥胖学生对老师采用的评价内容与标准不太满意，原因是评价标准定的太高，评价内容枯燥无聊，老师过于严厉，评价方法不恰当等。

6. 肥胖学生的体育学习态度受到了很多因素的影响

（1）教师采用的教学方法单一，内容枯燥。

（2）自身的身体素质差，课业负担重。

（3）身边同学的嘲笑讽刺等。

（二）建议

1. 要通过体育理论课的讲解和实践课的学习，使肥胖学生进一步加深对体育学习意义和作用的认识，深刻认识到体育学习对健康及生活态度的积极影响。

2. 多数肥胖学生参与体育学习的首要目的是减肥，所以教师要多教授一些有利于减肥的运动项目，有利于调动学生学习的积极性，端正肥胖学生的体育学习态度，改善学生喜欢体育运动但不喜欢体育课的现象。

3. 体育老师要根据肥胖学生的实际情况，安排教学内容，量要适宜。要鼓励肥胖学生和老师多交流，教导鼓励同学之间友善和睦相处。

4. 要在体育教学过程中对学生区别对待，应该先从教学组织形式上体现，实施健康减肥分班与个别辅导相结合，这样能够有效地进行肥胖干预。多要求肥胖学生进行耐力素质练习，这是科学减肥的最有效方法之一。

5. 教师采用的教学方法和教学内容都要丰富且多样化，减少学生的作业负担，改革对肥胖学生的体育学习评价内容与方法，采用符合肥胖学生特点的体育教学评价。评价内容要突出学生的行为、态度、努力程度；评价方法要把终结性评价与过程性评价相结合；评价方式以教师评价和学生评价相结合。

参 考 文 献

[1] Paul Rukavina. Weight-Related Teasing and Coping in Physical Education[R]. Adelphi University Garden City, New York, USA.

[2] 何小涛. 渝东南地区高中生体育学习态度现状研究[D]. 西南大学，2011.

[3] 文雯，左娇蕾. 全球8%的胖孩子在中国[N]. 健康时报，2012-9-6(1).

[4] 瞿凤英，张李伟，王春荣等. 国际生命科学学会中国肥胖问题工作组推荐体重指数分类标准的血脂谱验证. 中华流行病学杂志. 2004，25(2)：117-119.

[5] 百度百科[Z]. 2011. http://baike.baidu.com/view/966047.htm.

[6] 中国肥胖问题工作组. 中国学龄儿童青少年超重、肥胖BMI筛查体重指数值分类标准[J]. 中华流行病学杂志，2004，25(2)：97-102.

[7] 赖天德. 学校体育改革热点探究[M]. 北京体育大学出版社，2003.

[8] 赵进杰，高玉敏. 大学生体育态度的现状调查与培养途径探析[J]. 河北工程大学学报，2009，26(2)：117-118.

[9] 龙璐. 长沙市中学生超重、肥胖现况调查及干预措施探索[D]. 中南大学，2007.

[10] 卞金陵，李燕. 肥胖儿童相关的饮食和运动问题初探[J]. 中国行为医学科学. 2000.9(4):296.

[11] 甄凌. 以运动为主综合干预对超重、肥胖少年儿童生长发育的影响[D]. 首都体育学院，2010.

[12] 宋刚，李年铁，扶健华. 中国儿童青少年肥胖与防治[J]. 湖南师范大学社会科学学报，2001.30：345-347.

[13] 张龙. 少儿单纯性肥胖与运动综合干预模式研究[J]. 体育成人教育学刊，2006，22，(3)：34-36.

[14] 姚国. 单纯性肥胖儿童的智力、行为和自我意识特点[D]. 青岛大学，2006.

[15] 吕书红. 儿童肥胖流行趋势及干预对策探讨[J]. 中国健康教育，2002，18，(8)：526-528.

[16] 李东海，喻荣彬等. 儿童肥胖的流行病学特征及肥胖对儿童健康的影响[J]. 中国校医，2003，17(6)：559-560.

[17] 戴伏英，高翠青，邢玉梅. 超重肥胖对儿童心肺功能的影响研究[J]. 中国学校卫生，2009，30(12)：273-274.

[18] 丁一宗. 中国儿童期单纯肥胖症[J]. 中华儿童保健杂志，1998，6(2)：116-117.

[19] 余红平，付támogat泉. 单纯性肥胖儿童社会适应能力和行为问题研究[J]. 医学与社会，2001，14(3)：13-14.

[20] 万国斌. 单纯性肥胖儿童自我意识水平、社会适应能力与行为问题研究[J]. 中国心理卫生杂志，1993，7(1)：46-48.

[21] 王巍. 单纯性肥胖儿童家庭行为因素和心理发育研究[D]. 吉林大学，2006.

[22] 王桂香，王敏. 长春市单纯性肥胖儿童社会适应麻能力及智商研究[J]. 中国学校卫生，2000，21：

474—475.

[23] 郭忠琴,乔慧,郑芝凤.单纯性肥胖儿童智力、个性、生理指标的调查分析[J].中国学校卫生,1999,20(3):214.

[24] 张迎修,鲁京浦,孙永大,于厚贤.肥胖儿童的个性、智力及学习成绩分析[J].中国学校卫生,2003,24(2):159.

[25] 熊光练,田本淳等.影响儿童肥胖的行为因素研究[J].华中科技大学同济医学院公共卫生学院.2004,19(1):79-81.

[26] 孙红.高校肥胖大学生身心健康与体育健康教育干预效应的研究[J].河南师范大学学报.2005,33(1):148-150.

[27] 袁新芹.在体育教学中注意改善青少儿肥胖现状的几点思考[J].六安师专学报.1996,(4)98-99.

[28] 周奕君.对儿童肥胖开展处方教学的研究[J].宁波大学学报.1999,21(5):92-94.

[29] 喻修康.对肥胖儿童的体育教学方法初探[J].体育教育研究.2010,(5):24.

[30] 张华营.让肥胖学生上好体育课[J].中国体育报,2007.

[31] 唐东辉,陈花.初中肥胖女生运动减肥实验[J].体育学刊,2001,7(4):90-91.

[32] 苏俊.针对肥胖学生开展课外体育活动的探索[J].体育教学,2003(5):40-41.

[33] 耿延敏.山西省肥胖初中生体育教学现状及存在问题的研究[D].山西大学,2007.

[34] 黄玲英.中学体育教学中肥胖学生自卑心理的成因及对策[J].零陵学院学报,2005,26(2):264-265.

[35] 赵华,许世岩.天水市中学生体育学习态度的调查与对策研究[J].天水师范学院学报,2007,27(2):112-114.

[36] 邢国福,靳伟伟.焦作市大中专学生体育课态度的调查分析[J].湖北体育科技,2009,28(4):439-440.

[37] 斯勤夫.影响师范院校女大学生体育态度的因子分析[J].辽宁体育科技.2006,28(3):39-40.

[38] 贾晓宏.5个中小学生1个胖墩[N].北京晚报,2011-05-19(20).

第三篇
北京、武汉、重庆三地肥胖学生校内课外体育活动现状与对策研究

一、前言

(一) 选题依据

1. 青少年肥胖情况日益严重已成为困扰全球的健康问题

随着全球生活水平的逐渐提高,在1980年全球就约有5%的男性和8%的女性面临肥胖的困扰,而到了2008年,这一数据分别上升到10%和14%,这意味着全球目前约有2.05亿男性和2.97亿女性肥胖,而另有15亿成年人体重超重。全球33个最富裕国家公民健康状况的调查报告显示,美国、墨西哥、智利、新西兰以及英国是肥胖率最高的5个国家。其中,英国已经成为欧洲"最肥"国家,其肥胖率增长速度最快。

据相关研究结果显示,全球有1.55亿的超重肥胖少年儿童,而其中的1/13就集中在中国,中国有超过1200万的儿童属于超重肥胖,而且还存在着逐渐上升的趋势。"胖墩"已经成为21世纪全球性的儿童健康问题,在中国这种情况特别严重。

2. 我国学生体质健康水平下降,肥胖检出率节节攀升

教育部几年来的全国体质调研结果表明,青少年学生以力量、心血管机能为主的体质等指标持续下降，现状堪忧。2007年5月7日，中国国务院颁布了《关于加强青少年体育增强青少年体质的意见》，提出"通过5年左右的时间，使我国青少年普遍达到国家体质健康的基本要求，耐力、力量、速度等体能素质明显提高，营养不良、肥胖和近视的发生率明显下降。"中央文件的发布，意味着党中央对我国青少年体质问题的关注，同时督促各学校的学校体育工作的贯彻落实。

2005年全国学生体质与健康调研结果显示，我国7~22岁城市男生、女生超重和肥胖的检出率分别为13.25%和11.39%，城市女生超重和肥胖的检出率分别为8.72%和5.01%。5年之后，2010年全国学生体质与健康调研结果表明，学生肥胖和超重检出率继续增加。7~22岁城市男生、城市女生、乡村男生、乡村女生肥胖检出率分别为13.33%、5.64%、7.83%、3.78%。

3. 当前我国对于肥胖学生群体研究较薄弱，针对肥胖学生的体育方面研究成为重要课题

随着肥胖学生数量的增加，引起了社会各界的关注，但我国学者对于肥胖学生的研究多集中于生理、行为、饮食等方面，其次则是针对肥胖学生减重方法途径等，而在针对肥胖学生体育活动现状的问题上，研究成果少之又少。国外的文献也多数从生理的角度阐述了肥胖机理、肥胖原因、运动干预等研究成果而针对具体的体育活动现状、体育教师教学和教法等研究很少。

（二）研究目的、意义

在对北京、武汉、重庆三地的中小学肥胖学生的校内课外体育活动现状进行初步了解的基础上，通过对比肥胖学生与普通学生校内课外体育活动的差异，找出肥胖学生校内课外活动的特点。分析研究影响肥胖学生活动的各项因素，了解不同年龄段肥胖学生的校内体育活动内容、活动方式、体育态度等问题，进一步了解学校体育对于肥胖学生的作用，为肥胖学生的减重提供相应的建议和措施。

随着我国肥胖儿童比例的不断上升，增强学生体质、降低肥胖率已经成为了日益重要的课题。本文通过对北京、武汉、重庆三地中小学肥胖学生的校内课外体育活动现状的调查，总结归纳调查结果，从多方面具体分析说明肥胖学生体育活动现状，为学校和教师在今后的实际教学工作中提出相对可行的建议，从而为解决我国肥胖学生减重问题提供指导依据。

（三）研究任务

首先，了解北京、武汉、重庆三地肥胖中小学生校内课外活动现状；其次，对北京、武汉、重庆三地肥胖中小学生校内活动现状进行分析，找出三地肥胖学生校内活动中存在的问题并提出相应的对策；最后对北京、武汉重庆三地肥胖中小学生校内课外体育活动现状进行总结。

(四) 文献综述

1. 有关肥胖定义的研究

肥胖,是指一定程度的明显超重与脂肪层过厚,体内脂肪,尤其是甘油三酯积聚过多而导致的一种状态。

儿童肥胖症是指儿童体内脂肪积聚过多,体重超过按身高计算的平均标准体重20%或者超过按年龄计算的平均标准体重加上两个标准差以上时,为肥胖症。

肥胖度=(实测体重—身高标准体重)/身高标准体重*100%

肥胖度超过20%认定为肥胖,肥胖度在10%~20%为超重。

BMI指数(身体质量指数,简称体质指数又称体重指数,英文为Body Mass Index,简称BMI),是用体重公斤数除以身高米数平方得出的数字,是目前国际上常用的衡量人体胖瘦程度以及是否健康的一个标准。它是由19世纪中期的比利时统计学家凯特勒最先提出的[1]。

我国于2003年确定的"中国学龄儿童青少年超重、肥胖BMI筛查分类标准"(表3-1)[2]是根据国际肥胖的通用审查标准——世界卫生组织(WHO)制定的体重指数界限值,结合中国的实际情况,由国际生命科学学会中国办事处提出的。

表3-1 中国学龄儿童青少年超重、肥胖BMI筛查分类标准

年龄/岁	男超重	男肥胖	女超重	女肥胖
7	17.4	19.2	17.2	18.9
8	18.1	20.3	18.1	19.9
9	18.9	21.4	19.0	21.0
10	19.6	22.5	20.0	22.1
11	20.3	23.6	21.1	23.3
12	21.0	24.7	21.9	24.5
13	21.9	25.7	22.6	25.6
14	22.6	26.4	23.0	26.3
15	23.1	26.9	23.4	26.9
16	23.5	27.4	23.7	27.4
17	23.8	27.8	23.8	27.7
18	24.0	28.0	24.0	28.0

此次研究,主要调查对象为北京、武汉、重庆三地的小学、初中、高中肥胖学生的课外校内体育活动,学生年龄段主要集中于11~18岁。

---

[1] 百度百科 [Z]. 2011. http://baike.baidu.com/view/966047.htm.

[2] 中国肥胖问题工作组. 中国学龄儿童青少年超重、肥胖BMI筛查体重指数值分类标准 [J]. 中华流行病学杂志, 2004, 25 (2): 97-102.

2. 肥胖学生现状的研究

(1) 国内肥胖学生现状

2005年全国学生体质与健康调研结果显示，我国7～22岁城市男生超重和肥胖的检出率分别为13.25%和11.39%，城市女生超重和肥胖的检出率分别为8.72%和5.01%，高于2000年全学生体质与健康调研结果[1]。

5年之后，2010年全国学生体质与健康调研的结论是：学生肥胖和超重检出率继续增加。数据表明，7～22岁城市男生、城市女生、乡村男生、乡村女生肥胖检出率分别为13.33%、5.64%、7.83%、3.78%，与2005年相比分别增加1.94、0.63、2.76、1.15个百分点；超重的检出率分别为14.81%、9.92%、10.79%、8.03%，与2005年相比分别增加1.56、1.20、2.59、3.42个百分点。我国肥胖学生的数量在不断攀升。

中国儿童、青少年肥胖流行分布呈北高南低的地区分布特点，年龄分布为出生后一年是第一检出高峰，之后随年龄增长，检出率逐渐减少，4岁时开始回升[2]。

1996年8城市0～7岁儿童单纯肥胖流行病学调查的结果，肥胖发生率全国平均2.0%，本次研究中，2000年基线调查该组儿童的肥胖率就已达4.3%，而到了2003年该组儿童的肥胖率为11.6%。在本研究中随着年龄的增长，肥胖发生有明显的上升趋势，以每年近4%的速度增长。在一项对个体脂肪组织发育的20年纵向研究中发现，生后第一年内脂肪呈现一个发育高峰，此后随年龄增大而下降；在4～8岁时又呈现第二个高峰，这第二个高峰称为脂肪重聚（the adiposity rebound，AR）。AR年龄越早，上述三个率愈高。本研究显示在5岁之后肥胖和超重检出率增高明显，这与脂肪重聚现象吻合，说明AR年龄为5岁应属于早发。调查发现男女儿童的肥胖发生率均随着年龄的增长而逐年增加，男童肥胖发生率从2000年的4.4%上升到2002年的12.5%，女童肥胖发生率从2000年的4.2%上升到2002年的10.7%，超重和肥胖的儿童的体重增长速度明显高于体重正常的儿童。3年中80%的肥胖学生继续保持肥胖，体重正常组的儿童发展为肥胖的发生率则远远低于超重组[3]。

随着我国儿童肥胖的检出率的逐年上升，尤其是在发达城市，儿童单纯性肥胖症已逐渐受到学校和家长的重视。

(2) 国外肥胖学生现状

西方发达国家报道的发生率不一，较多发达国家低学年儿童的肥胖发生率为2%～6%，自青春期开始逐年上升。美国的调查7岁男女儿童分别为2%和4%，

---

[1] 崔丽霞，雷雳. 中学生问题行为群体特征的多视角研究[J]. 心理发展与教育，2005，3：112-120.
[2] 梁进，王桂英. 青少年肥胖的"体育——流行病学"研究[J]. 体育与科学，1995，5：44-46
[3] 由悦，等. 862名北京城区学龄前儿童超重及肥胖变化3年跟踪研究[J]. 卫生研究，2005.34（5）：620-621.

14岁时为7%和10%。英国1969年5～6岁儿童肥胖症的发生率为3.1%，学龄儿童为2%～3%，13岁为12.1%，14岁女孩为16.5%。瑞典1岁以下儿童肥胖的发生率0%～6%，超重儿童为15%～23%。

日本横滨市曾连续做过每隔2年肥胖学生发生率的调查，结果1960年为0.78%，1962年为1.12%，1964年为4.3%。由此可见，肥胖儿的发生率逐年增高，开始增加不到1倍，后迅速增加至6倍。日本战后，由于人工喂养的迅速发展及普及，产生许多巨大儿，肥胖乳儿也迅速增加❶。

儿童单纯性肥胖症作为20世纪儿童期的一个重要健康问题已引起世界各国的重视。肥胖不仅在儿童期对健康构成严重威胁，而且是导致成人期各种疾病发病率和死亡率上升的重要原因❷。

3. 有关肥胖危害的研究

在肥胖学生身体脂肪增加的同时，肥胖学生还不同程度存在着心理、行为等方面的问题，这些心理、精神和情感的损害，将随着肥胖状况的保持而延续至成人期❸。由于学生自身知识结构的不完善，对于自身的肥胖没有足够正面的认识，很大可能在与同伴的交往中会产生负面消极的想法，这种消极的思想会在生活和学习中造成很大困扰。

国外专家对肥胖儿童及青少年的肥胖度、生活质量等做研究，结果表明肥胖确实在身体、情感、社会和学校的生活等方面对儿童和青少年很大的不良影响。专家需要了解对肥胖学生影响显著的所有方面的细节，从而进行更多且强有力的目标干预，以改善肥胖儿童的生活质量❹。

（1）智力危害

何其霞在其专著中提到，不少人认为，肥胖对于儿童来说，只是身体形态的改变，并未引起多大的重视，而实际上肥胖会影响智力。肥胖致使脂肪在脑组织内堆积过多，形成脂肪脑，使大脑沟回紧紧靠在一起，皱褶减少，大脑皮层变得光滑，神经网络发育差，智力水平降低，脑反应不敏捷。另外，肥胖学生易疲劳，嗜睡，精神不易集中，学习成绩下降❺。

（2）生理危害

在生理方面的危害，不仅是体脂的增加，与健康儿童相比，患肥胖症的儿童其

---

❶ 冉霓，森林等编著. 小儿肥胖症的预防与治疗［M］. 农村读物出版社，2000.03.

❷ Mossberg HO. 40-year follow-up of overweight［J］. children. Lancet，1989，24：91

❸ 蒋竞雄，惠京红，夏秀兰. 肥胖学生的行为特点及心理损害［J］. 中华儿科杂志，1996，34（3）：186-188.

❹ Riazi, Afsane, Shakoor, Sania, Dundas, Isobel, Eiser, Christine, McKenzie, Sheila A. Health-related quality of life in a clinical sample of obese children and adolescents［J］. Health & Quality of Life Outcomes；2010，Vol. 8，134-139.

❺ 何其霞编著. 运动处方理论与实践［M］. 人民体育出版社，2008.1.

血清总胆固醇、载脂蛋白、低密度脂蛋白—胆固醇、甘油三脂和极低密度脂蛋白—胆固醇均有显著升高，证明肥胖少儿的脂肪代谢有明显的紊乱❶。

肥胖学生的高血压病检出率明显高于正常学生的检出率。肥胖学生出现有氧能力降低、心肺功能性损伤、无氧阈左移现象❷。肥胖症对少儿的心肺功能以及心血管系统构成严重的损伤，不仅影响青少年时期的成长、发育及其健康水平，而且对其成年后的健康水平构成潜在的危害❸。

肥胖学生体型欠佳，行动笨拙，活动能力差。不少学生常有平足、膝内翻、下肢弯曲、脊椎和椎间盘损伤等。由于肥胖儿胆固醇和脂肪酸含量过高，免疫系统受到抑制，抗病能力差，易患呼吸道感染或皮肤感染。肥胖儿易患缺钙症。儿童缺钙一般表现为睡眠不安，易发惊，爱出汗，甚至在没有发烧的情况下，经常出现抽风症状。肥胖儿易患"成人病"，医学上也叫成人疾病年轻化，如高血压病、心脏病、糖尿病、脂肪肝等。肥胖学生常存在性发育障碍。如男孩易出现性发育错后，女孩常出现早熟，多伴有月经紊乱❹。

有关资料表明，患肥胖症儿童的血脂高于正常儿童，而高血脂又是动脉粥样硬化和冠心病的主要致病因素之一。高血脂、高胆固醇是动脉粥样硬化及冠心病的主要致因之一。肥胖可以引起人体的生理、生化、心理、神经体液调节等一系列变化，使人体的工作能力降低，甚至缩短人的寿命。导致人类死亡的常见病死亡率，肥胖人比正常人高1~2倍❺。

综合各位专家的结论，儿童肥胖不仅严重影响其健康生长发育，而且对其成年后的身体健康也构成了潜在的危害。因此预防和治疗儿童肥胖症是一项关系到未来人口质量的重要课题，具有普遍的、深远的战略意义。

（3）心理危害

肥胖学生由于在体重上与正常体重学生的差异，使得肥胖学生觉得自己有别于正常体重学生，而在成绩、运动、交往中的种种不如人，则加深了这种差异感。研究表明，肥胖儿常出现心理障碍，如自卑感、孤僻、自羞、自闭等❻。

蒋竞雄等学者将肥胖学生与正常体重学生分为两个组进行比较研究，结果表明，肥胖组学生存在孤独感和自卑感的比例较大，他们对自己的身材不满意，常因为胖而被同伴取污辱性的外号；44%的肥胖组学生有事情不愿意和家长、同学说，而喜欢藏在心里。肥胖组学生还存在着缺乏自信心的状况，表现在和陌生人交往时胆怯、不愿在集体活动中表现自己。曾有文献报道，在图片排序测试中，孩子们都

---

❶ 过国英，等.肥胖学生血清脂类的研究［J］.中华儿科杂志.19洲，52．（1）：29-30.
❷ 丁一宗，等.单纯性肥胖学生有氧能力损伤［J］.中华儿科杂志，1990，25．（6）．
❸ 梁进，王桂英.青少年肥胖的"体育——流行病学"研究［J］.体育与科学，1995，5：44-46.
❹ 何其霞编著.运动处方理论与实践［M］.人民体育出版社，2008.1.
❺ 王从容，等.肥胖发生机制、生理学分析［J］.北京体育大学学报，1994，17．（l）：59.
❻ 何其霞编著.运动处方理论与实践［M］.人民体育出版社，2008.1.

不喜欢肥胖学生，而宁愿喜欢其他有各类缺陷的孩子，我们的研究也发现有47%的对照组学生不愿与很胖的同学交往。因肥胖而产生心理压力还包括家长，大部分肥胖组学生的家长担心其子女因为胖而影响将来的升学、就业和生活。从研究结果看，肥胖已对学生造成了较为严重的心理损害，应引起社会的重视。同时提示在治疗肥胖学生时，应将心理治疗纳入其中，在控制体重的同时，消除肥胖学生的心理障碍，使其心理状态也恢复正常[1]。

同时也有外国学者做了类似研究，但是结果与国内不同，肥胖学生并没有感觉到自己与体重正常学生的过多差异。调查结果是超重学生认为自己有明显的与体重正常的学生的差距，如身体脂肪、外貌、运动能力、耐力、协调性、灵活性，整体身体自我概念、自尊。但是在健康和体力活动方面，差距并没有那么大。超重学生比正常体重学生表现较差的项目在耐力、协调和灵活性，但超重学生有更强的力量。超重学生自我感觉身体能力只有部分实际能力的缺陷。总的来说，超重学生对健康或身体的活动方面，自我的身体能力的认知与体重正常的学生相比认为自己是差不多的[2]。

综上所述，肥胖学生虽然在多方面与体重正常学生存在差异，容易引起心理上的偏差，产生心理疾病，但是也有部分肥胖学生自我感觉与正常体重学生无异。未产生心理疾病固然是好，但也要正确认识到肥胖症的生理危害并及时预防和治疗。

(4) 社交危害

由于肥胖学生的体态异常、行动不便、惰性较大，随年龄的增长，肥胖学生的社会活动将受到更多的影响。首先，由于体态异常，许多社交场合对他们的心理产生一定的压力，抑制了他们的参与欲望；其次，大量的体育游戏、比赛，由于肥胖、行动不便、难以取胜，使他们被冷落在一旁，或退避三舍，从而失去了许多与同龄人交往的机会。从这个意义上说，肥胖对青少年未来的发展构成了严重的障碍，因而使青少年肥胖从生理学问题上升到社会学问题。许多肥胖儿家长已对此表示出极大的忧虑[3]。

当然，也并不是所有针对肥胖学生心理的研究都是负面的。另外有研究发现，近40%以上的小学生认为肥胖学生人好、自信心强、饭量大、喜欢交朋友，女生更认可其人好，男生更认可其自信心强。肥胖学生憨态可掬，给人感觉老实、易于接近，尤其是女生好静，更注重心灵上的交流，所以认为肥胖学生人好。肥胖学生一般食欲较好，进食量较大。北京市城区小学生对肥胖学生存在一定的偏见，但有些正性看法的信息没有传达给肥胖学生。应该指导小学生及其家长正确看待肥胖，

---

[1] 蒋竞雄，惠京红，夏秀兰. 肥胖学生的行为特点及心理损害 [J]. 中华儿科杂志，1996，34（3）：186-188.

[2] Sung, R. Y. T, Yu, C. W, So, R. C. H, Lam, P. K. W, Hau, K. T. Self-perception of physical competences in preadolescent overweight Chinese children [J]. European Journal of Clinical Nutrition; Jan2005, Vol. 59 Issue 1, p101-106.

[3] 梁进，王桂英. 青少年肥胖的"体育——流行病学"研究 [J]. 体育与科学，1995，5：44-46.

给予肥胖学生更多的关心和支持❶。

4. 有关肥胖原因的研究

肥胖学生的产生原因多种多样，分析学生肥胖率持续上升的原因，与遗传、不吃早饭、经常吃零食、偏食、营养过剩、不爱运动、长时间看电视或玩电子游戏、精神创伤等多种因素密切相关。

在引起肥胖的环境因素中，饮食和运动行为起着重要的作用。从机体能量代谢的角度分析，能量摄入大于能量消耗，多余的能量以脂肪形式积聚体内是造成肥胖的根源，而饮食和运动则是维持人体能量平衡的重要因素。肥胖是一种与生活方式密切相关的营养性疾病，不良的饮食行为和运动行为，将通过多种方式影响学生的能量摄入和能量消耗❷。

(1) 先天因素

若父母中有一人肥胖，则子女有40%肥胖的概率，如果父母双方都肥胖，则子女肥胖的概率升高至70%～80%。遗传和环境因素均与儿童单纯肥胖症有关，但环境因素占主导地位。

在孕妇怀孕期间，孕妇所处环境对于儿童肥胖的产生也有一定影响。外国的学者针对农药对于孕妇的影响做了一定研究，结果表明：有些孕妇因职业需要经常暴露在使用杀虫剂的环境中，这可能对胎儿产生不利影响。尽管增加了对孕妇的保护，但是在怀孕早期接触非持久性农药，对胎儿出生后低体重以及高体内脂肪都是有影响的❸。

(2) 饮食因素

丁一宗的研究认为，人工喂养、过早添加固体食物（出生后1～2个月）、断奶早及过量喂养是促进肥胖形成的一种喂养方式。而主食量和肉食量高，水果、蔬菜量低，室内活动少是青少年肥胖的一种生活模式❹。

此外也有调查发现，与正常体重学生相比，肥胖学生有关诸多易致肥胖的饮食行为，如进食速度快、看电视时进食、频繁进食、临睡前进食、喜好高糖高脂类食物等等，必将使学生增加摄食量及热卡含量，是产生肥胖的重要因素，将促使肥胖状况持续和进一步发展。

外国学者在研究中也发现，饮食习惯和偏好是建立在早期的童年，因此，重要

---

❶ 郝利楠，李艳平，杜松明，胡小琪，杨薇，马冠生. 北京市城区小学生对肥胖学生的看法和态度[J]. 中国学校卫生，2010，31 (2)：161-163.

❷ 杨玉凤. 单纯性肥胖学生的心理行为特征 [J]. 中国儿童保健杂志，1999，7 (1)：33～34.

❸ Wohlfahrt-Veje C; Main KM; Schmidt IM; Boas M; Jensen TK; Grandjean P; Skakkebæk NE; Andersen HR. Lower birth weight and increased body fat at school age in children prenatally exposed to modern pesticides: a prospective study [J]. Environmental Health: A Global Access Science Source Environ Health] 2011 Sep 20; Vol. 10, 79.

❹ 丁一宗，等. 中国城区0～7岁儿童单纯性肥胖流行病学调查 [J]. 营养学报. 1989，11. (3)：266-294.

的是早期干预，家长应帮助孩子为自己的家庭做出更健康的食物选择。教育干预成功的案例，是根据理论模型，并重点对健康的产生不利影响的含有反式脂肪的加工食品有所选择❶。

学生是从家庭生活中得知食物的作用，学会进食的方式，养成固有生活习惯的。家庭的生活环境、父母对食物的选择、进食的量以及家长的运动习惯等都对孩子有着极大的影响。肥胖学生所存在的不良饮食和缺乏运动等行为问题，与家庭环境和父母的生活方式密切相关，在对肥胖学生进行行为治疗时，父母的支持、家庭生活模式的改变也是至关重要的。

（3）运动因素

运动量小是引起肥胖的另一大原因。本次调查显示，肥胖学生普遍存在着不良的运动行为，如不喜欢体育活动、下午放学后很少去户外运动、看电视时间长等。部分肥胖学生虽然在户外活动的时间和正常体重学生相似，但多选择运动量相对较小的活动，且在室内活动量小，多以静坐方式为主。上述运动行为，直接影响肥胖学生的能量消耗水平，是使热能消耗减少，促进脂肪积聚的另一原因❷。

外国学者在运动对于肥胖学生的影响方面进行研究，认为竞技体育也是导致学生肥胖的原因之一。其文章提到应该鼓励非竞争性的生活方式的活动，如健美操、普拉提、山上散步、伸展等。研究发现，在一百多个中学体育教师中特别是男老师，很强调竞争团队运动，却牺牲了更多的个人活动。在面对繁琐、单调的仪器测试时，孩子们都感觉到厌烦。正确的做法应该是，孩子谁不擅长体育，应鼓励找到他们喜欢的运动❸。

在国内也确实存在肥胖学生因为在学校的竞赛体育项目中不能取得优异成绩，而意志消沉、被同学取笑，从而对体育活动产生了抵触情绪。所以教师在教学的过程中，应该尽量照顾到肥胖学生，采用一些肥胖学生也有优势的项目，如拔河、耐力型、力量型活动，使得肥胖学生对体育产生兴趣，并主动参与从而养成习惯。

以上只是笔者选取了几点重要因素列出，当然还有许多因素，如心理因素、家庭因素、教师的影响等，产生肥胖的因素并不单一，是多方面共同作用的结果。肥胖学生的产生，并不是无药可治，由于脂肪过多囤积主要是由于能量摄入与消耗的不平衡，所以想要消耗过多的脂肪，运动则是一个很好的选择。

5. 有关运动控制肥胖效果的研究

杜熙茹对肥胖学生进行短期身体训练，其研究结果表明：实验前后男女受试者

---

❶ Bauer, Lindsay R., Waldrop, Julee. Trans Fat Intake in Children: Risks and Recommendations [J]. PediatricNursing; Nov/Dec2009, Vol. 35 Issue 6, p346-351.

❷ 杨彦娥，王青，冯俊英. 肥胖学生行为问题浅析 [J]. 中国学校卫生, 2001, 22 (1): 32-33.

❸ Alexandra Frean. Why team sports will make your children fat-and put them off all exercise forlife [J]. Times, The (United Kingdom), 2008, 09, 05.

的体重变化不明显。男女受试者实验后腰围、臀围值和体脂百分比的下降非常显著，BMI 亦显著下降，瘦体重增加。提示此健身运动锻炼可有效减少学龄期学生的体脂，改善体成分。此研究参考《国家体育锻炼标准手册》（小学部分内容）及《体育测量学》（选取坐位体前屈、象限跳、站立式 50m 跑、立定跳远、1min 跳绳、掷垒球等指标，分别作为评定学生柔韧素质、灵敏素质、速度素质、跳跃素质、耐力素质及力量素质的指标）。经 10 周健身运动锻炼后，男女受试者立定跳远成绩、掷垒球的成绩、50m 跑的成绩及跳绳、象限跳和坐位体前屈的成绩均有显著提高。结果提示本健身运动锻炼可有效发展学龄肥胖学生的速度素质、耐力素质、力量素质及柔韧素质[1]。

同时，有实验采用了大多数学生喜欢的体育运动项目来吸引肥胖学生参加活动，并要求家长给肥胖学生以合理饮食进行配合，经过长达 20 周的时间，有组织地带领这些肥胖学生集体锻炼，收到了很好的锻炼效果，既减轻了肥胖学生的体重，还改善了体质，调整了心态，同时还养成了经常进行体育活动的良好习惯[2]。这说明，运动加上合理饮食对于肥胖学生减重、抑制继续肥胖以及预防肥胖都是有效的，同时也提示了学校和家长，可以适当延长学生的体育活动时间或者增加运动量来有效控制学生肥胖的发生。

有些家长为了快速地给子女减肥，选择了一段时间的集中食宿，施以综合疗法治疗青少年肥胖有利于改变其生活、行为方式，建立良好的生活习惯和行为方式。由于减肥效果较明显，有利于肥胖青少年建立减肥的自信心和对这种综合疗法的信任感．我们的跟踪调查表明，出营后家长对此态度不积极或不重视的孩子体重回升现象。另外，有家族遗传史的肥胖青少儿减肥效果不如无家族肥胖史的肥胖儿。我们的经验是：通过改变肥胖青少儿的社会、行为方式，教会其体育锻炼的方法，不仅有利于其目前的生长、发育、减轻，而且有利于其今后的发展，使其产生体育锻炼的兴趣，形成体育锻炼的习惯，终身受益[3]。

但也有反对的声音，有研究认为，短期快速减重（一个月以内）对儿童身心健康危害较大，会引发水、电解质失调和内环境稳态的失衡以及代谢的紊乱，对心血管、肝肾系统系统损伤极大[4]。

不可否认，运动减肥对于肥胖学生是一剂良药，但肥胖学生的减肥历程是辛苦而漫长的，由于学生处于特殊的生长时期，不能一味求减重，而忽略了学生自身健康。因此学生减肥应该是一个长时期的过程，必须在减重的同时要处理好健康与肥胖的关系。

---

[1] 杜熙茹．健身运动对肥胖学生健康的影响［J］．广州体育学院学报，2003，23（1）：37-39．

[2] 呙华峰．小足球游戏对肥胖学生身心健康的积极作用［J］．西安体育学院学报，2002，19（2）：100-102．

[3] 梁进，王桂英．青少年肥胖的"体育——流行病学"研究［J］．体育与科学，1995，5：44-46．

[4] 蒋竞雄，等．肥胖学生的运动治疗［J］中国运动医学杂志．1993，（1）52-53．

6. 小　结

通过对于我国肥胖学生现状有关的文献综述可知，肥胖学生这一严峻问题的解决已经刻不容缓。现有文献，对于肥胖学生的研究是远远不够的，现有文献在研究内容上，偏向于肥胖学生的生理、行为、心理以及肥胖产生的原因、危害等因素，而对于肥胖学生的体育活动现状和教师教学、教法等问题上没有详细的研究。在研究方法上，多为生理生化的实验法，在实验中，干预的时间多数在一年以内，相对于学生的成长期而言较短。

二、研究对象和研究任务

（一）研究对象

我国北京、武汉、重庆三个地区的小学、初中、高中肥胖学生的校内课外体育活动现状。

（二）研究方法

1. 文献资料法

在中国知网上查阅相关的期刊文献、硕士论文、书籍等资料，了解前人研究的基本情况、观点以及我国肥胖学生校内课外体育活动的基本现状。其中包含了 25 篇期刊论文、5 篇外国期刊论文、6 本专著、1 篇学位论文、1 篇报纸文章和 1 篇网络文章。

2. 问卷调查法

从本论文的研究内容和研究目的出发，根据体育科研方法设计问卷的基本要求，在听取了导师和学校体育学领域的专家意见后，设计了一份学生问卷。问卷的内容包括调查中小学肥胖学生的校内课外体育锻炼现状、体育竞赛现状、体育训练现状、体育社团的情况以及对学校体育的态度。

在研究对象的确定上，根据我国 2003 年确定的"中国学龄儿童青少年超重、肥胖 BMI 筛查分类标准"（见表 3-1）。此表是国际肥胖的通用审查标准，是世界卫生组织（WHO）制定的体重指数界限值，结合中国的实际情况，由国际生命科学学会中国办事处提出的。

（1）问卷的效度检验

在调查问卷初稿设计后，为了确保调查问卷的有效性，征求了 9 位学校体育学领域的专家对问卷的意见，对问卷做出了"非常合适、合适、基本合适、不合适、非常不合适"五级程度的检验。其中，教授 4 人，副教授 5 人。经过反复修改终于定稿，本问卷的效度检验评价结果（见表 3-2）。

表 3-2　问卷效度检验评价

评价内容	非常合适		合适		基本合适		不合适		非常不合适	
	n	%	n	%	n	%	n	%	n	%
结构设计	2	22	5	56	2	22	0	0	0	0
内容涉及	1	11	6	67	2	22	0	0	0	0

注：专家人数 $n=9$。

（2）问卷的信度检验

第一次发放问卷的一周后，在重庆市渝中区第二十九中学对第一次填表的同学进行了第二次问卷发放并当场回收。将两次填表结果进行统计处理，采用内部一致性检验，通过对问卷检验，得出信度系数 $r=0.891$，$P<0.01$，可信程度较高，可靠性强。

（3）问卷的发放与回收

本论文选取调查我国北京、武汉、重庆三个地区的小学、初中、高中肥胖学生与普通体重学生的校内课外体育活动情况，本人到这三个地区的中小学校当场发放，根据目测随机挑选 40 名学生，包含 20 名肥胖学生和 20 名体重正常学生，后期根据学生所填自身身高和体重数据算出 BMI 指数来确定其是否肥胖。其中的大部分学校当场回收，少部分学校因课业安排，于数天后回收。表 3-3 为有效问卷的回收统计，一共回收问卷 1625 份，其中有效问卷 1578 份，有效问卷率为 97.1%。

表 3-3　有效问卷回收情况

统计项目	北京		武汉		重庆		小计	
	n	%	n	%	n	%	n	%
总计	375	100.0	667	100.0	566	100.0	1625	100.0
有效	352	93.9	659	98.8	544	96.1	1578	97.1
无效	18	6.1	8	1.2	22	3.9	47	2.9

问卷的发放对象包括北京、武汉、重庆三个地区的 43 所学校。其中北京调查了五个区，分布情况如下：海淀区：北京科技大学附属小学；西城区：北京实验二小；昌平区：燕丹学校（小学部＋初中部）；顺义区：杨镇一中、杨镇二中、顺义一中、顺义八中；东城区：龙潭中学（初中部＋高中部）、114 中学。武汉地区的调查包含三个区，分布情况如下：武昌区：三道街小学、中华路小学、武汉中学（初中部＋高中部）、三角路中学（初中部＋高中部）；江汉区：天一街小学、展览馆小学、武汉市 63 中学、武汉市 71 中学、旅游学校、电子信息学校；汉阳区：钟家村小学、西大街小学、武汉第三寄宿中学、武汉市 23 中学、建港中学。重庆地区的调查情况分布如下：江北区：第十八中学、新村实验小学、洋河花园实验小学、字水中学；九龙坡区：第七十九中学、天宝中学、田家炳中学、铁路小学、铁路中学、育才小学；渝中区：大田湾小学、二十九中学、中四路小学。

表 3-4 为三个地区所调查的学校分布情况。表 3-5 和表 3-6 为北京、武汉、重庆三个地区肥胖学生和普通学生不同学段学生分布情况。

表 3-4　北京、武汉、重庆三地中小学校分布情况

学段	北京	武汉	重庆	小计
小学	3	6	6	15
初中	4	6	5	15
高中	3	6	4	13
总计	10	18	15	43

表 3-5　北京、武汉、重庆三地肥胖学生学段分布情况

学段	北京		武汉		重庆		总计
	男	女	男	女	男	女	
小学	34	19	79	34	66	43	275
初中	27	20	38	28	46	15	174
高中	18	14	30	24	14	6	106
总计	79	53	147	86	126	64	555

表 3-6　北京、武汉、重庆三地普通学生学段分布情况

学段	北京		武汉		重庆		总计
	男	女	男	女	男	女	
小学	18	36	63	54	61	72	304
初中	27	105	72	71	54	53	382
高中	18	39	62	104	45	69	337
总计	63	180	197	229	160	194	1023

3. 逻辑分析法

将回收的数据中，肥胖学生和普通体重学生的数据分别进行统计分析，并进行对比分析，同时对于不同地区肥胖学生的运动现状也进行对比分析。将以上研究方法所得的分析结果进行汇总，通过逻辑推理，得到研究结果。

三、研究结果与分析

（一）北京、武汉、重庆三地肥胖学生参加校内课外体育锻炼现状

1. 肥胖学生参加校内课外体育锻炼的时间

研究表明，北京、武汉、重庆三地肥胖学生中不足 1/3 的学生每天运动时间达到一小时。

根据表 3-7 所知，北京、武汉、重庆三地肥胖学生每天参加运动时间在 1 小时以上的比例达到 22.7%。在北京地区的小学肥胖学生中大概 1/5 的学生每天运动时间在 1 小时以上；武汉地区的小学肥胖学生中男生接近 1/4 的学生每天运动时间在 1 小时以上，女生中只有 3.1% 的学生每天运动时间在 1 小时以上；重庆地区的

小学肥胖学生中接近 1/3 的学生每天运动时间在 1 小时以上。

表 3-7　小学肥胖学生每天的运动时间的调查结果

运动时间	北京				武汉				重庆				总体	
	男		女		男		女		男		女			
	n	%	n	%	n	%	n	%	n	%	n	%	n	%
几乎为零	2	6.0	1	5.3	3	3.8	4	12.5	10	15.2	4	9.3	24	8.9
20 分钟内	12	36.4	7	36.8	30	38.0	16	50.0	14	21.2	14	32.6	93	34.2
20～60 分钟	14	42.4	6	31.6	27	34.2	11	34.4	22	33.3	13	30.2	93	34.2
60 分钟以上	5	15.2	5	26.3	19	24.1	1	3.1	20	30.3	12	27.9	62	22.7

注：n 北京肥胖男生＝33；n 北京肥胖女生＝19；n 武汉肥胖男生＝79；n 武汉肥胖女生＝32；n 重庆肥胖男生＝66；n 重庆肥胖女生＝43；n 总体肥胖学生＝272。

表 3-8　小学普通学生每天的运动时间的调查结果

运动时间	北京				武汉				重庆				总体	
	男		女		男		女		男		女			
	n	%	n	%	n	%	n	%	n	%	n	%	n	%
几乎为零	0	0.0	2	5.6	2	3.2	4	7.4	1	1.6	2	2.8	11	3.5
20 分钟内	1	5.6	6	16.7	23	36.5	24	44.4	13	21.3	24	33.3	91	30.0
20～60 分钟	9	50.0	15	41.7	18	28.6	22	40.7	18	29.5	29	40.3	111	36.5
60 分钟以上	8	44.4	13	36.1	20	31.7	4	7.4	29	47.5	17	23.6	91	30.0

注：n 北京肥胖男生＝18；n 北京肥胖女生＝36；n 武汉肥胖男生＝63；n 武汉肥胖女生＝54；n 重庆肥胖男生＝61；n 重庆肥胖女生＝72；n 总体肥胖学生＝304

此外，在每天的课外体育活动时间中，北京、武汉和重庆地区小学生中的肥胖男生每天运动时间在 20～60 分钟的比例最高，分别达到了 42.2％、34.2％和 33.3％，但是北京小学肥胖男生的比例略高于武汉和重庆地区的小学肥胖男生；北京、武汉、重庆三地的小学肥胖女生中，每天运动 20 分钟以内的比例最高，其中武汉的小学肥胖女生每天运动 20 分钟以内的比例高于北京和重庆两地，比例接近 50％。肥胖学生与普通学生情况相对比（表 3-8），在北京地区的肥胖小学生运动时间在 60 分钟以上的明显少于普通学生，运动时间在 20 分钟以内的肥胖学生多于普通学生；武汉地区的肥胖学生与普通学生在运动时间的选择上总体情况比较接近；在重庆地区，肥胖学生每天锻炼在 20～60 分钟和 60 分钟以上的学生均少于普通学生。综上所述，所调查的三地肥胖小生每天运动的时间有 1/3 选择了 20 分钟以内，有一半左右的肥胖学生的运动时间在 20 分钟以上，肥胖学生每天的运动时间总体上要少于普通学生每天的运动时间。正是由于肥胖学生每天运动时间的相对不足，日积月累，导致了肥胖的形成。

根据表 3-9，北京、武汉、重庆三地的初中肥胖学生每天运动时间在一小时以上的达到 16.7％。北京地区的初中肥胖学生中不超过 1/3 的学生每天运动时间在 1 小时以上；武汉地区的初中肥胖学生中不超过 1/5 的学生每天运动时间在 1 小时以上；重庆地区的初中肥胖学生中不超过 1/5 的学生每天运动时间在 1 小时以上。初中生中,男生每天运动时间保持1小时以上的学生比女生多。此外,在北京、武汉、重庆三地的初中肥胖学生中,北京和重庆地区的初中肥胖男生每天运动时间在20~60分钟的比例接近50%,武汉地区的初中肥胖男生每天运动时间在20分钟以内的比例为44.7%;在北京地区的初中肥胖女生每天运动时间在20~60分钟的比例最高,超过了2/3,在武汉地区初中肥胖女生每天运动时间在20分钟以内的比例最高,在重庆地区肥胖女生每天运动时间在20分钟以内和20~60分钟的比例最高。与普通学生相比(表3-10),北京地区的肥胖初中生,每天运动时间在20分钟以上的比例都比普通学生要高,在武汉地区的肥胖男初中生每天的运动时间分布比例与普通男生相似,肥胖女初中生每天运动时间在20~60分钟的比例要少于普通女生,肥胖女初中生每天运动时间在20分钟以内的比例要多于普通女生;在重庆地区,肥胖初中生和普通初中生每天运动时间的分配比例大致保持一致。由此可见,在初中阶段肥胖学生和普通学生每天的运动时间较为接近,主要由于体育中考,为了提高体育成绩在体育锻炼上花费的时间有所增加。

表 3-9 初中肥胖学生每天的运动时间的调查结果

运动时间	北京				武汉				重庆				总体	
	男		女		男		女		男		女			
	n	%	n	%	n	%	n	%	n	%	n	%	n	%
几乎为零	1	3.7	0	0.0	2	5.3	5	17.9	6	13.0	1	6.7	15	8.6
20分钟内	5	18.5	3	15.0	17	44.7	16	57.1	11	23.9	6	40.0	58	33.3
20~60分钟	13	48.1	14	70.0	13	34.2	5	17.9	21	45.7	6	40.0	72	41.4
60分钟以上	8	29.6	3	15.0	6	15.8	2	7.1	8	17.4	2	13.3	29	16.7

注:n北京肥胖男生=27;n北京肥胖女生=20;n武汉肥胖男生=38;n武汉肥胖女生=28;n重庆肥胖男生=46;n重庆肥胖女生=15;n总体肥胖学生=174

表 3-10 初中普通学生每天的运动时间的调查结果

运动时间	北京				武汉				重庆				总体	
	男		女		男		女		男		女			
	n	%	n	%	n	%	n	%	n	%	n	%	n	%
几乎为零	1	3.7	5	4.8	11	15.3	7	9.9	6	11.3	9	17.3	39	10.3
20分钟内	5	18.5	34	32.4	26	36.1	34	47.9	10	18.9	19	36.5	128	33.7
20~60分钟	17	63.0	52	49.5	24	33.3	26	36.6	26	49.0	21	40.4	166	43.7
60分钟以上	4	14.8	14	13.3	11	15.3	4	5.6	11	20.8	3	5.8	47	12.3

注:n北京普通男生=27;n北京普通女生=105;n武汉普通男生=72;n武汉普通女生=71;n重庆普通男生=53;n重庆普通女生=52;n总体普通学生=380

如表3-11所示,北京、武汉、重庆三地的高中肥胖学生中有11.2%的学生每天运动时间在1小时以上。北京地区的高中肥胖学生中,超过1/4的男生每天运动时间在1小时以上,只有7.1%的女生每天运动时间在1小时以上;武汉地区的高中肥胖学生中,13.3%的男生每天运动时间在1小时以上,4.2%的女生每天运动时间在1小时以上;重庆地区的高中肥胖学生中,7.1%的男生每天运动时间在1

小时以上，所调查的女生中，没有人运动时间在 1 小时以上的。在高中肥胖学生中，男生运动时间在 1 小时以上的比例比女生高。此外，在北京、武汉、重庆三地的高中肥胖学生中，北京地区的肥胖高中生每天运动时间比例在 20~60 分钟的比例接近 50%；在武汉的地区的肥胖男高中生每天运动时间在 20~60 分钟的比例为 46.7%，肥胖女高中生每天的运动时间在 20 分钟以内的比例为 37.5%；在重庆地区，肥胖男高中生每天的运动时间在 20~60 分钟的比例最高，肥胖女高中生每天运动时间在 20 分钟以内的比例最高。与普通学生相比（表 3-12），在北京地区高中生每天运动时间在 20~60 分钟以内占比例都是最高，每天运动 60 分钟以上比例较为接近；在武汉地区，每天运动时间在 20 分钟以上的肥胖学生比例要略高于普通学生，每天运动时间在 20 分钟以内的比例普通学生要多于肥胖学生；在重庆地区，肥胖男高中生每天运动时间在 20~60 分钟的比例要高于普通男生，肥胖女生和普通女生每天运动时间的分布比例接近，肥胖女生每天运动时间在 20 分钟以上的比例略高于普通女生。总的来说，在高中生阶段，肥胖学生和普通学生每天运动时间在 20~60 分钟以内的比例最高，虽然于在高中阶段，学习较为紧张，但仍然保证了每天有一定的运动时间。在实地调查的高中生中，肥胖学生比例明显低于初中和小学，因为高中生对于自我身材的认识，肥胖学生也会主动增加锻炼来减轻体重，所以，在高中阶段，肥胖学生和普通学生每天运动时间的分布比例差异不大。

表 3-11　高中肥胖学生每天的运动时间的调查结果

运动时间	北京				武汉				重庆				总体	
	男		女		男		女		男		女			
	n	%	n	%	n	%	n	%	n	%	n	%	n	%
几乎为零	1	5.6	2	14.3	1	3.3	6	25.0	3	21.4	2	33.3	15	14.2
20 分钟内	5	27.8	5	35.7	11	36.7	9	37.5	4	28.6	3	50.0	37	35.0
20~60 分钟	7	38.9	6	42.9	14	46.7	8	33.3	6	42.9	1	16.7	42	39.6
60 分钟以上	5	27.8	1	7.1	4	13.3	1	4.2	1	7.1	0	0.0	12	11.2

注：n 北京肥胖男生＝18；n 北京肥胖女生＝14；n 武汉肥胖男生＝30；n 武汉肥胖女生＝24；n 重庆肥胖男生＝14；n 重庆肥胖女生＝6；n 总体肥胖学生＝106

表 3-12　高中普通学生每天的运动时间的调查结果

运动时间	北京				武汉				重庆				总体	
	男		女		男		女		男		女			
	n	%	n	%	n	%	n	%	n	%	n	%	n	%
几乎为零	1	5.6	0	0.0	10	16.1	22	21.2	5	11.1	17	25.0	55	16.5
20 分钟内	4	22.2	13	34.2	28	45.2	51	49.5	21	46.7	36	52.9	153	45.8
20~60 分钟	10	55.6	22	57.9	18	29.0	24	23.3	14	31.1	14	20.6	102	30.5
60 分钟以上	3	16.7	3	7.9	6	9.7	6	6.0	5	11.1	1	1.5	24	7.2

注：n 北京普通男生＝18；n 北京普通女生＝38；n 武汉普通男生＝62；n 武汉普通女生＝103；n 重庆普通男生＝45；n 重庆普通女生＝68；n 总体普通学生＝334

2. 肥胖学生参加校内课外体育锻炼时选择的运动项目

研究表明，在北京、武汉、重庆三地的肥胖学生参加校内体育锻炼时选择的运动项目频率最多的为跑步和羽毛球。

在针对北京、武汉、重庆三地肥胖学生参加校内课外体育活动所选择项目的调查中，根据调查结果显示，北京地区的参加课外体育活动的小学生中，肥胖学生参加最多的项目是游泳，比例达到 58.8%。其中，肥胖男生所选择的运动，居前 3 位的是游泳、足球、羽毛球；肥胖女生选择的运动项目，前 3 位是游泳、羽毛球、跑步，普通学生选择的运动项目居前 3 位的是游泳、跑步和羽毛球。

总的来看，游泳是北京地区小学生参加运动选择频数最多的一个项目，虽然北京地区的水资源不是很充足，但是学校、家长和小学生仍然认为，游泳是能够促进身体素质发展的最好的项目。其次，跑步是一项最为基础的运动项目，不受场地限制，容易开展，所以选择的人数也众多，但是由于跑步比较枯燥，所以选择的学生数量不如游泳。羽毛球也是一项基础比较广泛的运动，比跑步有趣味，但是受到了场地和器材的限制，所选择的频数与跑步不相上下，略少于游泳。在武汉地区的小学中，肥胖男生参加最多的体育活动依次为：乒乓球、跑步、羽毛球、足球；普通男生参加最多的体育活动依次为：跑步、羽毛球、乒乓球、足球。两者之间选择的项目是相同的，但是选择的比重不同。对于小学肥胖男生来说，跑步这项需要毅力的项目，由于体重的因素难以坚持下来，而选择羽毛球灵活性大，同时也消耗体力，所以成了区别于普通学生的首选课外活动选择项目。在武汉地区，与北京不同的是增加了乒乓球，这与地区差异有关，许多武汉地区的学校都会在校内安置许多乒乓球台。而北京地区学校的活动场地大多以操场为主。乒乓球与羽毛球相比，运动量稍小，但是对于反应能力的要求更高。在武汉地区小学女生中，肥胖女生参加最多的体育活动项目依次是羽毛球、跑步、乒乓球；普通女生参加最多的体育活动项目依次是羽毛球、跑步、游泳。女生选择体育项目也基本相同，羽毛球和跑步都是选择频数最多的运动项目，由于乒乓球活动量更小，对于肥胖体质的小学女生来说比较容易能接受，锻炼起来更加便捷，肥胖女生选择乒乓球的人多于游泳。

根据表 3-13 和表 3-14 统计数据，重庆地区的小学生参加课外活动时，肥胖男生选择最多的体育项目是跑步、乒乓球、羽毛球、足球；普通男生选择最多的体育项目是跑步、羽毛球、乒乓球、足球。不论是否肥胖的男生，选择频数最多的是跑步，跑步是一项场地设备要求比较低，时间比较灵活，人数不受限制的活动项目。肥胖男生中选择乒乓球的频数要比羽毛球多，其余的活动项目都和普通男生一样。小学女生，肥胖女生和普通女生选择最多的项目是相同的，依次为：羽毛球、跑步、游泳。小学生对于自身体质认识不够，主要还是依照学校提供的环境和个人兴趣来选择活动项目，基本都大同小异，肥胖学生与普通学生没有太多差别。

表 3-13　小学肥胖学生课外活动项目

运动时间	北京				武汉				重庆				总体	
	男		女		男		女		男		女			
	n	%	n	%	n	%	n	%	n	%	n	%	n	%
跑步	10	29.4	6	31.6	34	43.0	16	47.1	27	41.0	17	39.5	110	41.7
羽毛球	15	44.1	8	42.1	36	45.6	21	61.8	24	36.4	23	53.5	127	48.1
乒乓球	5	14.7	3	15.8	36	45.6	8	23.5	30	45.5	6	14.0	88	33.3
网球	3	8.8	2	10.5	6	7.6	2	5.9	5	7.6	0	0.0	18	6.8
篮球	14	41.2	0	0.0	21	26.6	4	11.7	11	16.7	2	4.7	52	19.7
足球	18	52.9	2	10.5	33	41.8	3	8.8	14	21.2	1	2.3	71	26.9
游泳	20	58.8	15	79.0	21	26.6	14	41.2	14	21.2	8	18.6	92	34.8

注：n 北京肥胖男生=34；n 北京肥胖女生=117；n 武汉肥胖男生=75；n 武汉肥胖女生=32；n 重庆肥胖男生=66；n 重庆肥胖女生=43；n 总体肥胖学生=264

表 3-14　小学普通学生课外活动项目

项目	北京				武汉				重庆				总体	
	男		女		男		女		男		女			
	n	%	n	%	n	%	n	%	n	%	n	%	n	%
跑步	13	72.2	22	61.1	36	57.1	34	63.0	33	54.1	36	59.0	174	61.3
羽毛球	11	61.1	18	50.0	28	44.4	34	63.0	27	44.3	33	54.1	151	53.2
乒乓球	7	38.9	4	11.1	25	39.7	10	18.5	17	27.9	4	6.6	67	23.6
网球	2	11.1	1	2.8	4	6.4	1	1.9	5	8.2	2	3.2	15	5.3
篮球	7	38.8	9	25.0	14	22.2	3	5.6	25	41.0	3	4.9	61	21.5
足球	8	44.4	4	11.1	23	36.5	4	7.4	25	41.0	0	0.0	64	22.5
游泳	14	77.7	30	83.3	17	27.0	16	29.6	16	26.2	20	32.8	113	39.8

注：n 北京普通男生=17；n 北京普通女生=35；n 武汉普通男生=60；n 武汉普通女生=50；n 重庆普通男生=61；n 重庆普通女生=61；n 总体普通学生=284

北京地区的初中生课外体育活动选择的项目，与小学生有区别。跑步成了初中生课外活动选择最多的一项，一方面由于初中阶段，学习比小学要紧张，去游泳需要花费的时间更多，而跑步这项运动更加便捷，可以随时随地进行，成了初中生体育锻炼的第一选择。另一方面，北京地区的体育中考中，跑步是必考项目，也是初中生必须要锻炼的体育项目。另外一项必考项目就是篮球，所以北京地区的初中生，选择篮球作为锻炼项目的人数也较多。其中，北京地区的女初中生，不论是肥胖学生还是普通学生，除了跑步之外，还有羽毛球和篮球这两项是选择频数较多的运动项目；而在男初中生里面，选择第二多的也是篮球，但是就肥胖男生来说，选择第三多的是足球，普通男生选择第三多的是羽毛球。

初中生的体育锻炼，比较有目标性，针对体育中考，锻炼跑步和篮球为主，而剩余时间，女生会偏向羽毛球，男生则选择羽毛球和足球。男生中，肥胖男生选择足球的多于羽毛球，足球的运动量明显要大于羽毛球，可见，肥胖男生对于自身的身体素质已经有了判断，想通过更大的运动量来控制体重。

根据表 3-15、表 3-16，武汉地区的初中生中，肥胖男生选择最多的课外活动项目依次为：篮球、乒乓球、羽毛球；普通男生选择的最多的课外活动项目依次为：篮球、羽毛球、跑步。其中，篮球是最受初中男生喜爱的运动项目，肥胖男生相对于普通男生来说，更多选择了乒乓球，其次是羽毛球。正如上文所说，乒乓球相对来说灵活多变、运动量较小，肥胖体质比较容易承受这个运动强度，能坚持长时间锻炼。初中女生，不论肥胖还是普通学生，选择最多的运动项目依次为：羽毛球、跑步、乒乓球。与北京地区相比，除了由于地区器材差异，增加了乒乓球以外，武汉地区的女初中生对于篮球不是十分热衷，很大一部分原因是武汉地区的体育中考没有篮球这一项，所以锻炼篮球的女生比较少。重庆地区的初中生，根据数据显示，普通男生课外活动选择最多的项目依次是跑步、乒乓球、羽毛球；肥胖男生课外活动选择最多的项目依次是跑步、篮球、乒乓球。跑步也同样成了初中男生课外活动选择最多的项目，此外是乒乓球、羽毛球、篮球，都是灵活性和协调性的体育项目，满足了初中男生灵活多变的体育需求。初中女生中，普通女生选择最多的课外活动项目依次为：跑步、羽毛球、游泳；肥胖女生选择最多的课外活动项目依次为：跑步、羽毛球、篮球。女生选择最多的两项都是跑步和羽毛球，而肥胖女生与普通女生比较，选择篮球的人比游泳多，由于不同地区学校设施不同，有游泳场馆设备的学校，肥胖女生选择游泳来锻炼体质。比较重庆地区的体育中考范围是立定跳远、掷实心球和1分钟跳绳，与武汉和北京也不尽相同。但是三个地区的初中生选择跑步作为课外活动项目的人数较多，其中女生选择羽毛球的频数众多。

表 3-15　初中肥胖学生课外活动项目

项目	北京				武汉				重庆				总体	
	男		女		男		女		男		女			
	n	%	n	%	n	%	n	%	n	%	n	%	n	%
跑步	14	51.9	10	50.0	12	31.6	11	39.3	23	50.0	8	53.3	78	45.1
羽毛球	9	33.3	12	60.0	19	50.0	17	60.7	14	30.4	6	40.0	77	44.5
乒乓球	6	22.2	3	15.0	17	44.7	9	32.1	17	37.0	1	6.7	53	30.6
网球	3	11.1	0	0.0	2	5.3	2	7.1	2	4.4	1	6.7	10	5.8
篮球	11	40.7	5	25.0	23	60.5	4	14.3	12	26.1	2	13.3	57	32.9
足球	9	33.3	1	5.0	5	13.3	0	0.0	9	19.6	0	0.0	24	13.9
游泳	6	22.2	4	20.0	7	18.4	3	10.7	11	24.0	1	6.7	32	18.5
其他	0	0.0	2	10.0	1	2.6	3	10.7	4	8.7	1	6.7	11	6.4

注：n 北京肥胖男生=26；n 北京肥胖女生=20；n 武汉肥胖男生=38；n 武汉肥胖女生=28；n 重庆肥胖男生=46；n 重庆肥胖女生=15；n 总体肥胖学生=173

表 3-16　初中普通学生课外活动项目

项目	北京				武汉				重庆				总体	
	男		女		男		女		男		女			
	n	%	n	%	n	%	n	%	n	%	n	%	n	%
跑步	17	63.0	70	66.7	34	47.2	45	63.4	25	46.3	28	52.8	219	57.6

续表

项目	北京				武汉				重庆				总体	
	男		女		男		女		男		女			
	n	%	n	%	n	%	n	%	n	%	n	%	n	%
羽毛球	8	29.6	51	48.6	37	51.4	56	78.9	22	40.7	26	49.1	200	52.6
乒乓球	5	18.5	7	6.7	34	47.2	15	21.1	26	48.6	7	13.2	94	24.7
网球	1	3.7	6	5.7	1	1.4	3	4.2	3	5.6	3	5.7	17	4.5
篮球	14	51.0	24	22.9	39	54.2	14	19.7	20	37.0	3	5.7	114	30.0
足球	2	7.4	9	8.6	3	4.2	0	0.0	13	24.1	2	3.8	29	7.6
游泳	2	7.4	20	19.1	10	13.9	15	21.1	5	9.3	8	15.1	60	15.8
其他	0	0.0	4	3.8	6	8.3	7	9.9	2	3.7	4	7.6	23	6.1

注：n 北京普通男生＝26；n 北京普通女生＝105；n 武汉普通男生＝72；n 武汉普通女生＝70；n 重庆普通男生＝54；n 重庆普通女生＝53；n 总体普通学生＝380

北京高中生的体育锻炼，男生选择最多的 3 项依次是篮球、羽毛球、跑步。女生选择最多的 3 项依次是羽毛球、跑步、篮球。肥胖学生和普通学生的选择大致相同。其中一个原因是高中阶段的学生比较注重自身体质，肥胖率明显降低。另外由于篮球、跑步、羽毛球这 3 项运动是从小学、初中以来一直坚持锻炼的项目，所以在高中阶段会继续选择这 3 项比较便捷的锻炼项目来丰富课外体育活动。

由表 3-17 可知，武汉地区的高中生中，肥胖男生课外活动项目选择最多的依次为：篮球、乒乓球、跑步；普通男生课外活动项目选择最多的依次为：篮球、羽毛球、乒乓球。和初中男生的选择很相似，除了篮球之外，肥胖男生选择乒乓球较多。女高中生中，普通女生课外活动项目选择最多的依次为：羽毛球、跑步、乒乓球；肥胖女生课外活动选择项目最多的依次为：羽毛球、乒乓球、跑步。羽毛球不受场地限制，运动项目比较灵活，气氛轻松，始终是女生锻炼的第一选择运动项目。肥胖女生相对于普通女生来说，选择乒乓球多于跑步，与高中男生的选择比较相似。肥胖高中生倾向于用乒乓球替代跑步和羽毛球，乒乓球相对于跑步来说，更加灵活轻松，相对于羽毛球来说，运动量偏小。

根据表 3-17 和表 3-18，重庆高中的肥胖男生课外活动选择项目最多的依次为：篮球、羽毛球、乒乓球；普通男生课外活动选择项目最多的依次为：羽毛球、篮球、乒乓球。普通男生和肥胖男生课外活动选择最多的项目是相同的，只是排序不同。肥胖男生偏重篮球多过羽毛球，篮球与羽毛球相比，更加要求全身的协调，运动量也增大，更加有助于肥胖体质男生减重。普通女生课外活动选择最多的项目依次是羽毛球、跑步、乒乓球；肥胖女生课外活动选择最多的项目依次是羽毛球、乒乓球、网球。普通女生和肥胖女生所选择最多的活动项目也基本相同，羽毛球依然是女生参加课外活动的选择频数最多的项目。肥胖女生和普通女生不同的地方在于选择了网球，网球相对于跑步来说，增加了趣味性同时锻炼了反应能力，更加能增加参与者的活动兴趣，并坚持锻炼。

表 3-17 高中肥胖学生课外活动项目

项目	北京				武汉				重庆				总体	
	男		女		男		女		男		女			
	n	%	n	%	n	%	n	%	n	%	n	%	n	%
跑步	5	27.8	5	38.5	9	30.0	5	20.8	2	14.3	1	16.7	27	25.7
羽毛球	12	66.7	7	53.9	12	40.0	14	58.3	8	57.1	4	66.7	57	54.3
乒乓球	3	16.7	2	15.4	13	43.3	6	25.0	6	42.9	2	33.3	32	30.5
网球	1	5.6	1	7.7	2	6.7	1	4.2	0	0.0	2	33.3	7	6.7
篮球	9	50.0	3	23.1	15	50.0	3	12.5	9	64.3	1	16.7	40	38.1
足球	3	16.7	1	7.7	4	13.3	0	0.0	3	21.4	0	0.0	11	10.5
游泳	3	16.7	2	15.4	3	10.0	8	33.3	2	14.3	2	33.3	20	19.0
其他	0	0.0	0	0.0	3	10.0	3	12.5	0	0.0.	0	0.0	6	5.7

注：n 北京肥胖男生＝18；n 北京肥胖女生＝13；n 武汉肥胖男生＝30；n 武汉肥胖女生＝24；n 重庆肥胖男生＝14；n 重庆肥胖女生＝6；n 总体肥胖学生＝105

表 3-18 高中普通学生课外活动项目

项目	北京				武汉				重庆				总体	
	男		女		男		女		男		女			
	n	%	n	%	n	%	n	%	n	%	n	%	n	%
跑步	8	44.4	20	51.3	23	37.1	36	34.6	15	33.3	33	47.8	135	40.1
羽毛球	6	33.3	22	56.4	24	38.7	78	75.0	22	48.9	51	73.9	203	60.2
乒乓球	5	27.8	3	7.7	22	35.5	31	29.8	16	35.6	22	31.9	99	29.4
网球	1	5.6	0	0.0	3	4.8	9	8.7	2	4.4	10	14.5	25	7.4
篮球	10	55.6	12	30.8	38	61.3	22	21.2	20	44.4	9	13.0	111	32.9
足球	4	22.2	0	0.	12	19.4	1	1.0	6	13.3	1	1.5	24	7.1
游泳	2	11.1	8	20.5	4	6.5	16	15.4	6	13.3	5	7.3	41	12.2
其他	0	0.0	0	0.0	0	0.00	0	0.0	1	2.2	1	1.5	2	0.6

注：n 北京普通男生＝18；n 北京普通女生＝39；n 武汉普通男生＝62；n 武汉普通女生＝104；n 重庆普通男生＝45；n 重庆普通女生＝69；n 总体普通学生＝337

3. 肥胖学生参加校内课外体育锻炼的方式

研究表明，北京、武汉、重庆三地肥胖学生在参加校内课外体育活动时，大部分肥胖学生都以自己组织体育活动为主。

在针对北京、武汉、重庆三个地区肥胖学生活动方式的调查中，对于学生在校内课外体育活动时是选择按照学校安排的统一活动还是选择自己安排体育活动做了调查统计，结果如下：在学校的课外活动时间中，北京、武汉、重庆三个地区的学生都偏向于自己安排活动内容并组织参加，比例高达 63.6%。如表 3-19 所示，三个地区的肥胖学生在课外活动时间选择自己组织安排体育活动的比例要明显多于参加学校所安排的体育活动的比例。与普通学生相比（表 3-20），普通小学生和肥胖小学生一样，也是选择自己组织体育活动的比例更多。

表 3-19 小学肥胖学生课外活动方式

活动方式	北京				武汉				重庆				总体	
	男		女		男		女		男		女			
	n	%	n	%	n	%	n	%	n	%	n	%	n	%
自己组织	21	63.6	11	61.1	50	65.8	24	70.6	38	58.4	27	62.8	171	63.6
学校安排	12	36.4	7	38.9	26	34.2	10	29.4	27	41.6	16	37.2	98	36.4

注：n 北京肥胖男生=33；n 北京肥胖女生=18；n 武汉肥胖男生=76；n 武汉肥胖女生=34；n 重庆肥胖男生=65；n 重庆肥胖女生=43；n 总体肥胖学生=269

表 3-20 小学普通学生课外活动方式

活动方式	北京				武汉				重庆				总体	
	男		女		男		女		男		女			
	n	%	n	%	n	%	n	%	n	%	n	%	n	%
自己组织	10	55.6	28	77.8	38	62.3	31	58.5	42	68.9	44	61.1	193	63.7
学校安排	8	44.4	8	22.2	23	37.7	22	41.5	19	31.1	28	38.9	108	36.3

注：n 北京普通男生=18；n 北京普通女生=36；n 武汉普通男生=61；n 武汉普通女生=53；n 重庆普通男生=61；n 重庆普通女生=72；n 总体普通学生=303

如表 3-21～表 3-24 所示，越是高年级学段，这种差别就越明显。高年级学生的自我意识比较强，如果对于学校统一安排的活动内容不满意，就会按照自己的兴趣，选择其他活动内容，自我安排组织。这样也能提高学生的活动兴趣，保证活动时间，提高体育技能。

表 3-21 初中肥胖学生课外活动方式

活动方式	北京				武汉				重庆				总体	
	男		女		男		女		男		女			
	n	%	n	%	n	%	n	%	n	%	n	%	n	%
自己组织	19	73.1	15	75.0	25	65.8	20	74.1	25	55.6	9	64.3	113	66.5
学校安排	7	26.9	5	25.0	13	34.2	7	25.9	20	44.4	5	35.7	57	33.5

注：n 北京肥胖男生=26；n 北京肥胖女生=20；n 武汉肥胖男生=38；n 武汉肥胖女生=27；n 重庆肥胖男生=45；n 重庆肥胖女生=14；n 总体肥胖学生=170

表 3-22 初中普通学生课外活动方式

活动方式	北京				武汉				重庆				总体	
	男		女		男		女		男		女			
	n	%	n	%	n	%	n	%	n	%	n	%	n	%
自己组织	11	42.3	66	63.5	53	73.6	46	64.8	34	66.7	34	65.4	244	64.9
学校安排	15	57.7	38	36.5	19	26.4	25	35.2	17	33.3	18	34.6	132	35.1

注：n 北京普通男生=26；n 北京普通女生=104；n 武汉普通男生=72；n 武汉普通女生=71；n 重庆普通男生=51；n 重庆普通女生=52；n 总体普通学生=376

表 3-23　高中肥胖学生课外活动方式

活动方式	北京				武汉				重庆				总体	
	男		女		男		女		男		女			
	n	%	n	%	n	%	n	%	n	%	n	%	n	%
自己组织	12	66.7	9	69.2	22	78.6	17	73.9	10	71.4	4	66.7	74	72.5
学校安排	6	33.3	4	20.8	6	21.4	6	26.1	4	28.6	2	33.3	28	27.5

注：n 北京肥胖男生=18；n 北京肥胖女生=13；n 武汉肥胖男生=28；n 武汉肥胖女生=23；重庆肥胖男生=14；n 重庆肥胖女生=6；n 总体肥胖学生=102

表 3-24　高中普通学生课外活动方式

活动方式	北京				武汉				重庆				总体	
	男		女		男		女		男		女			
	n	%	n	%	n	%	n	%	n	%	n	%	n	%
自己组织	11	61.1	21	56.8	42	67.7	82	80.4	36	80.0	53	79.1	245	73.8
学校安排	7	38.9	16	43.2	20	32.3	20	19.6	9	20.0	15	21.9	87	26.2

注：n 北京普通男生=18；n 北京普通女生=37；n 武汉普通男生=62；n 武汉普通女生=102；n 重庆普通男生=45；n 重庆普通女生=67；n 总体普通学生=332

能够自己安排体育活动对学生来说也是提高体育活动兴趣和增加同学交流的好机会，在自己组织安排的体育活动中，学生能充分发挥主观能动性，更加投入地参加体育活动，活动的气氛更加融洽。这其中，肥胖学生与普通学生的差异不明显，无特殊规律。显然，在活动方式的选择上面，对于肥胖体质的影响并不大，学生都更加偏好于自己安排活动。

（二）北京、武汉、重庆三地肥胖学生参加校内课外体育竞赛现状

1. 肥胖学生参加校内课外体育竞赛频率

调查结果表明，北京、武汉、重庆三地肥胖学生中大约 50% 的学生参加过一次体育竞赛。

在对北京、武汉、重庆三地学生是否参加课外体育竞赛的调查后，得到如下数据，见表 3-25～表 3-28：在北京地区的肥胖学生参加竞赛的比例比不参加竞赛的略高；在武汉地区不参加竞赛的比例更高；在重庆地区参加体育竞赛的比例较高。肥胖学生与普通学生相比，在北京地区小学生中，肥胖男生参加体育竞赛的比例比普通男生低，但是肥胖女生参加体育竞赛的比例比普通女生要高；而在武汉地区，则是普通学生参加体育竞赛的比例略高于肥胖学生；在重庆地区，与北京地区相反，肥胖男生参加体育竞赛的比例比普通男生高，肥胖女生参加体育竞赛的比例比普通女生低。这三个地区的小学生中，参加和不参加的比例接近一半。小学生比较活泼好动，参加体育竞赛主要是以兴趣为主，对于得失输赢的关注度并不是太高，肥胖体质的学生并不因为体质原因对体育活动的兴趣减少，因此小学生体质肥胖与

否与是否参加体育竞赛没有太大关系。

表 3-25　小学肥胖学生参加体育竞赛的情况

选项	北京				武汉				重庆				总体	
	男		女		男		女		男		女			
	n	%	n	%	n	%	n	%	n	%	n	%	n	%
是	17	53.1	10	52.6	31	40.1	14	41.2	41	62.1	23	53.5	136	50.2
否	15	46.9	9	47.4	46	59.9	20	58.8	25	37.9	20	46.5	135	49.8

注：n 北京肥胖男生＝32；n 北京肥胖女生＝19；n 武汉肥胖男生＝77；n 武汉肥胖女生＝34；n 重庆肥胖男生＝66；n 重庆肥胖女生＝43；n 总体肥胖学生＝271

表 3-26　小学普通学生参加体育竞赛的情况

选项	北京				武汉				重庆				总体	
	男		女		男		女		男		女			
	n	%	n	%	n	%	n	%	n	%	n	%	n	%
是	10	55.6	13	37.1	38	60.3	25	46.3	39	63.9	40	55.6	165	54.5
否	8	44.4	22	62.9	25	39.7	29	53.7	22	36.1	32	44.4	138	45.5

注：n 北京普通男生＝18；n 北京普通女生＝35；n 武汉普通男生＝63；n 武汉普通女生＝54；n 重庆普通男生＝61；n 重庆普通女生＝72；n 总体普通学生＝303

表 3-27　初中肥胖学生参加体育竞赛的情况

选项	北京				武汉				重庆				总体	
	男		女		男		女		男		女			
	n	%	n	%	n	%	n	%	n	%	n	%	n	%
是	16	59.3	10	52.6	21	55.3	7	25.9	23	50.0	6	40.0	83	48.3
否	11	40.7	9	47.4	17	44.7	20	74.1	23	50.0	9	60.0	89	51.7

注：n 北京肥胖男生＝27；n 北京肥胖女生＝19；n 武汉肥胖男生＝38；n 武汉肥胖女生＝27；n 重庆肥胖男生＝46；n 重庆肥胖女生＝15；n 总体肥胖学生＝172

表 3-28　初中普通学生参加体育竞赛的情况

选项	北京				武汉				重庆				总体	
	男		女		男		女		男		女			
	n	%	n	%	n	%	n	%	n	%	n	%	n	%
是	15	57.7	64	58.7	37	52.1	27	38.0	35	68.6	35	67.3	213	56.8
否	11	42.3	40	41.3	34	47.9	44	62.0	16	21.4	17	32.7	162	43.2

注：n 北京普通男生＝26；n 北京普通女生＝104；n 武汉普通男生＝71；n 武汉普通女生＝71；n 重庆普通男生＝51；n 重庆普通女生＝52；n 总体普通学生＝375

在对北京、武汉、重庆三地的初中生的调查中，三地的肥胖男生参加体育竞赛的比例为50%，而北京地区的肥胖女生参加体育竞赛的比例达到一半，武汉和重庆地区则不足一半。肥胖学生与普通学生相比而言，北京和武汉地区的初中生都是普通学生参加体育竞赛的比例高于肥胖学生，而在重庆地区肥胖男生参加体育竞赛的比例高于普通男生，肥胖女生参加体育竞赛的比例低于普通学生。此外，肥胖学生中选择不参加体育竞赛的比例整体比参加体育竞赛的比例高。初中阶段的学生，在参加体育竞赛的同时，会对自身体质和体育技能做出比较清晰的判断，因此，部分肥胖学生会因为自身体质原因，知道自己较难在竞赛中胜出而选择不参加体育竞赛。

根据表3-29，可知三个地区的肥胖男高中生参加体育竞赛的比例超过一半，北京和武汉地区的肥胖女生参加体育竞赛的不足一半。与普通学生相比（表3-30），北京地区的肥胖学生参加体育竞赛的比例明显低于普通学生；在武汉和重庆地区，肥胖男生参加体育竞赛的比例高于普通男生，肥胖女生参加体育竞赛的比例低于普通女生。高中阶段的学生相比初中生对自身认知更加清晰，在参加体育竞赛时有更加明确的目的，有的是兴趣所在，有的是为了增强体育技能，所以体质的肥胖并不能影响参加体育竞赛的热情。

表 3-29　高中肥胖学生参加体育竞赛的情况

选项	北京				武汉				重庆				总体	
	男		女		男		女		男		女			
	n	%	n	%	n	%	n	%	n	%	n	%	n	%
是	10	55.6	6	42.9	16	57.1	9	37.5	8	57.1	3	50.0	52	50.0
否	8	44.4	8	57.1	12	42.9	15	62.5	6	42.9	3	50.0	52	50.0

注：n 北京肥胖男生＝18；n 北京肥胖女生＝14；n 武汉肥胖男生＝28；n 武汉肥胖女生＝24；n 重庆肥胖男生＝14；n 重庆肥胖女生＝6；n 总体肥胖学生＝104

表 3-30　高中普通学生参加体育竞赛的情况

选项	北京				武汉				重庆				总体	
	男		女		男		女		男		女			
	n	%	n	%	n	%	n	%	n	%	n	%	n	%
是	11	61.1	22	57.9	32	52.5	47	45.2	28	62.2	35	51.5	175	52.4
否	7	38.9	16	42.1	29	47.5	57	54.8	17	37.8	33	48.5	159	47.6

注：n 北京普通男生＝18；n 北京普通女生＝38；n 武汉普通男生＝61；n 武汉普通女生＝104；n 重庆普通男生＝45；n 重庆普通女生＝68；n 总体普通学生＝334

在调查过程中，对于在北京、武汉、重庆三地每年参加体育竞赛的中小学生的竞赛次数做了统计。根据结果显示，三地的肥胖学生中一半左右的学生每年都参加过一次课外体育竞赛。

如表3-31所示，在北京地区的肥胖学生中每年参加1次体育竞赛的比例达到70％；在武汉地区，肥胖男生每年参加两次的比例为51.7％，肥胖女生每年参加3次以上的比例为38.5％；在重庆地区，肥胖男生每年参加1次的比例达到57.1％，肥胖女生每年参加两次的比例为34.8%。与普通学生相比（表3-32），在北京地区的小学生中，肥胖学生中肥胖男生每年参加1次的频数明显比普通学生少，每年参加两次的学生明显多于普通男生；肥胖女生每年参加1次运动竞赛的频数明显比普通女生多，肥胖女生每年参加两次运动竞赛的人比普通女生少。每年参加3次以上运动竞赛的肥胖男生没有，少数肥胖女生和普通男生每年参加3次以上运动竞赛。总的来说，肥胖小学生和普通小学生每年参加1次和2次的频率比较接近。小学生自身比较好动，参加体育竞赛主要是出于个人兴趣和爱好，身材的胖瘦对于体育兴趣的影响并不大。

表3-31　小学肥胖学生参加课外体育竞赛的频率

频率/ (次/年)	北京				武汉				重庆				总体	
	男		女		男		女		男		女			
	n	%	n	%	n	%	n	%	n	%	n	%	n	%
1	6	40.0	6	60.0	2	6.9	2	15.4	24	57.1	7	30.4	47	35.6
2	6	40.0	2	20.0	15	51.7	4	30.8	12	28.6	8	34.8	47	35.6
3	1	6.7	1	10.0	4	13.8	2	15.4	1	2.4	5	21.7	14	10.6
3次以上	2	13.3	1	10.0	8	27.6	5	38.5	5	11.9	3	13.0	24	18.2

注：n 北京肥胖男生=15；n 北京肥胖女生=10；n 武汉肥胖男生=29；n 武汉肥胖女生=13；n 重庆肥胖男生=42；n 重庆肥胖女生=23；n 总体肥胖学生=132

表3-32　小学普通学生参加课外体育竞赛的频率

频率/ (次/年)	北京				武汉				重庆				总体	
	男		女		男		女		男		女			
	n	%	n	%	n	%	n	%	n	%	n	%	n	%
1	7	70.0	5	35.8	11	30.6	3	13.0	12	31.6	13	33.3	51	31.9
2	3	30.0	3	21.4	14	38.9	9	39.1	14	36.8	17	43.6	60	37.5
3	0	0.0	3	21.4	3	8.3	7	30.4	9	23.7	5	12.8	27	16.9
3次以上	0	0.0	3	21.4	8	22.2	4	17.4	3	7.9	4	10.3	22	13.7

注：n 北京普通男生=10；n 北京普通女生=14；n 武汉普通男生=36；n 武汉普通女生=23；n 重庆普通男生=38；n 重庆普通女生=39；n 总体普通学生=160

根据表3-33～表3-36，北京、武汉、重庆三地的肥胖初中生中，每年参加1次运动会的比例占最高，超过50%，其次则是每年参加2次运动会，接近1/3。与普通学生相比，北京地区的普通学生每年参加两次运动会的比例比肥胖学生高；武汉地区肥胖学生每年参加1次和每年参加两次的比例比普通学生略高；在重庆地区，肥胖学生每年参加两次运动会的比例比普通学生高。总的来说，在初中阶段，肥胖学生和普通学生每年参加体育竞赛的频率比较接近，其中，每年参加2次以内的比例占大多数，与小学生相比，参加3次乃至3次以上的比例明显降低。初中生在参加体育竞赛时，不会和小学生一样出于兴趣盲目选择项目，而是更加有针对性的，选择自己的强项，所以参加竞赛的次数有所降低。

表 3-33　初中肥胖学生参加课外体育竞赛的频率

频率/ (次/年)	北京				武汉				重庆				总体	
	男		女		男		女		男		女			
	n	%	n	%	n	%	n	%	n	%	n	%	n	%
1	11	64.7	6	60.0	11	55.0	4	66.7	13	61.9	4	66.6	49	61.5
2	5	29.4	4	40.0	8	40.0	2	33.3	5	23.8	1	16.7	25	31.3
3	1	5.9	0	0.0	1	5.0	0	0.0	2	9.5	1	16.7	5	6.3
3 次以上	0	0.0	0	0.0	0	0.0	0	0.0	1	4.8	0	0.0	1	0.9

注：n 北京肥胖男生＝17；n 北京肥胖女生＝10；n 武汉肥胖男生＝20；n 武汉肥胖女生＝6；n 重庆肥胖男生＝21；n 重庆肥胖女生＝6；n 总体肥胖学生＝80

表 3-34　初中普通学生参加课外体育竞赛的频率

频率/ (次/年)	北京				武汉				重庆				总体	
	男		女		男		女		男		女			
	n	%	n	%	n	%	n	%	n	%	n	%	n	%
1	6	46.2	31	48.4	21	58.2	20	69.0	17	50	18	54.5	113	54.1
2	7	53.8	26	40.6	11	30.6	8	27.6	10	29.4	8	24.3	70	33.5
3	0	0.0	5	7.8	2	5.6	1	3.4	5	14.7	7	21.2	20	9.6
3 次以上	0	0.0	2	3.2	2	5.6	0	0.0	2	5.9	0	0.0	6	2.8

注：n 北京普通男生＝13；n 北京普通女生＝64；n 武汉普通男生＝36；n 武汉普通女生＝29；n 重庆普通男生＝34；n 重庆普通女生＝33；n 总体普通学生＝209

表 3-35　高中肥胖学生参加课外体育竞赛的频率

频率/ (次/年)	北京				武汉				重庆				总体	
	男		女		男		女		男		女			
	n	%	n	%	n	%	n	%	n	%	n	%	n	%
1	4	36.3	3	60.0	16	88.8	5	71.4	6	66.7	2	66.7	36	58.0
2	3	27.3	2	40.0	0	0.0	2	28.6	3	33.3	0	0.0	10	18.9
3	2	18.2	0	0.0	1	5.6	0	0.0	0	0.0	1	33.3	4	7.5
3 次以上	2	18.2	0	0.0	1	5.6	0	0.0	0	0.0	0	0.0	3	5.6

注：n 北京肥胖男生＝11；n 北京肥胖女生＝5；n 武汉肥胖男生＝18；n 武汉肥胖女生＝7；n 重庆肥胖男生＝9；n 重庆肥胖女生＝3；n 总体肥胖学生＝53

表 3-36　高中普通学生参加课外体育竞赛的频率

频率/ (次/年)	北京				武汉				重庆				总体	
	男		女		男		女		男		女			
	n	%	n	%	n	%	n	%	n	%	n	%	n	%
1	6	60.0	11	52.3	21	70.1	31	67.4	18	66.7	28	77.8	115	67.6
2	2	20.0	9	42.9	7	23.3	10	21.7	9	33.3	6	16.6	43	25.2
3	2	20.0	0	0.0	1	3.3	1	2.2	0	0.0	1	2.8	5	3.0
3 次以上	0	0.0	1	4.8	1	3.3	4	8.7	0	0.0	1	2.8	7	4.1

注：n 北京普通男生＝10；n 北京普通女生＝21；n 武汉普通男生＝30；n 武汉普通女生＝46；n 重庆普通男生＝27；n 重庆普通女生＝36；n 总体普通学生＝170

在北京、武汉、重庆三地肥胖高中生每年参加体育竞赛次数的调查结果如表3-35，在北京、武汉、重庆地区肥胖高中生每年参加1次的比例最高达到67.6%，其次则是每年参加两次运动会。与普通学生相比，北京地区的肥胖高中生每年参加1次的比例明显低于普通高中生，肥胖学生每年参加两次运动会的比例高于普通学生；武汉地区，普通学生每年参加1次和2次运动会的比例略低于肥胖学生；在重庆地区，肥胖男生和普通男生每年参加1次和2次运动会的比例保持一致，普通女生每年参加1次和2次运动会的比例高于肥胖女生。总的来说，普通学生每年参加1~2次运动会的比例高于肥胖学生。高中生虽然平时学业紧张，但是也没有减少参加体育竞赛的频率，参加体育运动能减轻学习压力，肥胖体质学生也并不因为肥胖体质影响参加体育竞赛，与普通学生没有太大区别。

2. 肥胖学生参加校内课外体育竞赛的项目

研究表明，北京、武汉、重庆三地的肥胖学生在参加体育竞赛时选择频率最多的项目为球类和田径类。

调查结果显示，小学肥胖男生在参加体育竞赛时选择频率最多的项目为田径和球类项目。根据表3-37可知，北京地区的小学肥胖男生参加体育竞赛时选择频率最高的项目是田径类，小学肥胖女生选择频率最高的为球类；武汉和重庆地区的小学肥胖男生参加体育竞赛时选择频率最高的项目是球类，小学肥胖女生选择频率最高的为田径类。与普通学生相比（表3-38），小学普通学生在参加体育竞赛时选择频率最高的为田径类，其次则为球类。田径和球类项目相对比较简单，平时活动项目也是球类和田径占大多数，所以在参加体育竞赛时，选择这些项目的学生较多。由于田径类如跑步，在训练和竞赛过程中比较枯燥，肥胖学生比普通学生消耗体力更大，更不容易坚持，所以普通学生中选择田径类项目的比肥胖学生要多。

表3-37 小学肥胖学生参加体育竞赛的项目

项目	北京				武汉				重庆				总体	
	男		女		男		女		男		女			
	n	%	n	%	n	%	n	%	n	%	n	%	n	%
球类	4	25.0	5	41.7	15	39.5	5	25.0	24	54.2	6	24.0	59	37.6
田径类	9	56.3	2	16.7	14	36.8	7	35.0	16	34.8	10	40.0	58	36.9
体操	0	0.0	2	16.7	3	7.9	3	15.0	1	2.2	5	20.0	14	8.9
水上项目	1	6.2	2	16.7	5	13.2	2	10.0	4	8.7	4	16.0	18	11.5
其他	2	12.5	1	8.2	1	2.6	3	15.0	1	2.2	0	0.0	8	5.1

注：n 北京肥胖男生=16；n 北京肥胖女生=12；n 武汉肥胖男生=38；n 武汉肥胖女生=20；n 重庆肥胖男生=46；n 重庆肥胖女生=25；n 总体肥胖学生=157

表 3-38　小学普通学生参加体育竞赛的项目

项目	北京 男		北京 女		武汉 男		武汉 女		重庆 男		重庆 女		总体	
	n	%	n	%	n	%	n	%	n	%	n	%	n	%
球类	4	40.0	2	10.5	9	22.5	2	7.4	18	41.9	5	11.1	40	21.7
田径类	4	40.0	10	52.6	26	65.0	23	85.2	20	46.4	31	68.9	114	62.0
体操	0	0.0	0	0.0	2	5.0	2	7.4	2	4.7	4	8.9	10	5.4
水上项目	1	10.0	6	31.6	1	2.5	0	0.0	1	2.3	2	4.4	11	6.0
其他	1	10.0	1	5.3	2	5.0	0	0.0	2	4.7	3	6.7	9	4.9

注：n 北京普通男生＝10；n 北京普通女生＝19；n 武汉普通男生＝40；n 武汉普通女生＝27；n 重庆普通男生＝43；n 重庆普通女生＝45；n 总体普通学生＝184

根据表 3-39 和表 3-40 数据可知，北京、武汉、重庆三地的初中肥胖学生在参加体育竞赛时选择频率最多的为田径类和球类项目。与初中普通学生相比，总体频率相差不大。在初中阶段的学生要准备体育中考，而三地的体育中考中，都有田径项目，所以相对来说，初中生对田径类项目的重视有所提高，肥胖学生和普通学生都会主动的加强田径类项目的锻炼，故而在参加体育竞赛时，也提高了选择田径类项目的频率。

表 3-39　初中肥胖学生参加体育竞赛的项目

项目	北京 男		北京 女		武汉 男		武汉 女		重庆 男		重庆 女		总体	
	n	%	n	%	n	%	n	%	n	%	n	%	n	%
球类	9	52.9	2	16.7	7	25.9	1	14.3	10	40.0	2	33.3	31	33.0
田径类	7	41.2	8	66.6	13	48.1	4	57.1	8	32.0	4	66.7	44	46.8
体操	0	0.0	2	16.7	3	11.1	1	14.3	2	8.0	0	0.0	8	8.5
水上项目	1	5.9	0	0.0	1	3.7	0	0.0	4	16.0	0	0.0	6	6.4
其他	0	0.0	0	0.0	3	11.1	1	14.3	1	4.0	0	0.0	5	5.3

注：n 北京肥胖男生＝17；n 北京肥胖女生＝12；n 武汉肥胖男生＝27；n 武汉肥胖女生＝7；n 重庆肥胖男生＝25；n 重庆肥胖女生＝6；n 总体肥胖学生＝94

表 3-40　初中普通学生参加体育竞赛的项目

项目	北京 男		北京 女		武汉 男		武汉 女		重庆 男		重庆 女		总体	
	n	%	n	%	n	%	n	%	n	%	n	%	n	%
球类	3	21.4	10	14.5	11	26.2	2	6.1	18	42.9	10	25.6	54	22.6
田径类	9	64.3	51	73.9	24	57.1	22	66.7	21	50.0	23	59.0	150	62.8
体操	2	14.3	6	8.7	5	11.9	3	9.1	1	2.4	1	2.6	18	7.5
水上项目	0	0.0	1	1.4	0	0.0	1	3.0	2	4.8	5	12.8	9	3.8
其他	0	0.0	1	1.4	2	4.8	5	15.2	0	0.0	0	0.0	8	3.3

注：n 北京普通男生＝14；n 北京普通女生＝69；n 武汉普通男生＝42；n 武汉普通女生＝33；n 重庆普通男生＝42；n 重庆普通女生＝39；n 总体普通学生＝239

表 3-41　高中肥胖学生参加体育竞赛的项目

项目	北京				武汉				重庆				总体	
	男		女		男		女		男		女			
	n	%	n	%	n	%	n	%	n	%	n	%	n	%
球类	6	54.5	1	20.0	8	47.1	2	25.0	4	40.0	0	0.0	21	38.9
田径类	4	36.3	3	60.0	7	41.2	4	50.0	5	50.0	3	100	26	48.1
体操	1	9.1	0	0.0	0	0.0	0	0.0	0	0.0	0	0.0	1	1.8
水上项目	0	0.0	1	20.0	0	0.0	2	25.0	0	0.0	0	0.0	3	5.6
其他	0	0.0	0	0.0	2	11.7	0	0.0	1	10.0	0	0.0	3	5.6

注：n 北京肥胖男生$=11$；n 北京肥胖女生$=5$；n 武汉肥胖男生$=17$；n 武汉肥胖女生$=8$；n 重庆肥胖男生$=10$；n 重庆肥胖女生$=3$；n 总体肥胖学生$=54$

表 3-42　高中普通学生参加体育竞赛的项目

项目	北京				武汉				重庆				总体	
	男		女		男		女		男		女			
	n	%	n	%	n	%	n	%	n	%	n	%	n	%
球类	6	50.0	8	30.8	16	42.1	9	16.1	13	40.6	6	15.8	58	28.7
田径类	6	50.0	18	69.2	20	52.6	39	69.6	17	53.2	31	81.6	131	64.9
体操	0	0.0	0	0.0	2	5.3	5	8.9	1	3.1	1	1.6	9	4.4
水上项目	0	0.0	0	0.0	0	0.0	1	1.8	1	3.1	0	0.0	2	1.0
其他	0	0.0	0	0.0	0	0.0	2	3.6	0	0.0	0	0.0	2	1.0

注：n 北京普通男生$=12$；n 北京普通女生$=26$；n 武汉普通男生$=38$；n 武汉普通女生$=56$；n 重庆普通男生$=32$；n 重庆普通女生$=38$；n 总体普通学生$=202$

北京、武汉、重庆三地的高中肥胖学生参加体育竞赛的调查结果显示（表 3-41 和表 3-42），高中肥胖学生在参加体育竞赛时，选择频率最高的为田径类和球类项目。高中普通学生和肥胖学生的选择频率也较为相似，普通学生中，选择田径类项目的频率高于肥胖学生。同样由于肥胖学生在进行田径类项目运动时，需要耗费更大的体力，因而多数肥胖学生都不喜欢田径类项目，而选择球类项目的频率稍高。

3. 肥胖学生参加校内课外体育竞赛获奖情况

根据研究表明，北京、武汉、重庆三地肥胖学生大多数在参加校内课外体育竞赛时没有获得竞赛奖项，多以参加为主。

在参加课外体育竞赛的学生中，对于他们竞赛获得奖项进行了调查，得奖的情况并不乐观，大多数同学都是重在参与。如表 3-43，三地的肥胖小学生得奖率为 23.3%。与普通学生相比（表 3-44），在北京地区的肥胖学生，得奖情况明显要比普通学生得奖比例低；在武汉地区，这种差别并不十分明显，肥胖学生得奖情况只是略低于普通学生；在重庆地区，肥胖男生的得奖比例略低于普通男生，肥胖女生得奖比例则明显低于普通女生。总的来说，在北京、武汉、重庆三个地区的小学生参加竞赛得奖的情况分析中，肥胖学生由于体质的原因，在竞赛中得奖的情况比普通学生要差一些。学生由于肥胖的原因，在例如跑步，跳远，跳高等等大多数竞赛项目上失去了优势，也是导致获奖情况偏低的主要原因。

表 3-43 小学肥胖学生参加竞赛获奖情况

次数	北京 男		北京 女		武汉 男		武汉 女		重庆 男		重庆 女		总体	
	n	%	n	%	n	%	n	%	n	%	n	%	n	%
0	12	79.9	9	100	20	71.4	8	66.7	32	76.2	18	78.3	99	76.7
1	1	6.7	0	0.0	2	7.1	1	8.3	4	9.5	0	0.0	8	6.2
2	1	6.7	0	0.0	1	3.6	2	16.7	1	2.4	2	8.7	7	5.4
3	0	0.0	0	0.0	1	3.6	0	0.0	2	4.8	2	8.7	5	3.9
4	0	0.0	0	0.0	0	0.0	0	0.0	2	4.8	1	4.3	3	2.3
4 次以上	1	6.7	0	0.0	4	14.3	1	8.3	1	2.4	0	0.0	7	5.4

注：n 北京肥胖男生＝15；n 北京肥胖女生＝9；n 武汉肥胖男生＝28；n 武汉肥胖女生＝12；n 重庆肥胖男生＝42；n 重庆肥胖女生＝23；n 总体肥胖学生＝129

表 3-44 小学普通学生参加竞赛获奖情况

次数	北京 男		北京 女		武汉 男		武汉 女		重庆 男		重庆 女		总体	
	n	%	n	%	n	%	n	%	n	%	n	%	n	%
0	8	80.0	9	64.3	24	70.6	12	50.0	28	73.7	27	69.2	108	68.0
1	0	0.0	0	0.0	1	2.9	3	12.5	2	5.3	4	10.3	10	6.3
2	0	0.0	2	14.3	0	0.0	3	12.5	2	5.3	3	7.7	10	6.3
3	1	10.0	2	14.3	3	8.8	1	4.2	0	0.0	4	10.3	11	7.0
4	0	0.0	0	0.0	1	3.0	0	0.0	2	5.3	1	2.6	4	2.4
4 次以上	1	10.0	1	7.1	5	14.7	5	20.9	4	10.5	0	0.0	16	10.0

注：n 北京普通男生＝10；n 北京普通女生＝14；n 武汉普通男生＝34；n 武汉普通女生＝24；n 重庆普通男生＝38；n 重庆普通女生＝39；n 总体普通学生＝159

在北京、武汉、重庆三个地区的初中生中，得奖情况则与小学不同。如表3-45所示，三地的肥胖初中生得奖率为 21.0%，相比小学生更低。与普通学生相比（表3-46），北京和武汉地区的中学生中，肥胖学生的得奖率则略高于普通学生；在重庆地区，则相反，肥胖学生的得奖率低于普通学生。虽然体质的肥胖在体育竞赛中没有优势，但是初中阶段肥胖学生在平时的锻炼中，出于对自身体质的重视加上中学的体育高考的要求，会自主加大自身体育锻炼时间或者强度，来弥补因为自身肥胖而来带的不足。所以部分肥胖学生在体育活动中，可能比普通学生要更加积极，更加认真，而锻炼之后得到的效果也更好，体育技能的提高也比普通学生更大，所以，肥胖学生的体育竞赛获奖率高于普通学生也是很正常的。

表 3-45 初中肥胖学生参加竞赛获奖情况

次数	北京 男		北京 女		武汉 男		武汉 女		重庆 男		重庆 女		总体	
	n	%	n	%	n	%	n	%	n	%	n	%	n	%
0	12	70.6	6	60.0	19	90.5	5	83.3	16	76.2	6	100	64	79.0

续表

次数	北京				武汉				重庆				总体	
	男		女		男		女		男		女			
	n	%	n	%	n	%	n	%	n	%	n	%	n	%
1	1	5.9	1	10.0	1	4.8	1	16.7	2	9.5	0	0.0	6	7.4
2	2	11.8	2	20.0	0	0.0	0	0.0	0	0.0	0	0.0	4	4.9
3	1	5.9	1	10.0	0	0.0	0	0.0	0	0.0	0	0.0	2	2.5
4	1	5.9	0	0.0	1	4.8	0	0.0	2	9.5	0	0.0	4	4.9
4 次以上	0	0.0	0	0.0	0	0.0	0	0.0	1	4.8	0	0.0	1	1.3

注：n 北京肥胖男生$=17$；n 北京肥胖女生$=10$；n 武汉肥胖男生$=21$；n 武汉肥胖女生$=6$；重庆肥胖男生$=21$；n 重庆肥胖女生$=6$；n 总体肥胖学生$=81$

表 3-46　初中普通学生参加竞赛获奖情况

次数	北京				武汉				重庆				总体	
	男		女		男		女		男		女			
	n	%	n	%	n	%	n	%	n	%	n	%	n	%
0	9	69.2	45	70.3	35	94.6	23	79.3	27	79.4	26	78.8	165	78.6
1	1	7.7	11	17.2	0	0.0	3	10.3	3	8.8	0	0.0	18	8.5
2	1	7.7	3	4.7	1	2.7	0	0.0	0	0.0	4	12.1	9	4.3
3	0	0.0	3	4.7	0	0.0	0	0.0	1	2.9	3	9.1	7	3.3
4	1	7.7	2	3.1	0	0.0	1	3.4	1	2.9	0	0.0	5	2.4
4 次以上	1	7.7	0	0.0	1	2.7	2	6.8	2	5.9	0	0.0	6	2.9

注：n 北京普通男生$=13$；n 北京普通女生$=64$；n 武汉普通男生$=37$；n 武汉普通女生$=29$；n 重庆普通男生$=34$；n 重庆普通女生$=33$；n 总体普通学生$=210$

根据表 3-47 可知，北京、武汉、重庆三地的肥胖高中生参加竞赛得奖率为 16.7%，低于小学生和初中生。与普通学生相比（表 3-48），北京和武汉地区的高中生，肥胖男生得奖率比普通男生略低，肥胖女生比普通女生的竞赛得奖率明显高；在重庆地区，肥胖学生比普通学生的竞赛得奖率低。高中生学业较为紧张，体育活动时间较少，但高中生对会在课余尽量参加体育活动来放松身心，提高自身体育技能，尽管是肥胖体质，也依然会保证一定的体育锻炼时间。另外男生对于参加体育活动的积极性要比女生高，所以尽管是肥胖男生，竞赛获奖情况好于普通男生，也是正常。而女生不太好动，肥胖女生则更少在体育技能上取得优势，所以肥胖女生竞赛获奖情况要远低于普通女生。重庆地区的高中生的肥胖学生和普通学生得奖的情况，类似于重庆地区的初中生，与北京、武汉地区很不一样。一部分原因是北京地区的体育中考项目有 3 项，分别是：跑步、篮球以及男生在引体向上和掷实心球中选择一项，女生在仰卧起坐和掷实心球中选择一项；武汉地区的体育中考的 3 项是：跑步、1 分钟跳绳和坐位体前屈；重庆地区的 3 项体育中考项目是：立定跳远、掷实心球、1 分钟跳绳。北京和武汉地区与重庆相比多了篮球和跳远，相比之下，对于学生体育技能和体质的要求更加高，也导致了北京、武汉的初中学生比重庆地区更加看重在体育活动对体质和技能的锻炼，肥胖学生因为自身体质的劣势而更加努力的在体育上花费精力,所以部分肥胖学生的体育技能情况要比普通学生好,在体育竞赛上的得奖情况也比普通学生高。

表 3-47 高中肥胖学生参加竞赛获奖情况

次数	北京 男		北京 女		武汉 男		武汉 女		重庆 男		重庆 女		总体	
	n	%	n	%	n	%	n	%	n	%	n	%	n	%
0	10	90.9	2	40.0	17	94.4	6	75.0	8	88.9	2	66.7	45	83.3
1	1	9.1	1	20.0	0	0.0	0	0.0	0	0.0	0	0.0	2	3.7
2	0	0.0	1	20.0	0	0.0	0	0.0	0	0.0	1	33.3	2	3.7
3	0	0.0	0	0.0	0	0.0	1	12.5	1	11.1	0	0.0	2	3.7
4	0	0.0	1	20.0	0	0.0	0	0.0	0	0.0	0	0.0	1	1.9
4 次以上	0	0.0	0	0.0	1	5.6	1	12.5	0	0.0	0	0.0	2	3.7

注:n 北京肥胖男生=11;n 北京肥胖女生=5;n 武汉肥胖男生=18;n 武汉肥胖女生=8;n 重庆肥胖男生=9 ;n 重庆肥胖女生=3;n 总体肥胖学生=54

表 3-48 高中普通学生参加竞赛获奖情况

次数	北京 男		北京 女		武汉 男		武汉 女		重庆 男		重庆 女		总体	
	n	%	n	%	n	%	n	%	n	%	n	%	n	%
0	10	100	22	100	28	87.5	44	93.6	24	88.9	29	80.6	157	90.3
1	0	0.0	0	0.0	2	6.3	2	4.3	0	0	3	8.2	7	4.0
2	0	0.0	0	0.0	0	0.0	1	2.1	2	7.4	2	5.6	5	2.9
3	0	0.0	0	0.0	0	0.0	0	0.0	1	3.7	1	2.8	2	1.1
4	0	0.0	0	0.0	0	0.0	0	0.0	0	0.0	0	0.0	0	0.0
4 次以上	0	0.0	0	0.0	2	6.3	0	0.0	0	0.0	1	2.8	3	1.7

注:n 北京普通男生=10;n 北京普通女生=22;n 武汉普通男生=32;n 武汉普通女生=47;n 重庆普通男生=27;n 重庆普通女生=36;n 总体普通学生=174

总的来说,北京、重庆、武汉地区的得奖情况比较,肥胖学生与普通学生的差异不算太大。肥胖学生并没有因为身体肥胖而在体育竞赛中趋于劣势,反而,由于肥胖而在平时的活动中加强锻炼,在有些竞赛中能取得了比普通学生更好的成绩。这种体育精神是非常值得嘉许的。

(三)北京、武汉、重庆三地肥胖学生参加校内课外体育训练现状

1. 肥胖学生参加校内课外体育训练的频率

根据研究表明,北京、武汉、重庆三地超过半数的肥胖学生参加过课外体育训练。

在对北京、武汉、重庆三地中小学生的调查问卷中,对学生参加课外训练的情况进行了调查(表 3-49 和表 3-50)。在北京和武汉地区的小学生中,肥胖学生参加课外体育训练的比率要比普通学生略高;在重庆地区的小学生中,肥胖学生参加课

外体育训练的比例比普通学生低。在北京和武汉地区的小学生中，肥胖学生不仅每周参加课外体育训练的比例比普通学生高，而且参加两次及以上的比例也比普通学生高。可见，北京和武汉地区的肥胖小学生与普通小学生相比更加积极参加课外训练。肥胖小学生出于自身肥胖，增加了课外体育训练，希望能对自身有减重的效果。而在重庆地区的小学生中，虽然肥胖学生参加课外体育训练的比例比普通学生低，但是在参加了课外体育训练的肥胖男生中，每周参加2次及以上的学生比例要比普通学生高，说明部分肥胖学生也希望通过增加体育活动量来达到减重目的。重庆地区的肥胖女生参加课外体育训练的情况则不如普通女生，就参加了课外训练的女生来说，肥胖女生每星期参加的次数也不如普通女生，多数选择了每星期参加1次，每星期参加2次及以上的女生明显少于普通女生。

表 3-49　小学肥胖学生每星期参加课外体育训练的频率

频率 （次/星期）	北京				武汉				重庆				总体	
	男		女		男		女		男		女			
	n	%	n	%	n	%	n	%	n	%	n	%	n	%
不参加	11	36.7	9	47.4	25	34.7	6	18.2	23	36.5	22	53.7	96	37.2
1次	9	30.0	4	21.1	16	22.3	13	39.4	18	28.6	13	31.7	73	28.3
2次	4	13.3	5	26.3	7	9.7	7	21.2	10	15.9	1	2.4	34	13.2
2次以上	6	20.0	1	5.3	24	33.3	7	21.2	12	19.0	5	12.2	55	21.3

注：n 北京肥胖男生＝30；n 北京肥胖女生＝19；n 武汉肥胖男生＝72；n 武汉肥胖女生＝33；重庆肥胖男生＝63；n 重庆肥胖女生＝41；n 总体肥胖学生＝258

表 3-50　小学普通学生每星期参加课外体育训练的频率

频率 （次/星期）	北京				武汉				重庆				总体	
	男		女		男		女		男		女			
	n	%	n	%	n	%	n	%	n	%	n	%	n	%
不参加	5	27.8	16	45.7	27	43.5	16	31.4	19	33.3	31	43.7	114	38.8
1次	5	27.8	11	31.4	16	25.8	15	29.4	15	26.3	21	29.6	83	28.2
2次	3	16.7	2	5.7	6	9.7	9	17.6	4	7.1	4	5.6	28	9.5
2次以上	5	27.8	6	17.2	13	21.0	11	21.6	19	33.3	15	21.1	69	23.5

注：n 北京普通男生＝18；n 北京普通女生＝35；n 武汉普通男生＝62；n 武汉普通女生＝51；n 重庆普通男生＝57；n 重庆普通女生＝71；n 总体普通学生＝294

如表 3-51 和表 3-52，在北京、武汉、重庆三地初中生每星期参加课外体育训练情况的调查中，北京和武汉地区的肥胖初中生每星期参加课外体育训练的比例比普通初中生高；在重庆地区，肥胖男生每星期参加课外体育训练的比例比普通男生低，肥胖女生每星期参加课外体育训练的比例比普通女生高。在北京和武汉地区，初中生参加课外训练的情况与小学生保持基本一致，在参加训练的肥胖学生中，每周参加 2 次及以上的比例也比普通学生要高；在重庆地区，肥胖女生更加积极地参加了课外体育训练，情况有所改善。

表 3-51　初中肥胖学生每星期参加课外体育训练的频率

频率/	北京				武汉				重庆				总体	
(次/星期)	男		女		男		女		男		女			
	n	%	n	%	n	%	n	%	n	%	n	%	n	%
不参加	5	18.6	6	31.6	17	44.7	23	82.1	23	50.0	6	40.0	80	46.2
1次	10	37.0	2	10.5	10	26.3	0	0.0	8	17.4	3	20.0	33	19.1
2次	3	11.1	3	15.8	8	21.1	1	3.6	5	10.9	4	26.7	24	13.9
2次以上	9	33.3	8	42.1	3	7.9	4	14.3	10	21.7	2	13.3	36	20.8

注：n 北京肥胖男生=27；n 北京肥胖女生=19；n 武汉肥胖男生=38；n 武汉肥胖女生=28；n 重庆肥胖男生=46；n 重庆肥胖女生=15；n 总体肥胖学生=173

表 3-52　初中普通学生每星期参加课外体育训练的频率

频率/	北京				武汉				重庆				总体	
(次/星期)	男		女		男		女		男		女			
	n	%	n	%	n	%	n	%	n	%	n	%	n	%
不参加	6	23.1	44	42.7	33	46.5	36	51.4	20	38.5	26	50.0	165	43.9
1次	9	34.6	34	33.0	12	16.9	20	28.6	14	26.9	15	28.8	104	27.7
2次	1	3.8	8	7.8	11	15.5	9	12.9	9	17.3	6	11.5	44	11.7
2次以上	10	38.5	17	16.5	15	21.1	5	7.1	9	17.3	5	9.7	61	16.7

注：n 北京普通男生=26；n 北京普通女生=103；n 武汉普通男生=71；n 武汉普通女生=70；n 重庆普通男生=52；n 重庆普通女生=52；n 总体普通学生=374

初中阶段的学生，除了自身对体育的兴趣以外，面对体育中考的压力，也会自觉增加体育活动，来增强自身体质，提高体育技能。初中生与小学相比，北京地区参加课外训练的比例明显增加，但是武汉和重庆地区不增反减，这是由于在武汉和重庆地区部分初中学校对于开展课外体育训练并不是很重视，部分学校由于场地设施等原因，没有开展课外体育训练，导致武汉和重庆地区初中生参加课外训练的比例降低。高中阶段学生参加体育训练情况如表 3-53 和表 3-54。

表 3-53　高中肥胖学生每星期参加课外体育训练的频率

频率/	北京				武汉				重庆				总体	
(次/星期)	男		女		男		女		男		女			
	n	%	n	%	n	%	n	%	n	%	n	%	n	%
不参加	1	5.6	5	35.7	18	60.0	12	50.0	7	53.8	3	60.0	46	44.2
1次	12	66.7	5	35.7	8	26.6	7	29.1	4	30.8	1	20.0	37	35.6
2次	3	16.6	3	21.4	2	6.7	4	16.7	1	7.7	1	20.0	14	13.5
2次以上	2	11.1	1	7.2	2	6.7	1	4.2	1	7.7	0	0.0	7	6.7

注：n 北京肥胖男生=18；n 北京肥胖女生=14；n 武汉肥胖男生=30；n 武汉肥胖女生=24；n 重庆肥胖男生=13；n 重庆肥胖女生=5；n 总体肥胖学生=104

表 3-54　高中普通学生每星期参加课外体育训练的频率

频率/ (次/星期)	北京				武汉				重庆				总体	
	男		女		男		女		男		女			
	n	%	n	%	n	%	n	%	n	%	n	%	n	%
不参加	6	33.3	14	35.9	25	41.0	61	58.7	19	42.2	39	57.4	164	49.0
1次	7	38.9	15	38.5	18	29.5	25	24.0	9	20.0	15	22.0	89	26.6
2次	2	11.1	6	15.4	10	16.4	13	12.5	7	15.6	8	11.8	46	13.7
2次以上	3	16.7	4	10.2	8	13.1	5	4.8	10	22.2	6	8.8	36	10.7

注：n 北京普通男生=18；n 北京普通女生=39；n 武汉普通男生=61；n 武汉普通女生=104；n 重庆普通男生=45；n 重庆普通女生=68；n 总体普通学生=335

北京、武汉、重庆三地高中生每星期参加课外体育训练的调查情况如表 3-55 所示，高中生的情况和初中生有所不同。北京地区的高中生中，肥胖男生参加课外体育训练的比例比普通男生多，但是肥胖女生参加课外体育训练的比例略低于普通女生；武汉地区的高中生，不论男女，肥胖学生参加课外体育训练的比例都要明显低于普通学生；在重庆地区，肥胖男生参加课外体育训练的比例低于普通男生，肥胖女生参加课外体育训练的比例高于普通女生。高中生学业很紧张，学生在课余会有一定时间的体育活动，但是与小学和初中生相比，体育活动的时间明显减少。同样的，肥胖体质的高中生，也由于升学压力，相应地减少了课外体育训练。

表 3-55　小学肥胖学生参加课外体育训练的内容

项目	北京				武汉				重庆				总体	
	男		女		男		女		男		女			
	n	%	n	%	n	%	n	%	n	%	n	%	n	%
无	6	17.6	3	15.8	27	34.2	14	41.2	23	34.8	17	39.5	90	33.7
球类	15	44.1	7	36.8	37	46.8	14	41.2	28	42.4	11	25.6	112	41.9
田径类	2	5.9	0	0.0	11	13.9	4	11.8	12	18.2	7	16.3	36	13.5
游泳	15	44.1	5	26.3	16	20.3	9	26.5	12	18.2	11	25.6	68	25.5
其他	1	2.9	4	21.1	0	0.0	4	11.8	2	3.0	1	2.3	12	4.5

注：n 北京肥胖男生=32；n 北京肥胖女生=19；n 武汉肥胖男生=76；n 武汉肥胖女生=31；n 重庆肥胖男生=66；n 重庆肥胖女生=43；n 总体肥胖学生=267

表 3-56　小学普通学生参加课外体育训练的内容

项目	北京				武汉				重庆				总体	
	男		女		男		女		男		女			
	n	%	n	%	n	%	n	%	n	%	n	%	n	%
无	2	11.1	7	19.4	32	50.8	18	33.3	14	23.0	22	30.6	95	33.5
球类	10	55.6	9	25.0	25	39.7	19	35.2	31	50.8	22	30.6	116	40.8
田径类	5	27.8	4	11.1	16	25.4	9	16.7	16	26.2	25	34.7	75	26.4
游泳	9	50.0	22	61.1	10	15.9	10	18.5	13	21.3	12	16.7	76	26.8
其他	3	16.7	3	8.3	1	1.6	4	7.4	2	3.3	8	11.1	21	7.4

注：n 北京普通男生=14；n 北京普通女生=32；n 武汉普通男生=57；n 武汉普通女生=54；n 重庆普通男生=58；n 重庆普通女生=69；n 总体普通学生=284

总的来说，北京、武汉、重庆三地的中小学生参加课外体育训练的比例大多超过了一半。在小学和初中阶段，学生参加课外体育训练的比例最高，同时肥胖学生也在参加体育训练上表现出比普通学生更加投入。这个结果说明，在外界条件允许的情况下，肥胖学生对于自身体质有清楚的认知，他们希望能够通过加强体育运动来减轻体重。学校也应该重视肥胖学生希望减重的需求，同时能满足普通学生进行体育锻炼的希望，增加学校课外体育训练的内容，对体育训练所需要的场地和设施进行添置和规划。

2. 肥胖学生参加校内课外体育训练的内容

根据研究表明，北京、武汉、重庆三地肥胖学生在参加校内课外体育训练时选择的频率最高的项目为球类和田径类。

在北京、武汉、重庆地区参加课外体育训练的中小学生中，对他们参加的体育训练项目也做了调查统计。在北京地区球类运动是肥胖学生选择频次最高的，为44.1%；在武汉地区肥胖男生选择球类运动的频次达到46.8%，肥胖女生一部分不参加体育训练；在重庆地区有超过1/3的肥胖学生不参加课外体育训练，在参加训练的学生中，选择频次最高的也是球类运动。与普通学生相比，在北京地区，肥胖学生和普通学生选择频次较高的两项是球类和游泳；在武汉地区，肥胖男生在游泳这项运动选择的频次上多于普通男生；在重庆地区，肥胖女生在游泳这项运动选择的频次上多于普通女生。总的来说，三地的小学生都有1/3的学生不参加课外体育训练，而其余参加训练的学生多选择球类和游泳来进行体育训练。相比之下，肥胖学生选择游泳和田径的频次相差较大，而普通学生选择游泳和田径的频次相差很小。由于田径类的训练项目在训练过程中比较枯燥，不容易坚持，特别是对于肥胖学生来说，田径类项目训练起来更加吃力。所以游泳这项运动对于小学生而言更加有趣味，特别是肥胖学生，在进行水下运动的时候不会觉得很费力，但是保证了足够的运动量，所以肥胖学生选择游泳的频次比田径要多。

北京、武汉、重庆三地的初中肥胖学生参加课外体育训练的调查结果如表3-57，初中肥胖学生选择球类的频率为45.3%。北京地区的肥胖男生选择球类的频次最高，其次是田径类，肥胖女生选择田径类的频次最高，其次是球类；武汉地区肥胖学生选择频次最多的项目是球类；在重庆地区，肥胖初中生参加课外体育训练选择频次最高的也是球类运动。与普通初中生相比，北京地区的普通初中生选择频次最高的是球类，普通女生选择球类的比肥胖女生的频次高；武汉地区，肥胖学生和普通学生课外体育训练选择频次最高的都是球类运动；重庆地区，普通女生课外体育训练选择田径类运动的频次最高，与肥胖女生不同。总的来说，北京、武汉、重庆三地的初中生有超过1/3的不参加课外体育训练，比例比三地的小学生略高。三地的初中生中，选择频次最高的是球类运动，其次则是田径类。由于初中生要进行体育中考，部分学生放弃了游泳等其他趣味体育项目，而选择了田径来增加体育技能，提高中考单项体育成绩。

表 3-57　初中肥胖学生参加课外体育训练的内容

项目	北京				武汉				重庆				总体	
	男		女		男		女		男		女			
	n	%	n	%	n	%	n	%	n	%	n	%	n	%
无	7	25.9	6	30.0	15	39.5	13	46.4	14	30.4	5	33.3	60	35.3
球类	15	55.6	4	20.0	17	44.7	12	42.9	21	45.7	8	53.3	77	45.3
田径类	6	22.2	9	45.0	5	13.2	2	7.1	6	13.0	5	33.3	33	19.4
游泳	3	11.1	3	15.0	5	13.2	1	3.6	9	19.6	2	13.3	23	13.5
其他	0	0.0	4	20.0	0	0.0	0	0.0	3	6.5	1	6.7	8	4.7

注：n 北京肥胖男生 = 27；n 北京肥胖女生 = 18；n 武汉肥胖男生 = 38；n 武汉肥胖女生 = 28；n 重庆肥胖男生 = 45；n 重庆肥胖女生 = 14；n 总体肥胖学生 = 170

表 3-58　初中普通学生参加课外体育训练的内容

项目	北京				武汉				重庆				总体	
	男		女		男		女		男		女			
	n	%	n	%	n	%	n	%	n	%	n	%	n	%
无	5	18.5	39	37.1	26	36.1	26	36.6	15	27.8	25	47.2	136	36.6
球类	11	40.7	35	33.3	35	48.6	31	43.7	23	42.6	12	22.6	147	39.5
田径类	10	37.0	29	27.6	11	15.3	17	23.9	14	25.9	13	24.5	94	25.3
游泳	3	11.1	13	12.4	7	9.7	8	11.3	6	11.1	4	7.5	41	11.0
其他	0	0.0	9	8.6	1	1.4	5	7.0	1	1.9	2	3.8	18	4.8

注：n 北京普通男生 = 27；n 北京普通女生 = 98；n 武汉普通男生 = 71；n 武汉普通女生 = 70；n 重庆普通男生 = 53；n 重庆普通女生 = 53；n 总体普通学生 = 372

根据表 3-59 所示，三地的高中肥胖学生选择球类的频率为 38.1%。北京地区的肥胖高中生在参加课外体育训练时选择频次最高的项目是球类运动；武汉地区的肥胖高中生选择球类运动作为课外体育训练项目的频次也最高；在重庆地区肥胖男生选择球类运动的频次最高，肥胖女生选择田径类运动的频次最高。与普通学生相比，北京地区的普通学生和肥胖学生一样，选择课外体育训练频次最高的是球类运动；n 武汉地区的普通学生和肥胖学生选择课外体育训练频次最高的也都是球类运动；重庆地区的普通学生选择课外体育训练频次最高的是球类运动。总的来说，北京、武汉、重庆三地的高中生在参加课外体育训练时选择频次最高的都是球类运动。肥胖学生和普通学生都有超过 1/3 的人不参加课外体育训练，其中，肥胖学生不参加课外体育训练的比例更高。在高中阶段，学习压力较大，部分学生会减少体育运动。但是肥胖学生在课外体育训练上仍然保持了一定的积极性，希望通过体育锻炼减轻体重。

表 3-59　高中肥胖学生参加课外体育训练的内容

项目	北京				武汉				重庆				总体	
	男		女		男		女		男		女			
	n	%	n	%	n	%	n	%	n	%	n	%	n	%
无	3	16.7	4	30.8	12	40.0	10	41.7	5	35.7	3	50.0	37	35.2

续表

项目	北京				武汉				重庆				总体	
	男		女		男		女		男		女			
	n	%	n	%	n	%	n	%	n	%	n	%	n	%
球类	10	55.6	4	30.8	13	43.3	10	41.7	3	21.4	0	0.0	40	38.1
田径类	4	22.2	3	23.1	2	6.7	0	0.0	1	7.1	2	33.3	12	11.4
游泳	3	16.7	2	15.4	4	13.3	4	16.7	2	14.3	0	0.0	15	14.3
其他	0	0.0	0	0.0	1	3.3	1	4.2	0	0.0	0	0.0	2	2.0

注：n 北京肥胖男生＝18；n 北京肥胖女生＝13；n 武汉肥胖男生＝30；n 武汉肥胖女生＝24；n 重庆肥胖男生＝14；n 重庆肥胖女生＝6；n 总体肥胖学生＝105

表 3-60 高中普通学生参加课外体育训练的内容

项目	北京				武汉				重庆				总体	
	男		女		男		女		男		女			
	n	%	n	%	n	%	n	%	n	%	n	%	n	%
无	6	33.3	15	38.5	27	43.5	59	56.7	13	28.9	26	37.7	146	43.7
球类	10	55.6	13	33.3	28	45.2	27	26.0	23	51.1	30	43.5	131	39.2
田径类	4	22.2	6	15.4	6	9.7	13	12.5	5	11.1	14	20.3	48	14.4
游泳	0	0.0	5	12.8	2	3.2	16	15.4	6	13.3	3	4.3	32	9.6
其他	0	0.0	0	0.0	2	3.2	3	2.9	1	2.2	2	2.9	8	2.4

注：n 北京普通男生＝18；n 北京普通女生＝39；n 武汉普通男生＝62；n 武汉普通女生＝103；n 重庆普通男生＝44；n 重庆普通女生＝68；n 总体普通学生＝334

（四）北京、武汉、重庆三地肥胖学生参加校内课外体育社团的情况

调查结果表明，北京、武汉、重庆三地肥胖学生大多数在课外不参加体育社团，参加体育社团的同学在所选择的项目都比较单一，以球类和田径类为主。

在调查北京、武汉、重庆三地肥胖学生参加校内课外体育社团的情况后，调查结果表明三地的肥胖学生中参加体育社团的学生很少。其中三地22.7%的小学肥胖学生在课外时间参加体育社团。如表3-61所示，北京、武汉、重庆三地的小学肥胖学生在参加体育社团的比例少于半数，总体不超过1/4。与普通学生相比，小学普通学生总体参加体育社团的比例比肥胖学生更少。在小学阶段，肥胖学生有较多的课外时间进行体育活动，不论是肥胖学生还是普通学生都对体育活动都比较有兴趣，而小学肥胖学生则对体育社团表现出了更大的兴趣。

表 3-61 小学肥胖学生参加体育社团的情况

选项	北京				武汉				重庆				总体	
	男		女		男		女		男		女			
	n	%	n	%	n	%	n	%	n	%	n	%	n	%
不参加	23	71.9	11	78.6	60	80.0	25	78.1	50	78.1	32	74.4	201	77.3

续表

选项	北京				武汉				重庆				总体	
	男		女		男		女		男		女			
	n	%	n	%	n	%	n	%	n	%	n	%	n	%
参加	9	28.1	3	21.4	15	20.0	7	21.9	14	21.9	11	25.6	59	22.7

注：n 北京肥胖男生=32；n 北京肥胖女生=14；n 武汉肥胖男生=75；n 武汉肥胖女生=32；n 重庆肥胖男生=64；n 重庆肥胖女生=43；n 总体肥胖学生=260

表 3-62　小学普通学生参加体育社团情况

选项	北京				武汉				重庆				总体	
	男		女		男		女		男		女			
	n	%	n	%	n	%	n	%	n	%	n	%	n	%
不参加	13	76.5	31	88.6	44	73.3	42	84.0	46	79.3	63	90.0	239	82.4
参加	4	23.5	4	11.4	16	26.7	8	16.0	12	20.7	7	10.0	51	17.6

注：n 北京普通男生=17；n 北京普通女生=35；n 武汉普通男生=60；n 武汉普通女生=50；n 重庆普通男生=58；n 重庆普通女生=70；n 总体普通学生=290

在北京、武汉、重庆三地的初中生中，肥胖初中生只有不超过 1/5 的学生参加体育社团，尤其是在调查中北京地区的初中肥胖女生，都不参加体育社团。与普通学生相比，初中普通学生参加体育社团的学生比肥胖学生要略多，但是初中生参加体育社团的比小学生要少。

表 3-63　初中肥胖学生参加体育社团情况

选项	北京				武汉				重庆				总体	
	男		女		男		女		男		女			
	n	%	n	%	n	%	n	%	n	%	n	%	n	%
不参加	24	88.9	19	100.0	29	76.3	26	92.9	36	80.0	12	80.0	146	84.9
参加	3	11.1	0	0.0	9	23.7	2	7.1	9	20.0	3	20.0	26	15.1

注：n 北京肥胖男生=27；n 北京肥胖女生=19；n 武汉肥胖男生=38；n 武汉肥胖女生=28；n 重庆肥胖男生=45；n 重庆肥胖女生=15；n 总体肥胖学生=172

表 3-64　初中普通学生参加体育社团情况

选项	北京				武汉				重庆				总体	
	男		女		男		女		男		女			
	n	%	n	%	n	%	n	%	n	%	n	%	n	%
不参加	18	69.2	86	83.5	58	80.6	61	85.9	39	76.5	44	84.6	306	81.6
参加	8	30.8	17	16.5	14	19.4	10	14.1	12	23.5	8	15.4	69	18.4

注：n 北京普通男生=26；n 北京普通女生=103；n 武汉普通男生=72；n 武汉普通女生=71；n 重庆普通男生=51；n 重庆普通女生=52；n 总体普通学生=375

根据表 3-65 和表 3-66，高中肥胖学生中参加体育社团的学生不超过 1/5，比普通学生略多。总的来说北京、武汉、重庆三地的肥胖学生中，只有少数学生在课外参加体育社团，一方面因为，学校的社团活动开展不是很多，另外一方面是学生自身原因，在体育运动上不太感兴趣，不爱好参加体育社团。

表 3-65　高中肥胖学生参加体育社团情况

选项	北京				武汉				重庆				总体	
	男		女		男		女		男		女			
	n	%	n	%	n	%	n	%	n	%	n	%	n	%
不参加	12	66.7	13	92.9	23	76.7	22	91.7	10	71.4	6	100	86	81.1
参加	6	33.3	1	7.1	7	23.3	2	8.3	4	28.6	0	0.0	20	18.9

注：n 北京肥胖男生=18；n 北京肥胖女生=14；n 武汉肥胖男生=30；n 武汉肥胖女生=24；n 重庆肥胖男生=14；n 重庆肥胖女生=6；n 总体肥胖学生=106

表 3-66　高中普通学生参加体育社团情况

选项	北京				武汉				重庆				总体	
	男		女		男		女		男		女			
	n	%	n	%	n	%	n	%	n	%	n	%	n	%
不参加	11	61.1	35	89.7	52	86.7	89	85.6	42	93.3	64	92.8	293	87.2
参加	7	38.9	4	10.3	8	13.3	15	14.4	3	6.7	5	7.2	42	12.8

注：n 北京普通男生=18；n 北京普通女生=39；n 武汉普通男生=60；n 武汉普通女生=104；n 重庆普通男生=45；n 重庆普通女生=69；n 总体普通学生=336

调查结果显示，在北京、武汉、重庆三地肥胖学生参加体育社团的项目较少，参与体育社团的频数也非常少。

根据表 3-67 和表 3-68 所示，小学肥胖学生在参加体育社团时选择足球和跑步的学生较多，与普通学生相比，普通学生选择跑步的比重更大。在参与调查问卷的学生中，参加体育社团的肥胖学生和普通学生都非常少，选择的项目也比较单一。

表 3-67　小学肥胖学生参加体育社团的项目

项目	北京				武汉				重庆				总体	
	男		女		男		女		男		女			
	n	%	n	%	n	%	n	%	n	%	n	%	n	%
足球	2	100	0	0.0	3	50.0	0	0.0	0	0.0	1	14.3	6	21.4
乒乓球	0	0.0	1	100	0	0.0	0	0.0	2	22.2	1	14.3	4	14.3
网球	0	0.0	0	0.0	0	0.0	1	33.3	0	0.0	0	0.0	1	3.6
羽毛球	0	0.0	0	0.0	0	0.0	0	0.0	1	11.1	0	0.0	1	3.6
篮球	0	0.0	0	0.0	0	0.0	0	0.0	3	33.3	1	14.3	3	10.7
健美操	0	0.0	0	0.0	0	0.0	2	66.7	0	0.0	1	14.3	3	10.7
跑步	0	0.0	0	0.0	3	50.0	0	0.0	2	22.2	1	14.3	6	21.4
跆拳道	0	0.0	0	0.0	0	0.0	0	0.0	1	11.1	0	0.0	1	3.6
跳绳	0	0.0	0	0.0	0	0.0	0	0.0	0	0.0	1	14.3	1	3.6
游泳	0	0.0	0	0.0	0	0.0	0	0.0	0	0.0	1	14.3	1	3.6

注：n 北京肥胖男生=2；n 北京肥胖女生=1；n 武汉肥胖男生=6；n 武汉肥胖女生=3；n 重庆肥胖男生=9；n 重庆肥胖女生=7；n 总体肥胖学生=28

表 3-68　小学普通学生参加体育社团的项目

项目	北京 男		北京 女		武汉 男		武汉 女		重庆 男		重庆 女		总体	
	n	%	n	%	n	%	n	%	n	%	n	%	n	%
足球	1	100.0	0	0.0	2	25.0	0	0.0	3	27.3	0	0.0	6	20.7
乒乓球	0	0.0	1	100.0	0	0.0	0	0.0	0	0.0	1	20.0	2	6.9
网球	0	0.0	0	0.0	0	0.0	0	0.0	0	0.0	0	0.0	0	0.0
羽毛球	0	0.0	0	0.0	0	0.0	0	0.0	1	9.1	0	0.0	1	3.4
篮球	0	0.0	0	0.0	0	0.0	0	0.0	1	9.1	0	0.0	1	3.4
健美操	0	0.0	0	0.0	0	0.0	0	0.0	0	0.0	1	20.0	1	3.4
跑步	0	0.0	0	0.0	6	75.0	3	100.0	4	36.3	3	60.0	13	44.8
跆拳道	0	0.0	0	0.0	0	0.0	0	0.0	1	9.1	0	0.0	1	3.4
跳绳	0	0.0	0	0.0	0	0.0	0	0.0	0	0.0	0	0.0	0	0.0
游泳	0	0.0	0	0.0	0	0.0	0	0.0	1	0.1	0	0.0	1	3.4

注：n 北京普通男生＝1；n 北京普通女生＝1；n 武汉普通男生＝8；n 武汉普通女生＝3；n 重庆普通男生＝11；n 重庆普通女生＝5；n 总体普通学生＝29

根据表 3-69 和表 3-70，研究表明，在初中肥胖学生中参加体育社团的频数也非常少，所选择的项目也比较单一，其中多为球类，羽毛球和乒乓球是在参加体育社团的肥胖学生中选择项目频次最多的。与普通学生相比，肥胖学生中参加体育社团的频次比普通学生少，普通学生在参加体育社团时选择频次较多的项目是篮球和乒乓球。

表 3-69　初中肥胖学生参加体育社团的项目

项目	北京 男		北京 女		武汉 男		武汉 女		重庆 男		重庆 女		总体	
	n	%	n	%	n	%	n	%	n	%	n	%	n	%
毽球	0	0.0	0	0.0	0	0.0	1	50.0	0	0.0	0	0.0	1	6.7
足球	0	0.0	0	0.0	0	0.0	0	0.0	0	0.0	0	0.0	0	0.0
排球	0	0.0	0	0.0	0	0.0	1	50.0	0	0.0	0	0.0	1	6.7
乒乓球	0	0.0	0	0.0	1	20.0	0	0.0	2	33.3	0	0.0	3	20.0
羽毛球	0	0.0	0	0.0	3	60.0	0	0.0	2	33.3	0	0.0	5	33.3
篮球	0	0.0	0	0.0	0	0.0	0	0.0	1	16.7	1	50.0	2	13.3
跑步	0	0.0	0	0.0	1	20.0	0	0.0	0	0.0	1	50.0	2	13.3
游泳	0	0.0	0	0.0	0	0.0	0	0.0	1	16.7	0	0.0	1	6.7

注：n 北京肥胖男生＝0；n 北京肥胖女生＝0；n 武汉肥胖男生＝5；n 武汉肥胖女生＝2；n 重庆肥胖男生＝6；n 重庆肥胖女生＝2；n 总体肥胖学生＝15

表 3-70　初中普通学生参加体育社团的项目

项目	北京 男		北京 女		武汉 男		武汉 女		重庆 男		重庆 女		总体	
	n	%	n	%	n	%	n	%	n	%	n	%	n	%
毽球	0	0.0	0	0.0	0	0.0	3	75.0	0	0.0	0	0.0	3	9.4
足球	0	0.0	0	0.0	0	0.0	0	0.0	1	11.1	0	0.0	1	3.1

续表

项目	北京				武汉				重庆				总体	
	男		女		男		女		男		女			
	n	%	n	%	n	%	n	%	n	%	n	%	n	%
排球	0	0.0	0	0.0	2	28.6	0	0.0	0	0.0	0	0.0	2	6.3
乒乓球	1	33.3	0	0.0	0	0.0	0	0.0	3	33.3	1	16.7	4	12.5
羽毛球	0	0.0	0	0.0	0	0.0	1	25.0	1	11.1	1	16.7	3	9.4
篮球	2	66.7	2	66.7	3	42.8	0	0.0	3	33.3	2	33.3	12	37.5
跑步	0	0.0	1	33.3	0	0.0	0	0.0	0	0.0	2	33.3	3	9.4
游泳	0	0.0	0	0.0	2	28.6	0	0.0	1	11.1	0	0.0	3	9.4

注：n 北京普通男生＝3；n 北京普通女生＝3；n 武汉普通男生＝7；n 武汉普通女生＝4；n 重庆普通男生＝9；n 重庆普通女生＝6；n 总体普通学生＝32

在北京、武汉、重庆三地的高中生中，肥胖高中生在课外时间参加体育社团的频数更加少，比普通学生少很多。如表 3-71 和表 3-72 所示，高中生选择球类运动的较多。总的来说，三地的肥胖学生中参加体育社团活动的非常少，一方面由于学校没有开展足够的体育社团项目，另一方面学生对于体育社团参加的积极性不高，导致了体育社团活动的缺乏。

表 3-71　高中肥胖学生参加体育社团的项目

项目	北京				武汉				重庆				总体	
	男		女		男		女		男		女			
	n	%	n	%	n	%	n	%	n	%	n	%	n	%
足球	1	33.3	0	0.0	0	0.0	0	0.0	0	0.0	0	0.0	1	16.7
乒乓球	0	0.0	0	0.0	0	0.0	0	0.0	1	100.0	0	0.0	1	16.7
羽毛球	0	0.0	0	0.0	0	0.0	0	0.0	0	0.0	0	0.0	0	0.0
篮球	2	66.7	0	0.0	0	0.0	0	0.0	0	0.0	0	0.0	2	33.3
跑步	0	0.0	0	0.0	1	50.0	0	0.0	0	0.0	0	0.0	1	16.7
健美操	0	0.0	0	0.0	1	50.0	0	0.0	0	0.0	0	0.0	1	16.6

注：n 北京肥胖男生＝3；n 北京肥胖女生＝0；n 武汉肥胖男生＝2；n 武汉肥胖女生＝0；n 重庆肥胖男生＝1；n 重庆肥胖女生＝0；n 总体肥胖学生＝6

表 3-72　高中普通学生参加体育社团的项目

项目	北京				武汉				重庆				总体	
	男		女		男		女		男		女			
	n	%	n	%	n	%	n	%	n	%	n	%	n	%
足球	3	100.0	0	0.0	0	0.0	0	0.0	0	0.0	0	0.0	3	13.0
乒乓球	0	0.0	0	0.0	0	0.0	2	18.2	0	0.0	2	40.0	4	17.4
羽毛球	0	0.0	1	100.0	0	0.0	4	36.4	0	0.0	3	60.0	8	34.8
篮球	0	0.0	0	0.0	1	50.0	0	0.0	1	100.0	0	0.0	2	8.7
跑步	0	0.0	0	0.0	0	0.0	1	9.0	0	0.0	0	0.0	0	0.0
健美操	0	0.0	0	0.0	1	50.0	4	36.4	0	0.0	0	0.0	5	21.7

注：n 北京普通男生＝3；n 北京普通女生＝1；n 武汉普通男生＝2；n 武汉普通女生＝11；n 重庆普通男生＝1；n 重庆普通女生＝5；n 总体普通学生＝23

（五）北京、武汉、重庆三地肥胖学生对体育的态度

1. 肥胖学生对于体育的认知

（1）肥胖学生对体育常识的了解

根据调查表明，北京、武汉、重庆三地大多数肥胖学生对于体育常识都有一定的了解。

在针对北京、武汉、重庆三地小学生对体育常识了解的问卷调查中，对学生对于体育常识的了解程度做了统计，分析结果如下。

表 3-73 小学肥胖学生对体育常识的了解程度

了解程度	北京				武汉				重庆				总体	
	男		女		男		女		男		女			
	n	%	n	%	n	%	n	%	n	%	n	%	n	%
非常清楚	11	32.4	4	21.1	15	19.0	7	20.6	13	19.7	9	20.9	59	21.5
了解一般	17	50.0	11	57.9	55	69.6	23	67.6	44	66.7	27	62.8	177	64.4
了解很少	6	17.6	4	21.1	9	11.4	4	11.8	9	13.6	7	16.3	39	14.1

注：n 北京肥胖男生＝34；n 北京肥胖女生＝19；n 武汉肥胖男生＝79；n 武汉肥胖女生＝34；n 重庆肥胖男生＝66；n 重庆肥胖女生＝43；n 总体肥胖学生＝275

表 3-74 小学普通学生对体育常识的了解程度

了解程度	北京				武汉				重庆				总体	
	男		女		男		女		男		女			
	n	%	n	%	n	%	n	%	n	%	n	%	n	%
非常清楚	6	33.3	7	19.4	14	22.2	10	18.5	18	29.5	10	13.9	65	21.4
了解一般	11	61.1	21	58.3	46	73.0	42	77.8	43	70.5	56	77.8	219	72.0
了解很少	1	5.6	8	22.2	3	4.8	2	3.7	0	0.0	6	8.3	20	6.6

注：n 北京普通男生＝18；n 北京普通女生＝36；n 武汉普通男生＝63；n 武汉普通女生＝54；n 重庆普通男生＝61；n 重庆普通女生＝72；n 总体普通学生＝304

三地的小学肥胖学生对体育常识非常了解的占 22.5%，对体育常识了解一般的占 64.4%。北京地区的小学中肥胖学生对体育常识了解非常清楚的人比普通学生多，肥胖男生对体育常识了解一般的人比普通男生少，肥胖女生对体育常识了解一般的比普通女生多；武汉地区的肥胖男生和普通男生对体育常识了解非常清楚的人比例一样，肥胖女生对体育常识了解非常清楚的人的比例比普通女生多，肥胖男生对体育常识了解一般的比普通男生略多一点，肥胖女生对体育常识了解一般的人少于普通女生；在重庆地区的小学，肥胖男生对体育常识了解非常清楚的比例比普通男生少，肥胖女生对体育常识了解非常清楚的比普通女生略多，肥胖男生对体育常识了解一般的比例比普通男生多，肥胖女生对体育常识了解一般的比普通女生少。

总的来说，北京、武汉、重庆三个地区的小学生大多数都对体育常识都有一定

的了解，其中，北京地区的普通女生对体育常识了解很少的人占到了调查人数的1/4，比重最大，肥胖男生和普通男生对体育常识了解很少的人则差不多，占到调查人数的1/10，肥胖学生和普通学生总体来说，对体育常识有一定了解的人比普通学生要多；在武汉地区肥胖男生和普通男生对于体育常识了解很少的人也少于调查人数的1/10，肥胖女生对体育常识了解很少的人比普通女生要多；重庆地区的肥胖学生对体育常识了解很少的人比普通学生要多。综合来说，肥胖学生对于体育常识的了解情况要比普通学生差，一部分原因是肥胖学生较少于普通学生积极参加体育活动，主动接触和了解体育知识导致的。而由于这部分学生对于体育常识没有足够的了解，也导致了肥胖的形成和加深。

在对北京、武汉、重庆三个地区的初中生对体育常识的了解调查中，三地的初中肥胖学生中对体育常识了解非常清楚的占14.4%，对体育常识了解一般的占67.2%。如表3-75，北京地区的肥胖学生对体育常识了解非常清楚的比普通学生要多，肥胖学生对体育常识了解一般的比普通女生略少；武汉地区的肥胖男生对体育常识了解非常清楚的要比普通学生略少，肥胖女生对体育常识了解非常清楚的比普通女生多，肥胖男生对体育常识了解一般的比普通男生多，肥胖女生对体育常识了解一般的比普通学生少；重庆地区肥胖男生对体育常识了解非常清楚的比普通男生要少，肥胖女生对体育常识了解非常清楚的比普通学生要多，肥胖男生对体育常识了解一般的人比普通男生略多，肥胖女生对体育常识了解一般的比普通女生少。总的来说在初中阶段肥胖学生对于体育常识的了解情况要比普通学生好，在调查的学生范围中，肥胖学生对体育常识有一般了解情况以上的人不少于普通学生，可见，在初中阶段，肥胖学生会主动吸收和学习体育知识，希望达到减重的目的。

表3-75 初中肥胖学生对体育常识的了解程度

了解程度	北京				武汉				重庆				总体	
	男		女		男		女		男		女			
	n	%	n	%	n	%	n	%	n	%	n	%	n	%
非常清楚	4	14.8	1	5.0	7	18.4	2	7.1	11	23.9	0	0.0	25	14.4
了解一般	21	77.8	14	70.0	26	68.4	18	64.3	24	52.2	14	93.3	117	67.2
了解很少	2	7.4	5	25.0	5	13.2	8	28.6	11	23.9	1	6.7	32	18.4

注：n北京肥胖男生=27；n北京肥胖女生=20；n武汉肥胖男生=38；n武汉肥胖女生=28；n重庆肥胖男生=46；n重庆肥胖女生=15；n总体肥胖学生=174

表3-76 初中普通学生对体育常识的了解程度

了解程度	北京				武汉				重庆				总体	
	男		女		男		女		男		女			
	n	%	n	%	n	%	n	%	n	%	n	%	n	%
非常清楚	7	25.9	10	9.5	12	16.7	3	4.2	14	26.5	8	15.1	54	14.2
了解一般	16	59.3	78	74.3	48	66.7	56	78.9	35	66.0	38	71.7	271	71.1

续表

了解程度	北京				武汉				重庆				总体	
	男		女		男		女		男		女			
	n	%	n	%	n	%	n	%	n	%	n	%	n	%
了解很少	4	14.8	17	16.2	12	16.7	12	16.9	4	7.5	7	13.2	56	14.7

注：n 北京普通男生=27；n 北京普通女生=105；n 武汉普通男生=72；n 武汉普通女生=71；n 重庆普通男生=53；n 重庆普通女生=54；n 总体普通学生=381

另外，肥胖学生也有一部分对于体育常识了解很少，尤其是武汉地区的肥胖女生，对体育常识了解很少的女生占到了1/4多。这种对体育的不感兴趣，导致了这部分学生，肥胖的持续。因为对体育常识不了解，平时很少参加体育运动，没有足够的锻炼，所以体重不断增加形成肥胖。

在对北京、武汉、重庆三地的高中生对于体育态度的调查中，对高中生对于体育常识的了解做了如下统计，见表3-77，三地的高中肥胖学生对体育常识了解非常清楚的占25.5%，对体育常识了解一般的占66.0%。在北京地区的肥胖学生对于体育常识了解非常清楚的比普通学生多，肥胖学生对体育常识了解一般的比普通学生少；武汉地区的肥胖学生对于体育常识了解非常清楚的比普通学生多，肥胖男生对于体育常识了解一般的比普通男生多，肥胖女生对于体育常识了解一般的比普通女生少；在重庆地区肥胖学生对体育常识了解非常清楚的比普通学生多，肥胖男生对于体育常识了解一般的比普通男生略多，肥胖女生对体育常识了解一般的比普通女生少。就北京、武汉、重庆三个地区的高中肥胖学生和普通学生来说，肥胖学生对于体育常识的了解情况大体要比普通学生好。特别是在重庆地区，肥胖学生对于体育常识的了解程度明显高于普通学生，在所调查的普通学生中，对体育常识了解很少的学生达到了1/10以上，肥胖学生对体育常识都有一定的了解。

表3-77 高中肥胖学生对体育常识的了解程度

了解程度	北京				武汉				重庆				总体	
	男		女		男		女		男		女			
	n	%	n	%	n	%	n	%	n	%	n	%	n	%
非常清楚	9	50.0	3	21.4	9	30.0	2	8.3	3	21.4	1	16.7	27	25.5
了解一般	9	50.0	10	71.4	20	66.7	17	70.8	10	71.4	4	66.7	70	66.0
了解很少	0	0.0	1	7.10	1	3.3	5	20.8	1	7.1	1	16.7	9	8.5

注：n 北京肥胖男生=18；n 北京肥胖女生=14；n 武汉肥胖男生=30；n 武汉肥胖女生=24；n 重庆肥胖男生=14；n 重庆肥胖女生=6；n 总体肥胖学生=106

表3-78 高中普通学生对体育常识的了解程度

了解程度	北京				武汉				重庆				总体	
	男		女		男		女		男		女			
	n	%	n	%	n	%	n	%	n	%	n	%	n	%
非常清楚	7	38.9	4	10.3	12	19.4	8	7.7	9	20.0	4	5.8	44	13.1

续表

了解程度	北京				武汉				重庆				总体	
	男		女		男		女		男		女			
	n	%	n	%	n	%	n	%	n	%	n	%	n	%
了解一般	11	61.1	30	76.9	43	69.4	83	79.8	30	66.7	50	72.5	247	73.3
了解很少	0	0.0	5	12.8	7	11.3	13	12.5	6	13.3	15	21.7	46	13.6

注：n 北京普通男生＝18；n 北京普通女生＝39；n 武汉普通男生＝62；n 武汉普通女生＝104；n 重庆普通男生＝45；n 重庆普通女生＝69；n 总体普通学生＝337

（2）肥胖学生对体育运动的必要性的认知

根据调查研究表明，北京、武汉、重庆三地大多数肥胖学生认为体育运动的有一定的价值。

在对北京、武汉、重庆三个地区肥胖学生体育态度的调查中，针对学生对于参加体育运动是否有必要做了调查，将必要性分为5个等级供学生选择。

根据表3-79，在北京、武汉、重庆三个地区的小学生中，54.4%的肥胖学生认为参加体育运动非常重要，36.0%的肥胖学生认为参加体育运动有一定作用。其中北京地区的小学生肥胖学生认为体育运动非常重要的比例少于普通学生；武汉地区肥胖男生认为体育运动非常重要的比例略多于普通男生，肥胖女生认为体育运动非常重要的比例少于普通女生；在重庆地区肥胖学生认为参加体育运动非常重要的比例少于普通学生。就北京地区来说，肥胖男生和普通男生对于参加体育运动必要性的认识比较一致。肥胖女生认为参加体育运动非常重要的明显少于普通女生。大多数肥胖女生认为参加体育运动有一定用处，武汉地区的肥胖男生和普通男生在对参加体育运动必要性的认知上也基本一致，超过一半的肥胖男生和普通男生都认为参加体育运动非常重要。在调查的肥胖女生中，只有1/3左右的肥胖女生认为参加体育运动非常重要，普通女生中也有超过一半的人认为参加体育运动非常重要。在重庆地区，肥胖学生和普通学生中都有超过一半的人认为参加体育运动非常重要。

表3-79 小学肥胖学生对体育运动价值的认知

重要性	北京				武汉				重庆				总体	
	男		女		男		女		男		女			
	n	%	n	%	n	%	n	%	n	%	n	%	n	%
非常重要	22	66.7	5	26.3	46	59.7	13	38.2	38	57.6	24	55.8	148	54.4
有一定用处	7	21.2	12	63.2	27	35.1	16	47.1	19	28.8	17	39.5	98	36.0
可有可无	3	9.1	2	10.5	3	3.9	4	11.8	5	7.6	2	4.7	19	7.0
没什么必要	1	3.1	0	0.0	0	0.0	1	2.9	3	0	0	0.0	4	1.5
完全没必要	0	0.0	0	0.0	1	1.3	0	0.0	2	3	0	0.0	3	1.1

注：n 北京肥胖男生＝33；n 北京肥胖女生＝19；n 武汉肥胖男生＝77；n 武汉肥胖女生＝34；n 重庆肥胖男生＝66；n 重庆肥胖女生＝43；n 总体肥胖学生＝272

表 3-80 小学普通学生对体育运动价值的认知

重要性	北京				武汉				重庆				总体	
	男		女		男		女		男		女			
	n	%	n	%	n	%	n	%	n	%	n	%	n	%
非常重要	15	83.3	18	50.0	30	47.6	31	57.4	44	72.1	42	58.3	180	59.2
有一定用处	3	16.7	11	30.6	28	44.4	20	37.0	15	24.6	23	31.9	100	32.9
可有可无	0	0.0	6	16.7	5	7.9	3	5.6	1	1.6	6	8.3	21	6.9
没什么必要	0	0.0	1	2.8	0	0.0	0	0.0	0	0.0	0	0.0	1	0.3
完全没必要	0	0.0	0	0.0	0	0.0	0	0.0	1	1.6	1	1.4	2	0.7

注：n 北京普通男生＝18；n 北京普通女生＝36；n 武汉普通男生＝63；n 武汉普通女生＝54；重庆普通男生＝61；n 重庆普通女生＝72；n 总体普通学生＝304

表 3-81 初中肥胖学生对体育运动价值的认知

重要性	北京				武汉				重庆				总体	
	男		女		男		女		男		女			
	n	%	n	%	n	%	n	%	n	%	n	%	n	%
非常重要	16	59.3	8	40.0	19	50.0	9	32.1	29	63.0	9	60.0	90	51.7
有一定用处	7	25.9	12	60.0	14	36.8	14	50.0	9	19.6	2	13.3	58	33.3
可有可无	3	11.1	0	0.0	5	13.2	5	17.9	6	13.0	3	20.0	22	12.6
没什么必要	0	0.0	0	0.0	0	0.0	0	0.0	2	4.3	0	0.0	2	1.2
完全没必要	1	3.7	0	0.0	0	0.0	0	0.0	0	0.0	1	6.7	2	1.2

注：n 北京肥胖男生＝27；n 北京肥胖女生＝20；n 武汉肥胖男生＝38；n 武汉肥胖女生＝28；重庆肥胖男生＝46；n 重庆肥胖女生＝15；n 总体肥胖学生＝174

表 3-82 初中普通学生对体育运动价值的认知

重要性	北京				武汉				重庆				总体	
	男		女		男		女		男		女			
	n	%	n	%	n	%	n	%	n	%	n	%	n	%
非常重要	18	66.7	49	46.7	27	37.5	33	46.5	37	68.5	20	37.7	184	48.1
有一定用处	9	33.3	49	46.7	37	51.4	33	46.5	13	24.1	25	47.2	166	43.5
可有可无	0	0.0	5	4.8	8	11.1	5	7.0	2	3.7	7	13.2	27	7.1
没什么必要	0	0.0	1	1.0	0	0.0	0	0.0	0	0.0	0	0.0	1	0.3
完全没必要	0	0.0	1	1.0	0	0.0	0	0.0	2	3.7	1	1.9	4	1.0

注：n 北京普通男生＝27；n 北京普通女生＝105；n 武汉普通男生＝72；n 武汉普通女生＝71；n 重庆普通男生＝54；n 重庆普通女生＝53；n 总体普通学生＝382

在北京、武汉、重庆三地的初中生调查中，三地的肥胖学生中51.7%的学生认为参加体育运动非常重要，33.3%的学生认为参加体育运动有一点用处。北京地区的肥胖男生认为参加体育运动非常重要的比例低于普通学生，肥胖女生认为参加体育运动非常重要的低于普通学生；在武汉地区肥胖男生认为参加体育运动非常重要的比例高于普通学生，肥胖女生认为参加体育运动非常重要的比例低于普通女生；在重庆地区，肥胖男生认为参加体育运动非常重要的比例低于普通男生，肥胖女生认为参加体育运动非常重要的比例高于普通女生。在北京地区参加调查的学生中，肥胖学生和普通学生对于参加体育运动的必要性认知基本相同，男生超过 2/3 的人认为参加体育运动非常重要，女生中则只有接近一半的人认为参加体育运动非常重要。肥胖男生对参加体育运动抱中立和消极态度的人比普通学生多，肥胖女生对参加体育运动抱中立态度的比普通女生少。北京地区的肥胖学生在对体育运动的认知上略低于普通学生，而这种认知导致了这些学生对参加体育运动不够重视，在参加体育运动的时候积极性不高，或者避免参加，导致了运动量不够，身体逐渐肥胖。在武汉地区的肥胖男女生和普通男女生对于参加体育运动的认知程度基本相同，肥胖男生超过一半认为参加体育运动非常重要，肥胖女生和普通学生中，认为参加体育运动非常重要的不足一半，其中肥胖学生中对参加体育运动抱中立和消极态度的比普通学生多，超过了调查总数的 1/10。在重庆地区，超过一半的肥胖学生认为参加体育运动非常重要，在普通学生中，普通男生有超过一半的人认为参加体育运动非常重要，普通女生有接近一半的人认为参加体育运动非常重要，肥胖男生对参加体育运动抱中立和消极态度的学生超过 1/10。比普通男生要多，肥胖女生对参加体育运动抱中立和消极态度的学生不超过 1/10，并且比普通女生少。

北京、武汉、重庆三地高中生对参加体育运动必要性的调查结果如表 3-83 所示。三地的肥胖学生中 58.5% 的学生认为参加体育运动非常重要，27.4% 的学生认为参加体育运动有一定用处。在北京地区肥胖男生认为参加体育运动非常重要的比例比普通男生低，肥胖女生认为参加体育运动非常必要的比例比普通女生高；在武汉地区肥胖男生认为参加体育运动非常重要的比例比普通男生低，肥胖女生认为参加体育运动非常重要的比例比普通女生高；在重庆地区肥胖男生认为参加体育运动非常重要的比例比普通男生低，肥胖女生认为参加体育运动非常重要的比例比普通女生高。

表 3-83　高中肥胖学生对体育运动价值的认知

重要性	北京				武汉				重庆				总体	
	男		女		男		女		男		女			
	n	%	n	%	n	%	n	%	n	%	n	%	n	%
非常重要	13	72.2	9	64.3	16	53.3	12	50.0	9	64.3	3	50.0	62	58.5
有一定用处	5	27.8	3	21.4	8	26.7	7	29.2	4	28.6	2	33.3	29	27.4
可有可无	0	0.0	2	14.3	6	20.0	4	16.7	1	7.1	1	16.7	14	13.2
没什么必要	0	0.0	0	0.0	0	0.0	0	0.0	0	0.0	0	0.0	0	0.0
完全没必要	0	0.0	0	0.0	0	0.0	1	4.2	0	0.0	0	0.0	1	0.9

注：n 北京肥胖男生 = 18；n 北京肥胖女生 = 14；n 武汉肥胖男生 = 30；n 武汉肥胖女生 = 24；n 重庆肥胖男生 = 14；n 重庆肥胖女生 = 6；n 总体肥胖学生 = 106

表 3-84　高中普通学生对体育运动价值的认知

重要性	北京				武汉				重庆				总体	
	男		女		男		女		男		女			
	n	%	n	%	n	%	n	%	n	%	n	%	n	%
非常重要	15	83.3	21	53.8	30	49.2	28	26.9	31	68.9	31	44.9	156	46.3
有一定用处	3	16.7	16	41.0	25	41.0	47	45.2	11	24.4	37	53.6	139	41.5
可有可无	0	0.0	1	2.6	4	6.6	25	24.0	2	4.4	0	0.0	32	9.5
没什么必要	0	0.0	1	2.6	2	3.2	3	2.9	1	2.2	1	1.4	8	2.4
完全没必要	0	0.0	0	0.0	0	0.0	1	1.0	0	0.0	0	0.0	1	0.3

注：n 北京普通男生＝18；n 北京普通女生＝39；n 武汉普通男生＝61；n 武汉普通女生＝104；n 重庆普通男生＝45；n 重庆普通女生＝69；n 总体普通学生＝336

在北京地区的绝大多数高中生都对参加体育运动抱有积极态度，特别是男生。而肥胖女生和普通女生对参加体育运动抱有中立和消极态度的人都少于10%，比例相似。在北京地区的高中生中，无论是肥胖学生还是普通学生，都有一半以上的人认为参加体育运动非常重要，北京地区的高中生对于体育的态度是比较积极向上的，同时对于参加体育活动的积极性也是较高的，保证了每天能够主动自觉地参加体育活动，部分肥胖学生也能通过参加体育活动锻炼身体，减轻体重。在武汉地区，肥胖男生认为参加体育运动非常重要的频次，不到一半，比普通男生少。肥胖女生认为参加体育运动非常重要的比例近似普通女生中认为参加体育运动非常重要的比例的2倍。武汉地区的肥胖学生对参加体育运动抱中立和消极态度的人较多，由于这些肥胖学生对参加体育运动不够重视，导致肥胖学生没有参与足够的体育活动，活动量不足，体重不能减少。在重庆地区调查的肥胖男生中认为参加体育运动非常重要的人也不足半数，认为参加体育运动可有可无的人数也超过了总数的1/10，总体态度比普通男生要差。肥胖女生认为参加体育运动非常重要的比例超过了一半，比普通女生要多。

总的来说，肥胖学生在对参加体育运动必要性的调查中，肥胖男生比普通男生的态度要差，认为参加体育运动非常重要的比例比普通男生平均要少一点，由于这部分肥胖学生对体育不够重视，在学校参加体育运动时不够积极主动，能够不参加就不参加，运动量明显少于普通学生，日积月累，导致了肥胖的形成。而肥胖女生中认为参加体育运动非常重要的比例比普通女生平均要高，女生虽然在参加体育运动上的积极性不及男生，但是由于女生对自身体形的要求，会由于自身的肥胖，在参加体育运动时更加主动，自觉进行锻炼，增加运动量，以期达到减重的目的。

2. 肥胖学生参与学校安排的体育活动的态度

研究表明，北京、武汉、重庆三地大部分肥胖学生对于参加学校安排的体育活动都有较积极的态度。

在针对北京、武汉、重庆三地学生的调查中，对学生参加学校安排的课外体育锻炼的态度进行了调查。表 3-85 表明，三地的小学肥胖学生中 44.8％积极参加课外体育锻炼，肥胖小学生对于课外体育锻炼的态度较为积极，其中北京地区的肥胖学生只有 1/3 左右积极参加；武汉地区的肥胖学生有一半左右积极参加；重庆地区的肥胖男生有一半以上积极参加，肥胖女生超过 1/3 积极参加。与普通小学生相比较，普通学生在参加课外锻炼时的积极态度比肥胖学生要高，其中部分原因是肥胖学生对于自我体质的认知产生自卑心理，在以往的体育活动经验中，知道自己在和普通学生参加同样体育活动的时候，取得优势和获胜的概率很低，因而产生了挫败和消极对待的心理，不太愿意积极参加课外活动。

表 3-85 小学肥胖学生参与学校安排的体育锻炼的态度

态度	北京				武汉				重庆				总体	
	男		女		男		女		男		女			
	n	%	n	%	n	%	n	%	n	%	n	%	n	%
积极参加	11	36.7	5	26.3	41	51.9	14	45.2	35	53.0	16	37.2	122	45.9
偶尔参加	18	60.0	11	57.9	31	39.2	16	51.6	25	37.9	22	51.2	123	46.2
不强制，不参加	1	3.3	3	15.8	4	5.1	1	3.2	2	3.6	2	7.9	14	5.3
从不参加	0	0.0	0	0.0	2	2.5	0	0.0	3	4.5	2	4.7	7	2.6

注：n 北京肥胖男生＝30；n 北京肥胖女生＝19；n 武汉肥胖男生＝78；n 武汉肥胖女生＝31；n 重庆肥胖男生＝65；n 重庆肥胖女生＝43；n 总体肥胖学生＝266

表 3-86 小学普通学生参与学校安排的体育锻炼的态度

态度	北京				武汉				重庆				总体	
	男		女		男		女		男		女			
	n	%	n	%	n	%	n	%	n	%	n	%	n	%
积极参加	15	83.3	18	50	39	61.9	38	70.4	40	65.6	38	52.8	188	62.0
偶尔参加	3	16.7	10	27.8	19	30.2	16	29.6	16	26.2	29	40.3	93	30.7
不强制，不参加	0	0.0	8	22.2	4	6.3	0	0.0	4	6.6	3	4.2	19	6.3
从不参加	0	0.0	0	0.0	0	0.0	0	0.0	1	1.6	2	2.8	3	1.0

注：n 北京普通男生＝18；n 北京普通女生＝36；n 武汉普通男生＝62；n 武汉普通女生＝54；n 重庆普通男生＝61；n 重庆普通女生＝72；n 总体普通学生＝303

另外，北京和武汉地区小学生参加课外锻炼的态度整体比重庆要好，北京和武汉地区从不参加课外锻炼的学生几乎为零，但是在重庆地区则较高，其中肥胖学生不参加课外锻炼的学生比率在 5％左右，普通学生不参加课外锻炼的比率在 2.5％。这除了学生的自身意愿外，一部分是天气原因，重庆地处我国四川盆地，地势较低，是亚热带季风性湿润气候，常年阴雨天气，导致了学生不能很好地开展课外锻炼。

根据表 3-87 可知，在北京、武汉、重庆三地的肥胖初中生中，有 41.8％的肥胖学生积极参加课外体育锻炼。北京地区的肥胖男生一半以上积极参加课外锻炼，只有 1/4 的女生对课外锻炼报积极态度；在武汉地区，也有超过一半的男生对课外锻炼报积极态度，超过 1/3 的女生对课外锻炼报积极态度；在重庆地区的肥胖学生，都只有 1/3 的学生积极参加课外锻炼。与普通学生相比，大部分普通学生参加课外锻炼的态度也比肥胖学生要好。其中，武汉地区的肥胖女生比普通女生积极参加课外锻炼的比例略高。在初中阶段，相对于小学生来说，参加课外锻炼的积极性有所降低，男生对课外锻炼的积极性比女生高。由于初中生阶段相对学业负担增加，因而女生也不喜欢运动，整体来说对课外锻炼的积极性减低。

表 3-87　初中肥胖学生参与学校安排的体育锻炼的态度

态度	北京				武汉				重庆				总体	
	男		女		男		女		男		女			
	n	%	n	%	n	%	n	%	n	%	n	%	n	%
积极参加	14	51.9	5	25.0	21	55.3	10	35.7	16	34.8	5	33.3	71	41.8
偶尔参加	9	33.3	9	45.0	14	36.8	12	42.9	21	45.7	8	53.3	73	42.9
不强制，不参加	4	14.8	5	25.0	3	7.9	4	14.3	6	13	2	13.3	24	14.1
从不参加	0	0.0	0	0.0	0	0.0	1	3.6	1	2.2	0	0.0	2	1.2

注：n 北京肥胖男生=27；n 北京肥胖女生=19；n 武汉肥胖男生=38；n 武汉肥胖女生=27；n 重庆肥胖男生=44；n 重庆肥胖女生=15；n 总体肥胖学生=170

表 3-88　初中普通学生参与学校安排的体育锻炼的态度

态度	北京				武汉				重庆				总体	
	男		女		男		女		男		女			
	n	%	n	%	n	%	n	%	n	%	n	%	n	%
积极参加	13	50.0	50	49.5	29	40.3	37	52.1	34	64.2	23	44.2	186	49.6
偶尔参加	11	42.3	36	35.6	32	44.4	21	29.6	10	18.9	25	48.1	135	36.0
不强制，不参加	2	7.7	14	13.9	11	15.3	13	18.3	8	15.1	4	7.7	52	13.9
从不参加	0	0.0	1	1.0	0	0.0	0	0.0	1	1.8	0	0.0	2	0.5

注：n 北京普通男生=26；n 北京普通女生=101；n 武汉普通男生=72；n 武汉普通女生=71；n 重庆普通男生=53；n 重庆普通女生=52；n 总体普通学生=375

根据表 3-89，在北京、武汉、重庆三地的肥胖高中生中，占 54.8% 的肥胖学生积极参加课外体育锻炼。北京地区的高中肥胖男生大多数对参加课外锻炼是积极态度，肥胖女生有超过 1/3 对课外锻炼报积极态度；武汉地区的肥胖学生将近一半对课外锻炼有积极态度；重庆地区，肥胖男生超过一半对课外锻炼报积极态度，肥胖女生中有 1/3 对课外锻炼报积极态度。北京和重庆地区的高中生，肥胖男生中积极参加课外锻炼的比普通男生要高，肥胖女生中积极参加课外锻炼的比普通女生少。武汉地区高中生则相反，肥胖女生积极参加课外锻炼的比例明显高于普通女生，肥胖男生积极参加课外锻炼的比例略少于普通男生。高中年龄段的学生，对于自身体质有了充分的认知，对于审美也有了一定的要求。在学校的课外活动中，会出于对自身体质减重的要求,来增加一定的运动量,因而更加积极的参加体育锻炼。另一方面,高中阶段的学生,学业较重,在学习之余,会尽可能地参加课外活动来释放学习的压力,所以,就高中阶段的学生来看,从不参加课外锻炼的学生很少。

表 3-89 高中肥胖学生参与学校安排的体育锻炼的态度

态度	北京				武汉				重庆				总体	
	男		女		男		女		男		女			
	n	%	n	%	n	%	n	%	n	%	n	%	n	%
积极参加	15	83.3	6	46.2	14	46.7	11	47.8	9	64.3	2	33.3	57	54.8
偶尔参加	3	16.7	3	23.1	14	46.7	7	30.4	3	21.4	4	66.7	34	32.7
不强制,不参加	0	0.0	4	30.7	2	6.7	5	21.8	2	14.3	0	0.0	13	12.5
从不参加	0	0.0	0	0.0	0	0.0	0	0.0	0	0.0	0	0.0	0	0.0

注:n 北京肥胖男生=18;n 北京肥胖女生=13;n 武汉肥胖男生=30;n 武汉肥胖女生=23;n 重庆肥胖男生=14;n 重庆肥胖女生=6;n 总体肥胖学生=104

表 3-90 高中普通学生参与学校安排的体育锻炼的态度

态度	北京				武汉				重庆				总体	
	男		女		男		女		男		女			
	n	%	n	%	n	%	n	%	n	%	n	%	n	%
积极参加	16	88.9	15	41.7	32	51.6	31	30.1	22	48.9	32	46.4	148	44.4
偶尔参加	1	5.6	16	44.4	25	40.3	49	47.6	16	35.6	25	36.2	132	39.6
不强制,不参加	1	5.6	5	13.9	4	6.5	23	22.3	7	15.6	11	15.9	51	15.4
从不参加	0	0.0	0	0.0	1	1.6	0	0.0	0	0.0	1	1.4	2	0.6

注:n 北京普通男生=18;n 北京普通女生=36;n 武汉普通男生=62;n 武汉普通女生=103;n 重庆普通男生=45;n 重庆普通女生=69;n 总体普通学生=333

综合三个地区的中小学生参加课外锻炼的态度,总的来说,一半的学生是能够积极参加课外锻炼的;一部分学生偶尔参加课外锻炼;其他的一小部分,对于课外锻炼的态度是学校不强制要求,就不参加,比较消极;从不参加课外锻炼的学生极少。其中肥胖学生并没有因为自身肥胖而减少对课外体育锻炼的兴趣,反而部分肥胖学生能够比普通学生更加主动积极地参加体育锻炼。一部分学生对课外体育锻炼比较消极的原因可能是由于这部分学生对于学校安排的课外锻炼项目不是很感兴趣,而从上文提到的北京、武汉、重庆三地学生课外锻炼方式的数据显示,一部分学生更加偏好在课外锻炼时间自己安排活动。

3. 肥胖学生的体育兴趣和爱好

(1) 肥胖学生的体育兴趣

研究结果表明,北京、武汉、重庆三地肥胖学生中超过半数的学生都能在课外时间主动参加体育锻炼。

表 3-91 小学肥胖学生在课余时间主动参加体育锻炼的情况

积极性	北京				武汉				重庆				总体	
	男		女		男		女		男		女			
	n	%	n	%	n	%	n	%	n	%	n	%	n	%
从不参加	5	16.2	6	31.6	6	7.6	4	11.8	12	18.2	8	18.6	41	15.1
偶尔参加	18	58.1	10	52.6	50	63.3	22	64.7	37	56.1	28	65.1	165	60.7
经常参加	8	25.7	3	15.8	23	29.1	8	23.5	17	25.8	7	16.3	66	24.2

注：n 北京肥胖男生=31；n 北京肥胖女生=19；n 武汉肥胖男生=79；n 武汉肥胖女生=34；重庆肥胖男生=66；n 重庆肥胖女生=43；n 总体肥胖学生=272

表 3-92 小学普通学生在课余时间主动参加体育锻炼的情况

积极性	北京				武汉				重庆				总体	
	男		女		男		女		男		女			
	n	%	n	%	n	%	n	%	n	%	n	%	n	%
从不参加	0	0.0	5	13.9	4	6.3	2	3.8	5	8.2	7	9.7	23	7.6
偶尔参加	7	38.9	19	52.8	37	58.7	37	69.8	30	49.2	47	65.3	177	58.4
经常参加	11	61.1	12	33.3	22	34.9	14	26.5	26	42.6	18	25.0	103	34.0

注：n 北京普通男生=18；n 北京普通女生=36；n 武汉普通男生=63；n 武汉普通女生=53；n 重庆普通男生=61；n 重庆普通女生=72；n 总体普通学生=303

在对北京、重庆、武汉三地学生在校内课外的课余时间主动参加体育锻炼的情况进行调查，调查结果如下，肥胖学生中 24.2% 的学生经常参加体育锻炼，60.7% 的学生偶尔参加体育锻炼。在北京地区的肥胖学生中超过半数的学生偶尔参加，在肥胖男生中，有超过 1/4 的学生能在课余时间主动参加体育锻炼，肥胖女生中不到 1/6 主动参加体育锻炼；在武汉地区的肥胖学生中只有 1/10 左右的学生在课余时间从不参加体育锻炼，超过 2/5 的学生能在课余时间经常参加体育锻炼；在重庆地区，也有超过一半的肥胖学生能在课余时间偶尔参加体育锻炼。与普通学生相比较，北京地区的普通学生在课余时间经常参加体育锻炼的比例比肥胖学生高；在武汉和重庆地区，普通学生在课余时间经常参加体育锻炼的比例也比肥胖学生要高。总的来说，肥胖学生在课余时间参加体育锻炼的积极性比普通学生要低一点，肥胖学生中从不参加体育锻炼的比例要比普通学生高。肥胖学生由于肥胖的原因，在参加体育锻炼时要耗费更大的体力，更加辛苦，因而部分肥胖学生不愿意经常参加体育锻炼。

表 3-93 初中肥胖学生在课余时间主动参加体育锻炼的情况

积极性	北京				武汉				重庆				总体	
	男		女		男		女		男		女			
	n	%	n	%	n	%	n	%	n	%	n	%	n	%
从不参加	2	7.4	2	10.0	2	5.3	5	17.9	14	30.4	2	13.3	27	15.5
偶尔参加	16	59.3	17	85.0	25	65.8	21	75.0	20	43.5	11	73.3	110	63.2
经常参加	9	33.3	1	5.0	11	28.9	2	7.1	12	26.1	2	13.3	37	21.3

注：n 北京肥胖男生=27；n 北京肥胖女生=20；n 武汉肥胖男生=38；n 武汉肥胖女生=28；重庆肥胖男生=46；n 重庆肥胖女生=15；n 总体肥胖学生=174

表 3-94　初中普通学生在课余时间主动参加体育锻炼的情况

积极性	北京				武汉				重庆				总体	
	男		女		男		女		男		女			
	n	%	n	%	n	%	n	%	n	%	n	%	n	%
从不参加	2	7.7	7	6.7	11	15.3	6	8.5	13	24.5	5	9.6	44	11.6
偶尔参加	15	57.7	79	75.2	42	58.3	59	83.1	21	39.6	44	84.6	260	68.6
经常参加	9	34.6	19	18.1	19	26.4	6	8.5	19	35.9	3	5.8	75	19.8

注：n 北京普通男生$=26$；n 北京普通女生$=105$；n 武汉普通男生$=72$；n 武汉普通女生$=71$；n 重庆普通男生$=53$；n 重庆普通女生$=52$；n 总体普通学生$=379$。

在北京、武汉、重庆三地的初中生中，肥胖学生中 21.3% 的学生经常参加体育锻炼，63.2% 的学生偶尔参加体育锻炼。北京地区的肥胖学生只有 1/3 的肥胖男生和 1/10 的肥胖女生在课余时间经常参加体育锻炼；在武汉地区，有不到 1/3 的肥胖男生和不足 1/10 的肥胖女生经常在课余时间参加体育锻炼；在重庆地区，肥胖男生少于一半的比例偶尔参加体育锻炼，肥胖学生中能经常在课余时间参加的比例也不超过 1/3。与普通学生相比，北京地区的肥胖学生在课余时间参加体育锻炼的积极性比普通学生低；武汉地区的普通男生在课余时间从不参加体育锻炼的比例要比肥胖学生高，普通女生中在课余时间经常参加体育锻炼的比例比普通女生略高；在重庆地区肥胖女生在课余时间经常参加体育锻炼的比例比普通女生高，肥胖男生在课余时间经常参加体育锻炼的比例则略低。总的来说，北京、武汉、重庆三地的肥胖小学生在课余时间经常参加体育锻炼的比例比普通学生略高。由于在初中阶段有体育中考，肥胖学生会更加积极主动地利用课余时间补足自己在体育技能上的欠缺，来提高体育成绩，所以比部分普通学生更加积极地在课余时间参加体育锻炼。

表 3-95　高中肥胖学生在课余时间主动参加体育锻炼的情况

积极性	北京				武汉				重庆				总体	
	男		女		男		女		男		女			
	n	%	n	%	n	%	n	%	n	%	n	%	n	%
从不参加	3	17.6	2	14.3	2	6.7	1	4.2	0	0.0	0	0.0	8	7.6
偶尔参加	7	41.2	9	64.3	15	50.0	19	79.2	8	57.1	6	100.0	64	61.0
经常参加	7	41.2	3	21.4	13	43.3	4	16.7	6	42.9	0	0.0	33	31.4

注：n 北京肥胖男生$=17$；n 北京肥胖女生$=14$；n 武汉肥胖男生$=30$；n 武汉肥胖女生$=24$；n 重庆肥胖男生$=14$；n 重庆肥胖女生$=6$；n 总体肥胖学生$=105$。

表 3-96　高中普通学生在课余时间主动参加体育锻炼的情况

积极性	北京				武汉				重庆				总体	
	男		女		男		女		男		女			
	n	%	n	%	n	%	n	%	n	%	n	%	n	%
从不参加	2	11.1	2	5.1	4	6.5	11	10.6	3	6.7	7	10.1	29	8.6

续表

积极性	北京				武汉				重庆				总体	
	男		女		男		女		男		女			
	n	%	n	%	n	%	n	%	n	%	n	%	n	%
偶尔参加	4	22.2	31	79.5	41	66.1	78	75.0	26	57.8	54	78.3	234	69.4
经常参加	12	66.7	6	15.4	17	27.4	15	14.4	16	35.6	8	11.6	104	31.0

注：n 北京普通男生=18；n 北京普通女生=39；n 武汉普通男生=62；n 武汉普通女生=104；n 重庆普通男生=45；n 重庆普通女生=69；n 总体普通学生=337

在北京、武汉、重庆三地的肥胖高中生的调查结果如下表，肥胖学生中31.4%的学生经常参加体育锻炼，61.0%的学生偶尔参加体育锻炼。其中在北京地区的肥胖学生有不到1/5的比例从不在业余时间参加体育锻炼；在武汉地区只有不到1/10的肥胖学生从不在业余时间参加体育锻炼，在重庆地区的肥胖学生课余时间从不参加体育锻炼的极少。与普通学生相比，北京地区的普通高中生中在课余时间从不参加体育锻炼的比例比肥胖高中生低；在武汉地区的普通高中生在课余时间积极参加体育锻炼的比例比肥胖高中生低；在重庆地区，普通高中生中在课余时间从不参加体育锻炼的比例比肥胖高中生高。总的来说，肥胖学生和普通学生在课余时间参加体育锻炼的积极性相差不多，但是比初中生的态度更加积极。高中生阶段虽然学业较为紧张，但是高中生都更加积极参加体育锻炼，用体育活动来放松身心，减轻压力。

（2）肥胖学生对体育项目的爱好

研究结果表明，北京、武汉、重庆三地肥胖学生掌握较好的体育项目主要为球类和游泳，球类项目包括羽毛球、乒乓球、足球、毽球等。

在北京、武汉、重庆三地肥胖学生对掌握较好的体育项目进行了调查统计，表3-97显示，北京地区的肥胖男生掌握较好的项目排在前3位的是游泳、足球、羽毛球，武汉和重庆地区的小学肥胖男生都是把羽毛球、乒乓球、足球排在前3位。北京和武汉地区的肥胖女生将游泳、羽毛球、踢毽子排在前3位，而重庆地区的肥胖女生把羽毛球、踢毽子、体操排在前3位。与普通学生相比，肥胖学生总体掌握较好的项目排在前5位的是羽毛球、游泳、乒乓球、踢毽子、足球，普通学生总体排在前5位的是羽毛球、踢毽子、体操、游泳、足球。这说明体型对学生的学习体育项目有较大影响。可以看出，小学肥胖男生掌握较好的项目集中于羽毛球、足球等项目，而女生则集中于羽毛球、踢毽子等项目。这说明男生掌握较好的是竞争对抗性强、运动量较大的项目。而女生掌握较好的是运动强度不大、趣味性强的项目，如踢毽子。据调查，肥胖学生掌握较好的原因是很多学生觉得这些项目简单、有趣，并经常练习。

表 3-97 小学肥胖学生掌握较好的项目

项目	北京				武汉				重庆				总体	
	男		女		男		女		男		女			
	n	%	n	%	n	%	n	%	n	%	n	%	n	%
篮球	14	33.3	1	3.8	15	18.5	1	2.9	11	15.1	2	4.7	44	14.7
排球	0	0.0	1	3.8	0	0.0	1	2.9	1	1.4	0	0.0	3	1.0
足球	16	38.1	3	11.5	23	28.4	5	14.3	18	24.7	1	2.3	66	22.0
乒乓球	11	26.2	2	7.7	30	37.0	4	11.4	26	35.6	3	7.0	76	25.3
羽毛球	15	35.7	13	50.0	33	40.7	14	40.0	34	46.6	24	55.8	133	44.3
健美操	0	0.0	2	7.7	0	0.0	1	2.9	1	1.4	2	4.7	6	2.0
武术	2	4.8	1	3.8	5	6.2	2	5.7	2	2.7	1	2.3	13	4.3
游泳	17	40.5	16	61.5	19	23.5	11	31.4	15	20.5	7	16.3	85	28.3
踢毽子	5	11.9	7	26.9	15	18.5	10	28.6	14	19.2	20	46.5	71	23.7
田径类	0	0.0	0	0.0	0	0.0	8	22.9	5	6.8	5	11.6	18	6.0
体操	4	9.5	0	0.0	10	12.3	7	20.0	9	12.3	8	18.6	38	12.7
其他	0	0.0	5	19.2	3	3.7	2	5.7	2	2.7	3	7.0	15	5.0

注：n 北京肥胖男生＝42；n 北京肥胖女生＝26；n 武汉肥胖男生＝81；n 武汉肥胖女生＝35；n 重庆肥胖男生＝73；n 重庆肥胖女生＝43；n 肥胖总体＝300

表 3-98 小学普通学生掌握较好的项目

项目	北京				武汉				重庆				总体	
	男		女		男		女		男		女			
	n	%	n	%	n	%	n	%	n	%	n	%	n	%
篮球	6	35.3	2	5.7	10	15.9	2	3.8	18	26.5	8	11.8	46	15.2
排球	0	0.0	2	5.7	0	0.0	1	1.9	1	1.5	1	1.5	5	1.7
足球	6	35.3	2	5.7	22	34.9	3	5.8	14	20.6	1	1.5	48	15.8
乒乓球	4	23.5	1	2.9	19	30.2	3	5.8	10	14.7	3	4.4	40	13.2
羽毛球	4	23.5	14	40.0	17	27.0	21	40.4	23	33.8	33	48.5	112	37.0
健美操	0	0.0	3	8.6	0	0.0	3	5.8	1	1.5	0	0.0	7	2.3
武术	2	11.8	3	8.6	5	7.9	1	1.9	2	2.9	2	2.9	15	5.0
游泳	7	41.2	12	34.3	13	20.6	13	25.0	15	22.1	16	23.5	76	25.1
踢毽子	2	11.8	13	37.1	13	20.6	20	38.5	19	27.9	33	48.5	100	33.0
田径类	0	0.0	1	2.9	2	3.2	12	25.0	0	0.0	5	7.4	21	6.9
体操	1	5.9	10	28.6	21	33.3	14	26.9	22	32.4	11	16.2	79	26.1
其他	1	5.9	1	2.9	3	4.8	0	0.0	0	0.0	5	7.4	10	3.3

注：n 北京普通男生＝17；n 北京普通女生＝35；n 武汉普通男生＝63；n 武汉普通女生＝52；n 重庆普通男生＝68；n 重庆普通女生＝68；n 普通总体＝303

北京、武汉、武汉三地的初中生对体育项目的掌握情况如表 3-99。在北京地区初中肥胖男生掌握较好的项目排在前 3 位的是篮球、游泳、踢毽子，肥胖女生排在前 3 位的是羽毛球和踢毽子、篮球和体操、游泳和田径。武汉肥胖男生排在前 3 位的是羽毛球、乒乓球、篮球，肥胖女生把羽毛球、踢毽子、田径排在前 3 位。重庆的肥胖男生排在前 3 位的是篮球和羽毛球、乒乓球、踢毽子，肥胖女生排在前 3

位的是踢毽子、羽毛球、篮球。和普通学生相比,初中肥胖男生掌握较好的项目排在前 5 位的是羽毛球、篮球、踢毽子、乒乓球、游泳,普通学生排在前 5 位的是羽毛球、踢毽子、篮球、体操、乒乓球。总的来说,初中肥胖男生掌握较好的项目集中于篮球、乒乓球等,肥胖女生则集中于羽毛球、踢毽子、篮球等。

表 3-99 初中肥胖学生掌握较好的项目

项目	北京				武汉				重庆				总体	
	男		女		男		女		男		女			
	n	%	n	%	n	%	n	%	n	%	n	%	n	%
篮球	11	52.4	5	22.7	13	39.4	3	11.5	12	32.4	6	30.0	50	31.4
排球	2	9.5	2	9.1	0	0.0	2	7.7	0	0.0	3	15.0	9	5.7
足球	1	4.8	1	4.5	3	9.1	0	0	7	18.9	1	5.0	13	8.2
乒乓球	2	9.5	2	9.1	15	45.5	2	7.7	11	29.7	1	5.0	33	20.8
羽毛球	4	19.0	7	31.8	16	48.5	11	42.3	12	32.4	8	40.0	58	36.5
健美操	0	0.0	1	4.5	1	3.0	0	0.0	1	2.7	1	5.0	4	2.5
武术	0	0.0	0	0.0	0	0.0	0	0.0	0	0.0	0	0.0	0	0.0
游泳	6	28.6	3	13.6	4	12.1	2	7.7	5	13.5	4	20.0	24	15.1
踢毽子	5	23.8	7	31.8	6	18.2	7	26.9	8	21.6	9	45.0	42	26.4
田径类	0	0.0	3	13.6	2	6.1	4	15.4	0	0.0	4	20.0	13	8.2
体操	3	14.3	5	22.7	3	9.1	1	3.8	5	13.5	0	0	17	10.7
其他	2	9.5	0	0.0	1	3.0	1	3.8	1	2.7	1	5.0	6	3.8

注:n 北京普通男生=26;n 北京普通女生=114;n 武汉普通男生=73;n 武汉普通女生=71;n 重庆普通男生=64;n 重庆普通女生=56;n 普通总体=404

表 3-100 初中普通学生掌握较好的项目

项目	北京				武汉				重庆				总体	
	男		女		男		女		男		女			
	n	%	n	%	n	%	n	%	n	%	n	%	n	%
篮球	14	53.8	20	17.5	26	35.6	12	16.9	25	39.1	5	8.9	102	25.2
排球	2	7.7	17	14.9	6	8.2	6	8.5	0	0.0	1	1.8	32	7.9
足球	1	3.8	2	1.8	3	4.1	0	0.0	16	25.0	5	8.9	27	6.7
乒乓球	6	23.1	3	2.6	31	42.5	7	9.9	24	37.5	6	10.7	77	19.1
羽毛球	6	23.1	38	33.3	27	37.0	41	57.7	20	31.3	23	41.1	155	38.4
健美操	0	0.0	7	6.1	2	2.7	4	5.6	1	1.6	2	3.6	16	4.0
武术	3	11.5	13	11.4	1	1.4	1	1.4	0	0.0	2	3.6	20	5.0
游泳	3	11.5	14	12.3	6	8.2	8	11.3	5	7.8	14	25.0	50	12.4
踢毽子	4	15.4	32	28.1	9	12.3	32	45.1	16	25.0	29	51.8	122	30.2
田径类	0	0	16	14.0	1	1.4	11	15.5	0	0.0	3	5.4	31	7.7
体操	8	30.8	33	28.9	14	19.2	19	26.8	9	14.1	10	17.9	93	23.0
其他	1	3.8	10	8.8	2	2.7	6	8.5	2	3.1	0	0.0	21	5.2

注:n 北京普通男生=26;n 北京普通女生=114;n 武汉普通男生=73;n 武汉普通女生=71;n 重庆普通男生=64;n 重庆普通女生=56;n 普通总体=404

表 3-101 所示，北京高中肥胖男生和女生掌握较好的项目排在前 2 位的都是篮球、羽毛球，男生排在第 3 位的是足球和乒乓球，女生则是游泳和乒乓球。武汉肥胖男生排在前 3 位的是乒乓球、篮球、羽毛球，女生排在前 3 位的是羽毛球、乒乓球、篮球、健美操、游泳和踢毽子。重庆高中肥胖男生排在前 3 位的是篮球和乒乓球、羽毛球、足球，女生排在前 3 位的是羽毛球、踢毽子、健美操。可以看出，高中肥胖男生掌握较好的项目集中于篮球、羽毛球、足球等球类项目，女生主要集中于羽毛球、踢毽子等。据调查，肥胖学生喜欢这些项目的原因也是因为对这些项目感兴趣，喜欢，练习的比较多等因素。

表 3-101 高中肥胖学生掌握较好的项目

项目	北京				武汉				重庆				总体	
	男		女		男		女		男		女			
	n	%	n	%	n	%	n	%	n	%	n	%	n	%
篮球	9	64.3	10	58.8	13	43.3	4	19.0	8	53.3	0	0.0	44	42.3
排球	0	0.0	0	0.0	1	3.3	3	14.3	0	0.0	0	0.0	4	3.8
足球	4	28.6	1	5.9	4	13.3	0	0.0	3	20.0	1	14.3	13	12.5
乒乓球	4	28.6	4	23.5	17	56.7	6	28.6	8	53.3	1	14.3	40	38.5
羽毛球	8	57.1	6	35.3	11	36.7	12	57.1	7	46.7	4	57.1	48	46.2
健美操	0	0.0	1	5.9	0	0.0	4	19.0	0	0.0	2	28.6	7	6.7
武术	0	0.0	0	0.0	0	0.0	1	4.8	0	0.0	0	0.0	1	1.0
游泳	1	7.1	4	23.5	3	10.0	4	19.0	1	6.7	1	14.3	14	13.5
踢毽子	0	0	3	17.6	0	0.0	4	19.0	2	13.3	3	42.9	12	11.5
田径类	0	0.0	2	11.8	0	0.0	1	4.8	0	0.0	1	14.3	4	3.8
体操	1	7.1	0	0.0	1	3.3	1	4.8	0	0.0	0	0.0	3	2.9
其他	0	0.0	0	0.0	1	3.3	0	0.0	0	0.0	0	0.0	1	1.0

注：n 北京肥胖男生＝14；n 北京肥胖女生＝17；n 武汉肥胖男生＝30；n 武汉肥胖女生＝21；n 重庆肥胖男生＝15；n 重庆肥胖女生＝7；n 肥胖总体＝104

表 3-102 高中普通学生掌握较好的项目

项目	北京				武汉				重庆				总体	
	男		女		男		女		男		女			
	n	%	n	%	n	%	n	%	n	%	n	%	n	%
篮球	14	63.6	8	20.5	32	53.3	11	11.6	20	38.5	11	14.9	96	28.1
排球	2	9.1	1	2.6	2	3.3	5	5.3	1	1.9	4	5.4	15	4.4
足球	7	31.8	0	0.0	15	25.0	1	1.1	9	17.3	2	2.7	34	9.9
乒乓球	7	31.8	6	15.4	26	43.3	14	14.7	21	40.4	20	27.0	94	27.5
羽毛球	8	36.4	20	51.3	19	31.7	68	71.6	22	42.3	41	55.4	178	52.0
健美操	0	0.0	1	2.6	0	0.0	12	12.6	3	5.8	9	12.2	25	7.3
武术	0	0.0	0	0.0	2	3.3	4	4.2	1	1.9	0	0.0	7	2.0
游泳	4	18.2	8	20.5	1	1.7	9	9.5	7	13.5	6	8.1	35	10.2
踢毽子	1	4.5	7	17.9	6	10.0	28	29.5	9	17.3	24	32.4	75	21.9

续表

项目	北京				武汉				重庆				总体	
	男		女		男		女		男		女			
	n	%	n	%	n	%	n	%	n	%	n	%	n	%
田径类	0	0.0	6	15.4	2	3.3	11	11.6	1	1.9	3	4.1	23	6.7
体操	6	27.3	7	17.9	11	18.3	12	12.6	7	13.5	7	9.5	50	14.6
其他	1	4.5	1	2.6	1	1.7	8	8.4	1	1.9	3	4.1	15	4.4

注：n 北京普通男生=22；n 北京普通女生=39；n 武汉普通男生=60；n 武汉普通女生=95；n 重庆普通男生=52；n 重庆普通女生=74；n 普通总体=342

4. 肥胖学生对学校体育的满意度

数据表明，北京、武汉、重庆三地半数左右肥胖学生认为课外体育活动时间能满足其需求。

在对北京、武汉、重庆三地的肥胖学生对平日校内课外体育活动是否满足其需求的情况进行了调查，调查结果如下，肥胖学生中 59.0% 的学生认为校内课外体育活动的时间能满足学生的体育需求。根据表 3-103，在北京地区的肥胖学生不足一半的比例认为校内的体育活动时间能满足其需求；在武汉和重庆地区的肥胖学生，超过一半的比例认为校内的课外体育活动时间能够满足需求。与普通学生相比，北京地区的普通学生认为校内课外体育活动时间足够的比例比肥胖地区高。总的来说，普通学生认为校内课外体育活动时间足够的比例略多于肥胖学生，且比例都超过了半数，说明大部分学生对于校内课外体育活动时间的安排比较满意。

表 3-103 小学肥胖学生校内课外体育活动时间的需求

选项	北京				武汉				重庆				总体	
	男		女		男		女		男		女			
	n	%	n	%	n	%	n	%	n	%	n	%	n	%
够	13	38.2	9	50.0	43	55.1	26	76.5	39	59.1	31	72.1	161	59.0
不够	16	47.1	5	27.8	31	39.7	4	11.8	20	30.3	9	20.9	85	31.1
不清楚	5	14.7	4	22.2	4	5.2	4	11.8	7	10.6	3	7.0	27	9.9

注：n 北京肥胖男生=34；n 北京肥胖女生=18；n 武汉肥胖男生=78；n 武汉肥胖女生=34；n 重庆肥胖男生=66；n 重庆肥胖女生=43；n 总体肥胖学生=273

表 3-104 小学普通学生校内课外体育活动时间的需求

选项	北京				武汉				重庆				总体	
	男		女		男		女		男		女			
	n	%	n	%	n	%	n	%	n	%	n	%	n	%
够	10	55.6	20	55.6	34	54.0	37	71.2	38	62.3	57	79.2	196	64.9
不够	8	44.4	9	25.0	24	38.1	13	25.0	21	34.4	10	13.9	85	28.1
不清楚	0	0.0	7	19.4	5	7.9	2	3.8	2	3.3	5	6.9	21	7.0

注：n 北京普通男生=18；n 北京普通女生=36；n 武汉普通男生=63；n 武汉普通女生=52；n 重庆普通男生=61；n 重庆普通女生=72；n 总体普通学生=302

在北京、武汉、重庆三地的肥胖初中生中，三地的肥胖学生中54.1％的学生认为校内课外体育活动时间能满足学生的体育需求。北京和重庆地区的肥胖学生都有超过一半的比例认为校内课外体育活动时间足够，在武汉地区的肥胖男生有超过一半的比例认为校内课外体育活动时间不足。与普通学生相比，武汉和重庆地区的肥胖男生，不到一半的人认为校内课外体育活动时间足够。总的来说，肥胖学生和普通学生对校内课外体育活动时间的需求保持基本一致，普遍男生认为校内课外体育活动时间不够，男生比较好动，体育需求比女生大。

表 3-105　初中肥胖学生校内课外体育活动时间的需求

选项	北京				武汉				重庆				总体	
	男		女		男		女		男		女			
	n	%	n	%	n	%	n	%	n	%	n	%	n	%
够	16	61.5	13	65.0	14	36.8	18	64.3	23	51.1	9	60.0	93	54.1
不够	7	26.9	6	30.0	23	60.5	9	32.1	17	37.8	6	40.0	68	39.5
不清楚	3	11.6	1	5.0	1	2.6	1	3.6	5	11.1	0	0.0	11	6.4

注：n北京肥胖男生＝26；n北京肥胖女生＝20；n武汉肥胖男生＝38；n武汉肥胖女生＝28；重庆肥胖男生＝45；n重庆肥胖女生＝15；n总体肥胖学生＝172

表 3-106　初中普通学生校内课外体育活动时间的需求

选项	北京				武汉				重庆				总体	
	男		女		男		女		男		女			
	n	%	n	%	n	%	n	%	n	%	n	%	n	%
够	17	63	72	69.9	28	38.9	37	52.1	23	45.1	28	52.8	205	54.4
不够	8	29.6	21	20.4	35	48.6	28	39.4	22	43.1	19	35.8	133	35.3
不清楚	2	7.4	10	9.7	9	12.5	6	8.5	6	11.8	6	11.3	39	10.3

注：n北京普通男生＝27；n北京普通女生＝103；n武汉普通男生＝72；n武汉普通女生＝71；n重庆普通男生＝51；n重庆普通女生＝53；n总体普通学生＝377

北京、武汉、重庆三地的高中生的调查结果如表3-107和表3-108，三地的肥胖学生中40.6％的学生认为校内课外体育活动时间能够满足其体育需求。北京地区的肥胖学生超过半数认为校内课外体育活动时间满足其需求；而武汉和重庆地区的肥胖学生超过半数的学生则认为校内课外体育活动时间不能满足其需求。与普通学生相比，除了北京地区的肥胖女生，其他学生都有超过半数认为校内课外体育活动时间不够。总的来说，北京、武汉、重庆三地的高中生普遍认为校内课外体育活动时间不能满足基本需求。高中生由于学业紧张，能用于进行体育活动的时间较少，所以学生更偏好于利用体育活动来放松身心，都希望有更多的课外体育活动时间。

表 3-107 高中肥胖学生校内课外体育活动时间的需求

选项	北京				武汉				重庆				总体	
	男		女		男		女		男		女			
	n	%	n	%	n	%	n	%	n	%	n	%	n	%
够	11	61.1	9	64.3	10	33.3	9	37.5	3	21.4	1	16.7	43	40.6
不够	7	38.9	4	28.6	16	53.3	14	58.3	9	64.3	5	83.3	55	51.9
不清楚	0	0.0	1	7.1	4	13.3	1	4.2	2	14.3	0	0.0	8	7.5

注：n 北京肥胖男生=18；n 北京肥胖女生=14；n 武汉肥胖男生=30；n 武汉肥胖女生=24；n 重庆肥胖男生=14；n 重庆肥胖女生=6；n 总体肥胖学生=106

表 3-108 高中普通学生校内课外体育活动时间的需求

选项	北京				武汉				重庆				总体	
	男		女		男		女		男		女			
	n	%	n	%	n	%	n	%	n	%	n	%	n	%
够	7	38.9	23	59.0	18	29.5	38	36.9	6	13.3	17	24.6	109	32.5
不够	11	61.1	14	35.9	41	67.2	53	51.5	35	77.8	43	62.3	197	58.8
不清楚	0	0.0	2	5.1	2	3.3	12	11.6	4	8.9	9	13.1	29	8.7

注：n 北京普通男生=18；n 北京普通女生=39；n 武汉普通男生=61；n 武汉普通女生=103；n 重庆普通男生=45；n 重庆普通女生=69；n 总体普通学生=335

在对北京、武汉、重庆三地肥胖学生校内体育活动现状的调查中，对中小学生是否对学校体育现状满意的程度打分，5分为满分。根据研究结果表明，北京、武汉、重庆三地的肥胖学生对于学校体育现状基本满意。

如表 3-109，三地的肥胖学生中 22.4% 的学生对学校的运动现状非常满意。在北京、武汉、重庆三地的肥胖学生对现在的体育现状的满意程度在 3 分以上的占大多数。与表 3-98 相比，普通学生对于体育现状的满意程度更高。小学生中对学校的运动现状非常满意的达到 1/5。肥胖学生在校内进行体育活动所需的要求比普通学生更高，因为肥胖学生在体育活动时更加费力，想要得到与普通学生一样效果更加不易。

表 3-109 小学肥胖学生对学校的运动现状的满意程度

分数	北京				武汉				重庆				总体	
	男		女		男		女		男		女			
	n	%	n	%	n	%	n	%	n	%	n	%	n	%
0 分	0	0.0	0	0.0	0	0.0	0	0.0	0	0.0	0	0.0	0	0.0
1 分	1	4.5	1	7.1	1	1.4	0	0.0	4	6.7	0	0.0	7	3.0
2 分	5	22.7	3	21.4	6	8.7	0	0.0	4	6.7	2	4.8	20	8.4
3 分	9	40.9	6	42.9	25	36.3	18	60.0	20	33.3	14	33.3	92	38.8
4 分	3	13.6	2	14.3	20	29.0	8	26.7	17	28.3	15	35.7	65	27.4

续表

分数	北京				武汉				重庆				总体	
	男		女		男		女		男		女			
	n	%	n	%	n	%	n	%	n	%	n	%	n	%
5分	4	18.3	2	14.3	17	24.6	4	13.3	15	25.0	11	26.2	53	22.4

注：n 北京肥胖男生=22；n 北京肥胖女生=14；n 武汉肥胖男生=69；n 武汉肥胖女生=30；n 重庆肥胖男生=60；n 重庆肥胖女生=42；n 总体肥胖学生=237

表 3-110　小学普通学生对学校的运动现状的满意程度

分数	北京				武汉				重庆				总体	
	男		女		男		女		男		女			
	n	%	n	%	n	%	n	%	n	%	n	%	n	%
0分	0	0.0	0	0.0	1	1.6	0	0.0	0	0.0	1	1.5	2	0.7
1分	1	6.1	2	6.3	1	1.6	0	0.0	0	0.0	3	4.5	7	2.5
2分	0	0.0	1	3.1	5	8.2	3	5.8	0	0.0	4	6.0	13	4.7
3分	5	31.3	11	34.2	14	23.0	15	28.9	15	30.6	21	31.3	81	29.2
4分	5	31.3	13	40.1	26	42.6	18	34.6	13	26.5	23	34.3	98	35.4
5分	5	31.3	5	15.3	14	23.0	16	30.7	21	42.9	15	22.4	76	27.5

注：n 北京普通男生=16；n 北京普通女生=32；n 武汉普通男生=61；n 武汉普通女生=52；n 重庆普通男生=49；n 重庆普通女生=67；n 总体普通学生=277

对北京、武汉、重庆三地的肥胖初中生对学校的运动现状的满意程度的调查结果如表 3-111，13.1%的肥胖学生对学校的运动现状非常满意。三地肥胖初中生对现状满意程度达到 3 分的超过了半数，与普通学生相比，普通学生对现状满意程度达到 3 分的比肥胖学生更多。三地初中生对现状满意程度达到 3 分的比小学生要高。初中生中对学校的运动现状非常满意的不足 1/5。初中生对体育各方面如体育器材、场地、时间等因素的要求更高，所以大部分学生都能基本满意，而非常满意的学生比例有所降低。

表 3-111　初中肥胖学生对学校的运动现状的满意程度

分数	北京				武汉				重庆				总体	
	男		女		男		女		男		女			
	n	%	n	%	n	%	n	%	n	%	n	%	n	%
0分	0	0.0	0	0.0	0	0.0	1	4.2	1	3.0	0	0.0	2	1.4
1分	2	8.3	1	6.3	3	8.3	1	4.2	1	3.0	1	9.1	9	6.2
2分	3	12.5	1	6.3	6	16.7	6	25.0	4	11.8	0	0	20	13.8
3分	10	41.7	8	50.0	13	36.1	7	29.2	13	38.2	6	54.5	57	39.3
4分	6	25.0	4	25.0	11	30.6	6	25.0	10	29.2	1	9.1	38	26.2
5分	3	12.5	2	12.4	3	8.3	3	12.4	5	14.8	3	27.3	19	13.1

注：n 北京肥胖男生=24；n 北京肥胖女生=16；n 武汉肥胖男生=36；n 武汉肥胖女生=24；n 重庆肥胖男生=34；n 重庆肥胖女生=11；n 总体肥胖学生=145

表 3-112 初中普通学生对学校的运动现状的满意程度

分数	北京 男		北京 女		武汉 男		武汉 女		重庆 男		重庆 女		总体	
	n	%	n	%	n	%	n	%	n	%	n	%	n	%
0 分	0	0.0	0	0.0	0	0.0	0	0.0	0	0.0	1	2.3	1	0.3
1 分	0	0.0	1	1.1	4	5.7	3	4.5	0	0.0	1	2.3	9	2.8
2 分	2	10.0	6	6.8	8	11.4	6	9.0	5	11.1	3	7.0	30	9.0
3 分	6	30.0	33	37.5	20	28.6	25	37.1	9	20.0	15	34.9	108	32.4
4 分	8	40.0	31	35.2	24	34.3	24	35.8	22	48.9	13	30.2	122	36.6
5 分	4	20.0	17	19.4	14	20.0	9	13.6	9	20.0	10	23.3	63	18.9

注：n 北京普通男生＝20；n 北京普通女生＝88；n 武汉普通男生＝70；n 武汉普通女生＝67；n 重庆普通男生＝45；n 重庆普通女生＝43；n 总体普通学生＝333

在北京、武汉、重庆三地的肥胖高中生中，占 10.6% 的肥胖学生对学校的运动现状非常满意。总的来说，90% 左右的肥胖学生对于学习的运动现状基本满意。

表 3-113 高中肥胖学生对学校的运动现状的满意程度

分数	北京 男		北京 女		武汉 男		武汉 女		重庆 男		重庆 女		总体	
	n	%	n	%	n	%	n	%	n	%	n	%	n	%
0 分	0	0.0	0	0.0	0	0.0	0	0.0	0	0.0	0	0.0	0	0.0
1 分	0	0.0	0	0.0	0	0.0	5	23.8	1	7.1	0	0.0	6	6.3
2 分	1	5.9	1	9.1	0	0.0	1	4.8	0	0.0	1	16.7	4	4.2
3 分	7	41.2	6	54.5	12	46.2	11	52.4	3	21.4	3	50	42	44.2
4 分	7	41.2	3	27.3	11	42.3	2	9.5	8	57.1	2	33.3	33	34.7
5 分	2	11.7	1	9.1	3	11.5	2	9.5	2	14.3	0	0	10	10.6

注：n 北京肥胖男生＝17；n 北京肥胖女生＝11；n 武汉肥胖男生＝26；n 武汉肥胖女生＝21；n 重庆肥胖男生＝14；n 重庆肥胖女生＝6；n 总体肥胖学生＝95

表 3-114 高中普通学生对学校的运动现状的满意程度

分数	北京 男		北京 女		武汉 男		武汉 女		重庆 男		重庆 女		总体	
	n	%	n	%	n	%	n	%	n	%	n	%	n	%
0 分	0	0.0	0	0.0	0	0.0	3	3.0	1	2.3	0	0.0	4	1.3
1 分	2	12.5	0	0.0	3	5.2	3	3.0	2	4.7	3	5.1	13	4.2
2 分	1	6.3	1	2.9	2	3.4	12	12.0	3	7.0	9	15.3	28	9.0
3 分	6	37.5	14	40.0	20	34.5	49	49.0	12	27.9	23	39.0	124	39.9
4 分	4	25.0	13	37.1	21	36.2	23	23.0	10	23.2	16	27.1	87	28.0
5 分	3	18.7	7	20.0	12	20.7	10	10.0	15	34.9	8	13.5	55	17.6

注：n 北京普通男生＝16；n 北京普通女生＝35；n 武汉普通男生＝58；n 武汉普通女生＝100；n 重庆普通男生＝43；n 重庆普通女生＝59；n 总体普通学生＝311

综合来说，三地的中小学生对于学校的运动现状都比较满意，普通学生中对学校的运动现状非常满意的比例比肥胖学生要略高。肥胖学生在体育活动的参与过程中，不容易占到优势，也更吃力，肥胖学生有优势的体育项目非常少，所以相比较而言，满意程度比普通学生低。

（六）北京、武汉、重庆三地肥胖学生的校内课外体育活动存在的问题

北京、武汉、重庆三地肥胖学生参加校内课外体育锻炼的时间不够 1 小时，大多都保持在 20 分钟以上，但是肥胖学生中，每天运动时间为零的比例比普通学生更高，肥胖学生中不进行体育活动的比例偏高。

北京、武汉、重庆三地肥胖学生中大概半数参加体育竞赛，积极性比普通学生略低，在开展的体育竞赛中，多以参加球类和田径类项目为主，在这些项目中，肥胖学生的获奖情况比普通学生要差。

北京、武汉、重庆三地肥胖学生中超过半数的学生都参加课外体育锻炼，比普通学生参加课外体育锻炼的频次略低。肥胖学生在体育锻炼的内容集中在球类和田径类，项目比较单一。

北京、武汉、重庆三地肥胖学生中参加体育社团的频次非常少，且参加社团所进行的体育项目也非常单一。

北京、武汉、重庆三地肥胖学生中大部分对学校安排的体育活动持积极的态度，但比普通学生的积极性略低，且部分肥胖学生在课外主动参加体育活动的频率也比普通学生低。此外，大部分肥胖学生对学校体育基本满意，但是满意程度比普通学生要低。

（七）北京、武汉、重庆三地肥胖学生的校内课外体育活动存在问题的解决对策

在针对北京、武汉、重庆三地肥胖学生校内课外体育活动现状的调查，由于学生参加的是校内统一安排的体育活动，所以调查结果区别并不是很大，同时也说明了，学校在安排课外体育活动时，并没有将肥胖学生与普通学生区别对待。因此，根据本文研究结果，提出以下对策。

1. 对校内课外体育活动，学校应该加强引导，如加强体育技能指导、增加体育运动设施、多多开展趣味体育活动等，加强学生自主参加体育活动的动力，自觉进行体育锻炼。同时适当增加肥胖学生的活动时间、活动强度，通过增加运动量来达到为肥胖学生减重的目的。

2. 在校内体育竞赛活动中，应适当增加肥胖学生的优势项目，如举重、拔河、铅球等，增加肥胖学生在体育竞赛中的信心，以此提高肥胖学生参加体育竞赛的兴趣，促进肥胖学生进行体育锻炼。

3. 在校内体育训练中，应该在增加肥胖学生的优势体育项目同时，发展能够

帮助肥胖学生减重的训练项目,并且在同一体育项目中要对肥胖学生与普通学生区别对待,尤其是在体育活动内容、体育活动方式、体育活动强度等方面。

4. 校内体育社团方面,学校应该加大力度提倡学生参加体育社团,尤其是肥胖学生,对肥胖学生给予更多的体育活动上的支持。

5. 肥胖学生对于体育的态度比普通学生略差,部分原因是学校在统一安排体育活动时,并没有将肥胖学生与普通学生区别对待,使得肥胖学生在参加体育活动时相对普通学生处于劣势。希望学校在开展课外活动时,针对肥胖学生提出不同的体育活动方案,增加肥胖学生参加体育活动的兴趣,在体育活动内容、体育活动方式上为肥胖学生减重提供平台,以此来提高肥胖学生对学校体育的满意度。

四、结论

1. 在针对北京、武汉、重庆三地的中小学肥胖学生校内课外体育活动的调查后,分析得知,三地的中小肥胖学生不到 1/3 的学生运动时间在 1 个小时以上,需要增加活动时间和运动量。

2. 北京、武汉、重庆三地的中小肥胖学生在参加校内课外体育竞赛时,有一半左右的学生能参加体育竞赛。身体肥胖导致了部分肥胖学生在体育技能上有所欠缺,因而其得奖情况比普通学生略差。

3. 北京、武汉、重庆三地的肥胖中小学生有超过 1/3 的人不参加校内课外体育锻炼,年级越高,不参加的比例越大。在内容的选择上,选择球类和田径类的比重较大。肥胖学生和普通学生在参加课外体育训练时,频次和项目的选择并没有太大差异。

4. 北京、武汉、重庆三地的中小学肥胖学生,参加在课外体育社团活动的非常少,活动项目也比较单一,多集中于球类和田径类运动。

5. 在对北京、武汉、重庆三地中小学肥胖学生对体育态度的调查结果得知,肥胖学生对于体育都有较为清楚的认知,大部分能掌握一定的体育常识,能主动在课余进行自己爱好的体育活动,并且对校内目前的体育现状较为满意,但其满意度比普通学生稍差。

6. 北京、武汉、重庆三地中小学肥胖学生的校内课外体育活动中存在的主要问题有:肥胖学生中大多数参加校内课外体育活动的时间不足 1 小时;肥胖学生中参加体育竞赛、体育锻炼和体育社团的比例较低,参与体育运动的积极性不高,所选择的项目也比较单一;肥胖学生中对学校体育活动有较为积极的态度,但是略低于普通学生。

7. 北京、武汉、重庆三地中小学肥胖学生的校内课外体育活动中存在问题的解决对策有以下几个方面:在校内课外体育活动中,应增加肥胖学生的活动时间和活动强度;在体育竞赛活动中,增加肥胖学生的优势项目,提高肥胖学生参加体育竞赛的信心;在体育锻炼中,将肥胖学生与普通学生区别对待,尤其是在体育活动内容方式和强度等方面；学校应加大力度提倡学生参加体育社团，尤其对肥胖学生给予更多的支持；学校和老师在开展体育活动时，应针对肥胖学生提出不同的方案，增加肥胖学生对体育活动的兴趣，为肥胖学生减重提供平台。

参 考 文 献

[1] 崔丽霞，雷雳. 中学生问题行为群体特征的多视角研究[J]. 心理发展与教育，2005，3：112-120.

[2] 梁进，王桂英. 青少年肥胖的"体育——流行病学"研究[J]. 体育与学，1995，5：44-46.

[3] 由悦，等. 862名北京城区学龄前儿童超重及肥胖变化3年跟踪研究[J]. 卫生研究，2005. 34(5):620-621.

[4] 冉霓，森林等编著. 小儿肥胖症的预防与治疗[M]. 农村读物出版社，2000. 03.

[5] Mossberg HO. 40-year follow-up of overweight[J] children. Lancet, 1989, 2;491.

[6] 蒋竞雄，惠京红，夏秀兰. 肥胖儿童的行为特点及心理损害[J]. 中华儿科杂志，1996，34(3)：186-188.

[7] Riazi, Afsane, Shakoor, Sania, Dundas, Isobel, Eiser, Christine, McKenzie, Sheila A. Health-related quality of life in a clinical sample of obese children and adolescents[J]. Health & Quality of Life Outcomes; 2010, 8. 134-139.

[8] 何其霞编著. 运动处方理论与实践[M]. 人民体育出版社，2008. 1.

[9] 过国英，等. 肥胖儿童血清脂类的研究[J]. 中华儿科杂志. 19洲，52. (1);29-30.

[10] 丁一宗，等. 单纯性肥胖儿童有氧能力损伤[J]. 中华儿科杂志，1990，25. (6).

[11] 梁进，王桂英. 青少年肥胖的"体育——流行病学"研究[J]. 体育与科学，1995，5：44-46.

[12] 王思聪. 北京市普通中小学生体育课态度的现状调查及实验研究[D]. 首都体育学院. 2000.

[13] 王从容，等. 肥胖发生机制、生理学分析[J]. 北京体育大学学报，1994，17. (l):59.

[14] 喻修康. 对肥胖儿童的体育教学方法初探[J]. 体育教育研究. 2010，5：24.

[15] 陈家鸣. 儿童肥胖的成因及其防治[J]. 沈阳体育学院学报. 2000，4. 278.

[16] Sung, R. Y. T, Yu, C. W, So, R. C. H, Lam, P. K. W, Hau, K. T. Self-perception of physical competences in preadolescent overweight Chinese children[J]. European Journal of Clinical Nutrition; 2005,59. p101-106.

[17] 冯联俊. 关于肥胖儿童体育兴趣的初探[J]. 当代人(下半月). 2008，12. 62.

[18] 郝利楠，李艳平，杜松明，胡小琪，杨薇，马冠生. 北京市城区小学生对肥胖儿童的看法和态度[J]. 中国学校卫生，2010，31(2);161-163.

[19] 杨玉凤. 单纯性肥胖儿童的心理行为特征[J]. 中国儿童保健杂志，1999，7(1);33-34.

[20] Wohlfahrt-Veje C; Main KM; Schmidt IM; Boas M; Jensen TK; Grandjean P; Skakkebæk NE; Andersen HR. Lower birth weight and increased body fat at school age in children prenatally exposed to modern pesticides: a prospective study[J]. Environmental Health: A Global Access Science Source [Environ Health] 2011, 10. 79.

[21] 丁一宗. 中国城区0-7岁儿童单纯性肥胖流行病学调查[J]. 营养学报. 1989，11. (3);266-294.

[22] Bauer, Lindsay R., Waldrop, Julee. Trans Fat Intake in Children: Risks and Recommendations[J]. Pediatric Nursing; 2009, 35. 346-351.

[23] 杨彦娥，王青，冯俊英. 肥胖儿童行为问题浅析[J]. 中国学校卫生，2001，22(1);32-33.

[24] Alexandra Frean . Why team sports will make your children fat-and put them off all exercise forlife [N]. Times, The (United Kingdom), 2008,09,05.

[25] 杜熙茹. 健身运动对肥胖儿童健康的影响[J]. 广州体育学院学报，2003，23(1);37-39.

[26] 呙华峰. 小足球游戏对肥胖儿童身心健康的积极作用[J]. 西安体育学院学报，2002,19(2); 100-102.

[27] 梁进，王桂英. 青少年肥胖的"体育——流行病学"研究[J]. 体育与科学，1995，5;44-46.

[28] 蒋竞雄.肥胖儿童的运动治疗[J].中国运动医学杂志.1993,(1)52-53.
[29] 张进成.肥胖儿童健康行为的实验与研究[J].安徽体育科技,2006.27(6):42-43.
[30] 魏建子主编.现代儿童常见病家庭诊疗[M].华东师范大学出版社,2001年11月第1版.
[31] 王守仓.山东省中小学生肥胖流行趋势及体质评价[J].预防医学论坛.2009,15(10).968-969.
[32] 徐英,李晓雯,徐耘,等.青春期肥胖学生父母营养知识、态度和行为调查[J].中国健康教育,2004,20(1):72-73.
[33] 王云,张舒,藏威.体育锻炼对肥胖儿童减肥机理的影响[J].体育科技文献通报.2009,17(3):97.
[34] 中国学生营养与健康促进会.关注儿童肥胖,远离慢性疾病[M].北京:中国人口出版社,2009:5.
[35] 中华人民共和国卫生部疾病预防控制局.中国学龄儿童少年超重和肥胖预防与控制指南[M].北京:人民卫生出版社.
[36] 潘发明,刘学传,瞿伟.某中学肥胖青少年心理健康水平的现况研究[J].安徽医科大学学报,2004,39(4):281-283.
[37] 蒋一方.儿童肥胖症[M].北京:中国医药科技出版社,2009.
[38] 百度百科[Z].2011.http://baike.baidu.com/view/966047.htm.
[39] 中国肥胖问题工作组.中国学龄儿童青少年超重、肥胖BMI筛查体重指数值分类标准[J].中华流行病学杂志,2004,25(2):97-102.

第四篇
北京、武汉、重庆三地肥胖学生校外体育活动现状与对策研究

一、前言

(一) 选题依据

1. 全球儿童超重与肥胖的流行现状要求对肥胖儿童更多的关注

近年来,儿童肥胖的流行病学报道日趋上升,其全球流行趋势已引起高度关注[1]。发达国家的儿童青少年肥胖现象尤为明显,发展中国家的儿童青少年肥胖现象也呈现出明显的上升趋势。在儿童肥胖率最高的美国,儿童青少年肥胖已成为重要的社会和公共卫生问题。肥胖儿童的生活状态,如饮食结构、体育锻炼活动、家庭环境和社会环境等方面也越来越受到多方面的关注。近10年来,发展中国家儿童青少年肥胖流行趋势引起注意。中国作为人口最多的发展中国家,儿童青少年人数高达3亿,肥胖、超重儿童的数量之多,已成为一个不容忽视的问题。

肥胖本身是一种危害健康的慢性病。它不仅影响儿童身心健康发展,而且有文报道有60%~85%的学龄期肥胖儿童将发展为成人期肥胖,儿童肥胖今后患各种慢性疾病(如高血压病、糖尿病、心脏病)的危险性也会随之增高。大量研究表明,高血压病、糖尿病、高脂血症、高胆固醇血症、冠心病等成年期常见病的发病

---

[1] National Health and Nutrition Examination Survey. Overweight among US children and adoles cents. 2000; http://www.cdc.gov/nc hs/nhanes.htm.

出现明显低龄化趋势❶。学龄儿童是处于旺盛生长发育的群体，其生长发育、健康和体质与未来生活质量密切相关，也是国家强盛、民族兴旺的保障。目前儿童肥胖已成为世界范围内最受瞩目的重要公共卫生问题和社会问题之一。

2. 我国城市儿童肥胖呈明显上升趋势

自从1985年开始，我国儿童青少年的肥胖检出率出现了明显增长。以7～18岁的学龄儿童青少年为例，2000年中国学龄儿童青少年的肥胖检出率为男生6.66%，女生3.52%；2005年中国城市男生、城市女生、乡村男生、乡村女生肥胖检出率分别为11.39%、5.01%、5.07%、2.63%；2010年中国城市男生、城市女生、乡村男生、乡村女生肥胖检出率分别为13.33%、5.64%、7.83%、3.78%。

同时，学龄儿童的超重检出率也呈现上升趋势，2005年中国城市男生、城市女生、乡村男生、乡村女生超重检出率分别为13.25%、8.72%、8.20%、4.61%，至2010年为止，中国城市男生、城市女生、乡村男生、乡村女生超重检出率已上升至14.81%、9.92%、10.79%、8.03%❷。

3. 体育运动是预防、减少、改善儿童肥胖的有效手段

运动减肥是最科学最绿色的减肥方法，肥胖者通过一定的有氧体育运动，消耗身体多余脂肪，促进新陈代谢，以达到运动减肥的目的。一般来讲，运动量越大，运动时间越长，消耗的糖和脂肪越多，减肥效果越明显。

通过体育运动对儿童青少年进行肥胖的预防和改善，是公认的科学、有效、无副作用的手段之一。对于学龄儿童青少年来讲，可以采用的有氧运动方式是多种多样的，如慢跑、骑车、游泳以及各种球类运动，都可以起到消耗脂肪、减肥健身的目的。再搭配合理、均衡的饮食，即可起到很好的减肥作用。更重要的是，体育运动还具有强身健体，使儿童青少年健康成长的积极作用。

（二）研究目的与意义

1. 研究目的

通过调查中小学肥胖学生的校外体育活动现状，对比肥胖学生和普通学生的活动差异，以了解肥胖学生在社区体育、家庭体育、青少年体育俱乐部、冬令营夏令营活动的相关情况，探讨肥胖学生校外体育活动的影响因素，分析肥胖学生在校外体育活动中存在的问题，并提出解决问题的相应对策，为中小学肥胖学生的校外体育活动提供现实依据。

2. 研究意义

目前，我国已对儿童青少年肥胖问题采取了一定的相应措施，如"阳光体育活

---

❶ 季成叶. 中国青少儿生长发育现状及趋势和干预建议［J］. 中国学校卫生，2003，24（1）：1-4.
❷ 教育部关于2010年全国学生体质与健康调研结果公告［EB］. http://www.moe.edu.cn/.

动"、"每天运动一小时"等,学校体育已开始有意识地对学生进行体育兴趣的培养,国内学者也通过长期的研究对儿童青少年肥胖问题提出了一定的解决方法。但是,国内的研究大多为理论性的分析,缺乏一定的肥胖儿童数据、生长发育资料支持,对于肥胖儿童的体育活动现状的研究较少。因此,本文旨在通过调查我国肥胖儿童的校外体育活动现状,了解当今我国中小学肥胖学生的校外体育参与情况和运动状态,一方面以弥补在这方面研究的空白,为我国肥胖儿童青少年的理论研究提供一些现实依据;另一方面,也对我国肥胖儿童青少年的生活状态做一些有益的探索。

(三) 研究任务

1. 了解北京、武汉、重庆三地中小学肥胖学生的校外体育活动现状。
2. 分析北京、武汉、重庆三地中小学肥胖学生在校外体育活动中存在的问题。
3. 提出解决北京、武汉、重庆中小学肥胖学生校外体育活动问题的建议。

(四) 文献综述

1. 相关概念

(1) 肥胖

肥胖是指长期能量摄入超过消耗,导致体内过多的能量以脂肪的形式储存,脂肪的聚集达到损害健康的程度❶。值得注意的是,"肥胖"与"超重"并不是一回事,肥胖是指身体内脂肪组织的积累,而超重是指体重相对于身高的增加,或超过了某些指标和参照值。肥胖儿童中95%属于单纯性肥胖,是与生活方式密切相关的,以过度营养、运动不足、行为偏差等为特征的全身脂肪组织普遍过度增生堆积的慢性病❷。

(2) 社区体育

社区体育是指以社区为区域范围,以辖区内的自然环境和体育设施为物质基础,以社区成员为主体,以满足社区成员的体育需求、增进社区情感为主要目的,就地就近开展的区域性体育❸。

(3) 家庭体育

家庭体育是指一人或多人在家庭生活中安排的或自愿以家庭名义参与的,以身体练习为基本手段,以获得运动知识技能、满足兴趣爱好、丰富家庭生活、达到休闲娱乐、实现强身健体和促进家庭稳定为主要目的教育过程和文化活动❹。

(4) 青少年体育俱乐部

青少年体育俱乐部概括为:在体育彩票公益金的扶持下,利用已有的体育场

---

❶ 丁宗一. 1986-1996年儿童期单纯肥胖症研究[J]. 中华儿科杂志, 1998, 36 (7): 404-407.
❷ 丁宗一. 儿童期单纯肥胖症防治方法学[J]. 中华儿科杂志, 1999, 37 (4): 246-248.
❸ 卢元镇. 体育社会学[M]. 第2版. 北京: 高等教育出版社, 2006: 25.
❹ 百度百科[EB]. http://baike.baidu.com/view/5606624.htm.

馆、人才等社会体育资源建立起来的，以培养青少年体育兴趣、爱好和终身体育锻炼的习惯，增强青少年体质，并向其传授体育运动技能，发现和培养体育人才为主要任务的一种新型的具有社会主义公益性特征的青少年体育组织❶。

2. 关于中国学龄儿童青少年超重、肥胖筛查体重指数值分类标准（BMI）

BMI指数（身体质量指数，简称体质指数，又称体重指数，英文为Body Mass Index，简称BMI），是用体重公斤数除以身高米数平方得出的数字，是目前国际上常用的衡量人体胖瘦程度以及是否健康的一个标准。它是由19世纪中期的比利时统计学家凯特勒最先提出的❷。

许多国家及地区每年都会为本国、本地区的儿童作身高和体重的统计。这些统计数据，都可以转化为BMI值，从而统计出当地儿童的BMI值分布。根据这个分布，可以推算出当地儿童的过重与过轻指标。一般情况下，都会采用统计出来的平均BMI值及其标准差值，再通过计算出其常态分布的最高5%与最低5%作为过重及过轻指标。另一方面，其BMI值位于常态分布的85%～95%区段的儿童，他们都有超重的危机。

我国于2003年确定的"中国学龄儿童青少年超重、肥胖BMI筛查分类标准"（表4-1）❸，是根据国际肥胖的通用审查标准——世界卫生组织（WHO）制定的体重指数界限值，结合中国的实际情况，由国际生命科学学会中国办事处提出的。

表 4-1　中国学龄儿童青少年超重、肥胖 BMI 筛查分类标准

年龄（岁）	男超重	男肥胖	女超重	女肥胖
7	17.4	19.2	17.2	18.9
8	18.1	20.3	18.1	19.9
9	18.9	21.4	19.0	21.0
10	19.6	22.5	20.0	22.1
11	20.3	23.6	21.1	23.3
12	21.0	24.7	21.9	24.5
13	21.9	25.7	22.6	25.6
14	22.6	26.4	23.0	26.3
15	23.1	26.9	23.4	26.9
16	23.5	27.4	23.7	27.4
17	23.8	27.8	23.8	27.7
18	24.0	28.0	24.0	28.0

---

❶　肖林鹏．我国青少年体育俱乐部管理体制及运行机制［M］．北京：北京体育大学出版社，2009．
❷　百度百科［EB］．2011．http：//baike.baidu.com/view/966047.htm．
❸　中国肥胖问题工作组．中国学龄儿童青少年超重、肥胖BMI筛查体重指数值分类标准［J］．中华流行病学杂志，2004，25（2）：97-102．

3. 我国儿童肥胖的流行现状及趋势综述

（1）我国儿童肥胖的流行现状

世界卫生组织对 94 个发展中国家的 160 个调查结果进行分析后得出的数据显示：1995 年全球发展中国家学龄前儿童的超重发生率为 3.3%，其中最高的国家分布在拉美和加勒比海（4.4%），其次是非洲（3.9%）和亚洲（2.9%），但在绝对数量上亚洲占了第 1 位，因为发展中国家的肥胖儿 60% 生活在亚洲[1]。

关于我国儿童青少年肥胖的现状，国内学者经过长期调查普遍认为，我国已进入全人群的儿童肥胖流行阶段。全国儿童青少年的肥胖检出率都逐年升高，部分城市地区流行率已接近发达国家水平。总体来讲，儿童青少年的肥胖率表现为城市男生＞城市女生＞乡村男生＞乡村女生，儿童青少年各群体的肥胖现象都表现为年龄越小，流行率越高；随着年龄的增长，流行率逐步下降。

自 1975 年起，我国有关部门已开始在不同儿童青少年群体中每间隔 5~10 年进行 1 次体格发育抽样调查或监测评估。1995 年，中国 9 个城市 7 岁以下的儿童体格发育调查研究结果显示，虽然我国儿童的实际生长水平正在接近甚至赶上一些发达国家，但也更加明确了我国儿童体格发育中存在的一些相应问题，如体重增长幅度明显高于身高增长幅度，儿童青少年的超重和肥胖检出率开始增高；1995~2005 年间的 3 次学生体质调研数据变化明确显示，我国儿童青少年的超重与肥胖已经进入了全面增长期，我国 7~22 岁儿童青少年 2005 年的超重和肥胖检出率与 1985 年相比，成倍甚至 10 倍以上的增长[2]。

季成叶[3]认为：我国整体上已经处于肥胖流行早期阶段，不同群体间的流行率呈阶梯状态分布，并与社会的经济发展呈正相关；城市地区小学生是肥胖超重的最高发生群体，其中省会城市的流行率已经接近发达国家水平，乡村流行率也出现全面上升，我国已进入全人群儿童肥胖流行阶段。

2010 年全国学生体质与健康调研结果显示，汉族学生中超重与肥胖检出率继续增加，成为影响学生营养健康状况的一大因素：其中城市男生、城市女生、乡村男生、乡村女生肥胖检出率分别为 13.33%、5.64%、7.83%、3.78%；此外，我国儿童肥胖的性别差异与西方发达国家有所不同，北美和欧洲的发达国家，女童的超重肥胖率普遍高于男童，而在我国却呈现出男童明显高于女童的分布

---

[1] World Health Organization. Obesity and overweight: Global strategy on diet, physical activity and health [M]. Geneva: WHO, 2004.

[2] 杨万龄，王晓明. 儿童青少年超重肥胖现状及成因的研究进展 [J]. 中国学校卫生，2009，30(2)：190-192.

[3] 季成叶. 我国中小学生超重肥胖流行现状及其社会经济差异 [J]. 中国学校卫生，2008，29(2)：106-108.

特点❶。

(2) 我国肥胖儿童的变化趋势

我国中小学生近 20 年来超重、肥胖检出率的动态变化大致可归纳为 5 个阶段。

① 1985 年前后，我国还未出现儿童肥胖的流行，大城市各年龄段超重率仅为 1%～2%，男女生肥胖率分别为 0.25% 和 0.15%，本阶段所有儿童青少年群体的营养改善重点都是营养不良。

② 1991 年，我国儿童超重率出现显著增长，但大多数表现在大城市里，本阶段的一个重要特征是城市群体的营养状况开始出现两极分化，一方面超重发生率显著增长，另一方面营养不良依然普遍存在，营养改善重点依然是营养不良。

③ 1995 年前后，各年龄阶段群体超重率都出现大幅增长，肥胖开始在大城市流行，学生肥胖问题开始引起社会各界的高度重视❷。

④ 2000 年左右，肥胖在我国城市（尤其是沿海发达的大城市）学生群体中流行起来，我国许多城市学生营养问题的防治重点已从营养不良向肥胖、超重防治转移❸。儿童青少年肥胖开始进入了全面流行阶段。

⑤ 2005 年全国学生体质与健康调研结果显示，汉族学生中超重与肥胖检出率继续增加，成为影响学生营养健康状况的另一大因素。

2010 全国学生体质与健康调研结果显示，中国城市男生、城市女生、乡村男生、乡村女生肥胖检出率分别为 13.33%、5.64%、7.83%、3.78%，比起 2005 年又有了进一步的增长，但我们可以发现，其增长速度已经开始出现下降并趋于稳定。同时发现，儿童时期的肥胖具有重要影响，它不仅对儿童健康有害，而且是成年时期肥胖的一个危险因素，许多肥胖儿童到了成年时仍然肥胖。

4. 儿童肥胖的影响因素研究进展综述

造成儿童肥胖的原因有许多，对于不同国家、地区、宗教信仰的人群来说，引起儿童青少年肥胖的原因虽可能不尽相同，但目前对于影响儿童青少年肥胖的有关因素，不同学科学者们经过研究普遍存在以下观点。

(1) 遗传因素

肥胖具有高度遗传性，遗传因素在决定儿童肥胖的易感性和肥胖发生上有着极其重要的影响❹。大量流行病学调查资料显示，儿童肥胖有着明显的家庭聚集性或

---

❶ 张锦娟，邢东民，郭雪. 儿童肥胖的流行现状及危险因素研究 [J]. 预防医学论坛，2010，16 (3)：260-264.

❷ 甘仰本，蔡军，林莉，凌军. 儿童肥胖症的流行现状及其影响因素 [J]. 中国慢性病预防与控制，2007，15 (3)：292-294.

❸ 季成叶. 中国学生超重肥胖 BMI 筛查标准的应用 [J]. 中国学校卫生，2004，25 (1)：125-128.

❹ 衡卫军，马向华，沈捷. 肥胖病因及发病机制的多基因分析 [J]. 江苏大学学报（医学版），2005，15 (5)：394-397.

家庭倾向性，父母肥胖是儿童肥胖的一种预示❶。据有关资料报道，父母均为肥胖者，子女中有70%～80%为肥胖者；双亲之一（特别是母亲）为肥胖者，子女中有40%～50%为肥胖者，父母均为非肥胖者，子女中仅有10%～14%为肥胖者❷。Birch等❸发现，双亲肥胖家庭的儿童肥胖发生的危险性远高于双亲体重正常者。娄晓民等❹研究表明，父母双方或一方为肥胖者其儿童肥胖比例为66.18%，父母均为不肥胖者其儿童肥胖比例为39.71%，结果提示肥胖具有明显的家族遗传倾向，父母肥胖的儿童更加容易发生肥胖。

（2）饮食习惯

儿童不良的饮食行为可导致肥胖的发生和发展。科学研究表明，高脂肪、高能量、高蛋白饮食对儿童肥胖的发生有着直接的影响。有研究证实，肥胖儿童与正常儿童比较，多数存在着不良饮食行为，其表现为食欲旺盛，食量大，特别是晚餐量偏多，经常非饥饿性进食，喜欢甜食、油炸食物等高能量食品，进食速度快，暴饮暴食，并常有吃夜宵、大量零食的习惯，这些不良的饮食行为是导致儿童肥胖的主要原因❺。此外，西式快餐、软饮料的过多摄入也是儿童青少年肥胖的诱发因素。

（3）身体运动

肥胖的发生是能量摄入和能量消耗长期不平衡所致，身体活动是能量消耗的重要组成部分。肥胖者和体型较瘦人的主要差别在于能量消耗的不同，每天能量摄入比消耗的多1%～2%即可导致肥胖❻。体育锻炼时间少、体力活动不足、久坐少动的静态生活方式是影响儿童青少年肥胖的一个重要因素。随着社会的发展，交通工具代步造成走路越来越少，加上体育锻炼不足，户外活动以及家务、劳动等体力活动减少，使得能量消耗减少，过多的能量储存导致体内能量失衡，从而造成儿童青少年超重和肥胖日益增多。其次随着看电视、使用计算机和玩电子游戏时间的增加，儿童青少年超重、肥胖的比例也随之增加。

（4）家庭及社会环境

父母文化程度及合理膳食知识的缺乏对儿童少年的肥胖有着重要影响。有研究

---

❶ 王守仓，张群，张爱民，等．儿童肥胖影响因素与干预措施研究进展［J］．预防医学论坛，2004，10（5）：573-575．

❷ LOBSTEIN T, BAUR L, UAUL R. Obesity in children and young people: A crisis in public health. Obes Rev, 2004, 5 (Suppl 1): 4-8.

❸ BIRCH LI, FISHER JO. Development of eating behaviours among children and adolescents. Pediatrics, 1998, 101 (4): 539-547.

❹ 娄晓民，席江海，卢艳馨，等．遗传对儿童肥胖及相关因子分泌影响［J］．中国公共卫生，2007，23（11）：12-13．

❺ 蒋竞雄，夏秀兰，关光驰，等．北京市朝阳区2377名小学生肥胖检出率及原因分析［J］．中国儿童保健杂志，1999，7（3）：155-164．

❻ Perusse L, Bouchard C. The genetics of obesity, Bouchard C. Ge-netics of energy intake and food preference [M]. Boca Raton: CRC Press, 1994: 125-130.

认为，父母文化程度与儿童青少年肥胖及超重有关，父母文化程度低者，其子女发生肥胖的危险高于父母文化程度高者[1]。通过调查济南地区的学生发现，父母具有大专文化程度以上的家庭，其子女肥胖发生情况明显低于其他人群。蒋汝刚[2]通过研究认为，父母文化程度较高（大专以上文化程度）是儿童肥胖的保护因素，认为高学历的父母更注意食物营养的搭配。钱晓勤等[3]对扬州市中小学生肥胖儿童的饮食行为进行调查，结果显示肥胖学生的家长文化程度低、家庭经济水平低、喜欢吃高能量食物、家长进餐量多和体育锻炼少。

儿童肥胖还与父母的观念及家庭经济状况有关。随着经济和社会的转型，社会结构、价值观念、人们对健康和体型的理解及态度都在发生改变，这些因素既互相影响，同时也将影响肥胖的发生和发展。岳亿玲、张清华、刘素芹等[4]的"肥胖儿童心理行为特征的配对调查"研究结果显示，肥胖组与对照组儿童父母在对肥胖的认识方面存在差异，肥胖儿童父母认为肥胖是身体健康，甚至认为孩子胖表示家庭经济好。由此可见，父母的营养知识以及对食品的选择、饮食方式、膳食安排等生活习惯对子女肥胖有着重要影响。

WHO报告中明确指出，随着社会现代化程度的增高，食物供应日益丰富，自动化家用电器及汽车逐渐普及，重体力活动强度的工作在减少，这种大的社会环境与成年人肥胖不断增加有关。在诱发肥胖的社会环境中，儿童青少年肥胖的危险性也在增加。另一方面，现代经济模式使社会竞争加剧，校课业负担增加，儿童在心理和生理上都承受了相当大的压力，体育运动减少。家长对儿童生活环境（饮食、交通等）缺乏安全感，由此而减少了其社会实践，因此会间接导致儿童超重风险的增加[5]。

5. 儿童肥胖的运动干预综述

大量研究[6]显示，运动作为减肥最有效、最安全的方法之一，是因为人体运动时主要能源来自糖和脂肪。此外，肥胖者进行适宜强度的运动训练后，常发生正常的食欲下降，摄食量减少，从而限制了热量的摄入，使机体能量代谢出现负平衡，引起体脂的减少。运动能够有效地增粗肌纤维，增加其弹性，能够提高机体的各项

---

[1] GNAVI R, SPAGNOLIT D, GALOTTOC, etal. Socioeconomic status. Overweight and obesity in prepuberal children: a study in an area of Northern Italy. Eur J Epidemiol, 2000, 16(9): 797-803.

[2] 蒋汝刚. 学龄期6098名单纯性肥胖及其影响因素分析[J]. 中国儿童保健杂志, 2005, 13(3): 256-257.

[3] 钱晓勤, 霍金芝, 陶佩生, 等. 扬州市中小学生肥胖和饮食行为调查[J]. 中国学校卫生, 2006, 27(10): 888-889.

[4] 岳亿玲, 张清华, 刘素芹, 等. 肥胖儿童心理行为特征的配对调查[J]. 中国学校卫生, 2002, 23(4): 341.

[5] 王文媛, 傅平, 汪之顼. 儿童肥胖的流行趋势及影响因素研究进展[J]. 中国妇幼健康研究, 2008, 19(6): 591-594.

[6] 李珍妮. 对广州市30名肥胖小学生实施综合减肥法的疗效观察[J]. 广州体育学院学报, 1993, 13(4): 11-15.

身体素质。

体育锻炼通过一系列复杂的新陈代谢变化来影响人体的组成、体重和基础代谢，是使肥胖儿童通过运动干预消除多余脂肪和降低体重的最经济有效的方法[1]。其中的运动干预，按无氧供能和有氧供能所占的比例，可分为无氧练习和有氧练习。无氧练习是以无氧供能为主要功能方式的练习。这类练习（如百米、举重等）的供能系统主要是磷酸原系统和乳酸供能系统，一般持续时间较短，能量消耗主要以糖原消耗为主。有氧练习是以有氧氧化供能为主的练习。按照运动中吸氧量水平又可分为极量强度、近极量强度、亚极量强度、中等强度和小强度的有氧练习。一般持续时间可达数小时，能量消耗主要以脂肪消耗为主。对于儿童青少年来讲，有氧练习更加适合推广与开展。

减肥是通过减少脂肪来达到效果的，减少脂肪又主要是以有氧运动为主要手段实现的。有氧练习在中小强度的时候几乎全部为有氧氧化供能，此时工作肌和血液中的脂肪是主要能源物质。因此对肥胖儿童进行中小强度的有氧练习（如健步行、慢跑、游泳、健美操等）能够达到减肥的最佳效果。当然运动强度是因人而异的，可以通过心率来进行监控。目前最流行的观点是，有氧锻炼的最适宜心率区间为最大心率的60%~80%，参考这一数据对不同的肥胖儿童进行心肺功能的监测，按照各自的运动强度进行大活动量的练习，使之达到各自最佳的减肥效果[2]。另外，在锻炼中要进行自我医疗保护，遇到出现不良反应如头晕、恶心等，要逐渐减少运动量，甚至停止运动，以防止发生意外。

6. 肥胖儿童参加校外体育活动的现状综述

黄晓丽、李可兴[3]通过将湖南省20所中学的15600名中学生作为研究对象进行肥胖筛选研究，得出结论：肥胖中学生在对体育锻炼的认识、体育锻炼效果的体验以及体育锻炼情感等体育锻炼意识均低于正常中学生。导致肥胖中学生体育锻炼意识淡薄的原因主要有两大方面：大多数肥胖学生对肥胖的相关知识不了解或了解不多，对肥胖的危害认识不足，更没有把体育锻炼作为一种手段来提高自身的身体机能，减轻肥胖对自身身心健康的损害；另一方面，肥胖学生由于体态臃肿、动作笨拙，在完成体育动作或参与体育比赛时害怕同学或旁人的取笑，因此不愿意在公众场合表现自己。肥胖学生由于肥胖的原因，身体素质差、运动能力低下，自小学开始，体育意识就可能就没有得到培养，潜在的体育兴趣被压抑，直到大学时期肥胖学生参加体育锻炼的意识仍然低下。

---

[1] 杜熙茹. 健身运动对肥胖儿童健康的影响 [J]. 广州体育学院学报，2003，23（1）：37-39.

[2] 梁来强, 陆阿明, 范旭东. 肥胖儿童运动疗法的效果观察 [J]. 哈尔滨体育学院学报，2007，25（1）：132-134.

[3] 黄晓丽, 李可兴. 湖南省肥胖中学生体育锻炼意识及行为价值取向研究 [J]. 广州体育学院学报，2009，29（2）：98-101.

陈静侬[1]通过对广东省潮州市抽检 6000 名中小学生进行比较研究发现：学生认为影响参加体育锻炼的主要原因为学业压力重；部分家长对科学体育锻炼缺乏正确认识，不支持（或不鼓励）孩子多参加体育活动；肥胖学生缺乏主动学习体育锻炼知识，参加体育活动的积极性，而参加体育活动的肥胖学生也多为单一的、体能消耗少的体育项目，并且锻炼频率及时间也较少；部分肥胖学生在体育锻炼时缺乏足够的信心和科学指导，同时也存在思想负担。

由教育部、国家体育总局、共青团中央共同决定，从 2007 年开始，结合《学生体质健康标准》的全面实施，在全国各级各类学校中广泛、深入地开展全国亿万学生阳光体育运动，使我国的中小学生能够更多地参与到体育锻炼运动中来。此外，同时开展的阳光体育冬季长跑活动也提高了学校、家长、学生的运动积极性和主动性，为肥胖儿童青少年的体育参与提供了良好的便利条件，这使肥胖儿童青少年的体育参与热情有了极大提高。

（五）文献小结

通过查阅大量的文献资料可以看到，多数研究文献对于我国肥胖儿童青少年的流行现状、发展趋势、影响因素有着较为详尽的分析，这对于解决我国儿童青少年的肥胖问题有着很好的理论指导意义，也为本文的研究提供了充分的理论基础。但是同时，对我国肥胖儿童青少年的生活和活动现状的相关研究资料还是较少的，仅有的几篇也仅仅是地区性的研究，缺乏广泛借鉴性。本文希望通过对上述内容的研究，能够更好地指导本调查的进行，为本调查提供一定的理论依据与技术指导。

二、研究对象与方法

（一）研究对象

北京、武汉、重庆三地中小学肥胖学生的校外体育活动现状及其对策。

（二）研究方法

1. 文献资料法

通过首都体育学院图书馆、国家图书馆、中国知网、万方数据网、书刊等，查阅并收集关于肥胖儿童青少年校外体育活动现状、校外体育活动形式、体育锻炼干预研究等方面的相关资料，了解肥胖学生的体育活动特点、校外体育活动现状的研究进展等相关内容。本研究以"肥胖学生""肥胖儿童青少年"为关键词，"体育"

---

[1] 陈静侬. 青少年超重人群与体育活动 [J]. 韩山师范学院学报，2010，31（6）：68-73.

为并含词进行分类检索,在中国知网中检索到 192 篇相关文献。根据研究内容的需要,选择了其中 43 篇文献。通过阅读以上有关肥胖学生体育活动的文献,为研究者进一步提高对本研究的认识以及日后的研究提供理论参考。

2. 问卷调查法

(1) 问卷设计

根据本文研究内容和研究目的对问卷内容进行设计,根据预计的研究思路,问卷内容涉及北京、武汉、重庆三地肥胖中小学生参加社区体育、家庭体育、体育俱乐部、冬夏令营活动以及肥胖学生校外体育活动影响因素等方面。

问卷内容的编制是在参考前人相关研究成果及预调研分析的基础上,几次修改后确定初稿,然后由相关专业的专家学者对问卷进行了效度检验,经修改后最终定稿。

(2) 问卷的效度检验

问卷确定初稿后,共请 7 位学校体育学的相关专家学者对问卷进行效度检验,结果如下。

检验结果表明,问卷的内容和结构设计较为合理,具有较高的科学性和有效性。

(3) 问卷的发放与回收

本论文的研究选取了北京、武汉、重庆 3 个城市为调查范围,每个城市选取 3～5 个区(县),共选取了 12 个区(县),每个区(县)抽取 1～6 所学校进行调查(包括重点和非重点),分小学、初中和高中三个层次,共计 44 所。

问卷发放对象为各学校肥胖学生和普通学生。发放对象的选择方法为:由学校老师(一般为该校体育老师或体育组组长)根据学校实际情况随机选择 20 名左右体型肥胖的学生和 20 名体型正常的学生作为问卷发放对象,问卷回收后根据学生身高体重计算 BMI 指数,以此分辨肥胖学生和普通学生。

问卷发放采用本人当场发放、当场回收的方法,最大程度保证了问卷的可靠性与准确性,每个学校根据其具体情况发放问卷 30～60 份不等,共计 1628 份。关于三地调查的高中、初中、小学学校的统计情况见表 4-2,各地发放与回收情况(见表 4-3～表 4-5)。

表 4-2 专家问卷效度检验统计表

评价度	非常有效		有效		一般		不太有效		无效	
	N	%	N	%	N	%	N	%	N	%
内容效度	1	14.3	5	71.4	1	14.3	0	0	0	0
结构效度	2	28.6	5	71.4	0	0	0	0	0	0

注:N=7。

表 4-3 三地抽调学校的小学、初中、高中数量统计表

城市	区（县）	小学	初中	高中	总计
北京	海淀	1	0	0	1
	昌平	1	1	0	2
	西城	1	0	0	1
	东城	0	2	1	3
	顺义	0	3	1	4
武汉	武昌	2	2	2	6
	江汉	2	1	2	5
	汉阳	2	2	2	6
	汉口	0	0	1	1
重庆	江北	2	2	2	6
	渝中	2	1	0	3
	九龙坡	2	2	2	6
总计		15	17	12	44

表 4-4 三地中小学男女肥胖学生、普通学生数量统计表

地区	北京				武汉				重庆				总计
类别	肥胖男生	肥胖女生	普通男生	普通女生	肥胖男生	肥胖女生	普通男生	普通女生	肥胖男生	肥胖女生	普通男生	普通女生	
小学	35	17	13	32	78	31	61	58	65	46	62	71	569
初中	40	26	36	119	39	30	72	69	43	17	53	54	598
高中	5	11	12	23	29	24	63	104	14	10	48	66	409
总计	80	54	61	174	146	85	196	231	122	73	163	191	1576

表 4-5 各地问卷发放与回收情况统计表

城市	学段	发放/份	回收/份	回收率/%	有效问卷/份	有效率/%
北京	小学	103	102	99.0	97	95.1
	初中	228	225	98.7	221	98.2
	高中	54	54	100	51	94.4
武汉	小学	233	232	99.6	228	98.3
	初中	216	214	99.1	210	98.1
	高中	228	226	99.1	220	97.3
重庆	小学	251	249	99.2	244	98.0
	初中	172	171	99.4	167	97.6
	高中	143	143	100	138	96.5
总计		1628	1616	99.3	1576	97.5

(4) 问卷的信度检验

为确保调查问卷的可靠性，问卷大多数采用了当场发放、当场回收的方法，调查者在学生填写问卷的现场，随时解答学生在填写问卷中遇到的问题，最大程度上保证了问卷的可靠性与准确性。

使用"再测法"对调查问卷进行了信度检验。具体做法是：在第一次填写问卷两周后，从第一次填表学校中抽取 2 所学校进行二次问卷填写，并将两次问卷的调查结果进行统计处理，得出的信度系数 $r=0.891$，$P<0.01$，说明两次结果高度相关，问卷具有较高的可靠性。

3. 数理统计法

问卷调查的所有数据通过 Excel 软件和 SPSS13.0 软件进行数据的整理、处理和描述性统计分析，统计结果经过审核无误后方用于本研究工作。

4. 逻辑分析法

利用逻辑分析的方法，对所收集、统计的资料进行分类汇总，形成研究成果。

三、研究结果与讨论

中小学肥胖学生校外体育活动现状调查，主要从肥胖学生参与的社区体育、家庭体育、青少年体育俱乐部、冬令营和夏令营活动四个方面进行，根据各方面活动性质的不同，有区别地进行调查研究，其内容包括肥胖学生的活动频率、内容、活动量、目的、运动场所等。

（一）北京、武汉、重庆三地肥胖学生社区体育活动现状

1. 肥胖学生社区体育活动频率

社区体育锻炼频率是反映学生社区体育锻炼状况的重要指标之一。体育锻炼频率既反映学生的体育锻炼意识和习惯的养成程度，又可以比较准确地反映体育锻炼的效果。在学生参加社区体育活动频率的问题上，如表 4-6 显示，调查者共设定 5 个级别，其中第一、二级别可看做属于经常进行社区体育活动，第三级别可看做参加社区体育活动适中，第四、五级别可看做较少参加社区体育活动。经调查分析发现，随着学制的升高，中小学学生参加社区体育活动的频率逐渐降低，这是由于随着学习压力的增加，家庭、学生和学校忽视社区体育的原因造成的。

（1）小学肥胖学生社区体育活动频率

表 4-6 数据显示，北京、武汉、重庆三地小学肥胖学生经常进行社区体育活动的比例占 57.1%，参加社区体育活动适中的占 16.9%，较少参加社区体育活动的占 25%。根据数据可以看出，三地有 1/4 的肥胖小学生平时较少参加社区体育活动，武汉和重庆两地较为突出。

根据表 4-6、表 4-7 数据显示,超过一半的北京小学生经常参加社区体育活动,按各自比例来看,比例最高的是普通男生,达 84.6%,比例最低的是普通女生,为 56.3%。较少参加社区体育活动的学生其比例从高到低依次为肥胖男生 14.3%、普通女生 12.5%、肥胖女生 11.8%、普通男生为 0。数据说明除普通男生外,部分北京小学生存在社区体育活动不足的问题,其中包括普通女生。应对这种情况,需要学校加大对学生体育基础的培养,加强学生对参与社区体育锻炼的认识,激发学生对体育锻炼的兴趣,以便提高学生参与课外体育活动的积极性。

表 4-6 小学肥胖学生社区体育活动频率

项目	北京 男		北京 女		武汉 男		武汉 女		重庆 男		重庆 女		总计	
	n	%	n	%	n	%	n	%	n	%	n	%	n	%
每天 2~3 次	6	17.1	2	11.8	21	26.9	8	25.8	14	21.5	6	13.0	57	20.0
每天一次	15	42.9	8	47.1	25	32.1	11	35.5	24	36.9	18	39.1	101	37.1
2~3 天一次	9	25.7	5	29.3	11	14.1	3	9.7	5	7.7	13	28.3	46	16.9
一周一次	4	11.4	2	11.8	17	21.8	4	12.9	10	15.4	4	8.7	41	15.1
很久一次	1	2.9	0	0	4	5.1	5	16.1	12	18.5	5	10.9	27	9.9

注:北京肥胖男生 $n=35$,北京肥胖女生 $n=17$;武汉肥胖男生 $n=78$,武汉肥胖女生 $n=31$;重庆肥胖男生 $n=65$,重庆肥胖女生 $n=46$;总计 $n=272$。

表 4-7 小学普通学生社区体育活动频率

项目	北京 男		北京 女		武汉 男		武汉 女		重庆 男		重庆 女		总计	
	n	%	n	%	n	%	n	%	n	%	n	%	n	%
每天 2~3 次	4	30.8	3	9.4	17	27.9	8	13.8	26	41.9	19	26.8	77	25.9
每天一次	7	53.8	15	46.9	18	29.5	24	41.4	21	33.9	20	28.2	105	35.4
2~3 天一次	1	7.7	10	31.3	10	16.4	11	19.0	9	14.6	17	23.9	58	19.5
一周一次	1	7.7	3	9.4	12	19.7	12	20.6	3	4.8	11	15.5	42	14.1
很久一次	0	0	1	3.1	4	6.5	3	5.2	3	4.8	4	5.6	15	5.1

注:北京普通男生 $n=13$,北京普通女生 $n=32$;武汉普通男生 $n=61$,武汉普通女生 $n=58$;重庆普通男生 $n=62$,重庆普通女生 $n=71$;总计 $n=297$。

武汉小学生经常参加社区体育活动的比例超过一半,但参加社区体育活动不足的比例较高,近 1/3 的学生参加社区体育活动间隔较长,社区体育锻炼不足。26.9% 肥胖男生、29.0% 肥胖女生、26.2% 普通男生和 25.8% 普通女生较少参加社区体育活动,表现出武汉地区学生社区体育开展得不够充分,学校、家长和学生对社区体育活动重视不够的问题。

重庆地区数据显示,经常参加社区体育活动的学生超过半数,但较少参加社区体育活动的比例仍然较高,33.9% 肥胖男生、19.6% 肥胖女生、9.6% 普通男生和 21.1% 普通女生都参加社区体育活动较少,其中肥胖男生的问题最为突出。

通过数据显示，北京、武汉、重庆三地普遍存在部分小学学生社区体育锻炼不足的现象，北京地区比例较低，情况较好；武汉该现象较为普遍，四类学生比例均超过 1/4；重庆肥胖男生和女生的情况较为突出，普通男生情况较好。三地男生参加社区体育活动的情况普遍好于女生。

（2）初中肥胖学生社区体育活动频率

根据表 4-8 数据显示，北京、武汉、重庆三地初中肥胖学生经常进行社区体育活动的比例占 54.9%，参加社区体育活动适中的占 21.5%，较少参加社区体育活动的占 23.6%。根据数据可以看出，社区体育活动频率在每天一次的学生比例最高，为 35.4%；三地有近 1/4 的肥胖初中生平时较少参加社区体育活动，以北京和武汉地区问题较为突出。

根据表 4-8、表 4-9 数据显示，北京地区超过一半的初中生经常参加社区体育活动，按各自比例来看，比例最高的是普通男生，达 72.2%，比例最低的是肥胖女生，为 57.7%。较少参加社区体育活动的学生其比例从高到低依次为肥胖女生 23.0%、普通女生 22.7%、肥胖男生 22.5%、普通男生 13.9%。数据说明部分北京初中生存在社区体育活动不足的问题，除普通男生比例较低外，肥胖男生和女生比例均超过 1/5。应对这种情况，需要学校加大对学生体育基础的培养，加强学生对参与社区体育锻炼的认识，激发学生对体育锻炼的兴趣，以便提高学生参与课外体育活动的积极性。

表 4-8　初中肥胖学生社区体育活动频率

项目	北京				武汉				重庆				总计	
	男		女		男		女		男		女			
	n	%	n	%	n	%	n	%	n	%	n	%	n	%
每天 2~3 次	15	37.5	5	19.2	6	15.4	2	6.7	7	16.3	3	17.6	38	19.5
每天一次	9	22.5	10	38.5	15	38.5	8	26.7	16	37.2	11	64.7	69	35.4
2~3 天一次	7	17.5	5	19.2	8	20.5	11	36.7	10	23.3	1	5.9	42	21.5
一周一次	7	17.5	3	11.5	8	20.5	4	13.3	4	9.3	2	11.8	28	14.4
很久一次	2	5.0	3	11.5	2	5.1	5	16.7	6	14.0	0	0	18	9.2

注：北京肥胖男生 $n=40$，北京肥胖女生 $n=26$；武汉肥胖男生 $n=39$，武汉肥胖女生 $n=30$；重庆肥胖男生 $n=43$，重庆肥胖女生 $n=17$；总计 $n=195$。

表 4-9　初中普通学生社区体育活动频率

项目	北京				武汉				重庆				总计	
	男		女		男		女		男		女			
	n	%	n	%	n	%	n	%	n	%	n	%	n	%
每天 2~3 次	10	27.8	35	29.4	11	15.3	8	11.6	15	28.3	10	18.5	89	22.1
每天一次	16	44.4	43	36.1	24	33.3	16	23.2	19	35.8	16	29.6	134	33.3
2~3 天一次	5	13.9	14	11.8	21	29.2	23	33.3	10	18.8	6	11.1	79	19.6

续表

项目	北京				武汉				重庆				总计	
	男		女		男		女		男		女			
	n	%	n	%	n	%	n	%	n	%	n	%	n	%
一周一次	4	11.1	17	14.3	9	12.5	16	23.2	6	11.3	15	27.8	67	16.6
很久一次	1	2.8	10	8.4	7	9.7	6	8.7	3	5.7	7	13.0	34	8.4

注：北京普通男生 $n=36$，北京普通女生 $n=119$；武汉普通男生 $n=72$，武汉普通女生 $n=69$；重庆普通男生 $n=53$，重庆普通女生 $n=54$；总计 $n=403$。

武汉地区数据显示，武汉初中生社区体育活动不足的比例较高，超过 1/4 的学生参加社区体育活动间隔较长，社区体育锻炼不足。25.6% 肥胖男生、30.0% 肥胖女生、22.2% 普通男生和 31.9% 普通女生较少参加社区体育活动，表现出武汉地区部分初中生社区体育开展的不够充分，学校、家长和学生对社区体育活动重视不够的问题。

重庆地区数据显示，经常参加社区体育活动的学生超过半数，但 23.3% 的肥胖男生较少参加社区体育活动，其比例高于普通男生的 17.0%；肥胖女生情况好于普通女生。40.8% 普通女生较少参加社区体育活动，远高于肥胖女生的 11.8%。数据说明重庆地区仍有部分肥胖学生参加社区体育活动较少，其中肥胖男生问题较大；除肥胖学生外，普通女生社区体育参与情况不容乐观，较少参加社区体育的比例最高。

整体来看，北京、武汉、重庆三地初中肥胖学生和普通学生参加社区体育频率相近，部分肥胖学生和普通学生存在参加社区体育频率较低的现象，需要学校和家庭更多的引导与教育，帮助学生提高参与社区体育活动的积极性。

（3）高中肥胖学生社区体育活动频率

表 4-10 数据显示，北京、武汉、重庆三地高中肥胖学生经常进行社区体育活动的比例占 36.6%，参加社区体育活动适中的占 24.7%，较少参加社区体育活动的占 38.7%。根据数据显示，较少参加社区体育活动的学生比例较高，其中以武汉地区和重庆地区情况较为严重。

表 4-10、表 4-11 数据显示，北京地区高中肥胖学生和普通学生社区体育活动情况良好，经常参加社区体育活动的比例较高，说明北京高中生对社区体育活动较为重视，参与积极性较高。

表 4-10 高中肥胖学生社区体育活动频率

项目	北京				武汉				重庆				总计	
	男		女		男		女		男		女			
	n	%	n	%	n	%	n	%	n	%	n	%	n	%
每天 2~3 次	1	20.0	1	9.1	3	10.4	3	12.5	1	7.1	0	0	9	9.7
每天一次	3	60.0	7	63.6	11	37.9	2	8.3	2	14.3	0	0	25	26.9

续表

项目	北京				武汉				重庆				总计	
	男		女		男		女		男		女			
	n	%	n	%	n	%	n	%	n	%	n	%	n	%
2~3天一次	1	20.0	2	18.2	8	27.6	5	20.8	5	35.7	2	20.0	23	24.7
一周一次	0	0	0	0	6	20.7	9	37.6	4	28.6	3	30.0	22	23.7
很久一次	0	0	1	9.1	1	3.4	5	20.8	2	14.3	5	50.0	14	15.0

注：北京肥胖男生 $n=5$，北京肥胖女生 $n=11$；武汉肥胖男生 $n=29$，武汉肥胖女生 $n=24$；重庆肥胖男生 $n=14$，重庆肥胖女生 $n=10$；总计 $n=93$。

表 4-11　高中普通学生社区体育活动频率

项目	北京				武汉				重庆				总计	
	男		女		男		女		男		女			
	n	%	n	%	n	%	n	%	n	%	n	%	n	%
每天2~3次	4	33.3	7	30.5	11	17.5	3	2.9	9	18.7	5	7.6	39	12.3
每天一次	4	33.3	12	52.2	16	25.4	20	19.2	15	31.3	10	15.1	77	24.4
2~3天一次	2	16.7	1	4.3	16	25.4	29	27.9	10	20.8	21	31.8	79	25.0
一周一次	2	16.7	1	4.3	12	19.0	32	30.8	8	16.7	12	18.2	67	21.2
很久一次	0	0	2	8.7	8	12.7	20	19.2	6	12.5	18	27.3	54	17.1

注：北京普通男生 $n=12$，北京普通女生 $n=23$；武汉普通男生 $n=63$，武汉普通女生 $n=104$；重庆普通男生 $n=48$，重庆普通女生 $n=66$；总计 $n=316$。

武汉地区高中肥胖学生和普通学生相比差别不大，但社区体育活动不足的比例均较高，部分学生参加社区体育活动间隔较长，社区体育锻炼不足。24.1%肥胖男生、58.4%肥胖女生、31.7%普通男生和50.0%普通女生较少参加社区体育活动，表现出武汉地区部分高中生社区体育开展的不够充分，学校、家长和学生对社区体育活动重视不够的问题。

重庆地区数据显示，高中生较少参加社区体育活动的比例较高，42.9%肥胖男生、80.0%肥胖女生、29.2%普通男生和45.5%普通女生都参加社区体育活动较少，其中肥胖女生的问题尤为严重。这就需要学校加强学生对参与社区体育锻炼的认识，激发学生对体育运动的兴趣，提高学生参与社区体育活动的积极性。

2. 肥胖学生社区体育活动内容

根据北京、武汉、重庆三地中小学肥胖学生参加社区体育活动的内容，分别取最受学生欢迎的前6项体育运动项目，根据受欢迎程度由高到低，按照男女生进行分类，结果如图4-1、图4-2所示。

根据图4-1、图4-2显示，北京、武汉、重庆三地中小学肥胖男生较常参加的社区体育活动为羽毛球、篮球、跑步、游泳、乒乓球和骑脚踏车；中小学肥胖女生较常参加的社区体育活动为羽毛球、跑步、游泳、骑脚踏车、乒乓球、跳绳。

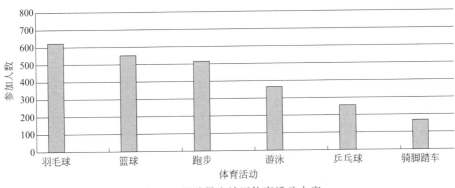

图 4-1　肥胖男生社区体育活动内容

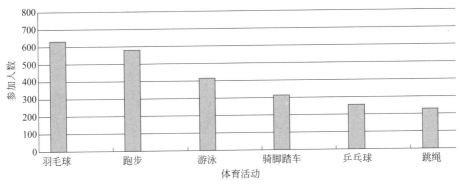

图 4-2　肥胖女生社区体育活动内容

根据调查结果，发现羽毛球为肥胖男女生最为喜爱的运动，这与羽毛球较为大众化、便于开展、运动量适中有关。此外，跑步、游泳、骑脚踏车、乒乓球也是肥胖男女生共同的运动爱好。

3. 肥胖学生社区体育活动量

在调查学生每次社区体育活动量时，时间上设定为 30 分钟以内、31 分钟-1 小时、1 小时以上三类，分别用 A，B，C 表示；运动程度设定为激烈运动、中度运动和轻度运动，分别用 1、2、3 表示。

（1）小学肥胖学生社区体育活动强度

调查结果如表 4-12 所示，从时间上来看，北京、武汉、重庆三地肥胖小学生每次参加社区体育的时间以 30 分钟以内居多，占 42.8%，说明近半数的肥胖学生运动时间偏少，女生情况较男生严重；运动程度大都集中在激烈运动和中度运动，基本能够达到锻炼的目的。但值得注意的是，有 9.7% 的肥胖学生处于 A3——即锻炼时间短，活动强度又低的程度，此类学生社区体育运动量明显不足，锻炼质量较低。

根据表 4-12、表 4-13 数据显示，北京，武汉，重庆三地普通小学生每次参加社区体育活动的时间在 30 分钟以内的人数比例占 37.4%，31 分钟至 1 小时的占 40.4%，1 小时以上的占 22.2%。从每次进行社区体育活动的时间上来看，各地普通小学生比肥胖小学生普遍运动时间略长，说明三地普通小学生每次参加社区体育锻炼的时间较为充分，肥胖小学生应适当增加参加社区体育的时间。从三地小学生每次进行社区体育活动的运动程度上来看，运动程度在激烈运动和中度运动的普通学生比例要高于肥胖学生，说明肥胖学生的社区体育运动量还有待加强。

表 4-12　小学肥胖学生社区体育活动量

项目	北京				武汉				重庆				总计	
	男		女		男		女		男		女			
	n	%	n	%	n	%	n	%	n	%	n	%	n	%
A1	3	8.6	4	23.5	14	17.9	9	29.0	9	13.8	11	23.9	50	18.4
A2	6	17.1	3	17.6	7	9.0	6	19.4	8	12.3	10	21.7	40	14.7
A3	2	5.7	1	5.9	6	7.7	6	19.4	7	10.9	4	8.7	26	9.7
B1	8	22.9	0	0	14	17.9	3	9.7	11	16.9	3	6.5	39	14.3
B2	8	22.9	3	17.6	11	14.1	5	16.1	13	20.0	8	17.4	48	17.6
B3	0	0	0	0	3	3.8	0	0	1	1.5	2	4.4	6	2.2
C1	2	5.7	2	11.9	15	19.3	0	0	7	10.8	4	8.7	30	11.0
C2	5	14.3	4	23.5	8	10.3	2	6.4	8	12.3	3	6.5	30	11.0
C3	1	2.8	0	0	0	0	0	0	1	1.5	1	2.2	3	1.1

注：北京肥胖男生 $n=35$，北京肥胖女生 $n=17$；武汉肥胖男生 $n=78$，武汉肥胖女生 $n=31$；重庆肥胖男生 $n=65$，重庆肥胖女生 $n=46$；总计 $n=272$。

表 4-13　小学普通学生社区体育活动量

项目	北京				武汉				重庆				总计	
	男		女		男		女		男		女			
	n	%	n	%	n	%	n	%	n	%	n	%	n	%
A1	1	7.7	2	6.3	15	24.6	12	20.7	13	21.0	14	19.7	57	19.2
A2	0	0	4	12.5	8	13.1	14	24.1	7	11.3	10	14.2	43	14.5
A3	0	0	1	3.1	2	3.3	1	1.7	2	3.2	5	7.0	11	3.7
B1	4	30.8	6	18.8	9	14.8	8	13.8	10	16.1	13	18.3	50	16.8
B2	5	38.4	10	31.3	6	9.8	15	25.9	9	14.5	20	28.2	65	21.9
B3	0	0	2	6.3	1	1.6	1	1.7	0	0	1	1.4	5	1.7
C1	2	15.4	3	9.3	12	19.7	7	12.1	15	24.2	5	7.0	44	14.8
C2	1	7.7	3	9.3	6	9.8	0	0	5	8.1	3	4.2	18	6.1
C3	0	0	1	3.1	2	3.3	0	0	1	1.6	0	0	4	1.3

注：北京普通男生 $n=13$，北京普通女生 $n=32$；武汉普通男生 $n=61$，武汉普通女生 $n=58$；重庆普通男生 $n=62$，重庆普通女生 $n=71$；总计 $n=297$。

（2）初中肥胖学生社区体育活动量

调查结果如表 4-14 所示，从时间上来看，北京、武汉、重庆三地肥胖初中生每次参加社区体育的时间以 30min 以内居多，占 48.2%，说明近半数的肥胖学生运动时间偏少，其中女生比例高于男生；从运动程度来看，大都集中在激烈运动和中度运动，基本能够达到锻炼的目的。但值得注意的是，有 9.2% 的肥胖学生处于 A3——即锻炼时间短，活动强度又低的程度，此类学生社区体育运动量明显不足，锻炼质量较低。

根据表 4-14、表 4-15 数据显示,从每次进行社区体育活动的时间上来看,北京,武汉,重庆三地普通初中生每次参加社区体育活动的时间在 30 分钟以内的人数比例占 46.8%,31 分钟至 1 小时的占 38.2%,1 小时以上的占 14.9%。普通学生比肥胖学生运动时间略长,说明三地普通学生每次参加社区体育锻炼的时间较为充分,而肥胖学生应适当增加参加社区体育的时间。从三地初中生每次进行社区体育活动的运动量上来看,14.8%的肥胖学生和 13.6%的普通学生运动量较低,运动时间和运动强度仍需加强。

表 4-14 初中肥胖学生社区体育活动量

项目	北京 男 n	北京 男 %	北京 女 n	北京 女 %	武汉 男 n	武汉 男 %	武汉 女 n	武汉 女 %	重庆 男 n	重庆 男 %	重庆 女 n	重庆 女 %	总计 n	总计 %
A1	5	12.5	4	15.4	4	10.3	5	16.7	12	23.3	1	5.9	31	15.9
A2	12	30.0	9	34.6	4	10.3	5	16.7	9	20.9	6	35.3	45	23.1
A3	1	2.5	3	11.5	4	10.3	7	23.3	2	4.7	1	5.9	18	9.2
B1	4	10.0	4	15.4	10	25.6	4	13.3	6	13.9	4	23.5	32	16.4
B2	6	15.0	2	7.7	7	17.9	4	13.3	7	16.3	3	17.6	29	14.9
B3	1	2.5	2	7.7	0	0	3	10.0	2	4.7	1	5.9	9	4.6
C1	6	15.0	2	7.7	7	17.9	1	3.3	1	2.3	0	0	17	8.7
C2	3	7.5	0	0	3	7.7	1	3.3	4	9.3	1	5.9	12	6.2
C3	2	5.0	0	0	0	0	0	0	0	0	0	0	2	1.0

注:北京肥胖男生 $n=40$,北京肥胖女生 $n=26$;武汉肥胖男生 $n=39$,武汉肥胖女生 $n=30$;重庆肥胖男生 $n=43$,重庆肥胖女生 $n=17$;总计 $n=195$。

表 4-15 初中普通学生社区体育活动量

项目	北京 男 n	北京 男 %	北京 女 n	北京 女 %	武汉 男 n	武汉 男 %	武汉 女 n	武汉 女 %	重庆 男 n	重庆 男 %	重庆 女 n	重庆 女 %	总计 n	总计 %
A1	6	16.7	15	12.6	12	16.7	7	10.1	10	18.9	9	16.7	59	14.6
A2	8	22.2	30	25.2	13	18.1	16	23.2	8	15.1	15	27.8	90	22.3
A3	0	0	14	11.8	5	6.9	9	13.0	2	3.8	10	18.5	40	9.9
B1	8	22.2	20	16.8	19	26.4	7	10.1	11	20.8	7	13.0	72	17.9
B2	7	19.4	22	18.5	9	12.5	17	24.6	8	15.1	8	14.8	71	17.6
B3	0	0	7	5.9	1	1.4	1	1.4	1	1.9	1	1.9	11	2.7
C1	4	11.1	6	5.0	8	11.1	5	7.2	5	9.4	1	1.9	29	7.2
C2	3	8.3	3	2.5	5	6.9	7	10.1	6	11.3	3	5.6	27	6.7
C3	0	0	2	1.7	0	0	0	0	2	3.8	0	0	4	1.0

注:北京普通男生 $n=36$,北京普通女生 $n=119$;武汉普通男生 $n=72$,武汉普通女生 $n=69$;重庆普通男生 $n=53$,重庆普通女生 $n=54$;总计 $n=403$。

（3）高中肥胖学生社区体育活动量

调查结果如表 4-16 所示，从时间上来看，北京、武汉、重庆三地高中肥胖学生每次参加社区体育的时间以 30 分钟以内居多，占 48.4%；31 分钟至 1 小时的比例为 38.7%；1 小时以上的比例为 12.9%。说明近半数的肥胖学生运动时间偏少，其中女生情况较为突出。三地肥胖学生运动程度大都集中在激烈运动和中度运动，基本能够达到锻炼的目的。但是有 10.7% 的肥胖学生处于 A3——即锻炼时间短，活动强度又低的程度，此类学生社区体育运动量明显不足，锻炼质量较低。

根据表 4-16、表 4-17 数据显示，北京，武汉，重庆三地高中普通学生每次参加社区体育活动的时间在 30 分钟以内的人数比例占 52.9%，31 分钟至 1 小时的占 35.8%，1 小时以上的占 11.3%，各项比例均与肥胖学生比例相近。从三地普通学生每次进行社区体育活动的运动程度上来看，运动强度在激烈运动和中度运动的比例较高，其比例也与肥胖学生比例相近。说明三地高中肥胖学生与普通学生社区体育活动强度无明显差别，但近半数肥胖学生和普通学生都存在运动时间较短的问题。

表 4-16　高中肥胖学生社区体育活动量

项目	北京 男		北京 女		武汉 男		武汉 女		重庆 男		重庆 女		总计	
	n	%	n	%	n	%	n	%	n	%	n	%	n	%
A1	0	0	4	36.3	2	6.9	4	16.7	0	0	3	30.0	13	14.0
A2	2	40.0	3	27.3	3	10.3	6	25.0	4	28.6	4	40.0	22	23.7
A3	0	0	2	18.2	3	10.3	5	20.8	0	0	0	0	10	10.7
B1	1	20.0	0	0	8	27.7	2	8.3	2	14.3	1	10.0	14	15.0
B2	1	20.0	0	0	5	17.3	4	16.7	5	35.7	2	20.0	17	18.3
B3	0	0	1	9.1	2	6.9	1	4.2	1	7.1	0	0	5	5.4
C1	0	0	0	0	5	17.2	0	0	0	0	0	0	5	5.4
C2	1	20.0	1	9.1	1	3.4	2	8.3	2	14.3	0	0	7	7.5
C3	0	0	0	0	0	0	0	0	0	0	0	0	0	0

注：北京肥胖男生 $n=5$，北京肥胖女生 $n=11$；武汉肥胖男生 $n=29$，武汉肥胖女生 $n=24$；重庆肥胖男生 $n=14$，重庆肥胖女生 $n=10$；总计 $n=93$。

表 4-17　高中普通学生社区体育活动量

项目	北京 男		北京 女		武汉 男		武汉 女		重庆 男		重庆 女		总计	
	n	%	n	%	n	%	n	%	n	%	n	%	n	%
A1	2	16.7	1	4.3	17	27.0	29	27.9	6	12.5	7	10.6	62	19.6
A2	1	8.3	7	30.4	7	11.1	22	21.3	11	22.9	22	33.3	70	22.2
A3	1	8.3	1	4.3	3	4.7	15	14.4	1	2.1	14	21.2	35	11.1

续表

项目	北京				武汉				重庆				总计	
	男		女		男		女		男		女			
	n	%	n	%	n	%	n	%	n	%	n	%	n	%
B1	3	25.0	4	17.4	15	23.8	7	6.7	9	18.7	5	7.6	43	13.6
B2	2	16.7	8	34.9	11	17.5	20	19.2	8	16.7	11	16.7	60	19.0
B3	0	0	0	0	2	3.2	3	2.9	1	2.1	4	6.1	10	3.2
C1	2	16.7	0	0	6	9.5	4	3.8	7	14.6	2	3.0	21	6.6
C2	1	8.3	2	8.7	2	3.2	4	3.8	5	10.4	1	1.5	15	4.7
C3	0	0	0	0	0	0	0	0	0	0	0	0	0	0

注：北京普通男生 $n=12$，北京普通女生 $n=23$；武汉普通男生 $n=63$，武汉普通女生 $n=104$；重庆普通男生 $n=48$，重庆普通女生 $n=66$；总计 $n=316$。

(二) 北京、武汉、重庆三地肥胖学生家庭体育活动现状

1. 肥胖学生家庭体育活动频率

对于家庭体育活动频度调查，共设定 4 个级别：总是、经常、偶尔和从不。经调查分析，随着学制的升高，肥胖学生参加家庭体育活动的频率逐渐降低，这主要是由于随着学习压力的增加，家庭、学生和学校忽视家庭体育，对家庭体育认识不足的原因造成的。

（1）小学肥胖学生家庭体育活动频率

根据表 4-18 数据显示，北京、武汉、重庆三地肥胖小学生进行家庭体育活动的情况以武汉地区较好，总是和经常参加家庭体育的肥胖男女生比例分别为 62.3% 和 51.6%，均高于北京地区和重庆地区。其中，武汉地区总是进行家庭体育的小学肥胖男生比例达 32.8%，远远超过北京地区的 8.6% 和重庆地区的 13.9%。数据说明在北京、武汉、重庆三地之间，武汉地区肥胖小学生的家庭体育活动氛围较为良好。从整体来看，三地过半数的肥胖小学生总是或经常参与家庭体育活动，但仍有 49.3% 的肥胖小学生很少或从不参与家庭体育。应对这种情况，需要学校和家庭对家庭体育的共同重视和参与，学校应对学生进行家庭体育观念的教育和熏陶，家庭应积极组织和鼓励孩子，共同进行体育活动。

根据表 4-18、表 4-19 数据显示，在北京、武汉、重庆三地中，总是和经常参加家庭体育的普通小学生比例达 60.3%，高于三地肥胖小学生的 50.7%，说明三地肥胖小学生家庭体育活动参与仍有所不足。北京地区的数据对比尤为明显，总是和经常参加家庭体育的普通男女生比例分别为 92.3% 和 59.4%，大大超过肥胖男女生的 51.5% 和 41.2%，说明北京肥胖小学生对于家庭体育活动的参与明显不足，同时说明学校和家庭对肥胖小学生家庭体育的忽视。

表 4-18　小学肥胖学生家庭体育活动频率

项目	北京 男		北京 女		武汉 男		武汉 女		重庆 男		重庆 女		总计	
	n	%	n	%	n	%	n	%	n	%	n	%	n	%
总是	3	8.6	0	0	19	32.8	5	16.1	9	13.9	4	8.7	40	14.7
经常	15	42.9	7	41.2	23	29.5	11	35.5	23	35.4	19	41.3	98	36.0
偶尔	16	45.7	10	58.8	27	34.6	13	41.9	27	41.5	20	43.5	113	41.6
从不	1	2.9	0	0	9	11.5	2	6.5	6	9.2	3	6.5	21	7.7

注：北京肥胖男生 $n=35$，北京肥胖女生 $n=17$；武汉肥胖男生 $n=78$，武汉肥胖女生 $n=31$；重庆肥胖男生 $n=65$，重庆肥胖女生 $n=46$；总计 $n=272$。

表 4-19　小学普通学生家庭体育活动频率

项目	北京 男		北京 女		武汉 男		武汉 女		重庆 男		重庆 女		总计	
	n	%	n	%	n	%	n	%	n	%	n	%	n	%
总是	5	38.5	4	12.5	18	29.5	8	13.8	14	22.6	6	8.4	55	18.5
经常	7	53.8	15	46.9	16	26.2	30	51.7	23	37.1	33	46.5	124	41.8
偶尔	0	0	12	37.5	26	42.7	20	34.5	23	37.1	32	45.1	113	38.0
从不	1	7.7	1	3.1	1	1.6	0	0	2	3.2	0	0	5	1.7

注：北京普通男生 $n=13$，北京普通女生 $n=32$；武汉普通男生 $n=61$，武汉普通女生 $n=58$；重庆普通男生 $n=62$，重庆普通女生 $n=71$；总计 $n=297$。

（2）初中肥胖学生家庭体育活动频率

根据表 4-20 数据显示，北京、武汉、重庆三地肥胖初中生选择总是进行家庭体育活动的比例为 11.8%，选择经常的比例为 26.2%，选择偶尔的比例为 53.8%，选择从不的占 8.2%。其中选择偶尔的学生比例最高，超过半数；偶尔和从不参加家庭体育的学生比例达 62.0%，说明三地初中生参与家庭体育的情况不容乐观，问题突出。

根据表 4-20、表 4-21 数据显示，在北京、武汉、重庆三地中，选择偶尔和从不参加家庭体育的普通初中生比例为 60.3%，说明三地普通初中生家庭体育活动参与仍有所不足。三地肥胖学生和普通学生选择偶尔或从不参加家庭体育活动的比例均较高，说明三地初中生家庭体育参与明显不足，家庭体育活动开展不够。这是由于初中生学业负担较重，学校、家长对家庭体育不够重视，学生家庭体育意识不足等问题造成的。这就需要学校和家庭对家庭体育的共同重视和参与，学校应对学生进行家庭体育观念的教育和熏陶，家庭应积极组织和鼓励孩子，共同进行体育活动。

表 4-20　初中肥胖学生家庭体育活动频率

项目	北京 男		北京 女		武汉 男		武汉 女		重庆 男		重庆 女		总计	
	n	%	n	%	n	%	n	%	n	%	n	%	n	%
总是	9	22.5	2	7.7	7	17.9	2	6.7	2	4.7	1	5.9	23	11.8
经常	11	27.5	4	15.4	12	30.8	7	23.3	11	25.5	6	35.3	51	26.2
偶尔	19	47.5	17	65.4	18	46.2	21	70.0	23	53.5	7	41.2	105	53.8
从不	1	2.5	3	11.5	2	5.1	0	0	7	16.3	3	17.6	16	8.2

注：北京肥胖男生 $n=40$，北京肥胖女生 $n=26$；武汉肥胖男生 $n=39$，武汉肥胖女生 $n=30$；重庆肥胖男生 $n=43$，重庆肥胖女生 $n=17$；总计 $n=195$。

表 4-21　初中普通学生家庭体育活动频率

项目	北京 男		北京 女		武汉 男		武汉 女		重庆 男		重庆 女		总计	
	n	%	n	%	n	%	n	%	n	%	n	%	n	%
总是	7	19.4	19	16.0	5	6.9	5	7.2	4	7.6	2	3.7	42	10.4
经常	14	38.9	32	26.9	18	25.1	21	30.4	19	35.8	14	25.9	118	29.3
偶尔	13	36.1	61	51.2	43	59.7	40	58.0	29	54.7	31	57.4	217	53.8
从不	2	5.6	7	5.9	6	8.3	3	4.4	1	1.9	7	13.0	26	6.5

注：北京普通男生 $n=36$，北京普通女生 $n=119$；武汉普通男生 $n=72$，武汉普通女生 $n=69$；重庆普通男生 $n=53$，重庆普通女生 $n=54$；总计 $n=403$。

(3) 高中肥胖学生家庭体育活动频率

根据表 4-22 数据显示，北京、武汉、重庆三地高中肥胖学生偶尔和从不进行家庭体育活动的人数比例分别为 64.5% 和 7.5%，总是和经常参加家庭体育活动的人数比例仅为 10.8%、17.2%。说明有 72.0% 的肥胖学生较少参加或不参加家庭体育活动，该问题北京、武汉、重庆三地同样突出，肥胖女生较肥胖男生更为严重。

根据表 4-22、表 4-23 数据显示，在北京、武汉、重庆三地中，总是和经常参加家庭体育的高中普通学生比例为 36.4%，偶尔和从不参加家庭体育活动的比例达 63.6%，说明三地普通学生家庭体育活动参与明显不足。三地高中肥胖学生和普通学生参加家庭体育活动均较少，说明学校和家庭对高中生家庭体育的忽视，高中生家庭体育活动的积极性不高等问题。解决高中生较少参加家庭体育的问题，需要学校、家庭和学生对家庭体育的共同重视和参与，学校应对学生应进行家庭体育观念的教育和熏陶，家庭应积极组织和鼓励孩子，共同进行体育活动。

表 4-22　高中肥胖学生家庭体育活动频率

项目	北京 男		北京 女		武汉 男		武汉 女		重庆 男		重庆 女		总计	
	n	%	n	%	n	%	n	%	n	%	n	%	n	%
总是	0	0	0	0	6	20.7	2	8.3	2	14.3	0	0	10	10.8

续表

项目	北京				武汉				重庆				总计	
	男		女		男		女		男		女			
	n	%	n	%	n	%	n	%	n	%	n	%	n	%
经常	1	20.0	2	18.2	5	17.3	4	16.7	4	28.6	0	0	16	17.2
偶尔	4	80.0	8	72.7	17	58.6	16	66.7	7	50.0	8	80.0	60	64.5
从不	0	0	1	9.1	1	3.4	2	8.3	3	7.1	2	20.0	7	7.5

注：北京肥胖男生 $n=5$，北京肥胖女生 $n=11$；武汉肥胖男生 $n=29$，武汉肥胖女生 $n=24$；重庆肥胖男生 $n=14$，重庆肥胖女生 $n=10$；总计 $n=93$。

表 4-23 高中普通学生家庭体育活动频率

项目	北京				武汉				重庆				总计	
	男		女		男		女		男		女			
	n	%	n	%	n	%	n	%	n	%	n	%	n	%
总是	4	33.3	1	4.3	10	15.9	7	6.7	7	14.6	5	7.6	34	10.8
经常	4	33.3	4	17.4	17	27.0	20	19.3	22	45.8	14	21.2	81	25.6
偶尔	3	25.0	18	78.3	29	46.0	67	64.4	18	37.5	39	59.1	174	55.1
从不	1	8.4	0	0	7	11.1	10	9.6	1	2.1	8	12.1	27	8.5

注：北京普通男生 $n=12$，北京普通女生 $n=23$；武汉普通男生 $n=63$，武汉普通女生 $n=104$；重庆普通男生 $n=48$，重庆普通女生 $n=66$；总计 $n=316$。

2. 肥胖学生家庭体育活动内容

根据北京、武汉、重庆三地中小学肥胖学生参加家庭体育活动的内容，分别选取学生经常进行的前 6 项体育运动项目，根据受欢迎程度由高到低，按照男女生进行分类，结果如图 4-3、图 4-4 所示。

根据图 4-3、图 4-4 显示，北京、武汉、重庆三地中小学肥胖男生较常参加的家庭体育活动为仰卧起坐、俯卧撑、跑步、跳绳、骑脚踏车和下蹲；中小学肥胖女生较常参加的家庭体育活动为仰卧起坐、跳绳、俯卧撑、跑步、踢毽子、呼啦圈。

根据结果显示，肥胖学生所选择的家庭体育运动都较为简单易行，有些运动在家中就可以进行，便于开展。

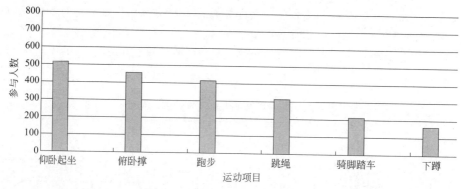

图 4-3 肥胖男生家庭体育活动内容

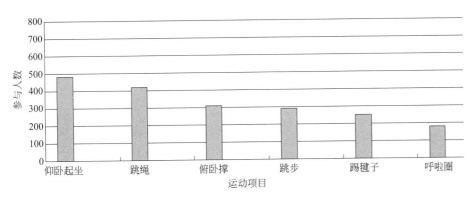

图 4-4 肥胖女生家庭体育活动内容

3. 肥胖学生家庭生活习惯

关于北京、武汉、重庆三地小学生的家庭生活习惯，共设计了做家务、看电视、玩电脑游戏、睡懒觉、吃零食、看书 6 个固定选项，其他 1 个自主选项。睡懒觉、吃零食是目前公认的可引起肥胖的因素，看电视、玩电脑游戏、看书等作为相对静态的活动也对学生肥胖有一定的影响。学生按照自身情况选择经常在家进行的活动，根据普通学生和肥胖学生的生活习惯对比可看出肥胖学生的生活习惯对其身体的影响。

（1）小学肥胖学生家庭生活习惯

根据表 4-24 数据显示，北京、武汉、重庆三地肥胖小学生在家经常做的活动按选择比例由高到低依次为看电视、看书、玩电脑游戏、做家务、吃零食、睡懒觉。根据其比例大小可以看出三地肥胖小学生在家以娱乐、学习和家务劳动为主，睡懒觉和吃零食的学生较少。

根据表 4-24、表 4-25 数据可知，北京、武汉、重庆三地普通小学生在家经常做的活动按选择比例由高到低依次为看书、做家务、看电视、玩电脑游戏、吃零食、睡懒觉。同肥胖学生比较，三地普通看书和做家务的选择比例较为靠前，看电视和玩电脑游戏的比例较为靠后，但比例差别不大。说明北京、武汉、重庆三地肥胖小学生和普通小学生的生活习惯较为相似，肥胖学生稍偏重于娱乐，普通学生稍偏重于学习。

表 4-24 小学肥胖学生家庭生活习惯

项目	北京				武汉				重庆				总计	
	男		女		男		女		男		女			
	n	%	n	%	n	%	n	%	n	%	n	%	n	%
做家务	12	34.3	7	41.2	41	52.6	19	61.3	25	38.5	27	58.7	131	48.2
看电视	21	60.0	11	64.7	40	51.3	17	54.8	36	55.4	25	54.3	150	55.1

续表

项目	北京				武汉				重庆				总计	
	男		女		男		女		男		女			
	n	%	n	%	n	%	n	%	n	%	n	%	n	%
电脑游戏	20	57.1	5	29.4	46	59.0	8	25.8	35	53.8	21	45.7	135	49.6
睡懒觉	2	5.7	3	17.6	15	19.2	3	9.7	10	15.4	6	13.0	39	14.3
吃零食	6	17.1	4	23.5	24	30.8	7	22.6	16	24.6	8	17.4	65	23.9
看书	18	51.4	9	52.9	45	57.7	15	48.4	29	44.6	32	69.6	148	54.4
其他	0	0	0	0	0	0	0	0	0	0	0	0	0	0

注：北京肥胖男生 $n=35$，北京肥胖女生 $n=17$；武汉肥胖男生 $n=78$，武汉肥胖女生 $n=31$；重庆肥胖男生 $n=65$，重庆肥胖女生 $n=46$；总计 $n=272$。

表 4-25 小学普通学生家庭生活习惯

项目	北京				武汉				重庆				总计	
	男		女		男		女		男		女			
	n	%	n	%	n	%	n	%	n	%	n	%	n	%
做家务	8	61.5	16	50.0	29	47.5	29	50.0	22	35.5	39	54.9	143	48.1
看电视	7	53.8	17	53.1	26	42.6	25	43.1	30	48.4	34	47.9	139	46.8
电脑游戏	1	7.7	7	21.9	37	60.7	22	37.9	37	59.7	22	31.0	126	42.4
睡懒觉	0	0	5	15.6	13	21.3	9	15.5	16	25.8	12	16.9	55	18.5
吃零食	0	0	5	15.6	9	14.8	6	10.3	20	32.3	19	26.8	59	19.9
看书	12	92.3	3	9.4	35	57.4	42	72.4	45	72.6	49	69.0	186	62.6
其他	0	0	0	0	0	0	0	0	0	0	0	0	0	0

注：北京普通男生 $n=13$，北京普通女生 $n=32$；武汉普通男生 $n=61$，武汉普通女生 $n=58$；重庆普通男生 $n=62$，重庆普通女生 $n=71$；总计 $n=297$。

（2）初中肥胖学生家庭生活习惯

根据表 4-26 数据显示，北京、武汉、重庆三地肥胖初中生在家经常做的活动按选择比例由高到低依次为看电视、看书、玩电脑游戏、睡懒觉、做家务、吃零食。根据其比例大小可以看出三地肥胖初中生家庭生活以娱乐和学习为主，但不容忽视的是睡懒觉和吃零食的比例也较高，分别达到 44.1% 和 32.8%。

根据表 4-26、表 4-27 数据可知，北京、武汉、重庆三地普通初中生在家经常做的活动按选择比例由高到低依次为看电视、看书、玩电脑游戏、睡懒觉、做家务、吃零食。结果与肥胖学生相同，但比例差别不大。说明北京、武汉、重庆三地肥胖小学生和普通小学生的生活习惯相似，都是以娱乐和学习为主，二者无明显不同。睡懒觉和吃零食的比例均较高，女生较男生严重，说明三地部分初中生家庭生活习惯存在一定的问题，学校和家庭应当给予适当的引导和教育，培养学生良好的生活习惯。

表 4-26　初中肥胖学生家庭生活习惯

项目	北京				武汉				重庆				总计	
	男		女		男		女		男		女			
	n	%	n	%	n	%	n	%	n	%	n	%	n	%
做家务	16	40.0	12	46.2	17	43.6	12	40.0	17	39.5	8	47.1	82	42.1
看电视	32	80.0	14	53.8	25	64.1	22	73.3	25	58.1	11	64.7	129	66.2
电脑游戏	30	75.0	14	53.8	23	59.0	8	26.7	32	74.4	9	52.9	116	59.5
睡懒觉	21	52.5	9	34.6	17	43.6	14	46.7	15	34.9	10	58.8	86	44.1
吃零食	17	42.5	7	26.9	12	30.8	11	36.7	9	20.9	8	47.1	64	32.8
看书	28	70.0	14	53.8	23	59.0	20	66.7	27	62.8	12	70.6	124	63.6
其他	0	0	0	0	0	0	0	0	0	0	0	0	0	0

注：北京肥胖男生 $n=40$，北京肥胖女生 $n=26$；武汉肥胖男生 $n=39$，武汉肥胖女生 $n=30$；重庆肥胖男生 $n=43$，重庆肥胖女生 $n=17$；总计 $n=195$。

表 4-27　初中普通学生家庭生活习惯

项目	北京				武汉				重庆				总计	
	男		女		男		女		男		女			
	n	%	n	%	n	%	n	%	n	%	n	%	n	%
做家务	11	30.6	58	48.7	27	37.5	35	50.7	19	35.8	22	40.7	172	42.7
看电视	26	72.2	88	73.9	45	62.5	42	60.9	30	56.6	32	59.3	263	65.3
电脑游戏	27	75.0	66	55.5	43	59.7	38	55.1	26	49.1	23	42.6	223	55.3
睡懒觉	11	30.6	59	49.6	27	37.5	38	55.1	16	30.2	23	42.6	174	43.2
吃零食	13	36.1	58	48.7	25	34.7	34	49.3	17	32.1	23	42.6	170	42.2
看书	18	50.0	76	63.9	38	52.8	51	73.9	28	52.8	42	77.8	253	62.8
其他	0	0	0	0	0	0	0	0	0	0	0	0	0	0

注：北京普通男生 $n=36$，北京普通女生 $n=119$；武汉普通男生 $n=72$，武汉普通女生 $n=69$；重庆普通男生 $n=53$，重庆普通女生 $n=54$；总计 $n=403$。

(3) 高中肥胖学生家庭生活习惯

根据表 4-28 数据显示，北京、武汉、重庆三地高中肥胖学生在家经常做的活动按选择比例由高到低依次为：看电视、玩电脑游戏、看书、睡懒觉、做家务、吃零食。根据数据情况可以看出三地肥胖学生家庭生活习惯以娱乐占大多数，但睡懒觉和吃零食的选择比例较高，分别为 46.2% 和 31.2%，说明三地部分肥胖学生的生活习惯不良。

根据表 4-28、表 4-29 数据可知，北京、武汉、重庆三地高中普通学生在家经常做的活动按选择比例由高到低依次为看电视、看书、玩电脑游戏、睡懒觉、吃零食、做家务。与肥胖学生比较，三地普通学生看书的比例较为靠前，做家务的比例较为靠后，但比例差别不大。普通学生家庭生活习惯以娱乐和学习为主，但睡懒觉和吃零食的比例均高于肥胖学生。三地高中生睡懒觉和吃零食的比例均较高，女生比男生情况严重，说明三地部分高中生家庭生活习惯存在一定的问题，学校和家庭应当给予适当的引导和教育，减少学生睡懒觉的习惯和控制经常吃零食的问题，培养学生良好的生活习惯。

表 4-28　高中肥胖学生家庭生活习惯

项目	北京 男		北京 女		武汉 男		武汉 女		重庆 男		重庆 女		总计	
	n	%	n	%	n	%	n	%	n	%	n	%	n	%
做家务	0	0	2	18.2	10	34.5	7	29.2	5	35.7	6	60.0	30	32.3
看电视	3	60.0	8	72.7	16	55.2	13	54.2	8	57.1	7	70.0	55	59.1
电脑游戏	4	80.0	5	45.5	19	65.5	12	50.0	10	71.4	5	50.0	55	59.1
睡懒觉	2	40.0	6	54.5	10	34.5	12	50.0	5	35.7	8	80.0	43	46.2
吃零食	3	60.0	4	36.4	7	24.1	9	37.5	2	14.3	4	40.0	29	31.2
看书	1	20.0	5	45.5	15	51.7	13	54.2	6	42.9	7	70.0	47	50.5
其他	0	0	0	0	0	0	0	0	0	0	0	0	0	0

注：北京肥胖男生 $n=5$，北京肥胖女生 $n=11$；武汉肥胖男生 $n=29$，武汉肥胖女生 $n=24$；重庆肥胖男生 $n=14$，重庆肥胖女生 $n=10$；总计 $n=93$。

表 4-29　高中普通学生家庭生活习惯

项目	北京 男		北京 女		武汉 男		武汉 女		重庆 男		重庆 女		总计	
	n	%	n	%	n	%	n	%	n	%	n	%	n	%
做家务	3	25.0	6	26.1	17	27.0	43	41.3	24	50.0	33	50.0	106	33.5
看电视	6	50.0	17	73.9	38	60.3	72	69.2	34	70.8	55	83.3	222	70.3
电脑游戏	5	41.7	11	47.8	39	61.9	55	52.9	32	66.7	33	50.0	175	55.4
睡懒觉	4	33.3	13	56.5	24	38.1	62	59.6	21	43.8	40	60.6	164	51.9
吃零食	1	8.3	11	47.8	19	30.2	38	36.5	11	22.9	29	43.9	109	34.5
看书	6	50.0	14	60.9	31	49.2	72	69.2	29	60.4	55	83.3	207	65.5
其他	0	0	0	0	0	0	0	0	0	0	0	0	0	0

注：北京普通男生 $n=12$，北京普通女生 $n=23$；武汉普通男生 $n=63$，武汉普通女生 $n=104$；重庆普通男生 $n=48$，重庆普通女生 $n=66$；总计 $n=316$。

（三）北京、武汉、重庆三地肥胖学生参加体育俱乐部现状

为进一步加强青少年体育工作，2000 年 3 月 1 日国家体育总局下发通知，决定使用 1999 年度体育彩票公益金，在全国开展创办青少年体育俱乐部试点工作。《1999 年度体育彩票公益金用于扶持创办青少年体育俱乐部实施方案》规定：青少年体育俱乐部具有社会公益性特征，是今后国家倡导并引导发展的旨在广泛开展青少年日常体育活动的社会组织；青少年体育俱乐部的主要任务是：培养青少年体育兴趣、爱好和终身体育锻炼的习惯，增强青少年体质，并向其传授体育运动技能，发现和培养体育人才。

1. 肥胖学生参加体育俱乐部情况

经调查得知,北京、武汉、重庆三地小学、初中、高中肥胖学生参加体育俱乐部的比例都在 20% 左右,不同学制之间的肥胖学生参与体育俱乐部情况无明显差别。

(1) 小学肥胖学生参加体育俱乐部情况

根据表 4-30 数据显示,北京、武汉、重庆三地肥胖小学生参加过体育俱乐部的人数比例仅为 19.9%,也就是说超过 4/5 的肥胖小学生没有参加过体育俱乐部活动。其中北京地区肥胖小学生参加体育俱乐部的比例最低,武汉和重庆地区参加体育俱乐部的人数比例相近。三地参加过体育俱乐部的男肥胖学生比例均高于女肥胖学生。

根据表 4-30、表 4-31 数据显示,北京、武汉、重庆三地普通小学生参加过体育俱乐部的人数比例为 22.9%,仅比肥胖学生略高。除北京地区小学普通男生参加体育俱乐部的比例为 53.8% 过半数外,三地小学肥胖学生和普通学生参加体育俱乐部的比例均较低。数据说明三地小学生参与体育俱乐部活动较少,仍缺乏参与体育俱乐部活动的意识,参与主动性不足,学校对于体育俱乐部的活动不够重视等问题。

表 4-30 小学肥胖学生参加体育俱乐部情况

项目	北京				武汉				重庆				总计	
	男		女		男		女		男		女			
	n	%	n	%	n	%	n	%	n	%	n	%	n	%
参加过	6	17.1	2	11.8	18	23.1	5	16.1	16	24.6	7	15.2	54	19.9
不参加	29	82.9	15	88.2	60	76.9	26	83.9	49	75.4	39	84.8	218	80.1

注:北京肥胖男生 $n=35$,北京肥胖女生 $n=17$;武汉肥胖男生 $n=78$,武汉肥胖女生 $n=31$;重庆肥胖男生 $n=65$,重庆肥胖女生 $n=46$;总计 $n=272$。

表 4-31 小学普通学生参加体育俱乐部情况

项目	北京				武汉				重庆				总计	
	男		女		男		女		男		女			
	n	%	n	%	n	%	n	%	n	%	n	%	n	%
参加过	7	53.8	3	9.4	10	16.4	13	22.4	21	33.9	14	19.7	68	22.9
不参加	6	46.2	29	90.6	51	83.6	45	77.6	41	66.1	57	80.3	229	77.1

注:北京普通男生 $n=13$,北京普通女生 $n=32$;武汉普通男生 $n=61$,武汉普通女生 $n=58$;重庆普通男生 $n=62$,重庆普通女生 $n=71$;总计 $n=297$。

(2) 初中肥胖学生参加体育俱乐部情况

根据表 4-32 数据显示,北京、武汉、重庆三地肥胖初中生参加过体育俱乐部的人数比例仅为 17.4%,超过 4/5 的肥胖初中生没有参加过体育俱乐部活动。北京地区参加过体育俱乐部的肥胖男女生比例超过 20%；武汉地区参加过体育俱乐部的肥胖女生比例仅为 10.0%，低于其余两地；重庆地区参加过体育俱乐部的肥胖男女生比例相近。

根据表 4-32、表 4-33 数据显示，北京、武汉、重庆三地普通初中生参加过体育俱乐部的人数比例仅为 15.1%，低于肥胖学生。除北京地区普通女生参加体育俱乐部的比例为 11.8% 明显低于肥胖女生的 23.1% 外，三地肥胖学生和普通学生参加体育俱乐部的比例均相差不大。数据说明三地体育俱乐部开展明显不足，初中生参与体育俱乐部活动普遍较少，仍缺乏参与体育俱乐部活动的意识，参与主动性不足，学校对于体育俱乐部的活动不够重视等问题。

表 4-32 初中肥胖学生参加体育俱乐部情况

项目	北京				武汉				重庆				总计	
	男		女		男		女		男		女			
	n	%	n	%	n	%	n	%	n	%	n	%	n	%
参加过	8	20.0	6	23.1	8	20.5	3	10.0	6	14.0	3	17.6	34	17.4
不参加	32	80.0	20	76.9	31	79.5	27	90.0	37	86.0	14	82.4	161	82.6

注：北京肥胖男生 $n=40$，北京肥胖女生 $n=26$；武汉肥胖男生 $n=39$，武汉肥胖女生 $n=30$；重庆肥胖男生 $n=43$，重庆肥胖女生 $n=17$；总计 $n=195$。

表 4-33 初中普通学生参加体育俱乐部情况

项目	北京				武汉				重庆				总计	
	男		女		男		女		男		女			
	n	%	n	%	n	%	n	%	n	%	n	%	n	%
参加过	8	22.2	14	11.8	15	20.8	9	13.0	7	13.2	8	14.8	61	15.1
不参加	28	77.8	105	88.2	57	79.2	60	87.0	46	86.8	46	85.2	342	84.9

注：北京普通男生 $n=36$，北京普通女生 $n=119$；武汉普通男生 $n=72$，武汉普通女生 $n=69$；重庆普通男生 $n=53$，重庆普通女生 $n=54$；总计 $n=403$。

(3) 高中肥胖学生参加体育俱乐部情况

根据表 4-34 数据显示，北京、武汉、重庆三地高中肥胖学生参加过体育俱乐部的人数比例仅为 21.5%，78.5% 的高中肥胖学生没有参加过体育俱乐部活动。其中北京地区肥胖学生参加体育俱乐部的比例最低，武汉地区参加体育俱乐部的比例最高。三地参加过体育俱乐部的男肥胖学生比例均高于女肥胖学生。

根据表 4-34、表 4-35 数据显示，北京、武汉、重庆三地高中普通学生参加过体育俱乐部的人数比例为 11.7%，其比例低于肥胖学生。三地高中肥胖学生和普通学生参加体育俱乐部的比例均较低，说明三地高中生普遍参与体育俱乐部活动较少，学生仍缺乏参与体育俱乐部活动的意识，参与主动性不足，各地区对于体育俱乐部的活动不够重视等问题。

表 4-34　高中肥胖学生参加体育俱乐部情况

项目	北京 男		北京 女		武汉 男		武汉 女		重庆 男		重庆 女		总计	
	n	%	n	%	n	%	n	%	n	%	n	%	n	%
参加过	1	20.0	1	9.1	9	31.0	4	16.7	5	35.7	0	0	20	21.5
不参加	4	80.0	10	90.9	20	69.0	20	83.3	9	64.3	10	100	73	78.5

注：北京肥胖男生 $n=5$，北京肥胖女生 $n=11$；武汉肥胖男生 $n=29$，武汉肥胖女生 $n=24$；重庆肥胖男生 $n=14$，重庆肥胖女生 $n=10$；总计 $n=93$。

表 4-35　高中普通学生参加体育俱乐部情况

项目	北京 男		北京 女		武汉 男		武汉 女		重庆 男		重庆 女		总计	
	n	%	n	%	n	%	n	%	n	%	n	%	n	%
参加过	3	25.0	3	13.0	6	9.5	14	13.5	8	16.7	3	4.5	37	11.7
不参加	9	75.0	20	97.0	57	90.5	90	86.5	40	83.3	63	95.5	279	88.3

注：北京普通男生 $n=12$，北京普通女生 $n=23$；武汉普通男生 $n=63$，武汉普通女生 $n=104$；重庆普通男生 $n=48$，重庆普通女生 $n=66$；总计 $n=316$。

2. 肥胖学生参加体育俱乐部频率

经调查得知，北京、武汉、重庆三地小学、初中、高中肥胖学生参加体育俱乐部的频率随学制增长而逐渐降低，这主要是因为学习压力的增大，学校、学生对体育活动的重视降低导致的。

（1）小学肥胖学生参加体育俱乐部频率

根据表 4-36 数据显示，整体来看，北京、武汉、重庆三地肥胖小学生参加体育俱乐部的频率为每周 1 次的占多数，人数比例达 57.4%；其次为每周 2~3 次，比例为 20.4%；每周 3 次以上的比例为 12.9%；1 次以下的最少，人数比例为 9.3%。数据说明在参加体育俱乐部活动的三地肥胖小学生当中，除了 9.3% 无法保证每周最少 1 次体育俱乐部活动的学生外，大部分肥胖小学生参加体育俱乐部活动的频率较为合理。

根据表 4-36、表 4-37 数据显示，北京、武汉、重庆三地普通小学生参加体育俱乐部的频率与三地肥胖小学生相比基本相近，普通学生参加频率在每周 2~3 次的和 3 次以上的人数比例较肥胖学生高，说明三地小学普通学生对体育俱乐部活动的热情较高，参与俱乐部活动的积极性较强。肥胖小学生应当适当增加参加体育俱乐部活动的次数，提高参与体育锻炼的积极性。

表 4-36　小学肥胖学生参加体育俱乐部频率

项目	北京 男		北京 女		武汉 男		武汉 女		重庆 男		重庆 女		总计	
	n	%	n	%	n	%	n	%	n	%	n	%	n	%
1 次以下	0	0	0	0	2	11.1	0	0	2	12.5	1	14.3	5	9.3

续表

项目	北京				武汉				重庆				总计	
	男		女		男		女		男		女			
	n	%	n	%	n	%	n	%	n	%	n	%	n	%
1次	2	33.3	2	100	13	72.2	4	80.0	5	31.3	5	71.4	31	57.4
2~3次	2	33.3	0	0	3	16.7	1	20.0	4	25.0	1	14.3	11	20.4
3次以上	2	33.3	0	0	0	0	0	0	5	31.3	0	0	7	12.9

注：北京肥胖男生 $n=6$，北京肥胖女生 $n=2$；武汉肥胖男生 $n=18$，武汉肥胖女生 $n=5$；重庆肥胖男生 $n=16$，重庆肥胖女生 $n=7$；总计 $n=54$。

表 4-37　小学普通学生参加体育俱乐部频率

项目	北京				武汉				重庆				总计	
	男		女		男		女		男		女			
	n	%	n	%	n	%	n	%	n	%	n	%	n	%
1次以下	0	0	0	0	0	0	2	15.4	4	19.0	1	7.1	7	10.3
1次	6	85.7	1	33.3	2	20.0	7	53.8	9	42.9	8	57.2	33	48.5
2~3次	1	14.3	2	66.7	7	70.0	4	30.8	1	4.8	4	28.6	19	27.9
3次以上	0	0	0	0	1	10.0	0	0	7	33.3	1	7.1	9	13.3

注：北京普通男生 $n=7$，北京普通女生 $n=3$；武汉普通男生 $n=10$，武汉普通女生 $n=13$；重庆普通男生 $n=21$，重庆普通女生 $n=14$；总计 $n=68$。

(2) 初中肥胖学生参加体育俱乐部频率

根据表 4-38 数据显示，北京、武汉、重庆三地肥胖初中生参加体育俱乐部的频率为每周 1 次的占多数，人数比例达 44.1%；其次为每周 1 次以下，比例为 26.5%；每周 2~3 次的人数比例为 11.8%；3 次以上的人数比例为 17.6%。大部分肥胖学生参加体育俱乐部活动的频率较为合理，但仍有 26.5% 的学生无法保证每周参加至少一次体育俱乐部活动。

根据表 4-38、表 4-39 数据显示，北京、武汉、重庆三地初中普通学生参加体育俱乐部的频率与三地肥胖学生基本相近，但同样存在较高比例的学生参加体育俱乐部活动不足的情况。说明北京、武汉、重庆三地青少年体育俱乐部开展的尚不完善，学生参与的较少，频率较低。各地应当在扩大体育俱乐部的普及程度的同时，更多组织体育俱乐部活动，提高学生参与体育俱乐部的人数比例和活动频率，充分发挥体育俱乐部的功能。

表 4-38　初中肥胖学生参加体育俱乐部频率

项目	北京				武汉				重庆				总计	
	男		女		男		女		男		女			
	n	%	n	%	n	%	n	%	n	%	n	%	n	%
1次以下	4	50.0	2	33.3	1	12.5	0	0	2	33.3	0	0	9	26.5
1次	1	12.5	2	33.3	6	75.0	1	33.3	2	33.3	3	100	15	44.1

续表

项目	北京				武汉				重庆				总计	
	男		女		男		女		男		女			
	n	%	n	%	n	%	n	%	n	%	n	%	n	%
2～3次	0	0	0	0	1	12.5	1	33.3	2	33.3	0	0	4	11.8
3次以上	3	37.5	2	33.3	0	0	1	33.3	0	0	0	0	6	17.6

注：北京肥胖男生 $n=8$，北京肥胖女生 $n=6$；武汉肥胖男生 $n=8$，武汉肥胖女生 $n=3$；重庆肥胖男生 $n=6$，重庆肥胖女生 $n=3$；总计 $n=34$。

表 4-39 初中普通学生参加体育俱乐部频率

项目	北京				武汉				重庆				总计	
	男		女		男		女		男		女			
	n	%	n	%	n	%	n	%	n	%	n	%	n	%
1次以下	0	0	8	57.2	4	26.7	2	22.2	1	14.3	3	37.5	18	29.5
1次	6	75.0	4	28.6	6	40.0	1	11.1	1	14.3	4	50.0	22	36.1
2～3次	2	25.0	1	7.1	5	33.3	1	11.1	3	42.9	0	0	12	19.7
3次以上	0	0	1	7.1	0	0	5	55.6	2	28.5	1	12.5	9	14.7

注：北京普通男生 $n=8$，北京普通女生 $n=14$；武汉普通男生 $n=15$，武汉普通女生 $n=9$；重庆普通男生 $n=7$，重庆普通女生 $n=8$；总计 $n=61$。

(3) 高中肥胖学生参加体育俱乐部频率

根据表 4-40 数据显示，北京、武汉、重庆三地肥胖高中生参加体育俱乐部的频率为每周1次以下的最多，人数比例为30.0%；其次为每周1次和每周2～3次，比例同为25.0%；每周3次以上的比例为20.0%。数据说明有近三分之一的三地肥胖学生无法保证每周至少一次的体育俱乐部活动，参加体育俱乐部活动的频率很低，需要适当提高参加体育俱乐部活动的频率。

根据表 4-40、表 4-41 数据显示，北京、武汉、重庆三地普通高中生参加体育俱乐部的频率以每周1次的人数比例最高，为37.9%。但参加体育俱乐部活动频率在每周1次以下的比例为32.4%，其比例还高于肥胖学生。说明三地普遍存在部分高中生参加体育俱乐部活动不足的问题，此类学生应当适当增加参加体育俱乐部活动的次数，提高参与体育俱乐部锻炼的积极性。

表 4-40 高中肥胖学生参加体育俱乐部频率

项目	北京				武汉				重庆				总体	
	男		女		男		女		男		女			
	n	%	n	%	n	%	n	%	n	%	n	%	n	%
1次以下	0	0	1	100	4	44.5	1	25.0	0	0	0	0	6	30.0
1次	1	100	0	0	0	0	2	50.0	2	40.0	0	0	5	25.0
2～3次	0	0	0	0	3	33.3	0	0	2	40.0	0	0	5	25.0
3次以上	0	0	0	0	2	22.2	1	25.0	1	20.0	0	0	4	20.0

注：北京肥胖男生 $n=1$，北京肥胖女生 $n=1$；武汉肥胖男生 $n=9$，武汉肥胖女生 $n=4$；重庆肥胖男生 $n=5$，重庆肥胖女生 $n=0$；总计 $n=20$。

表 4-41 高中普通学生参加体育俱乐部频率

项目	北京				武汉				重庆				总计	
	男		女		男		女		男		女			
	n	%	n	%	n	%	n	%	n	%	n	%	n	%
1次以下	1	33.3	2	66.7	1	16.7	5	35.7	1	12.5	2	66.7	12	32.4
1次	0	0	0	0	4	66.6	6	42.9	3	37.5	1	33.3	14	37.9
2～3次	2	66.7	1	33.3	1	16.7	1	7.1	2	25.0	0	0	7	18.9
3次以上	0	0	0	0	0	0	2	14.3	2	25.0	0	0	4	10.8

注：北京普通男生 $n=3$，北京普通女生 $n=3$；武汉普通男生 $n=6$，武汉普通女生 $n=14$；重庆普通男生 $n=8$，重庆普通女生 $n=3$；总计 $n=37$。

3. 肥胖学生体育俱乐部活动内容

根据北京、武汉、重庆三地中小学肥胖学生参加体育俱乐部活动的内容，分别选取学生经常进行的前 6 项体育运动项目，根据受欢迎程度由高到低，按照男女生进行分类，结果如图 4-5、图 4-6 所示。

根据图 4-5、图 4-6，北京、武汉、重庆三地中小学肥胖男生较常参加的体育俱乐部活动为足球、羽毛球、乒乓球、篮球、游泳、跆拳道；中小学肥胖女生较常参加的体育俱乐部活动为羽毛球、跑步、游泳、跆拳道、篮球、乒乓球。

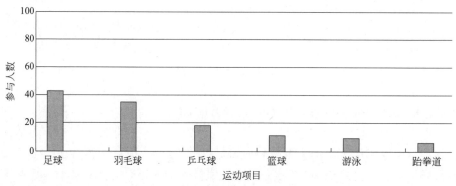

图 4-5 肥胖男生体育俱乐部活动内容

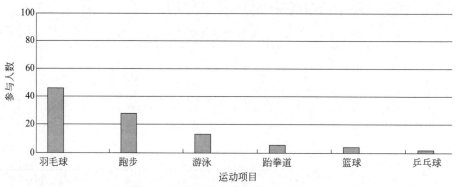

图 4-6 肥胖女生体育俱乐部活动内容

4. 肥胖学生参加体育俱乐部目的

(1) 小学肥胖学生参加体育俱乐部目的

根据表 4-42 数据显示，北京、武汉、重庆三地小学肥胖学生参加体育俱乐部的目的为增进健康的人数最多，占 77.8%；以减肥为目的学生占 50.0%；以保持身材为目的学生最少，占 22.2%；交朋友为目的学生占 31.5%。可以看出，三地小学肥胖学生参加体育俱乐部的主要目的为增进健康和减肥，同时也有近 1/3 的学生以交朋友为目的。

根据表 4-42、表 4-43 数据显示，北京、武汉、重庆三地小学普通学生参加体育俱乐部的目的按选择比例由高到低依次为：增进健康 89.7%、减肥 23.5%、保持身材 13.2%、交朋友 10.3%。跟三地的小学肥胖学生相比可以看出，三地小学普通学生参加体育俱乐部的主要目的为增进健康，选择减肥、交朋友和保持身材的比例较小。

表 4-42 小学肥胖学生参加体育俱乐部目的

项目	北京				武汉				重庆				总计	
	男		女		男		女		男		女			
	n	%	n	%	n	%	n	%	n	%	n	%	n	%
增进健康	5	83.3	1	50.0	14	77.8	4	80.0	13	81.3	5	71.4	42	77.8
减肥	2	33.3	2	100	15	83.3	4	80.0	3	18.8	1	14.3	27	50.0
保持身材	0	0	1	50.0	7	38.9	2	40.0	2	12.5	0	0	12	22.2
交朋友	3	50.0	1	50.0	9	50.0	2	40.0	1	6.3	1	14.3	17	31.5
其他	0	0	0	0	0	0	0	0	0	0	0	0	0	0

注：北京肥胖男生 $n=6$，北京肥胖女生 $n=2$；武汉肥胖男生 $n=18$，武汉肥胖女生 $n=5$；重庆肥胖男生 $n=16$，重庆肥胖女生 $n=7$；总计 $n=54$。

表 4-43 小学普通学生参加体育俱乐部目的

项目	北京				武汉				重庆				总计	
	男		女		男		女		男		女			
	n	%	n	%	n	%	n	%	n	%	n	%	n	%
增进健康	6	85.7	2	66.7	9	90.0	13	100	17	81.0	11	78.6	61	89.7
减肥	1	14.3	1	33.3	7	70.0	1	7.7	3	14.3	3	21.4	16	23.5
保持身材	0	0	0	0	2	20.0	4	30.8	1	4.8	2	14.3	9	13.2
交朋友	2	28.6	1	33.3	1	10.0	0	0	3	14.3	0	0	7	10.3
其他	0	0	0	0	0	0	0	0	0	0	0	0	0	0

注：北京普通男生 $n=7$，北京普通女生 $n=3$；武汉普通男生 $n=10$，武汉普通女生 $n=13$；重庆普通男生 $n=21$，重庆普通女生 $n=14$；总计 $n=68$。

(2) 初中肥胖学生参加体育俱乐部目的

根据表 4-44 数据显示，北京、武汉、重庆三地初中肥胖学生参加体育俱乐部的目的为增进健康的人数最多，占58.8%；以减肥为目的学生占50.0%；以保持身材为目的学生最少，占8.8%；交朋友为目的学生占14.7%。数据显示三地初中肥胖学生参加体育俱乐部的主要目的为增进健康和减肥。

根据表4-44、表4-45数据显示，北京、武汉、重庆三地初中普通学生参加体育俱乐部的目的按选择比例由高到低依次为：增进健康77.0%、保持身材19.7%、交朋友14.8%、减肥8.2%。跟三地的肥胖学生相比可以看出，普通学生参加体育俱乐部的主要目的为增进健康，选择减肥、交朋友和保持身材的比例较小。数据说明体育俱乐部的健身功能已得到初中生的认可，但体育俱乐部作为丰富学生课余生活和交际的功能尚未完全发挥。

表4-44 初中肥胖学生参加体育俱乐部目的

项目	北京				武汉				重庆				总计	
	男		女		男		女		男		女			
	n	%	n	%	n	%	n	%	n	%	n	%	n	%
增进健康	5	62.5	1	16.7	5	62.5	3	100	5	83.3	1	33.3	20	58.8
减肥	4	50.0	5	83.3	4	50.0	0	0	2	33.3	2	66.7	17	50.0
保持身材	3	37.5	0	0	0	0	0	0	0	0	0	0	3	8.8
交朋友	2	25.0	0	0	3	37.5	0	0	0	0	0	0	5	14.7
其他	0	0	0	0	0	0	0	0	0	0	0	0	0	0

注：北京肥胖男生$n=8$，北京肥胖女生$n=6$；武汉肥胖男生$n=8$，武汉肥胖女生$n=3$；重庆肥胖男生$n=6$，重庆肥胖女生$n=3$；总计$n=34$。

表4-45 初中普通学生参加体育俱乐部目的

项目	北京				武汉				重庆				总计	
	男		女		男		女		男		女			
	n	%	n	%	n	%	n	%	n	%	n	%	n	%
增进健康	7	87.5	9	64.3	13	86.7	8	88.9	4	57.1	6	75.0	47	77.0
减肥	0	0	2	14.3	0	0	1	11.1	2	28.6	0	0	5	8.2
保持身材	1	12.5	4	28.6	2	13.3	2	22.2	1	14.3	2	25.0	12	19.7
交朋友	2	25.0	3	21.4	0	0	1	11.1	2	28.6	1	12.5	9	14.8
其他	0	0	0	0	0	0	0	0	0	0	0	0	0	0

注：北京普通男生$n=8$，北京普通女生$n=14$；武汉普通男生$n=15$，武汉普通女生$n=9$；重庆普通男生$n=7$，重庆普通女生$n=8$；总计$n=61$。

（3）高中肥胖学生参加体育俱乐部目的

根据表4-46数据显示，北京、武汉、重庆三地高中肥胖学生参加体育俱乐部的目的为，增进健康的人数最多，占60.0%；以减肥为目的学生占40.0%；以保持身材和交朋友为目的学生较少，各占20%。可以看出，三地高中肥胖学生参加体育俱乐部的主要目的为增进健康，减肥为第二。

根据表4-46、表4-47数据显示，北京、武汉、重庆三地高中普通学生参加体育俱乐部的目的按选择比例由高到低依次为：增进健康 78.4%、保持身材 48.6%、交朋友 29.7%、减肥 21.6%。三地高中肥胖学生与普通学生相比，二者参加体育俱乐部的主要目的同为增进健康，选择减肥的肥胖学生比例较高，普通学生选择交朋友和保持身材的比例较高。数据说明三地肥胖学生和普通学生参加体育俱乐部活动都有增强体质健康、控制体型的目的。

表 4-46　高中肥胖学生参加体育俱乐部目的

项目	北京				武汉				重庆				总计	
	男		女		男		女		男		女			
	n	%	n	%	n	%	n	%	n	%	n	%	n	%
增进健康	1	100	0	0	6	66.7	1	25.0	4	80.0	0	0	12	60.0
减肥	0	0	1	100	3	33.3	2	50.0	2	40.0	0	0	8	40.0
保持身材	0	0	1	100	1	11.1	0	0	2	40.0	0	0	4	20.0
交朋友	0	0	0	0	2	22.2	1	25.0	1	20.0	0	0	4	20.0
其他	0	0	0	0	0	0	0	0	0	0	0	0	0	0

注：北京肥胖男生 $n=1$，北京肥胖女生 $n=1$；武汉肥胖男生 $n=9$，武汉肥胖女生 $n=4$；重庆肥胖男生 $n=5$，重庆肥胖女生 $n=0$；总计 $n=20$。

表 4-47　高中普通学生参加体育俱乐部目的

项目	北京				武汉				重庆				总计	
	男		女		男		女		男		女			
	n	%	n	%	n	%	n	%	n	%	n	%	n	%
增进健康	1	33.3	3	100	3	50.0	12	85.7	8	100	2	66.7	29	78.4
减肥	0	0	1	33.3	2	33.3	3	21.4	1	12.5	1	33.3	8	21.6
保持身材	1	33.3	0	0	2	33.3	5	35.7	8	100	2	66.7	18	48.6
交朋友	1	33.3	0	0	2	33.3	2	14.3	5	62.5	1	33.3	11	29.7
其他	0	0	0	0	0	0	0	0	0	0	0	0	0	0

注：北京普通男生 $n=3$，北京普通女生 $n=3$；武汉普通男生 $n=6$，武汉普通女生 $n=14$；重庆普通男生 $n=8$，重庆普通女生 $n=3$；总计 $n=37$。

（四）北京、武汉、重庆三地肥胖学生参加冬、夏令营现状

1. 肥胖学生参加冬、夏令营情况

（1）小学肥胖学生参加冬、夏令营情况

根据表 4-48 数据显示，北京、武汉、重庆三地小学肥胖学生参加过冬、夏令营的人数比例为 24.6%。其中武汉肥胖小学生的比例最高，肥胖男女生分别有 37.2% 和 25.8% 参加过冬、夏令营活动；重庆肥胖小学生次之，男女生比例分别为 29.2%、10.9%，女生比例较低；北京肥胖小学生比例最低，参加过冬、夏令营的男女生比例仅为 11.4%、11.8%。

根据表 4-48、表 4-49 数据显示，北京、武汉、重庆三地普通小学生参加过冬、

夏令营的人数比例为27.9%，比肥胖学生略高。其中北京普通小学生参加过冬令营、夏令营活动的比例为男生30.8%，女生18.8%，均高于北京小学肥胖男女生；武汉普通小学生参加过冬令营、夏令营活动的比例为男生36.1%，女生37.9%，普通男生与肥胖男生情况相近，普通女生情况好于肥胖女生；重庆普通小学生参加过冬令营、夏令营活动的比例为男生25.8%，女生18.3%，普通男生略低于肥胖男生，普通女生情况好于肥胖女生。

表4-48　小学肥胖学生参加冬、夏令营情况

项目	北京				武汉				重庆				总计	
	男		女		男		女		男		女			
	n	%	n	%	n	%	n	%	n	%	n	%	n	%
参加过	4	11.4	2	11.8	29	37.2	8	25.8	19	29.2	5	10.9	67	24.6
不参加	31	88.6	15	88.2	49	62.8	23	74.2	46	70.8	41	89.1	205	75.4

注：北京肥胖男生 $n=35$，北京肥胖女生 $n=17$；武汉肥胖男生 $n=78$，武汉肥胖女生 $n=31$；重庆肥胖男生 $n=65$，重庆肥胖女生 $n=46$；总计 $n=272$。

表4-49　小学普通学生参加冬、夏令营情况

项目	北京				武汉				重庆				总计	
	男		女		男		女		男		女			
	n	%	n	%	n	%	n	%	n	%	n	%	n	%
参加过	4	30.8	6	18.8	22	36.1	22	37.9	16	25.8	13	18.3	83	27.9
不参加	9	69.2	26	81.2	39	63.9	36	62.1	46	74.2	58	81.7	214	72.1

注：北京普通男生 $n=13$，北京普通女生 $n=32$；武汉普通男生 $n=61$，武汉普通女生 $n=58$；重庆普通男生 $n=62$，重庆普通女生 $n=71$；总计 $n=297$。

总体来看，在冬、夏令营活动的参与情况上，北京、武汉、重庆三地小学肥胖学生和普通学生差别不大，普通学生情况略好于肥胖学生。从地域上来看，武汉小学生参与冬、夏令营活动情况明显好于北京、重庆两地，说明武汉小学生的冬、夏令营活动开展较好，学校、家庭较为支持，学生参与较为积极；北京肥胖小学生和普通小学生相差明显，肥胖小学生参加冬、夏令营比例较少，说明北京肥胖小学生参与冬、夏令营活动的主动性不足，家庭、学校对肥胖学生的校外体育活动不够重视或安排不够。学校应加强对肥胖学生的冬、夏令营体育认知教育，提高肥胖学生对体育锻炼的重视程度。

（2）初中肥胖学生参加冬、夏令营情况

根据表4-50数据显示，北京、武汉、重庆三地初中肥胖学生参加过冬、夏令营的人数比例为20.0%。其中武汉肥胖学生的比例最高，肥胖男女生分别有35.9%和23.3%参加过冬、夏令营活动；北京肥胖学生次之，男女生比例分别为27.5%、11.5%，女生比例较低；重庆肥胖学生比例最低，参加过冬、夏令营的男女生比例仅为2.3%、17.6%。

根据表 4-50、表 4-51 数据显示，北京、武汉、重庆三地初中普通学生参加过冬、夏令营的人数比例为 20.3%，比肥胖学生略高。其中北京地区初中普通学生参加过冬令营、夏令营活动的比例为男生 25.0%，女生 14.3%；武汉地区初中普通学生参加过冬令营、夏令营活动的比例为男生 30.6%，女生 33.3%，武汉普通男生比例较低于肥胖男生，普通女生情况好于肥胖女生，比例为三地最高；重庆地区普通学生参加过冬令营、夏令营活动的比例为男生 13.2%，女生 7.4%，比例仍为三地最低。数据说明武汉地区冬、夏令营开展较好，初中生参与冬、夏令营活动较多，积极性较高；重庆地区初中生冬、夏令营活动参与明显不足。

表 4-50　初中肥胖学生参加冬、夏令营情况

项目	北京				武汉				重庆				总计	
	男		女		男		女		男		女			
	n	%	n	%	n	%	n	%	n	%	n	%	n	%
参加过	11	27.5	3	11.5	14	35.9	7	23.3	1	2.3	3	17.6	39	20.0
不参加	29	72.5	23	88.5	25	64.1	23	76.7	42	97.7	14	82.4	156	80.0

注：北京肥胖男生 $n=40$，北京肥胖女生 $n=26$；武汉肥胖男生 $n=39$，武汉肥胖女生 $n=30$；重庆肥胖男生 $n=43$，重庆肥胖女生 $n=17$；总计 $n=195$。

表 4-51　初中普通学生参加冬、夏令营情况

项目	北京				武汉				重庆				总计	
	男		女		男		女		男		女			
	n	%	n	%	n	%	n	%	n	%	n	%	n	%
参加过	9	25.0	17	14.3	22	30.6	23	33.3	7	13.2	4	7.4	82	20.3
不参加	27	75.0	102	85.7	50	69.4	46	66.7	46	86.8	50	92.6	321	79.7

注：北京普通男生 $n=36$，北京普通女生 $n=119$；武汉普通男生 $n=72$，武汉普通女生 $n=69$；重庆普通男生 $n=53$，重庆普通女生 $n=54$；总计 $n=403$。

总体来看，在冬、夏令营活动的参与情况上，北京、武汉、重庆三地初中肥胖学生和普通学生差别不大，普通学生情况略好于肥胖学生。武汉学生参与冬、夏令营活动情况明显好于北京、重庆两地，说明武汉地区的冬、夏令营活动开展较好，学校、家庭较为支持，学生参与较为积极；重庆地区初中生参加冬、夏令营比例较少，说明重庆初中生参与冬、夏令营活动的主动性不足，家庭、学校对校外体育活动不够重视或安排不够。学校应加强对学生的冬、夏令营体育认知教育，提高学生对体育锻炼的重视程度。

（3）高中肥胖学生参加冬、夏令营情况

根据表 4-52 数据显示，北京、武汉、重庆三地高中肥胖学生参加过冬、夏令营的人数比例为 29.0%。其中武汉肥胖学生的比例最高，肥胖男女生分别有 37.9% 和 33.3% 参加过冬、夏令营活动；北京肥胖学生次之，男女生比例分别为

20.0%、27.3%；重庆肥胖学生比例最低，参加过冬、夏令营的男生比例为 28.6%，女生为 0。

根据表 4-52、表 4-53 数据显示，北京、武汉、重庆三地高中普通学生参加过冬、夏令营的人数比例为 23.4%。其中北京普通学生参加过冬令营、夏令营活动的比例为男生 25.0%，女生 17.4%；武汉地区普通学生参加过冬令营、夏令营活动的比例为男生 30.2%，女生 30.8%，略低于肥胖男女生；重庆普通学生参加过冬令营、夏令营活动的比例为男生 16.7%，女生 12.1%，比例仍为三地最低。

表 4-52　高中肥胖学生参加冬、夏令营情况

项目	北京				武汉				重庆				总计	
	男		女		男		女		男		女			
	n	%	n	%	n	%	n	%	n	%	n	%	n	%
参加过	1	20.0	3	27.3	11	37.9	8	33.3	4	28.6	0	0	27	29.0
不参加	4	80.0	8	72.7	18	62.1	16	66.7	10	71.4	10	100	66	71.0

注：北京肥胖男生 $n=5$，北京肥胖女生 $n=11$；武汉肥胖男生 $n=29$，武汉肥胖女生 $n=24$；重庆肥胖男生 $n=14$，重庆肥胖女生 $n=10$；总计 $n=93$。

表 4-53　高中普通学生参加冬、夏令营情况

项目	北京				武汉				重庆				总计	
	男		女		男		女		男		女			
	n	%	n	%	n	%	n	%	n	%	n	%	n	%
参加过	3	25.0	4	17.4	19	30.2	32	30.8	8	16.7	8	12.1	74	23.4
不参加	9	75.0	19	82.6	44	69.8	72	69.2	40	83.3	58	87.9	242	76.6

注：北京普通男生 $n=12$，北京普通女生 $n=23$；武汉普通男生 $n=63$，武汉普通女生 $n=104$；重庆普通男生 $n=48$，重庆普通女生 $n=66$；总计 $n=316$。

总体来看，在冬、夏令营活动的参与情况上，北京、武汉、重庆三地高中肥胖学生参加冬、夏令营比例高于普通学生，但相差不大。从地域上来看，武汉地区高中生参与冬、夏令营活动情况明显好于北京、重庆两地，说明武汉高中生的冬、夏令营活动开展较好，学校、家庭较为支持，学生参与较为积极；包括普通学生在内，北京地区和重庆地区高中生参加冬、夏令营比例较小，说明北京高中生和重庆高中生参与冬、夏令营活动的积极性不够，家庭、学校对高中生的校外体育活动不够重视或安排不够等问题。学校应加强对高中生的冬、夏令营活动认知教育，提高高中生对体育锻炼的重视程度和参与积极性。

2. 肥胖学生冬、夏令营活动内容

根据北京、武汉、重庆三地中小学肥胖学生参加冬、夏令营活动的内容，分别选取前 6 项，根据参加者数量由高到低，按照男女生进行分类，结果如图 4-7、图 4-8 所示。

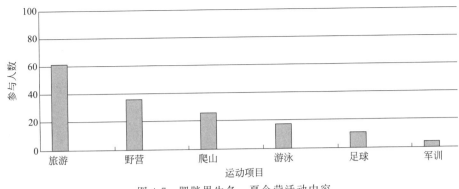

图 4-7　肥胖男生冬、夏令营活动内容

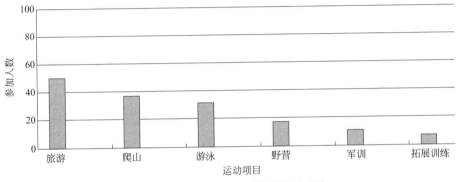

图 4-8　肥胖女生冬、夏令营活动内容

根据图 4-7、图 4-8 内容显示，北京、武汉、重庆三地中小学肥胖男生冬、夏令营活动主要有旅游、野营、爬山、游泳、足球和军训；中小学肥胖女生冬、夏令营活动主要为旅游、爬山、游泳、野营、军训和拓展训练。

可见，以爬山、足球、游泳等体育运动为主的冬、夏令营活动较多，且较受中小学生的喜爱；选择参加体育运动方面的冬、夏令营的比例较高。

3. 肥胖学生对冬、夏令营的认识

为调查三地中小学学生对于冬、夏令营对身体方面有益作用的认识，设定了保持健康、减肥、保持身材、增强体质、有益发育和其他 6 个选项，来确定三地中小学学生关于冬、夏令营对身体帮助的理解和认识。

（1）小学肥胖学生对冬、夏令营的认识

根据表 4-54 数据显示，北京、武汉、重庆三地小学肥胖学生认为冬、夏令营对其身体方面的有益作用，按选择比例由高到低依次为：保持健康，增强体质，减肥，有益生长发育，保持身材。三地肥胖小学生对于冬、夏令营的认识有 82.1% 的学生选择保持健康、71.6% 的学生选择增强体质，可以看出体育锻炼可以增进健康，增强体质的观念已非常普及；62.7% 的学生选择减肥，可以看出三地肥胖小学生已经懂得运用体育手段来减轻和控制自身的体重；有 43.3% 的学生选择有益发育、28.4%的学生选择保持身材,可以看出三地的小学生已经从多方面来了解体育运动的作用了。数据说明三地小学生对于冬、夏令营的认识、对于体育运动的认识已经开始逐渐全面起来。

根据表4-54、表4-55数据显示,北京、武汉、重庆三地小学普通学生认为冬、夏令营对其身体方面的有益作用,按选择比例由高到低依次为:增强体质,保持健康,有益生长发育,减肥,保持身材。对于冬、夏令营作用的认识,三地普通学生较为集中于保持健康和增强体质,说明学生已开始注重自己的体质健康发展。肥胖学生与普通学生相比,肥胖学生在减肥方面关注较多,说明肥胖学生已开始意识到肥胖的问题。

表4-54 小学肥胖学生对冬、夏令营的认识

项目	北京				武汉				重庆				总计	
	男		女		男		女		男		女			
	n	%	n	%	n	%	n	%	n	%	n	%	n	%
保持健康	4	100	2	100	29	100	8	100	11	57.9	1	20.0	55	82.1
减肥	4	100	0	0	26	89.6	5	65.9	5	26.3	2	40.0	42	62.7
保持身材	1	25.0	0	0	13	44.8	3	45.7	1	5.3	1	20.0	19	28.4
增强体质	1	25.0	1	50.0	27	94.6	8	100	10	52.6	1	20.0	48	71.6
有益发育	2	50.0	1	50.0	8	27.6	8	100	8	42.1	2	40.0	29	43.3
其他	0	0	0	0	0	0	0	0	0	0	0	0	0	0

注:北京肥胖男生 $n=4$,北京肥胖女生 $n=2$;武汉肥胖男生 $n=29$,武汉肥胖女生 $n=8$;重庆肥胖男生 $n=19$,重庆肥胖女生 $n=5$;总计 $n=67$。

表4-55 小学普通学生对冬、夏令营的认识

项目	北京				武汉				重庆				总计	
	男		女		男		女		男		女			
	n	%	n	%	n	%	n	%	n	%	n	%	n	%
保持健康	2	50.0	2	33.3	22	100	19	86.4	14	87.5	10	76.9	69	83.1
减肥	1	25.0	1	16.7	8	36.4	5	22.7	3	18.8	3	23.1	21	25.3
保持身材	1	25.0	2	33.3	5	22.7	10	45.5	2	12.5	0	0	20	24.1
增强体质	3	75.0	6	100	20	90.9	21	95.5	10	62.5	11	84.6	71	85.5
有益发育	1	25.0	2	33.3	9	40.9	6	27.3	5	31.3	6	46.2	29	34.9
其他	0	0	0	0	0	0	0	0	0	0	0	0	0	0

注:北京普通男生 $n=4$,北京普通女生 $n=6$;武汉普通男生 $n=22$,武汉普通女生 $n=22$;重庆普通男生 $n=16$,重庆普通女生 $n=13$;总计 $n=83$。

(2)初中肥胖学生对冬、夏令营的认识

根据表4-56数据显示,北京、武汉、重庆三地初中肥胖学生认为冬、夏令营对其身体方面的有益作用,按选择比例由高到低依次为:保持健康,增强体质,减肥,保持身材,有益生长发育。三地肥胖学生对于冬、夏令营的认识有84.6%的学生选择保持健康、79.5%的学生选择增强体质,可以看出体育锻炼可以增进健

康，增强体质的观念已非常普及；56.4%的学生选择减肥，可以看出三地肥胖学生已经懂得运用体育手段来减轻和控制自身的体重；有 20.5%的学生选择有益发育、23.1%的学生选择保持身材，可以看出三地的初中生已经从多方面来了解体育运动的作用了。

根据表 4-56、表 4-57 数据显示，从冬令营、夏令营对身体锻炼的作用出发，北京、武汉、重庆三地初中普通学生认为冬、夏令营对其身体方面的有益作用，按选择比例由高到低依次为：保持健康，增强体质，减肥，保持身材，有益生长发育。结果与三地肥胖学生相同。数据说明三地学生对于冬、夏令营的认识、对于体育运动的认识已经开始逐渐全面起来。

表 4-56　初中肥胖学生对冬、夏令营的认识

项目	北京				武汉				重庆				总计	
	男		女		男		女		男		女			
	n	%	n	%	n	%	n	%	n	%	n	%	n	%
保持健康	7	63.6	3	100	13	92.9	7	100	1	100	2	66.7	33	84.6
减肥	3	27.3	2	66.7	9	64.3	6	85.7	1	100	1	33.3	22	56.4
保持身材	4	36.4	0	0	3	21.4	0	0	1	100	1	33.3	9	23.1
增强体质	10	90.9	3	100	10	71.4	6	85.7	0	0	2	66.7	31	79.5
有益发育	2	18.2	0	0	4	28.6	2	28.6	0	0	0	0	8	20.5
其他	0	0	0	0	0	0	0	0	0	0	0	0	0	0

注：北京肥胖男生 $n=11$，北京肥胖女生 $n=3$；武汉肥胖男生 $n=14$，武汉肥胖女生 $n=7$；重庆肥胖男生 $n=1$，重庆肥胖女生 $n=3$；总计 $n=39$。

表 4-57　初中普通学生对冬、夏令营的认识

项目	北京				武汉				重庆				总计	
	男		女		男		女		男		女			
	n	%	n	%	n	%	n	%	n	%	n	%	n	%
保持健康	8	88.9	14	82.4	18	81.8	19	82.6	5	71.4	2	50.0	66	80.5
减肥	2	22.2	2	11.8	3	13.6	6	26.1	2	28.6	1	25.0	16	19.5
保持身材	3	33.3	5	29.4	1	4.5	3	13.0	2	28.6	1	25.0	15	18.3
增强体质	8	88.9	10	58.8	19	86.4	20	87.0	3	42.9	4	100	64	78.0
有益发育	3	33.3	0	0	6	27.3	4	17.4	1	14.3	1	25.0	15	18.3
其他	0	0	0	0	0	0	0	0	0	0	0	0	0	0

注：北京普通男生 $n=9$，北京普通女生 $n=17$；武汉普通男生 $n=22$，武汉普通女生 $n=23$；重庆普通男生 $n=7$，重庆普通女生 $n=4$；总计 $n=82$。

(3) 高中肥胖学生对冬、夏令营的认识

根据表 4-58 数据显示，北京、武汉、重庆三地高中肥胖学生认为冬、夏令营对身体方面的有益作用，按选择比例由高到低依次为：保持健康，减肥，增强体质，有益生长发育，保持身材。对冬、夏令营的认识，三地肥胖学生有 70.4%的学生选择保持健康，可以看出体育锻炼可以增进健康的观念已较为普及；51.9%的

学生选择减肥,可以看出三地肥胖学生已经懂得体育运动可以减轻和控制自身的体重,也开始注重体育运动对减肥的作用;有 25.9% 的学生选择有益发育、29.6% 的学生选择增强体质、22.2% 的学生选择保持身材,可以看出三地高中肥胖学生已从多方面开始了解体育运动的作用了。数据说明三地高中生对于冬、夏令营的活动和体育运动已经开始有了全面的认识。

从冬令营、夏令营对身体锻炼的作用出发,根据表 4-58、表 4-59 数据显示,北京、武汉、重庆三地高中中普通学生认为冬、夏令营对其身体方面的有益作用,按选择比例由高到低依次为:保持健康,增强体质,有益生长发育,保持身材,减肥。可见与肥胖学生相比,三地普通学生更加关注冬、夏令营对体质健康、生长发育的影响,对减肥方面的关注则较少。

表 4-58 高中肥胖学生对冬、夏令营的认识

项目	北京				武汉				重庆				总计	
	男		女		男		女		男		女			
	n	%	n	%	n	%	n	%	n	%	n	%	n	%
保持健康	0	0	0	0	9	81.8	6	75.0	4	100	0	0	19	70.4
减肥	0	0	2	66.7	4	36.4	4	50.0	4	100	0	0	14	51.9
保持身材	0	0	1	33.3	3	27.3	1	12.5	1	25.0	0	0	6	22.2
增强体质	0	0	0	0	4	36.4	2	25.0	2	50.0	0	0	8	29.6
有益发育	1	100	1	33.3	2	18.2	2	25.0	1	25.0	0	0	7	25.9
其他	0	0	0	0	0	0	0	0	0	0	0	0	0	0

注:北京肥胖男生 $n=1$,北京肥胖女生 $n=3$;武汉肥胖男生 $n=11$,武汉肥胖女生 $n=8$;重庆肥胖男生 $n=4$,重庆肥胖女生 $n=0$;总计 $n=27$。

表 4-59 高中普通学生对冬、夏令营的认识

项目	北京				武汉				重庆				总计	
	男		女		男		女		男		女			
	n	%	n	%	n	%	n	%	n	%	n	%	n	%
保持健康	2	66.7	3	75.0	18	94.7	8	25.0	8	100	7	87.5	46	62.2
减肥	0	0	1	25.0	1	5.3	1	3.1	0	0	4	50.0	7	9.5
保持身材	1	33.3	0	0	3	15.8	1	3.1	1	12.5	2	25.0	8	10.8
增强体质	3	100	2	50.0	11	57.9	2	25.0	6	75.0	5	62.5	35	47.3
有益发育	3	100	0	0	4	21.1	5	5.0	1	12.5	0	0	13	17.6
其他	0	0	0	0	0	0	0	0	0	0	0	0	0	0

注:北京普通男生 $n=3$,北京普通女生 $n=4$;武汉普通男生 $n=19$,武汉普通女生 $n=32$;重庆普通男生 $n=8$,重庆普通女生 $n=8$;总计 $n=74$。

(五)北京、武汉、重庆三地肥胖学生体育活动场所调查

任何体育运动都需要一定的活动场所,场地是影响学生参加体育活动的重要因素之一。如果缺乏合适的运动场所,许多运动项目都无法开展,学生也就无法进行

自己喜欢的体育活动。为调查北京、武汉、重庆三地中小学生进行校外体育活动的场地情况，共设定了学校操场、小区运动场、家中、体育俱乐部、空地、附近公园和不活动 7 个基本选项，三地中小学生可根据自身情况选择 2～3 个自己平时经常进行体育活动的场所，以此来确定场地对三地中小学生校外体育活动的影响。

1. 小学肥胖学生体育活动场所调查

根据表 4-60 数据显示，北京、武汉、重庆三地小学肥胖学生选择平时进行体育活动的场所按比例由高到低依次为：学校操场、小区运动场、附近公园、空地、家中、体育俱乐部，不活动。其中在家中进行体育活动的比例为 13.6%，空地上进行体育活动的占 15.4%，不活动的学生比例占 2.6%，说明三地存在部分肥胖小学生缺乏理想的活动场所。按地区来看，三地肥胖小学生选择的平时运动场所前 3 名均为学校操场，小区运动场和附近公园，说明继学校和社区的运动场之外，公园已成为小学生经常进行体育活动的重要场所之一。

根据表 4-60、表 4-61 数据显示，北京、武汉、重庆三地小学普通学生选择平时进行体育活动的场所按比例由高到低依次为：学校操场、小区运动场、附近公园、空地、家中、体育俱乐部，不活动。与三地小学肥胖学生的选择结果一致，说明在平时活动的场所选择上肥胖学生与普通学生并无明显差别，存在的问题也是共性的。除存在部分学生缺乏理想活动场所的问题外，我们可以看到三地小学生选择体育俱乐部进行体育活动的比例很低，小学肥胖学生为 7.0%、普通学生为 7.4%，说明三地的青少年体育俱乐部还未普及，有待提高。通过表格数据可以看出三地小学生的校外体育活动场所仍存在一定的局限性，并且缺乏合理的、科学的引导，这就需要在丰富小学生的校外体育活动的同时，也要注意对学生进行安全体育的教育和健康卫生的引导。

表 4-60　小学肥胖学生体育活动场所

项目	北京				武汉				重庆				总计	
	男		女		男		女		男		女			
	n	%	n	%	n	%	n	%	n	%	n	%	n	%
学校操场	16	45.7	5	29.4	33	42.3	13	41.9	30	46.2	22	47.8	119	43.8
小区运动场	11	31.4	5	29.4	22	28.2	16	51.6	18	27.7	8	17.4	80	29.4
家中	5	14.3	3	17.6	12	15.4	3	9.7	7	10.8	7	15.2	37	13.6
体育俱乐部	3	8.6	1	5.9	7	9.0	2	6.5	6	9.2	0	0	19	7.0
空地	7	20.0	2	11.8	14	17.9	2	6.5	8	12.3	9	19.6	42	15.4
附近公园	13	37.1	7	41.2	18	23.1	6	19.4	14	21.5	11	23.9	69	25.4
不活动	2	5.7	0	0	1	1.3	0	0	3	4.6	1	2.2	7	2.6

注：北京肥胖男生 $n=35$，北京肥胖女生 $n=17$；武汉肥胖男生 $n=78$，武汉肥胖女生 $n=31$；重庆肥胖男生 $n=65$，重庆肥胖女生 $n=46$；总计 $n=272$。

表 4-61　小学普通学生体育活动场所

项目	北京				武汉				重庆				总计	
	男		女		男		女		男		女			
	n	%	n	%	n	%	n	%	n	%	n	%	n	%
学校操场	10	76.9	16	50.0	22	36.1	27	46.6	37	59.7	38	53.5	150	50.5
小区运动场	8	61.5	8	25.0	18	29.5	17	29.3	15	24.2	29	40.8	95	32.0
家中	2	15.4	4	12.5	11	18.0	6	10.3	6	9.7	16	22.5	45	15.2
体育俱乐部	1	7.7	3	9.4	7	11.5	2	3.4	6	9.7	3	4.2	22	7.4
空地	4	30.8	5	15.6	9	14.8	11	19.0	13	21.0	8	11.3	50	16.8
附近公园	2	15.4	12	37.5	21	34.4	8	13.8	8	12.9	13	18.3	64	21.5
不活动	0	0	0	0	0	0	0	0	0	0	0	0	0	0

注：北京普通男生 $n=13$，北京普通女生 $n=32$；武汉普通男生 $n=61$，武汉普通女生 $n=58$；重庆普通男生 $n=62$，重庆普通女生 $n=71$；总计 $n=297$。

2. 初中肥胖学生体育活动场所调查

根据表 4-62 数据显示，北京、武汉、重庆三地初中肥胖学生选择平时进行体育活动的场所按比例由高到低依次为：学校操场、小区运动场、附近公园、家中、空地、体育俱乐部，不活动。其中在家中进行体育活动的比例为 20.0%，空地上进行体育活动的占 13.3%，不活动的学生比例占 5.6%。除此之外，三地肥胖学生选择学校操场的比例较高，选择其他运动场所的比例较低，说明三地学生大部分体育运动都是在学校中进行的，部分肥胖学生缺乏理想的校外活动场所。

根据表 4-62、表 4-63 数据显示，北京、武汉、重庆三地初中普通学生选择平时进行体育活动的场所按比例由高到低依次为：学校操场、小区运动场、附近公园、家中、空地、体育俱乐部、不活动。与三地肥胖学生的选择结果一致，说明在平时活动的场所选择上肥胖学生和普通学生相同。除存在部分学生缺乏理想活动场所的问题外，我们可以看到三地初中生选择体育俱乐部进行体育活动的比例很低——肥胖学生为 5.6%、普通学生为 6.7%，说明三地的青少年体育俱乐部发展较慢，组织活动较少。通过表格数据可以看出三地初中生的校外体育活动场所仍存在一定的局限性，除学校和体育俱乐部外，学生在其他运动场所均缺乏合理的、科学的引导，需要在丰富初中生的校外体育活动的同时，也要注意对学生进行安全体育的教育和健康卫生的引导。

表 4-62　初中肥胖学生体育活动场所

项目	北京				武汉				重庆				总计	
	男		女		男		女		男		女			
	n	%	n	%	n	%	n	%	n	%	n	%	n	%
学校操场	21	52.5	17	65.4	20	51.3	17	56.7	28	65.1	10	58.8	113	57.9
小区运动场	13	32.5	1	3.8	18	46.2	6	20.0	7	16.3	5	29.4	50	25.6

续表

项目	北京 男 n	北京 男 %	北京 女 n	北京 女 %	武汉 男 n	武汉 男 %	武汉 女 n	武汉 女 %	重庆 男 n	重庆 男 %	重庆 女 n	重庆 女 %	总计 n	总计 %
家中	12	30.0	3	11.5	7	17.9	9	30.0	6	14.0	2	11.8	39	20.0
体育俱乐部	3	7.5	2	7.7	3	7.7	2	6.7	0	0	1	5.9	11	5.6
空地	6	15.0	1	3.8	5	12.8	5	16.7	6	14.0	3	17.6	26	13.3
附近公园	16	40.0	6	23.1	7	17.9	8	26.7	5	11.6	3	17.6	45	23.1
不活动	2	5.0	1	3.8	1	2.6	2	6.7	4	9.3	1	5.9	11	5.6

注：北京肥胖男生 $n=40$，北京肥胖女生 $n=26$；武汉肥胖男生 $n=39$，武汉肥胖女生 $n=30$；重庆肥胖男生 $n=43$，重庆肥胖女生 $n=17$；总计 $n=195$。

表 4-63 初中普通学生体育活动场所

项目	北京 男 n	北京 男 %	北京 女 n	北京 女 %	武汉 男 n	武汉 男 %	武汉 女 n	武汉 女 %	重庆 男 n	重庆 男 %	重庆 女 n	重庆 女 %	总计 n	总计 %
学校操场	26	72.2	77	64.7	44	61.1	34	49.3	32	60.4	28	51.9	241	59.8
小区运动场	12	33.3	28	23.5	14	19.4	22	31.9	17	32.1	18	33.3	111	27.5
家中	4	11.1	20	16.8	15	20.8	21	30.4	9	17.0	15	27.8	84	20.8
体育俱乐部	1	2.8	10	8.4	1	1.4	8	11.6	2	3.8	5	9.3	27	6.7
空地	6	16.7	23	19.3	12	16.7	11	15.9	7	13.2	10	18.5	69	17.1
附近公园	9	25.0	38	31.9	14	19.4	24	34.8	4	7.5	9	16.7	98	24.3
不活动	1	2.8	3	2.5	5	6.9	4	5.8	4	7.5	6	11.1	23	5.7

注：北京普通男生 $n=36$，北京普通女生 $n=119$；武汉普通男生 $n=72$，武汉普通女生 $n=69$；重庆普通男生 $n=53$，重庆普通女生 $n=54$；总计 $n=403$。

3. 高中肥胖学生体育活动场所调查

根据表 4-64 数据显示，北京、武汉、重庆三地高中肥胖学生选择平时进行体育活动的场所按比例由高到低依次为：学校操场、附近公园、家中、小区运动场、空地、体育俱乐部，不活动。其中在家中进行体育活动的比例为 21.5%，空地上进行体育活动的占 9.7%，说明三地存在部分肥胖学生缺乏理想的活动场所。除学校操场外，北京肥胖学生选择最多的运动场所为小区运动场和附近公园，武汉肥胖学生选择最多的运动场所为附近公园和家中，重庆肥胖学生选择最多的运动场所为小区运动场。

根据表 4-64、表 4-65 数据显示，北京、武汉、重庆三地高中普通学生选择平时进行体育活动的场所按比例由高到低依次为：学校操场、附近公园、家中、小区运动场、空地、体育俱乐部，不活动。结果与三地高中肥胖学生一致，说明在平时运动的场所选择上肥胖学生和普通学生无明显差别。根据表格数据可以看到三地高中生选择校外活动场所进行体育活动的比例较低，体育俱乐部的选择比例仅为 3.8%，说明三地学生校外体育活动场所仍然较少，缺乏较为理想的校外活动场所。

表 4-64　高中肥胖学生体育活动场所

项目	北京 男		北京 女		武汉 男		武汉 女		重庆 男		重庆 女		总计	
	n	%	n	%	n	%	n	%	n	%	n	%	n	%
学校操场	3	60.0	7	63.6	16	55.2	10	41.7	9	64.3	5	50.0	50	53.8
小区运动场	1	20.0	3	27.3	4	13.8	1	4.2	7	50.0	1	10.0	17	18.3
家中	1	20.0	2	18.2	4	13.8	10	41.7	1	7.1	2	20.0	20	21.5
体育俱乐部	0	0	0	0	2	6.9	2	8.3	2	14.3	0	0	6	6.5
空地	0	0	3	27.3	1	3.4	4	16.7	0	0	0	0	8	9.7
附近公园	1	20.0	3	27.3	10	34.5	5	20.8	1	7.1	2	20.0	22	23.7
不活动	0	0	0	0	0	0	0	0	0	0	0	0	0	0

注：北京肥胖男生 $n=5$，北京肥胖女生 $n=11$；武汉肥胖男生 $n=29$，武汉肥胖女生 $n=24$；重庆肥胖男生 $n=14$，重庆肥胖女生 $n=10$；总计 $n=93$。

表 4-65　高中普通学生体育活动场所

项目	北京 男		北京 女		武汉 男		武汉 女		重庆 男		重庆 女		总计	
	n	%	n	%	n	%	n	%	n	%	n	%	n	%
学校操场	8	66.7	12	52.2	42	66.7	69	66.3	33	68.7	42	63.6	206	65.2
小区运动场	2	16.7	5	21.7	18	28.6	16	15.4	17	35.4	26	39.4	84	26.6
家中	1	8.3	7	30.4	16	25.4	35	33.6	12	25.0	22	33.3	93	29.4
体育俱乐部	2	16.7	2	8.7	2	3.2	2	1.9	3	6.3	1	1.5	12	3.8
空地	0	0	7	30.4	6	9.5	8	7.7	3	6.3	12	18.2	36	11.4
附近公园	0	0	8	34.8	12	19.0	34	32.7	20	41.7	20	30.3	94	29.7
不活动	0	0	0	0	0	0	7	6.7	0	0	3	4.5	10	3.2

注：北京普通男生 $n=12$，北京普通女生 $n=23$；武汉普通男生 $n=63$，武汉普通女生 $n=104$；重庆普通男生 $n=48$，重庆普通女生 $n=66$；总计 $n=316$。

（六）北京、武汉、重庆三地肥胖学生校外体育活动目的

参加体育活动的目的可以较为直观地反映出学生对于体育活动的认识和参与体育活动的主动性。在调查北京、武汉、重庆三地学生参加校外体育活动目的问题中，本人共设定了锻炼身体，交朋友，应付考试，减肥，家长老师要求，兴趣爱好，特长技能 7 个基本选项和其他 1 个自主选项，学生可根据自身情况选择 2～3 个选项来说明自己参加校外体育活动的主要目的。

1. 小学肥胖学生校外体育活动目的

根据表 4-66 数据显示，北京、武汉、重庆三地肥胖小学生参加校外体育活动的目的按比例由高到低依次为：锻炼身体、减肥、兴趣爱好、特长技能、交朋友、老师家长要求、应付考试。调查结果反映了三地小学肥胖学生参加校外体育活动的目的主要是为了锻炼身体和减肥，其次为兴趣爱好和培养特长技能。参加校外体育

活动是因为老师家长要求或应付考试的比例仅占4.8%和4.0%，说明三地小学肥胖学生对体育作用的认识较为全面，大部分学生是主动进行校外体育活动的，被动参与校外体育活动的学生数量较少。此外，减肥是肥胖学生进行校外体育活动的一大目的，说明三地肥胖学生已经懂得运用体育锻炼的手段来控制自身体重，增强体质健康。

根据表4-66、表4-67数据可以看出，北京、武汉、重庆三地普通小学生参加校外体育活动的目的按比例由高到低依次为：锻炼身体、兴趣爱好、特长技能、减肥、交朋友、应付考试、老师家长要求、其他。与肥胖学生相比，普通学生选择兴趣爱好和培养特长技能比例较大。

表4-66 小学肥胖学生校外体育活动目的

项目	北京 男		北京 女		武汉 男		武汉 女		重庆 男		重庆 女		总计	
	n	%	n	%	n	%	n	%	n	%	n	%	n	%
锻炼身体	27	77.1	13	76.5	63	80.8	23	74.2	48	73.8	36	78.3	210	77.2
交朋友	9	25.7	2	11.8	21	26.9	5	16.1	6	9.2	6	13.0	49	18.0
应付考试	1	2.9	0	0	2	2.6	2	6.5	1	1.5	5	10.9	11	4.0
减肥	13	37.1	10	58.8	32	41.0	9	29.0	20	30.8	8	17.4	92	33.8
师长要求	3	8.6	1	5.9	2	2.6	2	6.5	4	6.2	1	2.2	13	4.8
兴趣爱好	10	28.6	9	52.9	25	32.1	11	35.5	24	36.9	5	10.9	84	30.9
特长技能	5	14.3	2	14.9	19	24.4	7	22.6	13	20.0	16	34.8	62	22.8
其他	0	0	0	0	0	0	0	0	0	0	0	0	0	0

注：北京肥胖男生$n=35$，北京肥胖女生$n=17$；武汉肥胖男生$n=78$，武汉肥胖女生$n=31$；重庆肥胖男生$n=65$，重庆肥胖女生$n=46$；总计$n=272$。

表4-67 小学普通学生校外体育活动目的

项目	北京 男		北京 女		武汉 男		武汉 女		重庆 男		重庆 女		总计	
	n	%	n	%	n	%	n	%	n	%	n	%	n	%
锻炼身体	13	100	29	90.6	56	91.8	53	91.4	59	95.2	68	95.8	278	93.6
交朋友	1	7.7	3	9.4	11	18.0	7	12.1	9	14.5	11	15.5	42	14.1
应付考试	1	7.7	3	9.4	3	4.9	0	0	4	6.5	7	10.1	18	6.1
减肥	3	23.1	8	25.0	9	14.8	8	13.8	5	8.1	16	22.5	49	16.5
师长要求	1	7.7	2	6.3	4	6.6	2	3.4	2	3.2	5	7.0	16	5.4
兴趣爱好	10	76.9	16	50.0	26	42.6	36	62.1	32	51.6	26	36.6	146	49.2
特长技能	6	46.2	9	28.1	18	29.5	18	31.0	23	37.1	22	31.5	96	32.3
其他	0	0	0	0	0	0	0	0	0	0	0	0	0	0

注：北京普通男生$n=13$，北京普通女生$n=32$；武汉普通男生$n=61$，武汉普通女生$n=58$；重庆普通男生$n=62$，重庆普通女生$n=71$；总计$n=297$。

2. 初中肥胖学生校外体育活动目的

根据4-68数据显示，北京、武汉、重庆三地肥胖初中生参加校外体育活动的目的按比例由高到低依次为：锻炼身体、减肥、兴趣爱好、交朋友、应付考试、特长技能、老师家长要求。调查结果反映了三地初中肥胖学生参加校外体育活动的目的主要是为了锻炼身体和减肥，其次为兴趣爱好和交友。

根据表 4-68、表 4-69 数据可以看出，北京、武汉、重庆三地普通初中生参加校外体育活动的目的按比例由高到低依次为：锻炼身体、兴趣爱好、特长技能、减肥、交朋友、应付考试、老师家长要求。跟肥胖学生相比，普通学生选择兴趣爱好和培养特长技能比例较大。值得注意的是，选择应付考试和家长老师要求的学生比例较高，说明三地存在部分学生对校外体育活动的认识不足，参加校外体育活动的积极性不高。此外，减肥作为肥胖学生进行校外体育活动的主要目的之一，说明三地肥胖学生已经懂得运用体育锻炼的手段来控制自身体重，增强体质健康。

表 4-68　初中肥胖学生校外体育活动目的

项目	北京				武汉				重庆				总计	
	男		女		男		女		男		女			
	n	%	n	%	n	%	n	%	n	%	n	%	n	%
锻炼身体	33	82.5	15	57.7	33	84.6	25	83.3	38	88.4	14	82.3	158	81.0
交朋友	11	27.5	4	15.4	12	30.8	4	13.3	5	11.6	4	23.5	40	20.5
应付考试	6	15.0	7	26.9	8	20.5	7	23.3	9	20.9	2	11.8	39	20.0
减肥	15	37.5	13	50.0	18	46.1	11	36.7	16	37.2	4	23.5	77	39.5
师长要求	2	5.0	3	11.5	3	7.7	10	33.3	3	7.0	2	11.8	23	11.8
兴趣爱好	17	42.5	9	34.6	18	46.1	8	26.7	12	27.9	5	29.4	69	35.4
特长技能	6	15.0	3	11.5	12	30.7	3	10.0	9	20.9	2	11.8	35	17.9
其他	0	0	0	0	0	0	0	0	0	0	0	0	0	0

注：北京肥胖男生 $n=40$，北京肥胖女生 $n=26$；武汉肥胖男生 $n=39$，武汉肥胖女生 $n=30$；重庆肥胖男生 $n=43$，重庆肥胖女生 $n=17$；总计 $n=195$。

表 4-69　初中普通学生校外体育活动目的

项目	北京				武汉				重庆				总计	
	男		女		男		女		男		女			
	n	%	n	%	n	%	n	%	n	%	n	%	n	%
锻炼身体	33	91.7	101	84.9	58	80.6	60	86.9	42	79.2	38	70.4	332	82.4
交朋友	12	33.3	18	15.1	18	25.0	8	11.6	10	18.9	9	16.7	75	18.6
应付考试	6	16.7	26	21.8	15	20.8	16	23.2	7	13.2	12	22.2	82	20.3
减肥	7	19.4	31	26.1	10	13.9	25	36.2	11	20.8	12	22.2	96	23.8
师长要求	7	19.4	13	10.9	6	8.3	11	15.9	6	11.3	8	14.8	51	12.7
兴趣爱好	1	2.8	50	42.0	38	52.8	34	49.3	23	43.4	28	51.9	174	43.2
特长技能	17	47.2	40	33.6	17	23.6	9	13.0	20	37.7	17	31.5	120	29.8
其他	0	0	0	0	0	0	0	0	0	0	0	0	0	0

注：北京普通男生 $n=36$，北京普通女生 $n=119$；武汉普通男生 $n=72$，武汉普通女生 $n=69$；重庆普通男生 $n=53$，重庆普通女生 $n=54$；总计 $n=403$。

3. 高中肥胖学生校外体育活动目的

根据表 4-70 数据显示,北京、武汉、重庆三地高中肥胖学生参加校外体育活动的目的按比例由高到低依次为:锻炼身体、减肥、兴趣爱好、交朋友、应付考试、老师家长要求、特长技能。其结果反映出三地高中肥胖学生参加校外体育活动的目的主要是为了锻炼身体和减肥,其次为兴趣爱好和交友。参加校外体育活动是因为老师家长要求或应付考试的比例分别为 7.5%、20.4%,选择应付考试和家长老师要求的学生比例较高,说明三地高中部分肥胖学生参与校外体育活动出于被动。此外,减肥是肥胖学生进行校外体育活动的一大目的,说明三地肥胖学生已经懂得运用体育锻炼的手段来控制自身体重,增强体质健康。

根据表 4-70、表 4-71 数据可以看出,北京、武汉、重庆三地高中普通学生参加校外体育活动的目的按比例由高到低依次为:锻炼身体、兴趣爱好、减肥、交朋友、特长技能、应付考试、老师家长要求。跟普通学生相比,肥胖学生选择培养特长技能比例较小,选择减肥比例较大,说明由于肥胖的问题,肥胖学生参加校外体育活动更倾向于可以减轻自身体重的目的。

表 4-70 高中肥胖学生校外体育活动目的

项目	北京				武汉				重庆				总计	
	男		女		男		女		男		女			
	n	%	n	%	n	%	n	%	n	%	n	%	n	%
锻炼身体	5	100	7	63.6	24	82.7	19	79.2	12	85.7	8	80.0	75	80.6
交朋友	2	40.0	1	9.1	11	37.9	4	16.7	3	21.4	0	0	21	22.6
应付考试	1	20.0	4	36.4	3	10.3	7	29.2	1	7.1	3	30.0	19	20.4
减肥	0	0	5	45.5	12	41.4	13	54.2	7	50.0	5	50.0	42	45.2
师长要求	0	0	2	18.2	1	3.4	1	4.2	1	7.1	2	20.0	7	7.5
兴趣爱好	2	40.0	2	18.2	14	48.3	9	37.5	8	57.1	6	60.0	41	44.1
特长技能	0	0	0	0	0	0	3	12.5	2	14.3	0	0	5	5.4
其他	0	0	0	0	0	0	0	0	0	0	0	0	0	0

注:北京肥胖男生 $n=5$,北京肥胖女生 $n=11$;武汉肥胖男生 $n=29$,武汉肥胖女生 $n=24$;重庆肥胖男生 $n=14$,重庆肥胖女生 $n=10$;总计 $n=93$。

表 4-71 高中普通学生校外体育活动目的

项目	北京				武汉				重庆				总计	
	男		女		男		女		男		女			
	n	%	n	%	n	%	n	%	n	%	n	%	n	%
锻炼身体	11	91.7	17	73.9	55	87.3	85	81.7	42	87.5	54	81.8	264	83.5
交朋友	4	33.3	2	8.7	32	50.8	11	10.6	17	35.4	6	9.1	72	22.8
应付考试	1	8.3	9	39.1	5	7.9	18	17.3	5	10.4	13	19.7	51	16.1
减肥	1	8.3	6	26.1	11	17.5	46	44.2	4	8.3	29	43.9	97	30.7
师长要求	1	8.3	3	13.0	2	3.2	8	7.7	2	4.2	10	15.2	26	8.2

续表

项目	北京				武汉				重庆				总计	
	男		女		男		女		男		女			
	n	%	n	%	n	%	n	%	n	%	n	%	n	%
兴趣爱好	7	58.3	10	43.5	29	46.0	42	40.4	29	60.4	27	40.9	144	45.6
特长技能	3	25.0	1	4.3	5	7.9	12	11.5	14	29.2	27	40.9	62	19.6
其他	0	0	0	0	0	0	0	0	0	0	0	0	0	0

注：北京普通男生 $n=12$，北京普通女生 $n=23$；武汉普通男生 $n=63$，武汉普通女生 $n=104$；重庆普通男生 $n=48$，重庆普通女生 $n=66$；总计 $n=316$。

（七）北京、武汉、重庆三地肥胖学生校外体育活动影响因素

在对学生参加校外体育活动的影响因素调查中，根据调查问卷的回收数据进行分类整理，得出作业学习压力大、没时间、活动场所器械少、没人陪伴、不感兴趣、家长老师不允许6种影响因素。经调查数据显示，影响北京、武汉、重庆三地中小学肥胖学生参加校外体育活动的主要因素均为学习压力大，没有时间，其次为缺乏运动场所和器材。

1. 小学肥胖学生校外体育活动影响因素

根据表4-72数据显示，北京、武汉、重庆三地小学肥胖学生认为影响自己参加校外体育活动的因素由高到低依次为：学习压力大、没时间、没有影响、场地器材缺乏、没人陪、不感兴趣、家长老师不准。学习压力大、没时间作为影响三地小学肥胖学生的主要因素，除武汉地区肥胖学生选择比例较低外，北京地区和重庆地区肥胖学生选择比例均高于三地平均水平。说明北京小学肥胖学生和重庆小学肥胖学生受学习压力和时间影响较为严重，影响到其校外体育活动的参与。

根据表4-72、表4-73数据显示，北京、武汉、重庆三地小学普通学生认为影响自己参加校外体育活动的因素由高到低依次为：学习压力大、没时间、没有影响、没人陪、场地器材缺乏、不感兴趣、家长老师不准。根据统计情况可以看出，作业学习压力大、没时间为影响三地小学生参加校外体育活动所共有的，也是最为突出的影响因素，此外没人陪同、运动场地器械缺乏也是影响三地初中生参加校外体育活动的重要因素。

表4-72 小学肥胖学生校外体育活动影响因素

项目	北京				武汉				重庆				总计	
	男		女		男		女		男		女			
	n	%	n	%	n	%	n	%	n	%	n	%	n	%
学习压力大	14	50.0	10	58.8	20	25.6	2	6.5	22	33.8	20	43.5	88	32.4
没时间	12	34.3	8	47.1	14	17.9	5	16.1	21	32.3	13	28.3	73	26.8
场地器材少	11	31.4	5	29.4	20	25.6	5	16.1	14	21.5	7	15.2	62	22.8

续表

项目	北京				武汉				重庆				总计	
	男		女		男		女		男		女			
	n	%	n	%	n	%	n	%	n	%	n	%	n	%
没人陪	6	17.1	1	5.9	13	16.7	9	29.0	14	21.5	10	21.7	53	19.5
不感兴趣	1	2.9	2	11.8	11	14.1	2	6.5	6	9.2	5	10.9	27	9.9
师长不准	3	8.6	0	0	6	7.7	1	3.2	7	10.8	2	4.3	19	7.0
没有影响	9	25.7	3	17.6	8	10.3	10	32.3	19	29.2	14	30.4	63	23.2

注：北京肥胖男生 $n=35$，北京肥胖女生 $n=17$；武汉肥胖男生 $n=78$，武汉肥胖女生 $n=31$；重庆肥胖男生 $n=65$，重庆肥胖女生 $n=46$；总计 $n=272$。

表 4-73 小学普通学生校外体育活动影响因素

项目	北京				武汉				重庆				总计	
	男		女		男		女		男		女			
	n	%	n	%	n	%	n	%	n	%	n	%	n	%
学习压力大	8	61.5	14	43.8	13	21.3	12	20.7	34	54.8	46	64.8	127	42.8
没时间	8	61.5	15	46.9	12	19.7	5	8.6	32	51.6	35	49.3	107	36.0
场地器材少	2	15.4	4	12.5	8	13.1	13	22.4	10	16.1	8	11.3	45	15.2
没人陪	3	23.1	9	28.1	13	21.3	8	13.8	7	11.3	10	14.1	50	16.8
不感兴趣	0	0	4	12.5	6	9.8	3	5.2	4	6.5	9	12.7	26	8.8
师长不准	1	7.7	1	3.1	7	11.5	3	5.2	5	8.1	2	2.8	19	6.4
没有影响	4	30.8	12	37.5	13	21.3	11	19.0	16	25.8	16	22.5	72	24.2

注：北京普通男生 $n=13$，北京普通女生 $n=32$；武汉普通男生 $n=61$，武汉普通女生 $n=58$；重庆普通男生 $n=62$，重庆普通女生 $n=71$；总计 $n=297$。

2. 初中肥胖学生校外体育活动影响因素

根据表 4-74 数据显示，北京、武汉、重庆三地初中肥胖学生认为影响自己参加校外体育活动的因素由高到低依次为：没时间、学习压力大、场地器材缺乏、没人陪、没有影响、不感兴趣、家长老师不准。其中选择没时间、学习压力大的比例均超过 50.0%，说明学习压力大、没时间为影响三地初中生参加校外体育活动的最主要因素。认为缺乏场地器材、没人陪的人数比例分别为 27.2%、25.1%，说明三地部分肥胖学生缺乏理想的活动场所和同伴，此问题以武汉地区较为严重，男女生比例均超过北京地区和重庆地区。

根据表 4-74、表 4-75 数据显示，北京、武汉、重庆三地初中普通学生认为影响自己参加校外体育活动的因素由高到低依次为：没时间、学习压力大、场地器材缺乏、没人陪、没有影响、不感兴趣、家长老师不准。结果与三地肥胖学生相同。根据统计情况可以看出，没时间、作业学习压力大为影响三地初中生参加校外体育活动所共有的，也是最为突出的影响因素，此外没人陪同、运动场地器械缺乏也是影响三地初中生参加校外体育活动的重要因素。

表 4-74　初中肥胖学生校外体育活动影响因素

项目	北京 男		北京 女		武汉 男		武汉 女		重庆 男		重庆 女		总体	
	n	%	n	%	n	%	n	%	n	%	n	%	n	%
学习压力大	21	52.5	14	53.8	14	35.9	12	40.0	27	62.8	12	70.6	100	51.3
没时间	23	57.5	17	65.4	20	51.3	19	63.3	28	65.1	9	52.9	116	59.5
场地器材少	11	27.5	5	19.2	17	43.6	8	26.7	8	18.6	4	23.5	53	27.2
没人陪	4	10.0	6	23.1	13	33.3	13	43.3	8	18.6	5	29.4	49	25.1
不感兴趣	4	10.0	2	7.7	5	12.8	8	26.7	7	16.3	2	11.8	28	14.4
师长不准	3	7.5	2	7.7	8	20.5	2	6.7	4	4.7	2	11.8	19	9.7
没有影响	8	20.0	1	3.8	7	17.9	5	16.7	8	18.6	1	5.9	30	15.4

注：北京肥胖男生 $n=40$，北京肥胖女生 $n=26$；武汉肥胖男生 $n=39$，武汉肥胖女生 $n=30$；重庆肥胖男生 $n=43$，重庆肥胖女生 $n=17$；总计 $n=195$。

表 4-75　初中普通学生校外体育活动影响因素

项目	北京 男		北京 女		武汉 男		武汉 女		重庆 男		重庆 女		总体	
	n	%	n	%	n	%	n	%	n	%	n	%	n	%
学习压力大	20	55.6	70	58.8	35	48.6	39	56.5	33	62.3	31	57.4	228	56.6
没时间	24	66.7	84	70.6	41	56.9	45	65.2	31	58.5	30	55.6	255	63.3
场地器材少	11	30.6	24	20.2	26	36.1	23	33.3	9	17.0	12	22.2	105	26.1
没人陪	11	30.6	25	21.0	14	19.4	22	31.9	11	20.8	13	24.1	96	23.8
不感兴趣	2	5.6	23	19.3	12	16.7	13	18.8	4	7.5	5	9.3	59	14.6
师长不准	4	11.1	7	5.9	7	9.7	9	13.0	6	11.3	8	14.8	41	10.2
没有影响	6	16.7	24	20.2	14	19.4	9	13.0	8	15.1	6	11.1	67	16.6

注：北京普通男生 $n=36$，北京普通女生 $n=119$；武汉普通男生 $n=72$，武汉普通女生 $n=69$；重庆普通男生 $n=53$，重庆普通女生 $n=54$；总计 $n=403$。

3. 高中肥胖学生校外体育活动影响因素

根据表 4-76 数据显示，北京、武汉、重庆三地高中肥胖学生认为影响自己参加校外体育活动的因素由高到低依次为：没时间、学习压力大、场地器材缺乏、没人陪、不感兴趣、家长老师不准、没有影响。其中选择没时间的比例过半，说明没时间为影响三地初中生参加校外体育活动的最主要因素。认为学习压力大、缺乏场地器材、没人陪同的人数比例分别为 41.9%、35.5%、29.0%，说明三地部分肥胖学生学业压力过重，并且缺乏理想的活动场所和同伴。对校外体育活动不感兴趣的肥胖女生比例较高，说明肥胖女生参与体育运动的积极性不够，学校和家庭应注意培养肥胖女生的体育兴趣。

根据表 4-76、表 4-77 数据显示，情况如下：北京、武汉、重庆三地初中普通学生认为影响自己参加校外体育活动的因素由高到低依次为：没时间、学习压力大、场地器材缺乏、没人陪、不感兴趣、没有影响、家长老师不准。根据统计情况可以看出，没时间为影响三地高中肥胖学生和普通学生参加校外体育活动所共有的，也是最为突出的影响因素。此外学习压力大、没人陪同、运动场地器械缺乏也是影响三地高中生参加校外体育活动的重要因素。

表 4-76　高中肥胖学生校外体育活动影响因素

项目	北京 男 n	北京 男 %	北京 女 n	北京 女 %	武汉 男 n	武汉 男 %	武汉 女 n	武汉 女 %	重庆 男 n	重庆 男 %	重庆 女 n	重庆 女 %	总计 n	总计 %
学习压力大	2	40.0	4	36.4	12	41.4	10	41.7	5	35.7	6	60.0	39	41.9
没时间	4	80.0	5	45.5	21	72.4	15	62.5	6	42.9	10	100	61	65.6
场地器材少	2	40.0	1	9.1	9	31.0	11	45.8	8	57.1	2	20.0	33	35.5
没人陪	0	0	0	0	8	27.6	9	37.5	6	42.9	4	40.0	27	29.0
不感兴趣	0	0	4	36.4	4	13.8	4	16.7	1	7.1	2	20.0	15	16.1
师长不准	0	0	0	0	4	13.8	3	12.5	5	35.7	0	0	12	12.9
没有影响	0	0	1	9.1	3	10.3	2	8.3	0	0	0	0	6	6.5

注：北京肥胖男生 $n=5$，北京肥胖女生 $n=11$；武汉肥胖男生 $n=29$，武汉肥胖女生 $n=24$；重庆肥胖男生 $n=14$，重庆肥胖女生 $n=10$；总计 $n=93$。

表 4-77　高中普通学生校外体育活动影响因素

项目	北京 男 n	北京 男 %	北京 女 n	北京 女 %	武汉 男 n	武汉 男 %	武汉 女 n	武汉 女 %	重庆 男 n	重庆 男 %	重庆 女 n	重庆 女 %	总计 n	总计 %
学习压力大	8	66.7	10	43.5	20	31.7	39	37.5	20	41.7	31	47.0	128	40.5
没时间	7	58.3	12	52.2	30	47.6	67	64.4	28	58.3	41	62.1	185	58.5
场地器材少	5	41.7	5	21.7	21	33.3	34	32.7	16	33.3	28	42.4	109	34.5
没人陪	2	16.7	3	13.0	19	30.2	30	28.8	16	33.3	15	22.7	85	26.9
不感兴趣	1	8.3	7	30.4	11	17.5	23	22.1	6	12.5	18	27.3	66	20.9
师长不准	2	16.7	1	4.3	6	9.5	10	9.6	10	20.8	3	4.5	32	10.1
没有影响	1	8.3	3	13.0	10	15.9	11	10.6	5	10.4	11	16.7	41	13.0

注：北京普通男生 $n=12$，北京普通女生 $n=23$；武汉普通男生 $n=63$，武汉普通女生 $n=104$；重庆普通男生 $n=48$，重庆普通女生 $n=66$；总计 $n=316$。

（八）北京、武汉、重庆三地肥胖学生对校外体育活动的满意度调查

1. 小学肥胖学生对校外体育活动的满意度调查

根据表 4-78、表 4-79 数据可知，北京、武汉、重庆三地小学肥胖学生希望更多参与校外体育活动的人数比例达 55.1%，普通学生为 57.3%；对现有的校外体育活动情况较为满意的肥胖学生人数比例为 36.8%，普通学生为 38.0%；不希望更多参与校外体育活动的肥胖学生人数比例为 8.1%，普通学生为 4.7%，二者差别不大。由数据显示，过半数的三地小学生认为参与校外体育活动的时间和机会不多，希望能够更多参加一些校外体育活动。说明北京、武汉、重庆三地现有的校外体育活动尚不能满足小学生的校外体育运动需求，社会、学校和家庭应当共同为小

学生创造更多的校外体育活动机会。

表 4-78　小学肥胖学生对校外体育活动的满意度

项目	北京				武汉				重庆				总计	
	男		女		男		女		男		女			
	n	%	n	%	n	%	n	%	n	%	n	%	n	%
希望	18	51.4	9	52.9	52	66.7	17	54.8	34	52.3	20	43.5	150	55.1
现在就挺好	14	40.0	6	35.3	22	28.2	12	38.7	24	36.9	22	47.8	100	36.8
不希望	3	8.6	2	11.8	4	5.1	2	6.5	7	10.8	4	8.7	22	8.1

注：北京肥胖男生 $n=35$，北京肥胖女生 $n=17$；武汉肥胖男生 $n=78$，武汉肥胖女生 $n=31$；重庆肥胖男生 $n=65$，重庆肥胖女生 $n=46$；总计 $n=272$。

表 4-79　小学普通学生对校外体育活动的满意度

项目	北京				武汉				重庆				总计	
	男		女		男		女		男		女			
	n	%	n	%	n	%	n	%	n	%	n	%	n	%
希望	10	76.9	14	43.8	39	63.9	35	60.3	39	62.9	33	46.5	170	57.3
现在就挺好	3	23.1	16	50.0	16	26.2	23	39.7	22	35.5	33	46.5	113	38.0
不希望	0	0	2	6.2	6	9.9	0	0	1	1.6	5	7.0	14	4.7

注：北京普通男生 $n=13$，北京普通女生 $n=32$；武汉普通男生 $n=61$，武汉普通女生 $n=58$；重庆普通男生 $n=62$，重庆普通女生 $n=71$；总计 $n=297$。

2. 初中肥胖学生对校外体育活动的满意度调查

根据表 4-80、表 4-81 数据可知，北京、武汉、重庆三地初中肥胖学生希望更多参与校外体育活动的人数比例达 53.8%，普通学生为 54.3%；对现有的校外体育活动情况较为满意的肥胖学生人数比例为 37.5%，普通学生为 40.2%；不希望更多参与校外体育活动的肥胖学生人数比例为 8.7%，普通学生为 5.5%，二者相差不大。由数据显示，过半数的三地初中生认为参与校外体育活动的时间和机会不仍然不够，希望更多参加一些校外体育活动。说明北京、武汉、重庆三地现有的校外体育活动尚不能完全满足初中生的校外体育运动需求，社会、学校和家庭应当共同为初中生创造更多的校外体育活动机会。

表 4-80　初中肥胖学生对校外体育活动的满意度

项目	北京				武汉				重庆				总计	
	男		女		男		女		男		女			
	n	%	n	%	n	%	n	%	n	%	n	%	n	%
希望	23	57.5	10	38.5	26	66.7	17	56.7	21	48.8	8	47.1	105	53.8
现在就挺好	13	32.5	13	50.0	11	28.2	10	33.3	19	44.2	7	41.2	73	37.5
不希望	4	10.0	3	11.5	2	5.1	3	10.0	3	7.0	2	11.7	17	8.7

注：北京肥胖男生 $n=40$，北京肥胖女生 $n=26$；武汉肥胖男生 $n=39$，武汉肥胖女生 $n=30$；重庆肥胖男生 $n=43$，重庆肥胖女生 $n=17$；总计 $n=195$。

表 4-81 初中普通学生对校外体育活动的满意度

项目	北京				武汉				重庆				总计	
	男		女		男		女		男		女			
	n	%	n	%	n	%	n	%	n	%	n	%	n	%
希望	27	75.0	54	45.4	42	58.3	37	53.6	33	62.3	26	48.1	219	54.3
现在就挺好	9	25.0	55	46.2	27	37.5	31	44.9	17	32.1	23	42.6	162	40.2
不希望	0	0	10	8.4	3	4.2	1	1.5	3	5.6	5	9.3	22	5.5

注：北京普通男生 $n=36$，北京普通女生 $n=119$；武汉普通男生 $n=72$，武汉普通女生 $n=69$；重庆普通男生 $n=53$，重庆普通女生 $n=54$；总计 $n=403$。

3. 高中肥胖学生对校外体育活动的满意度调查

根据表 4-82、表 4-83 数据可知，北京、武汉、重庆三地高中肥胖学生希望更多参与校外体育活动的人数比例达 55.9%，普通学生为 55.7%；对现有的校外体育活动情况较为满意的肥胖学生人数比例为 39.8%，普通学生为 39.2%；不希望更多参与校外体育活动的肥胖学生人数比例为 4.3%，普通学生为 5.1%，二者差别不大，肥胖学生比例略高。数据说明超过半数的三地学生认为参与校外体育活动的时间和机会不够，希望更多地参加一些校外体育活动。说明北京、武汉、重庆三地现有的校外体育活动尚不能完全满足高中生的校外体育运动需求，社会、学校和家庭应当共同为高中生创造更多的校外体育活动机会。

表 4-82 高中肥胖学生对校外体育活动的满意度

项目	北京				武汉				重庆				总计	
	男		女		男		女		男		女			
	n	%	n	%	n	%	n	%	n	%	n	%	n	%
希望	3	60.0	3	27.3	24	82.8	10	41.7	8	57.1	4	40.0	52	55.9
现在就挺好	2	40.0	6	54.5	5	17.2	13	54.1	5	35.8	6	60.0	37	39.8
不希望	0	0	2	18.2	0	0	1	4.2	1	7.1	0	0	4	4.3

注：北京肥胖男生 $n=5$，北京肥胖女生 $n=11$；武汉肥胖男生 $n=29$，武汉肥胖女生 $n=24$；重庆肥胖男生 $n=14$，重庆肥胖女生 $n=10$；总计 $n=93$。

表 4-83 高中普通学生对校外体育活动的满意度

项目	北京				武汉				重庆				总计	
	男		女		男		女		男		女			
	n	%	n	%	n	%	n	%	n	%	n	%	n	%
希望	11	91.7	8	34.8	41	65.1	50	48.1	33	68.7	33	50.0	176	55.7
现在就挺好	1	8.3	14	60.9	19	30.1	46	44.2	14	29.2	30	45.5	124	39.2
不希望	0	0	1	4.3	3	4.8	8	7.7	1	20.1	3	4.5	16	5.1

注：北京普通男生 $n=12$，北京普通女生 $n=23$；武汉普通男生 $n=63$，武汉普通女生 $n=104$；重庆普通男生 $n=48$，重庆普通女生 $n=66$；总计 $n=316$。

（九）北京、武汉、重庆三地肥胖学生校外体育活动的对策

1. 学校充分发挥教育功能，同时减轻学生学习负担

中小学肥胖学生参加校外体育活动不足主要受到闲暇时间、运动观念和运动习惯的影响，高中生受到升学压力的影响最大，可供自由支配的时间较少。在适当减轻中小学生学习压力的同时，学校应当更加注重对学生运动观念的指导和运动兴趣的培养，鼓励学生根据自身的兴趣爱好选择并参加各项体育活动，同时应当根据当地情况开展更多的体育项目，传授技术技能，以满足不同学生的兴趣爱好，为学生更好地参加校外体育活动创造便利条件。

2. 家长提高体育锻炼意识，带领孩子进行体育活动

家长应当加强自身的体育锻炼观念和意识，支持学生进行校外体育活动，并且多陪同学生进行体育活动，同时要注意培养学生的家庭体育爱好和良好生活习惯。

3. 青少年体育俱乐部应发挥优势资源，充分开展俱乐部活动

各地区青少年体育俱乐部应当充分利用优势资源开展俱乐部活动，有条件的地区可以多开展一些运动项目，以满足学生的不同运动需求，吸引和鼓励学生积极参加体育俱乐部活动。

4. 做好冬、夏令营的安全保障和市场规范

由于目前冬、夏令营的组织形式多种多样，政府相关部门应关注冬、夏令营市场的规范，提出相应的问责制度；冬、夏令营的组织者应做好学生在参加冬、夏令营活动过程中的安全保障工作。

5. 增加体育活动场所，安排指导人员

解决中小学学生校外体育活动缺乏运动场所和科学指导的问题，需要社会的共同关注和参与。我认为可从以下两方面入手。

第一，当地的体育场馆可以以体育俱乐部、冬令营、夏令营的形式向中小学学生开放；中小学学校操场可在假期对学生免费开放；可以修建以体育运动为主题的主题公园供中小学学生活动等来增加中小学学生校外体育活动场所。

第二，通过安排社区体育指导员和向社会招募志愿者的方法，对寒暑假假期在社区中和公园里进行活动的中小学学生进行一定的体育指导，帮助中小学学生科学、安全地进行体育活动。

四、结论

1. 在社区体育活动中，中小学肥胖学生均存在相当比例的学生参加社区体育活动不足的问题。较少参加社区体育活动的肥胖学生比例小学、初中接近1/4，高

中超过40%；调查中同时发现，部分中小学普通学生社区体育活动同样有所不足，其比例与肥胖学生相近。部分中小学肥胖学生社区体育活动时间较短，活动强度较低，无法保证社区体育锻炼的效果。游泳、羽毛球、跑步受到三地中小学生的普遍喜爱与参与，此三类运动项目开展较好。

2. 在家庭体育活动中，超过半数的中小学肥胖学生家庭体育活动较少，部分肥胖学生几乎不进行家庭体育运动。家庭体育活动内容以仰卧起坐、俯卧撑、跳绳、跑步居多，此外还有瑜伽、羽毛球、乒乓球、踢毽子等运动项目，内容较为丰富。家庭生活习惯以看电视、看书、玩电脑游戏为主，初中和高中肥胖学生经常睡懒觉、吃零食的比例较高，部分肥胖学生存在不良生活习惯，对其身体健康影响较大。

3. 参加青少年体育俱乐部的中小学肥胖学生较少，只为肥胖学生整体的1/5，普通学生参加体育俱乐部的比例也较小。参加体育俱乐部的学生中，大部分学生能够保证每周至少参加一次体育俱乐部活动，但仍存在部分学生参加活动不足的现象，此现象呈现出随着学制的增长比例升高的规律，即参加体育俱乐部较少的比例小学最低，高中最高。三地中小学体育俱乐部活动以足球、羽毛球、跆拳道较多，此外还有乒乓球、篮球、轮滑、击剑等。

4. 参加冬令营、夏令营的中小学肥胖学生较少，小学、初中、高中肥胖学生参加冬令营、夏令营的比例均不超过30%。肥胖学生认为通过冬令营、夏令营活动可以保持身体健康、减肥、增强体质、有益生长发育等，对冬令营、夏令营作用的认识较为充分。三地冬、夏令营活动内容有爬山、旅游、军训、野营、游泳等。

5. 在平时运动场所的选择上，中小学肥胖学生选择最多的是学校操场，其次为小区运动场和附近公园；选择体育俱乐部的比例很小，还有一部分学生在空地上进行体育活动。这一方面说明了肥胖学生的校外体育活动缺乏科学指导，存在一定的安全隐患；另一方面说明了部分中小学肥胖学生缺乏理想的运动场所，这制约着学生的校外体育活动参与。

6. 学习压力太大、没时间进行体育活动时影响肥胖学生校外体育活动的最重要因素，在影响因素中出现的频次最高；缺乏场地器材、没人陪同是影响肥胖学生校外体育活动的次要因素；选择家长老师不准、对体育运动不感兴趣的学生较少，但初高中的比例较高，说明随着年级的升高，学习压力的增大，家长老师开始忽视学生的体育活动，减少了对学生体育兴趣的培养。

7. 解决当前问题的主要对策包括：社会各界应提高对中小学肥胖学生的关注程度，为学生的校外体育活动创造便利条件，如增加适合学生活动的运动场所、丰富中小学学生校外体育活动的内容等；学校和家庭应提高对肥胖学生体质健康的认识，不仅注重文化教育，还要注重学生的身心健康，要注重对中小学学生体育意识、兴趣、习惯的培养和支持，减轻学生的学习压力和负担，为学生的校外体育活动创造有利条件等；肥胖学生应当提高对体育运动的认识，积极、主动、有意识地参加校外体育活动,培养自身的体育爱好和兴趣,学会运用体育锻炼的科学手段来增进体质健康。

参 考 文 献

[1] National Health and Nutrition Examination Survey. Overweight among US children and adoles cents. 2000; http://www. cdc. gov/nchs/nhanes. htm.

[2] 季成叶. 中国青少儿生长发育现状及趋势和干预建议[J]. 中国学校卫生,2003,24(1):1-4.

[3] 教育部关于2010年全国学生体质与健康调研结果公告[EB]. http://www. moe. edu. cn/.

[4] 丁宗一. 1986-1996年儿童期单纯肥胖症研究[J]. 中华儿科杂志,1998,36(7):404-407.

[5] 丁宗一. 儿童期单纯肥胖症防治方法学[J]. 中华儿科杂志,1999,37(4):246-248.

[6] 卢元镇. 体育社会学. 第2版. 北京:高等教育出版社,2006. 25.

[7] 百度百科. [Z]. http://baike. baidu. com/view/5606624. htm.

[8] 肖林鹏. 我国青少年体育俱乐部管理体制及运行机制. 第1版. 北京:北京体育大学出版社,2009.

[9] 百度百科[Z]. 2011. http://baike. baidu. com/view/966047. htm.

[10] 中国肥胖问题工作组. 中国学龄儿童青少年超重、肥胖BMI筛查体重指数值分类标准[J]. 中华流行病学杂志,2004,25(2):97-102.

[11] World Health Organization. Obesity and overweight:Global strategy on diet,physical activity and health [M]. Geneva:WHO,2004.

[12] 杨万龄,王晓明. 儿童青少年超重肥胖现状及成因的研究进展[J]. 中国学校卫生,2009,30(2):190-192.

[13] 季成叶. 我国中小学生超重肥胖流行现状及其社会经济差异[J]. 中国学校卫生,2008,29(2):106-108.

[14] 张锦娟,邢东民,郭雪. 儿童肥胖的流行现状及危险因素研究[J]. 预防医学论坛,2010,16(3):260-264.

[15] 甘仰本,蔡军,林莉,凌军. 儿童肥胖症的流行现状及其影响因素. 中国慢性病预防与控制,2007,15(3):292-294.

[16] 季成叶. 中国学生超重肥胖BMI筛查标准的应用[J]. 中国学校卫生,2004,25(1):125-128.

[17] 衡卫军,马向华,沈捷. 肥胖病因及发病机制的多基因分析[N]. 江苏大学学报:医学版,2005,15(5):394-397.

[18] 王守仓,张群,张爱民,等. 儿童肥胖影响因素与干预措施研究进展[J]. 预防医学论坛,2004,10(5):573-575.

[19] LOBSTEINT,BAURL,UAULR. Obesity in children and young people:A crisis in public health. Obes Rev,2004,5 (Suppl 1):4-8.

[20] BIRCH LI, FISHER JO. Development of eating behaviours among children and adolescents. Pediatrics, 1998,101(4):539-547.

[21] 娄晓民,席江海,卢艳馨,等. 遗传对儿童肥胖及相关因子分泌影响[J]. 中国公共卫生,2007,23(11):12-13.

[22] 蒋竞雄,夏秀兰,关光驰,等. 北京市朝阳区2377名小学生肥胖检出率及原因分析[J]. 中国儿童保健杂志,1999,7(3):155-164.

[23] Perusse L,Bouchard C. The genetics of obesity,Bouchard C. Ge-netics of energy intake and food preference. Boca Raton:CRC Press,1994:125-130.

[24] GNAVI R, SPAGNOLIT D, GALOTTOC, etal. Socioeconomic status. Overweight and obesity in prepuberal children:a study in an area of Northern Italy. Eur J Epidemiol,2000,16 (9):797-803.

[25] 蒋汝刚. 学龄期6098名单纯性肥胖及其影响因素分析[J]. 中国儿童保健杂志,2005,13(3):256-257.

[26] 钱晓勤,霍金芝,陶佩生,等. 扬州市中小学生肥胖和饮食行为调查[J]. 中国学校卫生,2006,27(10):

888-889.
- [27] 岳亿玲,张清华,刘素芹,等.肥胖儿童心理行为特征的配对调查[J].中国学校卫生,2002,23(4):341.
- [28] 王文媛,傅平,汪之琐.儿童肥胖的流行趋势及影响因素研究进展[J].中国妇幼健康研究,2008,19(6):591-594.
- [29] 李珍妮.对广州市30名肥胖小学生实施综合减肥法的疗效观察[J].广州体育学院学报,1993,(4):11-15.
- [30] 杜熙茹.健身运动对肥胖儿童健康的影响[J].广州体育学院学报,2003,1(23):37-39.
- [31] 梁来强,陆阿明,范旭东.肥胖儿童运动疗法的效果观察[J].哈尔滨体育学院学报,2007,1(25):132-134.
- [32] 黄晓丽,李可兴.南省肥胖中学生体育锻炼意识及行为价值取向研究[J].广州体育学院学报,2009,29(2):98-101.
- [33] 陈静依.青少年超重人群与体育活动[N].韩山师范学院学报,2010,31(6):68-73.

第五篇
肥胖小学生运动干预的实验研究

一、前言

(一) 选题依据

自 20 世纪 80 年代改革开放以来，国民经济不断进步，人民生活水平不断提高。物质需求得到不断地满足，社会经济取得了快速发展，促进人们的物质生活水平不断提高，促进了儿童、青少年生长发育的持续发展，从经济社会发展看上去是在进步，但是我们也深刻地认识到社会在进步，却忽略了青少年的体质问题。近些年一些专家，提出了许多对肥胖儿童改善体质的建议。使儿童、青少年的肥胖和体质状况得到了一定改善。但是近年来，我国青少年体质的部分指标仍然在了下降，肥胖问题还是在不断攀升。通过国家青少年体质调查报告可知，从 1985 年开始进行全国青少年体质健康调查，在调查中显示：近 20 多年来，中国青少年肥胖问题在不断攀升，从而体质问题在不断地下降[1]。

超重和肥胖的发生率日益增多，是一个十分严重的问题，已经受到党中央国务院的特别重视，七号文件中指出学生要坚持每天 1 小时运动。近几年学生体质虽得到有效改善，但是学生肥胖和超重还是一个很难解决的问题。中国疾病预防控制中心营养与食品安全所调研发现，当前北京地区超重和肥胖的小学生已接近总人数的

---

[1] 陈至立. 切实加强学校体育工作促进广大青少年全面健康成长——在全面加强学校体育工作会议上讲话 [N]. 中国体育报, 2006.12.25.

1/3❶。截止到2009年我国在测量显示中呈现肥胖的学生有1200多万人。可谓是数字庞大。在2009年2月28日北京市卫生局发布健康播报:"近几年我市的青少年学生肥胖和超重又呈现出了上升的趋势。我市2～18岁青少年学生的肥胖率已经快达到10%,这还不算超重的学生,而超重的学生也将近占到了11%,按照这种事态发展下去极可能发展为肥胖。"随着国家经济快速发展社会的进步,青少年学生肥胖产生的原因越来越明显,其中主要的因素之一就是营养过剩。在北京市政府关于慢性病的规定结合健康促进的方案中,特别将"调整体重"作为4个主要目标工作之一,全市中小学校也将预防肥胖纳入学校卫生防疫工作方案,并保证学生每天有1小时的体育锻炼。控制膳食和合理的运动减肥方法被认为是最安全、最科学的一种方法。怎样使肥胖儿童得到更科学、有效的减肥运动方法,指导肥胖儿童进行科学的锻炼,是本文研究的重要目的❷。

改善体质改善肥胖必须从基础抓起,从根抓起,新入校学生的体育教学应特别注重有氧运动,并采取相应措施加强学生体育教育的力度❸。其次希望通过以学校为龙头,把社区、家庭资源共同整合。使学校、家庭、社区形成真正的联动机制,把三方面的资源形成共享。激发和鼓励广大学生参加体育的热情,提高学生参与体育锻炼的意识和积极的行为,使体育健身活动成为学生生活中不可缺少的内容❹。

要使学生由被动转变为主动参加体育运动。首先要给肥胖学生创造良好健身环境,并通过丰富教学手段的多样化,促进学生参加到体育运动中来。建议学校根据学生的认知和爱好创造多样化的活动,培养学生的体育兴趣和爱好❺。

(二) 选题目的和意义

1. 选题目的

对北京市昌平区燕丹学校实验班的学生进行体育运动干预。对三、四年级中的30名肥胖学生身体形态、身体素质、身体机能进行干预,利用合理的体育活动手段进行长达3个月的干预研究,为肥胖学生的减重、提高技能、提高身体素质,提供相应的建议和措施。

---

❶ 北京小学生肥胖率飙升家长膳食知识需加强. 中国食品产业网. 2007.5.21.

❷ 王景春,邢海生,吴志强. 对农村地区9-12岁肥胖学生运动减肥方法的实践研究 [J]. 体育教学,2010.12,136.

❸ 高雪梅,郝小刚. 大学生体育素质下降的根源——家庭调查因素分析与改善对策研究 [J]. 四川体育科学,2012.1.105.

❹ 蔡皓. 影响上海市大学生身体素质水平发展因素与对策研究 [D]. 上海:华东师范大学研究深部,2006.

❺ 焦建军. 陕西高校体育教学现状调查与分析 [J]. 山西师范大学体育学院学报,2009,24(3):875-90.

2. 选题意义

本文通过对北京市昌平区燕丹学校肥胖的小学生利用第七节课对抽样学生进行运动干预实验。从中找到解决肥胖问题的一些办法，对解决肥胖学生问题提供了理论和实践的一些依据。让学生坚持每天锻炼，培养良好的兴趣，让学生逐渐走向健康，不断远离肥胖，为学生今后的发展打下坚实基础。

（三）研究任务

对北京市昌平区燕丹学校肥胖小学生进行运动干预研究，针对研究对象提出运动计划和解决的方案，对实验班学生进行运动干预、检验实效性。

（四）文献综述

1. 肥胖的概念研究

医学专家将肥胖定义为是一种常见的、明显的、复杂的代谢失调症，是一种可以影响整个机体正常功能的生理过程。产生这种结果的主要原因是营养障碍性疾病，可以表现为机体脂肪组织量过多，又可以说是软组织与脂肪组织比例过高。肥胖对人体产生各种的危害主要体现在：能导致降低心血管功能，使心血管逐渐变细，导致血管壁堵塞，形成动脉粥样硬化，大大增加心血管病的危险。研究表明，尤其是在腹部肥胖的人群增加心血管病的危险性会更大。肥胖同时也是心绞痛和猝死的危险因素之一；肥胖对消化系统产生影响，还有对内分泌系统产生影响，肥胖有伴有内分泌失调综合征；肥胖最终会增加某些癌症的危险概率，另外肥胖还容易引起软组织脑卒中、生殖器官功能下降等各种连带疾病[1]。

肥胖是由于长期的能量堆积在体内，没有通过各种手段消耗出去。也就是当摄入的能量不断大于消耗能量，不断在体能积聚最终导致体内的能量以脂肪的形式产生，脂肪的产生不断增加超过限值将会达到损害健康的程度[2]。我们值得注意的是肥胖与超重不是一回事，肥胖是指身体内脂肪组织积累，而超重是指体重相对于身高的增加，或超过了某些指标和参照值。但是可以说超重的发展趋势就是产生肥胖，其中有将近95％肥胖儿童属于单纯性肥胖，导致的原因是与他们生活方式密切相关的生活条件优越、吃得太好了过度营养、条件优越了懒得运动、行为的偏差越来越失去运动的兴趣，全身脂肪组织普遍过度增生为产生慢性病创造条件[3]。

2. 关于肥胖的体质标准指数数据

肥胖是由各种成分组成的，其中包括标准体重、肥胖度、体成分、理想体成

---

[1] 邓树勋，王建，乔德才. 运动生理学 [M]. 北京：高等教育出版社 2005.7，246-247.
[2] 丁宗一. 1986-1996年儿童期单纯肥胖症研究 [J]. 中华儿科杂志，1998，36（7）：404-407.
[3] 丁宗一. 儿童期单纯肥胖症防止方法学 [J]. 中华儿科杂志，1999，37（4）：246-248.

分、体脂百分比、身体指数等。这些都是我们应该掌握的基本概念。

体重是由人体骨骼、关节、肌肉、韧带和脂肪组织等各部分组成的总和。体重可以反映人体指标，间接的反映人体的营养状况，体重过重能反映出人的营养过剩指标，体重过轻则可反映出营养不良指标。体重如果过重会产生不同程度的肥胖。

通过查资料发现最早于1978年的WHO推荐常用来评价肥胖。标准体重(kg)=[身高(cm)－100]×0.9或标准体重(kg)=[身高(m)]²×22❶。

刘敏在《饮食控制加强锻炼对儿童肥胖的影响》中指出，身体质量超过同年龄、同身高儿童正常标准的20%即可成为肥胖❷。

将一方在《儿童肥胖症》中将儿童肥胖定义为，由于儿童体内脂肪积聚过多，体重超过按身高计算的平均标准体重20%，或者超过按年龄计算的平均标准体重加上两个标准差以上时，即为肥胖❸。

BMI指数（身体质量指数，简称体质指数又称体重指数，英文为body mass index，简称BMI)，是用体重公斤数除以身高米数平方得出的数字，是目前国际上常用的衡量人身体胖瘦程度以及是否健康的一个标准。它是由19世纪中期的比利时统计学家凯特勒最先提出的❹。

3. 我国肥胖生的发展趋势研究

2005年全国学生体质与健康调研结果显示，我国7～22岁城市男生超重和肥胖的检出率分别为13.25%和11.39%，城市女生超重和肥胖的检出率分别为8.72%和5.01%，高于2000年全体学生体质与健康调研结果❺。5年之后，2010年全国学生体质与健康调研的结论是：学生肥胖和超重检出率继续增加。数据表明，7～22岁城市男生、城市女生、乡村男生、乡村女生肥胖检出率分别为13.3%、5.64%、7.83%、3.78%，与2005年相比分别增加1.94、0.63、2.76、1.15个百分点；超重的检出率分别为14.81%、9.92%、10.79%、8.03%，与2005年相比分别增加1.56、1.20、2.59、3.42个百分点。我国肥胖的学生的数量在不断攀升。

在青少年儿童中单纯性肥胖症已经成为20世纪儿童期的一个重要的健康问题，得到了世界各国的广泛关注。肥胖的产生不仅对身体健康产生影响，最关键的是导致身体产生各种疾病发生的概率，对人们的身体健康构成严重影响。导致身体的各种疾病发病率与死亡率的逐渐上升❻。

---

❶ 邓树勋，王建，乔德才. 运动生理学 [M]. 北京：高等教育出版社，2005.7.246-247.
❷ 刘敏. 饮食控制加强锻炼对儿童肥胖的影响 [J]. 医学信息，2010，23 (7)：2167-2168.
❸ 将一方. 儿童肥胖 [M]. 中国医药科技出版社. 2009.
❹ 百度百科 [Z]. 2011. http://baike, Baidu, com/view/966047. htm.
❺ 崔丽霞，雷雳. 中学生问题行为群体特征的多视角研究 [J]. 体育与科学，1995，5：44-46.
❻ Mossberg HO. 40-year follow-up of overweight [J]. children. Lancet，1989，2：491.

4. 肥胖对孩子产生的各种危害

外国专家对青少年儿童的肥胖度及生活质量做了相应的研究。通过研究结果发现，肥胖儿童在身体、情感、社会和学校的各种生活方面都受到很大的影响。国外专家了解了对肥胖生影响比较明显的细节，并根据肥胖生的不同状况制定了强有力的目标干预，从而改善肥胖儿童的生活质量❶。

（1）对智力的影响

甄凌在《以运动为主综合干预对超重、肥胖少年儿童生长发育的影响》中指出：少年时期所产生的肥胖为之后成年各种疾病的危险隐患，各种的心血管疾病如高血压病、冠心病、糖尿病这都是到成年多发的疾病。而且肥胖对青少年的智力和心理发展也有危害，由于肥胖学生缺氧，大脑供氧不足导致昏昏欲睡，影响他们正常的思维过程，影响了他们的创造性，导致他们学习的效率低下，学习成绩不佳❷。

郭忠琴、乔慧等在《单纯性肥胖儿童智力、个性生理指标的调查分析》中研究发现肥胖儿童的智商有明显低于正常儿童的案例，尤其是在观察能力、理解性能力和对事物的翻译能力还有各身体部位的协调性都产生了很大的影响❸。

何其霞在专著中提到，不少人认为肥胖对于儿童的影响不大，只是在儿童的身体形态上发生变化，并不引起家长的重视，但却没想到肥胖也会影响学生的智力发展。尤其是脂肪积聚过多在脑组织中逐渐形成了脂肪脑，使大脑沟回紧紧靠在一起，褶皱减少，大脑皮层变得光滑，神经网络发育差，智力水平降低，脑反应不敏捷。其次，肥胖学生易精神不集中，嗜睡，疲劳，学习成绩下降❹。

张迎修等在《肥胖儿童的个性、智力及学习成绩分析》调查分析中得出，以174名肥胖学生为实验对象，按照把学生分成同等数量的对照组进行智力方面的研究。通过实验研究发现肥胖学生的智力以及学习成绩明显低于一般学生，而且女生性格比较内向❺。

（2）对生理的影响

姚国在《单纯性肥胖儿童的智力、行为和自我意识特点》的研究中指出：单纯性的肥胖症是典型的生活方式不注意所造成的。单纯性肥胖对儿童的循环系统和呼

---

❶ Riazi, Afsane, Shakoor, Sania, Dundas, Isobel, Eiser, Christine, Mckenzie, Sheila A. Health-related quality of life in a clinical sample of obese children and adolescents [J]. Health & Quality of Life Outcomes; 2010, vol, 8, 134-139.

❷ 甄凌. 以运动为主综合干预对超重、肥胖少年儿童生长发育的影响 [D]. 首都体育学院，2010.

❸ 郭忠琴，乔慧，郑芝凤. 单纯性肥胖儿童智力、个性、生理指标的调查分析 [J]. 中国学校卫生，1999，20（3）：214.

❹ 何其霞. 运动处方理论与实践 [M]. 人民体育出版社，2008.1.

❺ 张迎修，鲁京浦，孙永大，于厚贤. 肥胖儿童的个性、智力及学习成绩分析 [J] 中国学校卫生，2003，24（2）：159.

吸系统都有损害，导致学生的体质水平不断降低，同时也成为了成人心血管疾病和脑血管疾病和糖尿病的重要危险因素❶。

相关资料显示，患肥胖症的儿童血脂高于正常儿童，而高血脂是引起动脉粥样硬化和冠心病的主要致病因素之一。高血脂、高胆固醇是动脉粥样硬化及冠心病的主要病因之一。肥胖可以引起人体的生理、生化、心理、神经、体液调节等一系列变化，使人体的工作能力降低，甚至缩短人的寿命。导致人类常见病的死亡率，肥胖人比正常人高1~2倍❷。

肥胖学生的高血压病检出率明显高于正常学生的检出率。肥胖学生的无氧能力降低还有心功能损伤等同时无氧阈出现左移❸。肥胖症对少儿的心血管系统以及心肺功能构成了严重的损伤，不仅影响青少年时期的发育、成长及其健康水平，而且对其成年后期的健康水平产生潜在的危害❹。肥胖学生从外观上看体型不美观，行动比较迟缓，体现在活动能力差，且导致不少学生产生平足、下肢弯曲、膝内翻、还有脊椎腰间盘损伤等。由于肥胖儿胆固醇和脂肪酸含量过高，免疫系统受到抑制，抗病能力差，易患呼吸道感染或皮肤感染。肥胖儿童经常容易缺钙，当儿童缺钙时的反应是在晚上睡觉时容易失眠，缺钙易引起睡眠不安、容易惊醒、容易发凉、还爱出汗，甚至在没有发烧的情况下，经常出现抽风症状。肥胖儿容易患"成人病"，医学上也叫成人疾病年轻化，如高血压病、心脏病、糖尿病、脂肪肝等。肥胖学生常存在性发育障碍，如男孩易出现性发育错后，女孩常出现早熟，多半有月经混乱。

（3）对心理的影响

余红平、付生泉在《单纯性肥胖儿童社会适应能力和行为问题研究》中研究得出：肥胖儿童容易受到自我意识的损害，自己对自己没有良好的认识，对自己没有信心。经常会感到焦虑和不安，不合群、幸福感和满足感比较低。并且，个人的肥胖越严重对幸福感和满足感就越低。随着肥胖的程度越来越增加，男性儿童的内向性、抑郁性和分裂样反面的问题增多，社会适应能力逐渐降低❺。

肥胖学生由于与正常学生在体重上存在着差异，使肥胖生觉得与其他学生不一样，尤其是在体重方面与正常同学差别很大，导致在运动成绩，学习成绩、交往能力上都不如其他同学。由于自己深深感知了这种差异感，导致许多的心理疾病问题接踵而来。如在体重上与正常体重学生的差异，使得肥胖学生觉得自己有别于正常体重学生；而在成绩、运动、交往中的种种不如人，则加深了这种差异感。研究表

---

❶ 姚国. 单纯性肥胖儿童的智力、和自我意识特点[D]. 青岛大学，2006.
❷ 王从容，等. 肥胖发生机制、生理学分析[J]. 北京体育大学学报，1994，17（1）：59.
❸ 丁一宗，等. 单纯性肥胖学生有氧能力损伤[J]. 中华儿科杂志，1990，25.（6）.
❹ 梁进，王桂英. 青少年肥胖的"体育——流行病学"研究[J]. 体育与科学，1995，5：44-46
❺ 万国斌. 单纯性肥胖儿童自我意识水平、社会适应能力与行问题研究[J]. 中国心理卫生杂志，1993，7（1）：46-48.

明，肥胖儿常出现心理障碍，如自羞、自卑感、自闭孤僻等❶。

蒋竞雄等人在《肥胖儿童的行为特点及心理损害》中通过大量研究发现，儿童的单纯性肥胖，不仅会影响青少年儿童的生长发育，还会影响青少年儿童的心理健康以及社会交往的沟通性障碍❷。

王巍在《单纯性肥胖儿童家庭行为因素和心理发育研究》的研究中提出：单纯性肥胖儿童很容易自我意识受到损害，自我评估比较低，不爱合群，幸福感较低；还有社会的交往能力以及适应能力比正常体重的儿童要低，社会交际性差，自主能力较过分依赖于父母❸。

（4）对社会交往的影响

万国斌在《单纯性肥胖儿童自我意识水平、社会适应能力与行为问题研究》中得出：肥胖儿童有自我意识受损，自我评价低，感到有更多焦虑、不合群、幸福与满足感差。并且，个体越胖幸福与满足感越差。随着肥胖程度的加重，男性儿童内向性、抑郁性及分裂行为问题增多，社会适应能力降低❹。

由于肥胖学生的身体形态和其他学生不一样，行动起来很不便，惰性也比较大，随着年龄的不断增长，肥胖学生的生活受到很大的影响。很明显体现到外观的区别，在外面的社交场合会对他们的心理产生一定的影响。由于这种心理负担制止了他们参与的欲望。大量的体育运动游戏、竞赛中，由于他们的身体形态不便，使他们难以取胜，致使他们被冷落一旁，失去了与他人交往沟通的宝贵机会。从这个问题上分析，肥胖已经对青少年未来的发展构成了严重的危害和障碍。从而使肥胖学生的个人生理问题已经上升成为社会关注的焦点。许多家长也对儿童肥胖的问题产生了越来越多的忧虑❺。

5. 对产生肥胖原因的研究

肥胖学生的产生是由于各种因素造成的，遗传占有很重要的比重，饮食生活起居不合理，以及在运动方面达不到锻炼的强度，以及与心理教育辅导等都密切相关。

（1）遗传因素

大量相关方面资料显示，儿童肥胖有着很明显的预示，在儿童的家庭中也存在着聚集性，而且有明显的家庭聚集倾向的特征。我们看到，父母如果肥胖，那么对于儿童的肥胖是一种明显的预示❻。

---

❶ 何其霞编著. 运动处方理论与实践 [M]. 人民体育出版社，2008.1.

❷ 蒋竞雄，惠京红，夏秀兰. 肥胖儿童的行为特点及心理损害 [J]. 中华儿科杂志，1996，3：186.

❸ 王巍. 单纯性肥胖儿童家庭行为因素和心理发育研究 [D]. 吉林大学，2006.

❹ 万国斌. 单纯性肥胖儿童自我意识水平、社会适应能力与行"问题研究 [J] 中国心理卫生杂志，1993，7（1）：46-48.

❺ 梁进，王桂英. 青少年肥胖的"体育——流行病学"研究 [J]. 体育与科学，1995，5：44-46.

❻ 王守仓，张群，张爱民，等. 儿童肥胖影响因素与干预措施研究进展 [J]. 预防医学论坛，2004，10（5）：573-575.

据相关资料了解，父母如果为肥胖者，其子女 70%～80%会成为肥胖者；双亲之一（特别是母亲）为肥胖者，那么子女的肥胖率概率为 40%～50%，父母如果都正常，子女仅有 10%～14%为肥胖者❶。

(2) 饮食因素

丁一宗研究认为，人工喂养、过早添加固体食物（出生后 1～2 个月）、断奶早及过量喂养是促进形成肥胖的一种喂养方式。而主食量和肉食量高，水果、蔬菜量低，室内活动少是青少年肥胖的一种生活模式❷。

熊光练、田本淳等在《影响儿童肥胖的行为因素研究》中指出：影响儿童肥胖的主要诱因有：吃油炸食品次数、吃早餐的习惯性、睡觉前的吃东西情况、吃饭的速度、作业时间的长短、睡觉的时间以及课外体育运动的时间长短，而且男生与女生存在差异。这就需要家长自己从内心认识到肥胖问题所产生的严重后果。同时也需要学校、社会普及良好的健康教育知识，纠正学生的不良饮食习惯❸。

宋刚、李年铁、扶健华在《中国儿童青少年肥胖与防治》中指出：儿童青少年肥胖病的原因是由于身体活动的运动量逐渐减少，大量食物所带来的能量消耗不出去，总是膳食能量大于消耗能量，有一定的遗传因素等❹。

国外专家学者在研究中发现，产生饮食习惯是建立在童年的早期。因此需早期的干预，家长应为家庭饮食做出合理的选择。从早期入手对以后的肥胖概率会明显减低❺。

(3) 运动因素

运动量不足是引起肥胖的一大重要因素。通过本次调查结果显示，肥胖学生存在着许多不良的运动行为。

(4) 思想观念因素

儿童肥胖与父母的观念和家庭的生活水平状况有密切关系。随着经济和社会的不断发展进步，人们的价值取向和人们对健康概念的理解都在不断变化，这些因素互相影响，也将影响肥胖的发生和发展。岳艺玲、张清华、刘素芹等的"肥胖儿童心理行为特征的配对调查"研究结果显示，肥胖组与对照组儿童父母在对肥胖认识方面有着很大差异❻。

---

❶ LOBSTEINT, BAURL UAULR. Obesity in children and young people: A crisis in public health Obes Rev, 2004, 5 (Suppl 1): 4-8

❷ 丁一宗，等. 中国城区 0～7 岁儿童单纯性肥胖流行病学调查 [J]. 营养学报. 1989, 11. (3): 266-294.

❸ 熊光练，田本淳等. 影响儿童肥胖的行为因素研究 [J], 华中科技大学同济医学院公共卫生学院. 2004, 19 (1): 79-81.

❹ 宋刚，李年铁，扶健华. 中国儿童青少年肥胖与防治 [J] 湖：南师范大学社会科学学报. 2001, 30: 345-347.

❺ Bauer, Lindsay R, Waldrop, Julee. Trans Fat Intake in Children: Risks and Recommendations [J] pediatric Nursing; Nov/Dec2009, Vol. 35 Issue 6, p346-351

❻ 岳艺玲，张清华，刘素芹等. 肥胖儿童心理行为特征配对调查 [J]. 中国卫生学校，2002，23 (4): 341.

通过调查发现济南地区的学生，父母具有大专文化程度以上的家庭，其子女肥胖发生情况明显低于其他人群。蒋汝刚通过研究认为，父母的文化高，能够了解肥胖对人体的危害，带来各种的疾病，这也成了对孩子的保护，父母通过知识能够合理搭配膳食结构，使自己的孩子懂得饮食趋于合理化，并进行适当的运动❶。

王巍在《单纯性肥胖儿童家庭行为因素和心理发育研究》中提出：有些父母对肥胖的认识不够深刻，有的父母拿各种小零食作为对孩子的奖励。家长没做到及时的监管，这也是肥胖发展的重要因素❷。

6. 对肥胖儿童运动干预的文献

大量研究显示，通过运动减肥效果比较明显，肥胖者合理的运动干预训练之后，食欲有所下降，食物的摄入量减少，抑制了能量的摄入，使机体的代谢发生变化，消耗大于摄入时会引起体脂减少，从而抑制肥胖。运动能够有效增粗肌纤维，增加其弹性，能够提高机体的各项身体素质❸。

杜熙茹对肥胖学生进行短期身体训练，其研究结果表明：对于测试锻炼学生的体重变化不是很明显，男生和女生实验之后的身体形态变化不是很大。但在腰围、体脂率臀围方面变化还是比较明显的。通过实验发现，通过合理科学的锻炼可以改善学生体质，改善学生的体脂成分。经过研究可按照国家学生体质健康标准制订训练内容。内容包括 50 米跑、小跳绳、400 米跑、实心球、坐位提前屈等。根据身体素质的要求分为：速度、力量、耐力、灵敏和柔韧。经过为期近 10 周的运动干预之后，学生的 400 米跑和小跳绳坐位体前屈提高比较明显。所以研究发现，通过科学合理的锻炼有助于提高学生的速度、力量、协调性等❹。

一些家长为了给孩子快速减肥，选择了一种集中式的训练营来减肥，经过一段时间的集中训练和食宿，通过改变肥胖少年的生活及行为方式，建立了一套良好的生活习惯和方式，发现减肥效果比较好，有利于肥胖儿童树立减肥的信心。对这种综合干预的方式，通过跟踪调查发现，孩子停止综合干预后，家长没有重视孩子的减肥效果，没有控制体重回升，结果孩子的体重有所反弹。另外，我们还会发现在家庭中有遗传病史的肥胖儿童减肥的效果比正常家庭儿童的效果差。应通过改变肥胖学生的生活方式、运动习惯及饮食习惯，避免导致肥胖的坏习惯。培养锻炼的兴趣和爱好❺。

苏俊在"针对肥胖学生开展课外体育活动的探索"文中，针对一些肥胖儿童进

---

❶ 钱晓勤，霍金芝，陶佩生，等. 扬州市中小学生肥胖和饮食行为调查 [J]. 中国学校卫生，2006，27 (10)：888-889.

❷ 王巍. 单纯性肥胖儿童家庭行为因素和心理发育研究 [D]. 吉林大学，2006.

❸ 李珍妮. 对广州市 30 名肥胖小学生实施综合减肥法的疗效观察 [J]. 广州体育学院学报，1993，(4)：11-15.

❹ 杜熙茹. 健身运动对肥胖学生健康的影响 [J]. 广州体育学院学报，2003，23 (1)：37-39.

❺ 梁进，王桂英. 青少年肥胖的"体育——流行病学"研究 [J]. 体育与科学，1995，5：44-46.

行了长达一年之久的体育运动干预，在干预之后产生了良好的结果。这些肥胖学生逐渐的产生了体育锻炼的兴趣和爱好，提高了运动方面的动力，树立了自信心，能够顺利完成学校体育教学内容，并且成为体育课上的积极分子[1]。

周奕君在"对儿童肥胖开展处方教学的研究"中指出，当前我国中肥胖儿童越来越多，调查发现肥胖已经影响到了他们的身心健康，针对现状对肥胖的问题制订减肥方案和机构进行研究。在体育教学中要提前设计运动方案，要针对现状制订合理的膳食和运动处方[2]。

但也有反对的声音，有研究认为，短期快速减重（一个月内）对儿童身心健康危害较大，会引起脱水、电解质失调和内环境稳态的失衡以及代谢的混乱，对心血管、肝肾系统损伤极大[3]。

应开发新式运动方法，不断提升兴趣和爱好来调动学生的积极性，调动学生通过兴趣来增加其运动量消耗。新颖的游戏是引起学生注意和参与的前提。要控制学生的总摄入量，要选择含高纤维的碳水化合物，如粗粮、杂粮、全麦谷物、水果、蔬菜等；选择各种低热量、高营养素含量的食物，如脱脂奶粉类、鱼类、豆腐等。补充糖的同时，补充电解质和维生素[4]。

要热爱学生，唤起兴趣。兴趣是人的一种个性心理特征，是儿童学习的动力。学生只有热爱体育，其学习热情和持久力才会提高，才能真正成为未来的体育人口。兴趣是积极探索事物的心理倾向，是非智力因素。兴趣是最好的老师，小学生体育兴趣一旦被激发，那么体育锻炼会事半功倍。老师还要尽心备好课，符合学生的心理和生理特点[5]。

教材应满足学生的兴趣爱好，符合学生的心理生理特点。兴趣是指积极探究某种事物或从事某种活动的倾向。运动心理学认为，只有当学生对运动产生间接兴趣，即对活动结果产生兴趣并以体育锻炼的社会意义为行动，才能对活动始终充满热情，并克服一切困难进行体育锻炼，使体育锻炼成为自觉行为[6]。

通过加强主题自律促使锻炼习惯养成。重点在于建立良好的信念，形成锻炼意识兴趣和积极的态度及有效的自律行为。班杜拉认为，自律是个人根据自己的价值标准评判自己行为，从而规范自己去做自己认为应该做的事[7]。

在家长思想方面要理解何为养成锻炼习惯和锻炼习惯，在目前有不同的看法，有学者从生理学角度出发，认为锻炼习惯是在体育锻炼过程中经过反复练习、多次

---

[1] 苏俊. 针对肥胖学生开展课外体育活动的探索 [J]. 体育教学，2003 (5)：40-41.
[2] 周奕君. 对肥胖开展处方教学的研究 [J]. 宁波大学学报. 1999, 21 (5)：92-94.
[3] 蒋竟雄等. 肥胖学生的运动治疗 [J]. 中国运动医学杂志. 1993, (1) 52-53.
[4] 李宪航. 中小学生体质概况及学生运动营养方案 [J]. 中国学校体育，第 7 期，总第 213；2011.7，80.
[5] 申向明. 培养学生对体育可得兴趣 [J]. 山西体育科技，2011.3，54-55.
[6] 司琦. 大学生体育锻炼行为的阶段变化与心理因素研究 [J]. 体育科学，2005，25 (12)：76-83.
[7] 贾红英. 环境控制与行为养成 [J]. 北京化工大学学报，社会科学版，2003 (4)：51-54.

重复刺激逐渐形成的，稳固条件反射[1]。

7. 小结

通过对我国关于肥胖儿童文献资料的查阅发现，解决我国青少年儿童肥胖超重已经到了刻不容缓的地步，因为肥胖会导致极大的危害，影响祖国未来的发展。针对现有的文献资料显示和燕丹学校小学生的现状，对在校部分小学生进行运动干预，在形态、身体素质、技能方面都有了良好的改善。通过本学期校内 12 周的运动干预，为小学肥胖生提供了一些解决办法和相关资料。注意在锻炼中本着科学合理的运动干预，以循序渐进的原则，切记超量负荷，以达到合理的减肥锻炼身体的目的。

二、研究对象与方法

（一）研究对象

随机抽取北京市昌平区燕丹学校三、四年级肥胖小学生 45 人，随机分为小强度运动干预组、中等强度运动干预组、以及对照组，每组均为 15 人。肥胖筛选标准是我国于 2003 年确定的"中国学龄儿童青少年超重、肥胖 BMI 筛查分类标准"（见表 5-1）。

表 5-1 中国学龄儿童青少年超重、肥胖 BMI 筛查分类标准[2]

年龄（岁）	男超重	男肥胖	女超重	女肥胖
7～	17.4	19.2	17.2	18.9
8～	18.1	20.3	18.1	19.9
9～	18.9	21.4	19.0	21.0
10～	19.6	22.5	20.0	22.1
11～	20.3	23.6	21.1	23.3
12～	21.0	24.7	21.9	24.5
13～	21.9	25.7	22.6	25.6
14～	22.6	26.4	23.0	26.3
15～	23.1	26.9	23.4	26.9
16～	23.5	27.4	23.7	27.4
17～	23.8	27.8	23.8	27.7
18～	24.0	28.0	24.0	28.0

受试者基本的身体信息情况见表 5-2。从表 5-2 可知，三组受试者在身高、体

---

[1] 王红，王东桥. 论养成锻炼习惯是奠定学生终身体育基础的关键 [J]. 北京体育大学学报，2001，24（4）：540-541.

[2] 中国肥胖问题工作组. 中国儿童青少年超重、肥胖 BMI 筛查体重指数值分类标准 [J]. 中华流行病学杂志，2004，25（2）：97-102.

重、BMI 以及体脂率在运动干预之前均无显著性差异（$P>0.05$）

表 5-2　受试者基本信息一览表（$n=15$）

分组	身高/cm	体重/kg	BMI（kg/m²）	体脂率（ys）
一般强度 A 组	146.81±5.34	55.49±12.86	25.61±4.92	28.35±5.87
中等强度 B 组	148.40±9.23	53.85±12.17	24.25±3.84	26.36±5.72
对照 C 组	145.40±6.52	47.13±10.03	22.12±3.11	26.99±5.51

（二）研究方法

1. 文献研究法

通过在国家图书馆、首都体育学院图书馆、国内外期刊网、中国学校体育网以及导师提供关于肥胖问题的书籍 10 余本、国内期刊 20 多篇，国外期刊网等方面的相关文献资料，对上述文献资料进行阅读分析，对完成本次论文有重要的意义。

2. 实验法

（1）实验目的

选出条件基本相同的肥胖生，通过对北京燕丹学校三、四年级学生进行运动干预实验，利用合理的体育活动手段进行长达 12 周的运动干预研究，对干预实验前后学生身体素质、运动机能、运动技能等方面进行检测，检验其效果。为肥胖学生的减重、提高技能、提高身体素质，提供相应的建议和措施。

（2）实验时间

2012 年 9 月—2012 年 12 月，周一、周二、周四、周五 14：40～15：25 利用校内的第 7 节活动课时间，每次课干预 40 分钟，共计 12 周。

（3）实验分组

经过随机选择小学 45 名肥胖生，随机将受试者分为三个班，干预 A 班（一般强度），干预 B 班（中等强度），干预 C 班为对照组，每班各 15 人，三组组间无显著差异。

干预组实验对象从 2012 年 9 月—2012 年 12 月进行 3 个月的运动干预为主的综合干预。

（4）实验前准备

制定知情同意书等。开始测试前与班主任交流，请求帮助，让孩子把知情同意书拿给家长阅览，并劝说家长签署知情同意书，同意孩子参加测试以及 12 周的实验干预活动。

制订一个空白受试者的信息表（45 张），包括学生身体形体态、身体机能、和运动技能的档案表。作为本次实验的对比数据。准备一周的校内体育锻炼计划表，记录用笔记本一个，购买实验用的耗材。

（5）实验过程

采集受试者自然信息：随机抽取北京市燕丹学校家庭条件基本相同的肥胖生，排除有遗传病史和继发性肥胖等各种疾病所引起的肥胖。三、四年级的肥胖学生共计 45 名，记录班主任的联系方式，了解学生的上课时间，对学生进行第一次的各项指标入挡。测试时间 2 节课，测试内容包括利用身高、体重测试器测量身高、体重；利用国家体育总局科研所生产的体星牌皮脂厚度计测量肱三头肌和肩胛下角的皮脂厚度；采用美国 BodyMetrix 超声波身体成分测定系统测量受试者体脂率、腰围、臀围等身体形态指标。

经过随机选择小学 45 名肥胖生为研究对象，随机分为三个班，干预 A 班（一般强度），干预 B 班（中等强度），干预 C 班为对照组，每班各 15 人。干预对象从 2012 年 9 月-2012 年 12 月进行 3 个月的运动干预为主的综合干预。

（6）干预实验内容

确定实验学生运动的方案：运动 12 周，每周 5 次运动，每次 40 分钟（安排在周一至周五 14：45—15：30 分进行），准备活动（热身跑、关节部位操等）为 10 分钟，接下来练习素质技能，篮球、跨越式跳高、实心球、后滚翻等项目 30 分钟，最后 5 分钟为放松练习。

实验 A 组（一般强度）实施方案：运动 12 周，每次 40min（安排在星期一至星期五下午 14：40～15：25 分进行），准备活动（主要练习有氧跑和关节部位操）为 10min。

基本部分：

第 1 周内容为坐位体前驱 5min＋400 米 10min＋游戏 10min＋放松 5min。

第 2 周内容为小跳绳 5min＋50 米跑 20min＋放松 5min。

第 3 周内容为高抬腿跑 5min＋后滚翻 10min＋游戏 10min＋放松 5min。

第 4 周练习内容跨步跳 5min＋实心球 10min＋游戏 10min＋放松 5min。

第 5 周练习内容为单足跳 5min＋乒乓球 20min＋游戏 10min＋放松 5min。

第 6 周练习内容为蹲跳起 5min＋篮球 20min＋游戏 10min＋放松 5min。

第 7 周～第 12 周为一个大循环内容不变。

实验 B 组（中等强度）肥胖学生实验内容和身体各种指标变化

实施方案：实验 B 组（中等强度）实施方案：运动 12 周，每次 40min（安排在星期一至星期五下午 14：40～15：25 分进行），准备活动（主要练习有氧跑和关节部位操）为 10min。

基本部分：

第 1 周内容为坐位体前驱 5min＋600 米跑 10min＋游戏 10min＋放松 5min。

第 2 周内容为小跳绳 5 分钟＋50 米跑 20min＋游戏 10min＋放松 5min。

第 3 周内容为高抬腿跑 5min＋后滚翻 10min＋游戏 10min＋放松 5min。

第 4 周练习内容跨步跳 5min＋实心球 10min＋游戏 10min＋放松 5min。

第 5 周练习内容为单足跳 5min＋乒乓球 20min 放松 5min。

第 6 周练习内容为蹲跳起 5min＋篮球 20min＋放松 5min。

第 7 周～第 12 周为一个大循环内容不变。

实验对照组（按正常教学进行）肥胖学生实验内容和身体各种指标变化，本组学生为对照组，按照正常的教学，不进行特别的运动干预。

（7）干预实验前后测试的实验指标

身体形态：身高、体重、体指数、腰臀比、BMI 等。

身体机能：肺活量、握力、座位体前屈。

身体素质：50 米、800 米、篮球、实心球。

运动技能：乒乓球、后滚翻。

对体育态度的变化：通过运动干预，学生对体育运动在态度上是否有意义。

（8）测量仪器与测试人员分工

所用仪器以中国学生体质测评仪器为主，为身高、体重测试器，皮尺等。测评仪均符合《学生体质测评标准》。需要使用工具：受试者基本信息表（45 张）；在测试前发给受试者填写好姓名、性别及出生年月，受试者携带该表测试指标，并由测试人员记录测的数据（身高、体重、腰围、臀围）。测量仪器参与测试人员（学校教师 3～4 人），分工：一组负责测试身高、体重、腰围、臀围、皮脂厚度、体脂率；另一组老师测试运动技能。

（9）实验安全

参加测试及长期实验的学生必须身体健康，无先天性和各种疾病。需要校卫生室老师配合。遵循循序渐进的原则，以有氧运动为主，避免超强度、超负荷运动，本着科学的锻炼方法，改善学生的肥胖程度，并提高技能。

3. 问卷调查法

先查阅关于肥胖研究方面的资料，遵循问卷的设计原则，请专家对问卷内容的效度进行检验，设计调查问卷。本次研究以北京市燕丹学校水平二（三、四年级学生）为调查对象，问卷详细情况见表 5-3。

表 5-3 调查问卷的发放情况

组别	实验 A 组	实验 B 组	对照组
肥胖学生问卷	15	15	15
家长问卷	15	15	15

4. 访谈法

对运动干预实验研究的学生进行逐个访谈研究，了解学生运动前后运动干预的实验情况。

5. 统计分析法

所有统计的数据均用 Excel 表格和 spss18.0 统计学软件进行的处理。实验数据均采用描述性统计分析，运动干预前后组间采用的是自身配对 T 实验。文本所有表中数值均为均值表示标准差（X±SD）表示。

6. 质量控制

（1）受试者的控制

通过对北京燕丹学校水平二（三、四年级学生）进行运动干预实验，选出家庭条件基本相同并没有各种遗传病史和疾病的肥胖学生。通过对学生身体素质、运动机能、运动技能等方面进行运动干预实验，检验其效果。经过随机选择小学 45 名肥胖生为研究对象，随机分为三个班，干预 A 班（一般强度），干预 B 班（中等强度），干预 C 班为对照组，每班各 15 人。干预对象从 2012 年 9 月—2012 年 12 月进行 3 个月的运动干预为主的综合干预。这些学生年龄、肥胖程度基本接近无明显差距（$p>0.5$）。

（2）干预过程中的控制

在对学生运动干预试验中保证按照运动试验计划方案进行，每次干预实验要有严格的考勤制度，保证干预学生的出勤率，保证出勤率才能保证连贯性，运动干预的效果才会合理有效。与本班的班主任做好及时沟通，并且与家长密切配合好。

7. 非处理因素控制

（1）教师因素

由于本学校三年级与四年级由不同体育教师上课，所以运动干预的学生在除运动干预外的时间段，所锻炼的内容和强度是不一样的。运动干预实验学生要保证每天的体育课和课间操还要参加本次的运动干预。

（2）饮食

在饮食方面没做特定的要求，而是给学生一个合理性的建议。向学生讲清楚尽量不吃那些含脂肪量、热量高的食物，不要吃大鱼大肉，要合理安排膳食。

（3）生活习惯

建议运动干预学生要有正常的生活规律，不要经常熬夜，要早睡早起。

三、研究结果与讨论

（一）肥胖小学生实验前后身体形态指标的变化

通过表 5-4 一般强度组可以看出身高没有明显变化 $p>0.05$。体重有明显的变化 $p<0.05$，BMI 体成分没有显著变化，腰臀比的变化也不大，体脂率有明显变化 $p<0.05$。可以分析出通过一般强度的练习，体重和体脂率还是有显著变化的，是有一定效果的。我们还看到身高、BMI 及腰臀比变化不大，一般强度对他们起不到良好效果。

表 5-4　一般强度实验组实验前后身体形态指标变化结果统计表（$n=15$）

内容	X（均值）	S（标准差）	T	P
身高（cm）	前　146.8 后　147.1	5.3 5.5	-4.39	0.067
体重（kg）	前　55.49 后　54.71	12.86 12.54	3.93	0.035*
BMI（kg/m²）	前　25.61 后　25.03	4.92 4.78	2.43	0.062
腰臀比（%）	前　0.91 后　0.91	0.053 0.052	0.764	0.83
体脂率（%）	前　28.4 后　27.1	5.9 6.0	6.9	0.044*

注：干预实验前和干预试验后的对比明显用 *（$p<0.5$）

通过表 5-5 中等强度组可以看到身高有明显变化 $p<0.05$，体重变化很明显 $p<0.01$，BMI 也有显著性变化 $p<0.05$，体脂率也有显著性变化 $p<0.01$。腰臀比没有明显变化。可以看到在中等强度中身高和 BMI 有显著性变化，可能与学生青春期发育有关系，也可能是通过一般强度的练习产生了效果。我们还看到体重和体脂率变化非常的明显，说明一般强度对他们产生了良好的效果，作用是明显的。当然也不排除学生正处于青春发育的敏感期，通过训练强度刺激产生了变化。

表 5-5　中等强度实验组实验前后身体形态指标变化结果统计表（$n=15$）

内容	X（均值）	S（标准差）	T	P
身高（cm）	前　148.4 后　149.5	9.2 8.8	-5.8	0.046*
体重（kg）	前　53.8 后　51.3	12.2 12.3	11.6	0.0096**
BMI（kg/m²）	前　24.3 后　22.8	3.84 3.95	10.5	0.049*
腰臀比（%）	前　0.89 后　0.88	0.67 0.71	4.53	0.063
体脂率（%）	前　26.3 后　23.7	5.72 5.41	7.73	0.0081**

注：干预实验前和干预试验后的对比明显用 *（$p<0.5$）；对比非常明显用 **（$p<0.01$）

身高是青少年儿童发展的重要指标之一，而且能反映学生的发育状况。通过研究表明，肥胖学生的生长速度较正常青少年儿童慢。蒋竞雄[1]等通过资料显示出对

---

[1] 蒋竞雄，丁宗一．儿童青少年期单纯肥胖症的综合治疗方案［J］．中华医学杂志，1991，71（8）：473-475.

肥胖儿童进行综合的运动及饮食干预训练，经过长达两年的治疗观察，身高的增长与正常儿童的发展相一致。通过为期 12 周对青少年儿童的运动干预也发现，运动强度高的组学生肥胖度相对较低，身高增长的速度略高一些；而运动干预强度较低的组或者不进行运动干预的组，学生肥胖度、体脂率稍高，而且身高发育稍慢。

在表 5-6 对照组中身高、体重、BMI、腰臀比和体脂率没有显著变化 $p>0.05$，所以我们看到对照组均没有显著变化，没有进行单独的干预效果是不明显的，反而体重到有所增加。在三个实验组中的身高只有中等强度组有明显变化（$p<0.05$），一般强度组和对照组的前后没有明显变化（$p>0.05$）；在体重上我们看到一般强度的组体重有所下降（$p<0.05$），中等强度的组下降比较明显（$p<0.01$），对照组没有太大变化；BMI 在一般强度组有所降低但变化不明显，中等强度组降低相对明显（$p<0.05$）；对照组有所升高；腰臀比中我们看到均不太明显；体脂率中一强度组的有所降低（$p<0.05$），在中等强度组的体脂率降低比较明显（$p<0.01$）。值得注意的是对照组体重、BMI、体脂率有所上升。

表 5-6　对照组实验组实验前后身体形态指标变化结果统计表（$n=15$）

内容		X（均值）	S（标准差）	T	P
身高（cm）	前	145.4	6.5	−5.9	0.083
	后	145.6	7		
体重（kg）	前	50.1	11.1	11.6	0.091
	后	52.3	11.6		
BMI（kg/m²）	前	22.1	3.1	−1.87	0.072
	后	22.9	3.2		
腰臀比（%）	前	0.88	0.11	−2.65	0.09
	后	0.89	0.1		
体脂率（%）	前	26.9	5.5	6.71	0.087
	后	27.4	5.4		

BMI 又称为体指数。我们分析体指数与人的身高和体重的关系，是判断一个人胖瘦和评价一个人营养状况的常用指标。资料显示体指数的指标公式为体质指数（BMI）＝体重(kg)/身高（m²）。通过运动干预研究了解到运动干预对身体的成分指标起到明显影响作用。能够改善身体成分的比例，降低体内的脂肪含量，能够预防一些疾病的发生，对增进人体健康起到很好的帮助。体脂成分可能与体育运动能量消耗有关❶，并且通过对 81 个 7～11 岁的肥胖青少年儿童进行了运动干预之后，发现了身体成分的各项指标都呈现下降的趋势，而学生的有氧内力却得到了

---

❶ Chen Y，Renn IE D，Cormier YF，et al. waist circumference is associated with pulmonary function in normal2weight，overweight，and obese subjects [J]. Am J Clin Nutr，2007，61（4）：561-565

提高。

　　腰臀比是人的腰围与臀围之比所得出的数值。腰臀比英文简称 WHR，反应体成分中内脏脂肪的分布情况，同时也是鉴别肥胖指标的一种有效方法。其中儿童的腰臀比指标与成人的各种慢性疾病像高血压病、动脉粥样硬化、糖尿病的心血管疾病有着密切的联系。腰臀比增加的话，说明内脏器官的脂肪堆积增加，对患者的心血管疾病的死亡率危险性明显增加❶。

　　肥胖所产生的危害不仅与脂肪量有关系，而且在哪里分布也很关键。通过解剖学分析，人体含脂肪量高达 50% 以上的，主要存在于皮质下层，分布在腹部、腰部、大腿部、臀部等，尤其是在腹部、腰部、和臀部最容易形成脂肪的堆积。

　　腰臀比随着人的成长而增长，体重不断增加，那么腰臀比也在不断攀升。实验资料中显示，对 30 名肥胖儿童进行了将近 10 个月的运动干预，发现干预的 BMI 和腰臀比都明显下降了，差异性体现出（$p<0.05$）。中等强度组中干预的此次运动干预体脂率、BMI、和臀围比指标明显降低（$p<0.01$）。研究中在表 5-7 中发现一般强度和的体脂率、BMI、和臀围比指标均有所下降。不运动干预组体脂率、BMI、和臀围比指标均有所上升。

　　本次运动干预的训练分成了 3 个干预组，分别用了不同强度的干预研究。从中我们看到 3 个组分别体现出强度不一样，对照组和一般强度组效果最不明显。在干预中进行合理有效的锻炼强度，要保证在学生正常接收的范围之内。通过简单易学的方法发展学生速度、耐力、灵敏、柔韧等身体素质，再结合通过与家长和学生沟通给学生在饮食方面的合理建议，3 个月的运动干预，一般强度组与中等强度组学生形态和机能指标提高很快，也很有效果。

（二）肥胖小学生实验前后身体机能指标的变化

　　通过表 5-7 一般强度组我们可以看到肺活量有明显变化 $p<0.05$，坐位体前屈有显著性的变化 $p<0.05$，握力也有显著性的变化 $p<0.05$，我们通过以上的显示知道，一般强度的干预是有作用的，效果是明显的。通过耐久跑项目、坐位体前屈、握力的单独性练习是有效果的，学生的身体素质有了明显的变化。当然这与学生正处于青春发育的敏感期是分不开的。只要是有合理的轻度刺激，学生的运动成绩和身体素质是有变化的，是有提高的。

　　在中等强度组中肺活量、坐位体前屈、握力变化非常明显 $p<0.01$，所以通过中等强度的锻炼干预是非常有效果的。中等强度的运动干预对学生的身体素质是有帮助的。因为这时学生正处于青春敏感的发育期，对于运动强度刺激的反应是明显的。通过对学生进行增加有氧运动的锻炼，增加练习项目的次数、组数，来增加学

---

❶ MAGNUSSON RS. What's law got to do with it? Part 1: A framework for obesity prevention. Aust N Z Health Policy，2008，5：10.

生的强度。结果显示，中等强度的练习效果是比较有效的。

在对照组中肺活量、握力、坐位体前屈没有明显变化 $p>0.5$。没有进行运动干预的学生身体素质没有提高，效果明显。

我们分析肺活量是指在不限时间的情况下，一次最大吸气后再尽最大能力所呼出的气体量，这代表肺一次最大的机能活动量，是反映人体生长发育水平的重要机能指标之一。根据《国家学生体质健康标准》的要求，肺活量是小学五、六年级乃至初中、高中、大学各年级学生的必测项目，可见肺活量指标的重要性。通过一般强度和中等强度组的运动干预效果是显著的，特别是中等强度干预组变化是很明显的，效果也是最显著的。这就显示出中等强度组对于肺活量、坐位体前屈、握力是有意义的。

而且肺活量指标是随人的年龄增加而增长的。通过一些研究表明肥胖会对肺活量产生影响，会使肺活量明显下降。像超重肥胖生不见得肺活量就高，相反大部分相关资料证明，肥胖生的肺活量数值反而会下降。近年来肥胖病人逐渐增多，大中城市已高达25%以上，已有研究发现肥胖可以引起许多疾病。肥胖在肺功能方面的变化与BMI增加密切相关，表现为流量和最大通气量（MVV）下降。BMI增加结果是胸壁组织增多，负荷太重，影响胸廓扩张，导致限制性肺功能障碍、呼吸顺应性下降。

通过对实验组的对比发现，对照度肺活量无明显变化。一般强度干预组变化明显（$p<0.5$），而中等强度干预组变化更加明显，（$p<0.01$）。学生均为三、四年级肥胖生，其身体正在迅速生长阶段，所以肺活量的提高相对明显一些。通过资料了解到肺活量与各器官的脂肪有一定联系，还与腰臀比有联系，内脏脂肪和腰下脂肪是影响肺活量的重要因素。腰围越大，其含脂肪量相对越高，对身体肺活量影响就越大。

通过运动干预后肺活量逐渐增加，坐位体前屈和握力一般强度组和中等强度组均有提高，中等强度组提高明显。在表5-7～表5-9中我们看到，一般强度学生的坐位体前屈有了进步（$p<0.5$），而中等强度学生的提高最明显（$P<0.01$）。通过运动干预的练习，使学生各种机能得到了有效的改善，从表5-7～表5-9中也能看到握力也有明显的提升，这几项指标都充分说明了通过运动干预身体机能指标得到改善，运动干预比较有效果。

表5-7　一般强度实验组实验前后身体机能指标变化结果统计表（$n=15$）

内容		X（均值）	S（标准差）	T	P
肺活量	前	1927.6	374.6	-5.87	0.047*
	后	2113.3	401		
坐位体前屈	前	5.96	4.77	-7.41	0.038*
	后	8.55	4.73		

续表

内容	X（均值）		S（标准差）	T	P
握力	前	16.9	4.53	5.0	0.041*
	后	19.2	4.28		

注：干预实验前和干预试验后的对比明显用＊（$p<0.05$）。

表 5-8　中等强度实验组实验前后身体机能指标变化结果统计表（$n=15$）

内容	X（均值）		S（标准差）	T	P
肺活量	前	968.7	557.2	−7.38	0.0041**
	后	2278	495.3		
坐位体前屈	前	5.58	4.66	−8.88	0.0084**
	后	9.2	3.95		
握力	前	17.7	4.48	−7.16	0.01**
	后	21.2	4.72		

注：干预实验前和干预试验后对比非常明显用＊＊（$p<0.01$）。

表 5-9　对照组实验前后身体机能指标变化结果统计表（$n=15$）

内容	X（均值）		S（标准差）	T	P
肺活量	前	1924.1	369.1	−3.75	0.052
	后	1999	387.5		
坐位体前驱	前	10.7	6	0.4	0.69
	后	10.6	6.1		
握力	前	16.3	3.1	−3.2	0.07
	后	16.4	3		

（三）肥胖小学生实验前后身体素质的指标变化

通过表 5-10 和表 5-11 我们看到，一般强度组的 50 米跑、实心球、800 米跑、篮球曲线运球变化较明显 $p<0.05$。我们看到本组学生的成绩是提高的。在 50 米跑和 800 米跑中比对照度的学生单独针对性的练习，增加 50 米和 800 米跑的练习次数与组数，从而加大了锻炼的强度。实心球也是通过针对性的辅导，多次纠正学生的技术动作，增加学生的练习次数和组数。通过数周的练习之后学生的各项运动技能有了一定的进步。所以多对学生进行有针对性的辅导，锻炼效果是良好的。当然这时学生正处于青春发育的敏感期，可能运动干预他们也有一定的刺激和帮助。

表 5-10　一般强度实验组实验前后身体素质指标变化结果统计表（$n=15$）

内容	X（均值）		S（标准差）	T	P
50 米跑（秒）	前	11.71	0.85	5.49	0.049*
	后	11.32	0.79		

续表

内容	$\bar{X}$（均值）	S（标准差）	T	P
实心球（米）前	3.5	1.11	−5.73	0.028*
后	4.06	1.17		
800米跑（分）前	4.56	0.45	3.72	0.034*
后	4.45	0.44		
篮球曲线运球（秒）前	31.6	6.5	5.5	0.02*
后	25.1	4.3		

注：干预实验前和干预试验后的对比明显用 *（$p<0.5$）。

表 5-11 中等强度实验组实验前后身体素质指标变化统计表（$n=15$）

内容	$\bar{X}$（均值）	S（标准差）	T	P
50米跑（秒）前	11.91	1.2	5.406	0.001**
后	11.2	0.92		
实心球（米）前	3.40	0.83	−8.119	0.0023**
后	4.24	0.95		
800米跑（分）前	5.13	0.63	5.104	0.0035**
后	4.46	0.47		
篮球曲线运球（秒）前	30.6	8.4	7.109	0.0049**
后	22.8	6.2		

注：干预实验前和干预试验后的对比非常明显用 **（$p<0.01$）。

在中等强度组中50米跑、实心球、800米跑、篮球曲线运球都提高了（$p<0.01$），所以说中等强度效果很明显。在中等强度中，50米和800米跑运动在一般强度组的练习下再增加练习次数和组数，实心球和篮球曲线运球也是在一般强度组上又增加了组数和次数，减少了学生的间歇时间，增加了强度。通过这些周的练习学生进步是非常明显的，而且进步的程度高于一般强度组的学生。这充分说明了在合理的强度范围内中等强度的效果要高于一般强度组的学生。

表 5-12 对照实验组实验前后身体素质指标变化统计表（$n=15$）

内容	$\bar{X}$（均值）	S（标准差）	T	P
50米跑（秒）前	12.18	0.42	2.958	0.087
后	12.08	0.43		
实心球（米）前	4.22	0.44	0.000	1.0
后	4.23	0.46		
800米跑（分）前	5.32	0.32	0.587	0.567
后	5.29	0.38		

续表

内容	X（均值）	S（标准差）	T	P
篮球曲线运球（秒）	前 30	3.64	1.24	0.235*
	后 29.5	3.9		

注：干预实验前和干预试验后的对比明显用 *（$p<0.5$）。

对照组各项素质指标变化不大（表5-12）。

通过对以上强度组进行研究比较发现中等强度组项目提高最为明显。一般强度组练习的次数和时间没有中强度组多，所以可以看到效果没有中等强度的有效果。中等强度的锻炼和练习有利于提高素质。

最后我们分析由于肥胖的影响可导致体质状况和身体的各素质下降。很明显的会对青少年构成危害。蒋汝钢等在对2006年7~12岁青少年儿童的调查中发现，抽出90名肥胖少年儿童，排除病理性因素所导致肥胖的青少年。再抽出90名身体正常的青少年儿童作为对照组。其中的运动指标为50米、立定跳远、400米和坐位体前屈等。从测试的结果中都表明身体素质的状况与身体的肥胖度密切相关。肥胖与身体素质是成反比的。在本次运动研究中多以有氧运动为主，有氧运动不仅可以提高耐力素质，而且还能提高身体各器官的机能变化，为青少年儿童身体质起到良好的改善作用。

在本次为期12周的运动干预过程中，反映800米跑的运动，对照组耐力变化不明显，而一般强度组变化相对明显（$p<0.5$），中等强度组变化比较明显（$p<0.01$）。我们看到一般强度与中等强度组变化相对明显，中等强度组与对照组的变化就十分明显了，平均提高了将近30秒。说明通过为期12周的运动干预试验，学生的耐力素质是提高的，是有效果的。

在实心球的测试练习中，可以看到对照组与运动干预组有所差异。对照组的变化不是很明显，相差0.45左右。一般强度组有所变化但也不是特明显，中等强度组自身变化相对明显，相差到了0.75左右。通过试验说明合理的中等强度的练习强度对国内少年儿童是有帮助的，只有多加练习身体素质才会有可能提高。通过多次练习能够使学生提高身体素质。

在50米的测试中运动一般强度组比原来变化较明显（$p<0.5$），提高了0.3秒左右，而中等强度组比原来变化得就更较明显了（$p<0.01$），提高了0.6秒左右。这充分说明了在肥胖生原有基础之上合理的强度练习对50米的提高是有帮助的。

同样在篮球曲线运球中我们也看到练与不练的差距变化。经过一般强度组练习篮球曲线运球的成绩逐渐提高。中等强度练习组提高得更显著一些（$p<0.01$）。对照组变化不是很大，所以说明通过合理的运动强度干预所产生的效果是不一样的，经过合理的运动干预会提高学生的身体素质。

在2004年对超重肥胖儿童的研究中，通过以60%~65%为最大摄氧量，作为所干预的运动强度。用相对的应用心率做为靶心率。经过 5 周每天 2 小时左右的训练，大多数肥胖儿童在身体素质方面有了提高。像仰卧起坐、800 米快走、俯卧撑、50 米跑等等这些项目都达到比较显著（$p<0.5$）。

综合上述我们不难分析，经过 12 周的运动试验干预后，一般强度组 50 米变化比较明显（$p<0.5$），中等强度组变化十分明显（$p<0.01$）。耐力项目中同样中等强度变化最明显，其次是一般强度组，对照组没有明显变化。因此通过资料调查以及本次的运动干预试验得出，利用中等强度的锻炼对青少年儿童是有好处的。能增加项目的运动成绩和良好的身体素质，而且现在的青少年儿童正在处于生长发育以及身体素质提高的敏感阶段，在校的体育工作者更需要抓住这一契机，科学合理重视学生的身体素质和体质健康工作，为学生将来有一个良好的发展打下坚实的基础。

（四）实验组实验前后身体技能指标的变化

通过表 5-13 分析得出，一般强度组后滚翻所学的运动技能，不及格率由原来 66.7% 降低到 20%，及格率由 26.7% 提高到 60%，良好率由 6.7% 提高到 53.3%，优秀率由 0% 提高到 26.7%。乒乓球不及格率由原来 46.7% 降低到 13.3%，及格率由 33.3% 提高到 86.7%，良好率由 6.7% 提高到 73.3%，优秀率由 6.7% 提高到 20%。我们对一般强度组的学生进行后滚翻和乒乓球的针对性的练习，所以我们得出一般强度是有效果的。

在中等练习强度组，后滚翻不及格率由原来 80% 降低到 6.7%，及格率由 20% 提高到 93.3%，良好率由 0% 提高到 60%，优秀率由 0% 提高到 33.3%。乒乓球的不及格率由原来 53.3% 降低到 26.7%，及格率由 40% 提高到 93.3%，良好率由 6.7% 提高到 73.3%，优秀率由 0% 提高到 13.3%。通过结果看到，学生的技能变化很明显。

在对照组中，后滚翻不及格率由 73.3% 降低到 33.3%，及格率由 26.7% 提高到 60%，良好率由 0% 增加到 6.7%，优秀率没有变化。在乒乓球技术项目中不及格率由 60% 降低到 26.7，及格率由 20% 增加到 73.3%，良好率由 13.3% 增加到 20%，优秀率由 0% 增加到 6.7%。通过运动干预的两组的及格、良好及优秀率均上升明显。

通过表 5-13～表 5-15 的实验发现，通过运动的干预试验一般强度组与中等强度组的技能都有明显提高。通过增加强度练习次数对于学生掌握技能有很大帮助。乒乓球和后滚翻的及格率、良好率、优秀率都有很大提高。在表 5-13～表 5-15 中已经明显看到，不及格率下降得十分明显。可以看到对照组变化不大。通过运动干预对运动技能的干预变化是有效的。而且通过干预练习我们深刻地认识到，只要多督促学生练习，刻苦练习，运动成绩就会有提高。在此运动干预中，我运用增加练习次数和练习组数来区分各组的练习强度。在技能干预中的中等强度组选择增加练习次数和练习组数来区分一般强度组。通过试验结果表明，合理科学的强度干预效果是明显的。

表 5-13　一般强度实验组实验前后身体技能指标变化结果统计表（$n=15$）

项目	不及格（人）率	及格（人）率	良（人）率	优（人）率
后滚翻	前　10　66.%	4　6.7%	1　6.7%	0　0%
	后　3　20%	12　80%	8　53.3%	4　26.7%
乒乓球	前　7　46.7%	5　33.3%	2　13.3%	1　6.7%
	后　2　13.3%	13　86.7%	10　66.7%	3　20%

表 5-14　中等强度组实验组实验前后身体技能指标变化统计表（$n=15$）

项目	不及格（人）率	及格（人）率	良（人）率	优（人）率
后滚翻	前　12　80%	3　20%	0　0%	0　0%
	后　1　6.7%	14　93.3%	9　60%	5　33.3%
乒乓球	前　8　53.3%	6　40%	1　6.7%	0　0%
	后　2　13.3%	14　93.3%	11　73.3%	2　13.3%

表 5-15　对照组实验组实验前后身体技能指标变化统计表（$n=15$）

项目	不及格（人）率	及格（人）率	良（人）率	优（人）率
后滚翻	前　11　73.3%	4　26.7%	0　0%	0　0%
	后　5　33.3%	9　60%	1　6.7%	0　0%
乒乓球	前　9　60%	3　20%	2　13.3%	0　0%
	后　4　26.7%	11　73.3%	3　20%	1　6.7%

（五）实验前后肥胖小学生体育态度的变化

通过表 5-16 可以看到，通过体育运动干预，一般强度组认为有意义的从 60% 提高到 86.7%，认为运动锻炼对自己没积极意义的由 40% 降低到 13.3%；在中等强度组中之前认为有意义的 66.7% 提高到 93.3%，认为运动干预无意义的由原来的 33.3% 降低到 6.7%；对照组之前认为有意义的由 33.3% 升高到 53.3%，认为无积极意义的由 66.7% 降低到 46.7%。这几个干预组队对体育的态度都有了变化，尤其是一般强度组和中等强度组对运动干预产生积极的意义是比较明显的。

表 5-16　肥胖小学生运动干预前后体育态度的变化指标（$n=15$）

项目	一般强度（A）组		中等强度（B）组		对照（C）组	
	人数	%	人数	%	人数	%
有意义	前　9	60%	10	66.7%	5	33.3%
	后　13	86.7%	14	93.3%	8	53.3%

续表

项目	一般强度（A）组		中等强度（B）组		对照（C）组	
	人数	%	人数	%	人数	%
无意义 前	6	40%	5	33.3%	10	66.7%
无意义 后	2	13.3%	1	6.7%	7	46.7%

这次通过问卷调查发现，经过为期几个月的运动干预，学生对体育有了积极的认识。通过表5-16知道，从一般强度组和中等强度组数据，体育锻炼对我们提高身体健康是有意义的。通过问卷的调查分析出各组学生对体育态度都有积极的认识。所以合理的运动强度会改变学生的态度，增加学生的自信心，对学生的心理健康会起到良好的效果。

四、结论与建议

（一）结论

1. 对燕丹学校小学生运动干预3个月以来，干预组学生的身体形态有了明显的改变，体重有了明显的下降，体脂率有了显著的降低。一般强度组的身体形态指标有了变化，中等轻度组的身体形态变化最为明显。而对照组的学生形态指标变化不大。所以中等强度运动干预的效果是显著的。

2. 通过运动干预学生的身体素质，在一般强度组中素质指标有所改变，中等强度组的指标变化最为明显。对照组的学生变化不大。所以通过中等强度干预的身体素质提高最为明显。

3. 通过运动干预学生的运动技能，一般强度组掌握的技能有进步，中等强度组的学生进步最为明显。干预组学生没有显著变化。所以中等强度干预后运动技能的改变，效果是最为显著。

4. 通过运动干预肥胖学生对体育的态度，在一般强度组中有积极认识的学生增多。在中等强度组中认为有积极认识的学生增加最为明显。对照组中也有一些变化，但不多。所以我们认识到中等强度的干预效果是最好的。

（二）建议

1. 青少年儿童肥胖程度虽然有一些改善，但是远远没有阻止住肥胖的增长，希望各级部门，在学校多让孩子参加体育锻炼，保证在校每天1小时的体育运动量。

2. 肥胖对青少年儿童的危害是极大的，甚至会影响到祖国的未来发展。希望各级部门科研单位，切实把学生体质作为重中之重的首要问题来看，再加大科研力度，研究如何对肥胖的控制，总结出更加科学合理的有效方案。

3. 合理有效的发挥学校、家庭、社区的联动机制。通过这三方面资源整合及时互相沟通,让孩子动起来,从内心中重视孩子的肥胖。

4. 肥胖儿童的饮食习惯也会影响其身高的发育。肥胖儿童常会有偏食、挑食的习坏惯,不合理的饮食会使各种营养素失平衡。在家里要合理的饮食,不要暴饮暴食,要重视合理膳食的搭配。

参 考 文 献

[1] 陈至立. 切实加强学校体育工作促进广大青少年全面健康成长——在全面加强学校体育工作会议上讲话[N]. 中国体育报,2006.12.25.

[2] 北京小学生肥胖率飙升 家长膳食知识需加强. 中国食品产业网. 2007.5.21.

[3] 王景春,邢海生,吴志强. 对农村地区9-12岁肥胖学生运动减肥方法的实践研究[J]. 体育教学,2010.12,136.

[4] 高雪梅,郝小刚. 大学生体育素质下降的根源——家庭调查因素分析与改善对策研究[J]. 四川体育科学,2012.1.105.

[5] 蔡皓. 影响上海市大学生身体素质水平发展因素与对策研究[D]. 上海:华东师范大学研究深部,2006.

[6] 焦建军. 陕西高校体育教学现状调查与分析[J]. 山西师范大学体育学院学报,2009,24(3):875-90.

[7] 邓树勋,王建,乔德才. 运动生理学[M]. 北京:高等教育出版社,2005.7,246-247.

[8] 丁宗一. 1986-1996年儿童期单纯肥胖症研究[J]. 中华儿科杂志,1998,36(7):404-407.

[9] 丁宗一. 儿童期单纯肥胖症防止方法学[J]. 中华儿科杂志,1999,37(4):246-248.

[10] 邓树勋,王建,乔德才. 运动生理学[M]. 北京:高等教育出版社,2005.7.246-247.

[11] 刘敏. 饮食控制加强锻炼对儿童肥胖的影响[J]. 医学信息,2010,23(7):2167-2168.

[12] 将一方. 儿童肥胖[M]. 中国医药科技出版社,2009.

[13] 百度百科[Z]. 2011. http://baike.Baidu.com/view/966047.htm.

[14] 中国肥胖问题工作组. 中国儿童青少年超重、肥胖BMI筛查体重指数值分类标准[J]. 中华流行病学杂志,2004,25(2):97-102.

[15] 崔丽霞,雷雳. 中学生问题行为群体特征的多视角研究[J]. 体育与科学,1995,5:44-46.

[16] Mossberg HO. 40-year follow-up of overweight[J]. children. Lancet,1989,2:491.

[17] Riazi, Afsane, Shakoor, Sania, Dundas, Isobel, Eiser, Christine, Mckenzie, Sheila A. Health-related quality of life in a clinical sample of obese children and adolescents[J]. Health & Quality of Life Outcomes; 2010, vol, 8, 134-139.

[18] 甄凌. 以运动为主综合干预对超重、肥胖少年儿童生长发育的影响[D]. 首都体育学院,2010.

[19] 郭忠琴,乔慧,郑芝凤,单纯性肥胖儿童智力、个性、生理指标的调查分析[J]. 中国学校卫生,1999,20(3):214.

[20] 何其霞. 运动处方理论与实践[M]. 人民体育出版社,2008.1.

[21] 张迎修,鲁京浦,孙永大,于厚贤. 肥胖儿童的个性、智力及学习成绩分析[J]. 中国学校卫生,2003,24(2):159.

[22] 姚国. 单纯性肥胖儿童的智力、和自我意识特点[D]. 青岛大学,2006.

[23] 王从容,等. 肥胖发生机制、生理学分析[J]. 北京体育大学学报,1994,17(1):59.

[24] 丁一宗,等. 单纯性肥胖学生有氧能力损伤[J]. 中华儿科杂志,1990,25.(6).

[25] 梁进,王桂英. 青少年肥胖的"体育——流行病学"研究[J]. 体育与科学,1995,5:44-46.

[26] 万国斌. 单纯性肥胖儿童自我意识水平、社会适应能力与行问题研究[J]. 中国心理卫生杂志,1993,7(1):

46-48.

[27] 何其霞编著.运动处方理论与实践[M].人民体育出版社,2008.1.
[28] 蒋竞雄,惠京红,夏秀兰.肥胖儿童的行为特点及心理损害[J].中华儿科杂志,1996,3:186.
[29] 王巍.单纯性肥胖儿童家庭行为因素和心理发育研究[D].吉林大学,2006.
[30] 万国斌.单纯性肥胖儿童自我意识水平、社会适应能力与行问题研究[J]中国心理卫生杂志,1993,7(1):46-48.
[31] 梁进,王桂英.青少年肥胖的"体育——流行病学"研究[J].体育与科学,1995,5:44-46.
[32] 王守仓,张群,张爱民,等.儿童肥胖影响因素与干预措施研究进展[J].预防医学论坛,2004,10(5):573-575.
[33] LOBSTEINT, BAURL UAULR . Obesity in children and young people : A crisis in public health Obes Rev, 2004, 5(Suppl 1):4-8.
[34] 丁一宗,等.中国城区0-7岁儿童单纯性肥胖流行病学调查[J].营养学报.1989,11.(3):266-294.
[35] 熊光练,田本淳等.影响儿童肥胖的行为因素研究[J].华中科技大学同济医学院公共卫生学院.2004,19(1):79-81.
[36] 宋刚,李年铁,扶健华.中国儿童青少年肥胖与防治[J].湖南师范大学社会科学学报,2001,30:345-347.
[37] Bauer, Lindsay R, Waldrop, Julee . Trans Fat Intake in Children:Risks and Recommendations[J]pediatric Nursing ;Nov/Dec2009, Vol. 35 Issue 6, p346-351.
[38] 杨彦娥,王青,冯俊英,肥胖学生行为问题浅析[J].中国学校卫生,2001,22(1):32-33.
[39] 岳艺玲,张清华,刘素芹等.肥胖儿童心理行为特征配对调查[J].中国卫生学校,2002,23(4):341.
[40] 钱晓勤,霍金芝,陶佩生,等.扬州市中小学生肥胖和饮食行为调查[J].中国学校卫生,2006,27(10):888-889.
[41] 王巍.单纯性肥胖儿童家庭行为因素和心理发育研,究[D].吉林大学,2006.
[42] 李珍妮.对广州市30名肥胖小学生实施综合减肥法的疗效观察[J].广州体育学院学报,1993,(4):11-15.
[43] 杜熙茹.健身运动对肥胖学生健康的影响[J].广州体育学院学报,2003,23(1):37-39.
[44] 梁进,王桂英.青少年肥胖的"体育——流行病学"研究[J].体育与科学,1995,5:44-46.
[45] 苏俊.针对肥胖学生开展课外体育活动的探索[J].体育教学,2003(5):40-41.
[46] 周奕君.对肥胖开展处方教学的研究[J].宁波大学学报.1999,21(5):92-94.
[47] 蒋竞雄等.肥胖学生的运动治疗[J].中国运动医学杂志.1993,(1)52-53.
[48] 李宪航.中小学生体质概况及学生运动营养方案[J].中国学校体育,第7期总第213:2011.7,80.
[49] 申向明.培养学生对体育可得兴趣[J].山西体育科技,2011.3,54-55.
[50] 司琦.大学生体育锻炼行为的阶段变化与心理因素研究[J].体育科学,2005,25(12):76-83.
[51] 贾红英.环境控制与行为养成[J].北京化工大学学报,社会科学版,2003(4):51-54.
[52] 王红,王东桥.论养成锻炼习惯是奠定学生终身体育基础的关键[J].北京体育大学学报,2001,24(4):540-541.
[53] 蒋竞雄,丁宗一。儿童青少年期单纯肥胖症的综合治疗方案[J].中华医学杂志,1991,71(8):473-475.
[54] Chen Y, Renn IE D, Cormier YF, et al . waist circumference is associated with pulmonary function in norma12weight, overweight, and obese subjects [J]. Am J Clin Nutr, 2007, 61(4):561-565.
[55] MAGNUSSON RS. What's law got to do with it? Part 1: A framework for obesity prevention. Aust N Z Health Policy, 2008, 5:10.
[56] ETOSA RL, SUMINSKI R, HORTZ B. Predicting vigorous physical activityusing social cognitive theory. Am J Health Behav, 2003, 27(4):301-310.